무비 스님

직지 강설 上

무비 스님

직지 강설 上

ⓒ 무비(無比), 2011

2011년 7월 21일 초판 1쇄 발행
2026년 3월 4일 초판 9쇄 발행

지은이 무비
발행인 박상근(至弘) • 편집인 류지호 • 편집이사 양동민
편집 김재호, 양민호, 김소영, 최호승, 이란희, 정유리, 이진우 • 디자인 쿠담디자인
제작 김명환 • 마케팅 김대현, 김대우, 이선호, 류지수 • 관리 윤정안
관리 유권준, 김희준
펴낸 곳 불광출판사 (03150) 서울시 종로구 우정국로 45-13, 3층
　　　　대표전화 02) 420-3200 편집부 02) 420-3300 팩시밀리 02) 420-3400
　　　　출판등록 제300-2009-130호(1979. 10. 10.)

ISBN 978-89-7479-644-0
ISBN 978-89-7479-643-3 (세트)

값 26,000원

잘못된 책은 구입하신 서점에서 바꾸어 드립니다.
독자의 의견을 기다립니다. www.bulkwang.co.kr
불광출판사는 (주)불광미디어의 단행본 브랜드입니다.

무비 스님

직지 강설 上

백운화상초록 불조직지심체 요절
白雲和尙抄錄佛祖直指心體要節

불광출판사

선불교 최고의 교과서
직지(直指)

석가모니 부처님께서는 2천 6백여 년 전 납월(음력 12월) 8일 도(道)를 이루시고 나서 만천하의 사람들에게 널리 전하고자 강렬한 햇빛을 마다하지 않으시고 인도의 전역을 누비셨다. 반열반에 드시기 직전까지 전법의 길을 걸으시다가 일생을 마치셨다.

우리는 석가모니 부처님께서 전하신 진리의 가르침을 불교라고 한다. 그러나 진리의 가르침인 불교도 세월의 흐름에 따라 또는 지역과 민족의 풍습에 따라 여러 가지 형태로 변화하고 발전하였다. 그 변화의 과정을 초기불교, 부파불교, 소승불교, 대승불교 등으로 분류하기도 한다. 그 외에도 밀교, 선불교, 호국불교, 심지어 기복불교, 기도불교에까지 이르렀다. 오늘날에도 이렇듯 다양한 불교가 세계 각국에서, 동시에 같은 지역에서 불교라는 이름으로 공존하고 있다.

나라마다 시대마다 각기 다른 형태의 불교가 뿌리내렸고, 또 동시에 다양한 불교 형태가 공존하고 있기에 석가모니 부처님께서 깨달으신 진리를 바르게 제대로 이해하기가 쉽지 않다. 어떻게 하면 부처님께서 깨달으신 진리를 바르게 이해할 수 있을까?

나는 여러 가지 불교를 접함으로써 갈팡질팡하는 사람들이 부처님의 진리를 바르게 이해하는 길, 아울러 인생의 가치관이 심하게 혼미하여진 인류의 정신을 구제하고 가치관을 바로 세울 마지막 보루가 선불교라고 생각한다.

인도에서의 대승불교가 중국으로 건너오면서 기존의 도교와 만나 선불교(禪佛敎)를 탄생시켰다. 선불교는 중국이라는 토양에 심어지면서 불교의 완성작이 된 셈인데, 선불교 초기에는 중국뿐만 아니라 한국, 일본 등 동아시아에 전해져 매우 독특하고 특별한 사상과 생활방식의 바탕이 되었으며, 오늘날에는 전 세계적으로 각광을 받고 있다.

그렇다면 미래 인류의 정신적 대안으로 손꼽히는 선불교를 어떻게 이해하고 전할 것인가?

다행히 우리에게 『직지』가 있다. 방편을 조금도 빌리지 않고 부처님과 조사들의 깨달음을 바로 가리킨 『직지(直指)』에서 선불교의 모범을 찾을 수 있다. 그 이름처럼 『직지』야말로 현금 인류의 가치관을 바로 세우고 정신을 구제할 선불교의 최고의 교과서라고 생각한다.

『직지』서기 1352년에 스승 석옥(石屋) 선사로부터 당신이 손수 쓰신 작은 책자를 전법(傳法)의 신표로 받아서 다시 제자 법린(法隣)에게 전하면서 대폭 보강하고 부연하여 역시 전법의 신표로 가사와 발우 대신 전해 준 데서 비롯되었다. 이 어찌 가사와 발우에 비교하겠는가. 청출어람(靑出於藍)이라, 훌륭한 스승에게 훌륭한 제자가 있었기에 금속활자로 주조하여 책을 만들고 다시 목판본을 제작하여 당시 선불교의 교과서처럼 유포되었다. 그러나 무슨 시절인연인지『직지』는 오랫동안 빛을 보지 못하였다.

시대의 부름에 응한 것인가. 이 귀중한 책이 1972년에 파리의 국립도서관에 근무하던 박병선 씨의 눈에 띄었고, 그녀가 파리에서 열린「책의 역사 종합전시회」에 가장 오래된 금속활자본이라는 의미에서 출품함으로써 근세에 다시 세상에 알려지게 된 인연이 되었다. 하지만 세상 사람들이『직지』의 내용이 팔만대장경과 수많은 조사 어록의 요점을 집약한 만고의 보물인 점에는 주목하지 않고 단지 인쇄문화유산으로서의 가치만 보고 있으니 안타깝기 그지없었다. 이에 인쇄문화적 가치보다 천만 배 이상의 가치가 있는 인류의 정신을 구제할 소중한 가르침이라는 사실을 알리고 싶은 마음에서 부족하나마 강설을 시도해 보았다.

강설에는 각성 스님과 용학 스님, 역경원의 번역을 참고하였다. 심심한 감사의 뜻을 전한다. 특히 다음 카페 염화실 법우님들의 성원과 평소에 말없이 물심양면으로 도움을 주신 많은 분들의 따뜻한 마음에 깊이 감사를 드린다.

이 자리를 빌려 그 은혜를 다 갚고 싶으나 어찌 만에 하나인들 말로 보답이 되겠는가. 남은 힘과 원력이 있는 동안 여래의 심부름꾼이 되어 백방으로 부처님의 법을 널리 전하는 것으로써 부처님과 모든 사람의 은혜에 보답하는 뜻으로 삼을까 한다.

끝으로 부처님과 조사들의 주옥같은 법어를 잘못 번역하고 그릇 강설한 경우도 많으리라 생각한다. 부디 눈 밝은 뒷사람들이 바로 잡아주기를 기다리면서 『직지(直指)』와 인연한 모든 분들이 혜안이 통투(通透)하여 지혜로운 삶을 누리며 나아가 보다 많은 사람들에게 전법의 원력을 세워 세상이 좀 더 평화로워지는 데 일조하기를 간절히 바랄 뿐이다.

2011년 봄날
금정산 범어사 화엄전에서
여천무비(如天 無比) 삼가 쓰다

차례

과 거
칠 불

過去 七佛

무비 스님 직지 강설

서천의 조사

西天 祖師

◉

중국의 선사

中國 禪師

무비 스님 직지 강설 ◉

중국의 선사

中國 禪師

차례 ◉

1
직지란 무엇인가

『직지(直指)』는 원래의 이름이 『백운화상초록 불조직지심체요절(白雲和尙抄錄佛祖直指心體要節)』이다. 줄여서 『직지심경(直指心經)』, 또는 『불조직지심체요절(佛祖直指心體要節)』이라고도 부른다.

고려 말엽 백운(白雲, 1299~1375) 화상은 1352년경에 스승 석옥(石屋) 선사로부터 손수 쓰신 『불조직지심체요절(佛祖直指心體要節)』이라는 작은 책자를 하나 물려받았다. 아마 전법의 신표였을 것이다. 지금의 『직지(直指)』와는 비교할 수 없이 간략한 내용이었다. 백운 화상의 제자 중에 법린(法隣)이라는 스님이 있었다.

법린 스님이 백운 화상에게 정성을 다하여 법을 청하였다. 백운 화상은 할(喝)이나 방(棒)으로 가르치지 않고 스승 석옥 선사가 물려주신 작은 『불조직지심체요절』에다 한층 더 고구정녕하게 불조의 혈맥(血脈)인 법어(法語)의 정수들을 낱낱이 가려 뽑아 기록하고 다시 세세하게 일러주었다. 그 내용은 제목과 같이 "부처님과 조사들이 마음의 본체를 바로 가리켜 보인 설법의 중요한 절목만을 집어내어 기록한 것"이다. 그러므로 곧 직지인심 견성성불(直指人心 見性成佛)의 요긴한 지침서가 되는 셈이다. 달리 말하면 선불교에 있어서 제일의 교과서라 할 수 있다.

전체는 상하 두 권으로 구성되어 있는데 과거 7불의 가르침과 인도의 28 조사님의 가르침과 중국의 110 선사들의 가르침을 모아서 모두 145가(家)가 된다. 모두가 조금씩 중요한 부분만을 짚어 왔으나 특별히 지공(誌公) 화상에게서는 대승찬송(大乘讚頌) 전문과 십사과송(十四科頌) 전문을 남김없이 이끌어 왔다. 아마도 그의 사상과 삶이 백운 화상의 마음에 가장 잘 계합되었으며 큰 감동을 주었다는 것을 짐작할 수 있다.

2
인쇄문화적 가치

『직지(直指)』는 세상에 알려진 것으로는 두 가지의 본이 있다.

첫째는 백운(白雲, 1299~1375) 화상이 열반하시고 2년 뒤인 서기 1377년에 충청북도 청주의 흥덕사에서 백운 화상의 문인인 석찬(釋

璨) 스님과 달담(達湛) 스님에 의해서 간행된 금속활자본이다. 상권은 아직 찾지 못하였고 하권만 프랑스 국립도서관에 소장되어 있다.

둘째는 그 이듬해인 서기 1378년에 경기도 여주의 취암사에서 제자 법린(法隣) 스님과 자명(自明) 스님과 혜전(惠全) 스님에 의하여 목판본으로 간행된 것이다. 현재 국립중앙도서관과 정신문화연구원에 각각 상·하 두 권이 모두 소장되어 있다.

이번 강설서에는 동국대학교에서 출판한 한국불교전서를 저본으로 사용하였으며, 한국불교전서의 『직지(直指)』는 취암사판 목판본을 저본으로 삼은 것이다.

『직지(直指)』가 갑자기 세상 사람들의 주목을 받게 된 것은 1972년에 프랑스 국립도서관의 사서로 일하던 교포 박병선 씨가 처음으로 소개한 것이 인연이 되었다.

사학자 박병선 씨는 1928년 서울에서 태어나 서울대 사대 사회생활학과를 졸업한 뒤 1955년 파리의 소르본 대학에서 종교사를 연구하였다. 그 뒤 1967년 파리 국립도서관에 근무할 때, 세계에서 가장 오래된 금속활자본 『직지(直指)』를 발견했다.

여러 해 연구와 고증을 거친 뒤 1972년 파리에서 열린「책의 역사 종합전시회」에 출품하였다. 그때 『직지(直指)』가 서양 최초의 금속활자본이라는 구텐베르크의 성경책보다 무려 73년이나 앞선 세계에서 가장 오래된 금속활자본임을 전 세계에 알렸다. 그 후 세계인들의 이목을 끌게 되었으며 한국에서도 연구가 활발하게 이루어지고 있다. 그리고 현존하는 하권 외에 금속활자본의 상권을 마저 찾는 운동과 『직지(直指)』 문화축제가 매년 성대하게 행하여지고 있다.

이처럼 『직지(直指)』는 세계에 자랑할 만한 인쇄문화유산이라는 점에서 그 가치가 높이 평가되고 있다. 뿐만 아니라 우리 민족이 최초로 금속활자를 창안하고 발전시킨 문화민족임을 실증하여 민족적 자긍심을 고취시킨 귀중한 문화유산이다. 그 가치를 인정받아 2001년 9월에는 승정원일기와 함께 유네스코에 세계기록유산으로 지정되기도 하였다.

3
백운 화상(白雲和尙)

백운경한 화상은 고려말 충렬왕 24년(1298)에 지금의 전북 정읍시 고부면에서 출생하여 공민왕 23년(1374)에 77세를 일기로 입적하였다. 스님은 어린 나이에 출가하여 전국의 사찰을 돌아다니면서 수행하다가 50이 넘은 나이인 1351년(공민왕 원년)에 중국 원나라로 법을 구하기 위해 유학하였다. 1년여 동안 중국에 머물면서 고승인 지공(指空) 화상에게 법을 묻고, 다시 임제종맥을 이어받은 석옥청공(石屋淸珙, 1272~1352)의 법을 잇고 돌아왔다. 그래서 전등법계 상으로는 조계선종의 정맥을 이은 선사이다.

1352년에 귀국하여 1354년 황해도 해주 안국사에서 머물다가 1357년 입궐하라는 왕명을 받았으나 사양하였다. 1365년 나옹 선사의 천거로 다시 공민왕의 부름을 받아 신광사의 주지가 되었고, 1368년에는 노국공주의 원당(願堂)인 흥성사의 주지가 되었다. 1372년에 백운화상은 과거 칠불과 인도의 조사, 중국의 선사들의 주요말씀을 초록하여 『직지(直指)』 상·하 2권을 편찬하였으며, 어록도 상·하 2권이 있다.

백운 화상은 임제선법을 이었다. 임제선법이 당시 불교계에서는 새로운 수행법으로서 간화선법으로 자리매김하였으나 오히려 무심선(無心禪)의 길을 지켰다. 무심선이야말로 육조선법과 임제선법의 정통인 조사선의 본질을 밝힌 선이다.

무심선은 어떤 방법이나 노력을 거칠 필요도 없이 있는 그 자리에서 견문각지(見聞覺知)를 통해 삶의 본질을 드러낸 선법(禪法)이다. 무심선법이야말로 여러 선법 가운데 가장 우수하고 고준한 선법이다. 『직지(直指)』에서 지공 화상의 법어를 가장 많이 이끌어 온 것도 무심

선법의 사상이 잘 표현되었기 때문이리라 생각한다.

다음은 백운 화상의 임종게송으로 부족하나마 선사의 삶을 대신하고
자 한다.

인생 칠십 년이
고래에 드무나니,
칠십 칠년 전에 와서
칠십 칠년 되어 돌아가도다.
텅 비어 있는 돌아갈 길에
낱낱이 바로 고향이로다.
이 몸 본래 있지 않았고
마음 또한 머문 데 없나니
재로 만들어 시방에 뿌리고
남의 땅 조금도 사용하지 말라.

[人生七十歲 古來亦希有 七十七年來 七十七年去 虛濫皆歸路 頭頭是故鄉 我身
本不有 心亦無所住 作灰散十方 勿占檀那地]

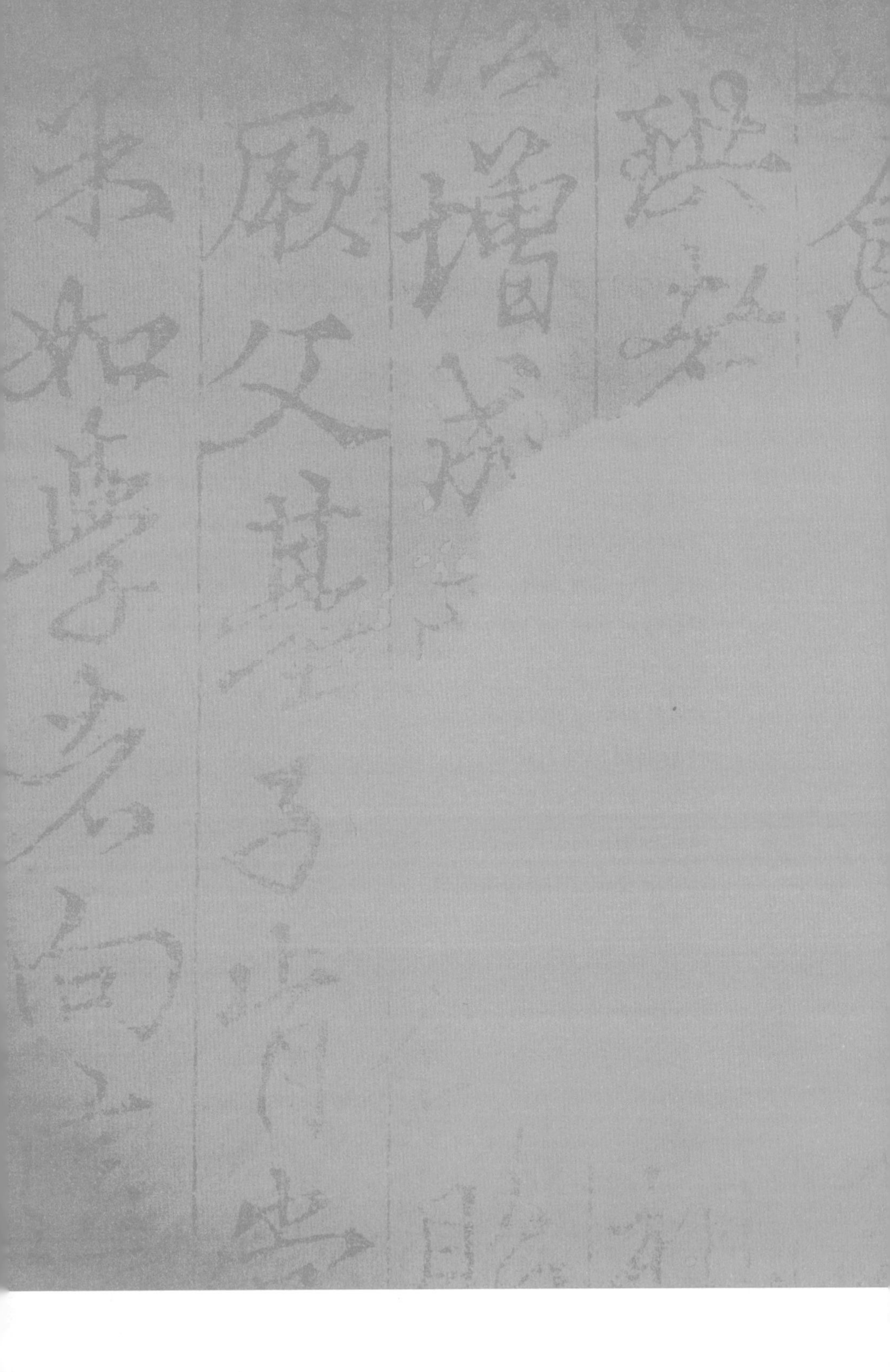

과거 칠불

過去七佛

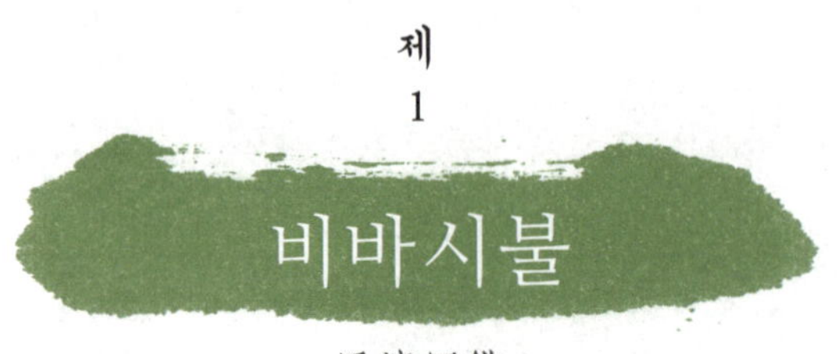

비바시불

毘婆尸佛

비바시 부처님은 과거 장엄겁 때의 부처님이다.
게송으로 말씀하셨다.

몸은 형상이 없는 곳으로부터 태어난 것이
마치 환술로 온갖 형상들을 만들어 내는 것과 같다.
환술로 생긴 사람의 의식은 본래 없으니
죄도 복도 모두 텅 비어 머무는 바가 없다.

毘婆尸佛 過去莊嚴劫佛 偈曰
身從無相中受生 猶如幻出諸形相 幻人心識本來無 罪福皆空無所住.

 무비 스님 직지 강설 ●

【강설】　직지심경(直指心經: 이하 직지로 통일)에는 먼저 과거칠불(過去七佛)의 게송을 싣고, 다음부터 인도의 조사스님들과 중국의 조사스님들의 가르침과 경과 논 등에서 지혜의 눈을 밝혀주는 데 지침이 되는 요긴한 내용들만 두루 초록하여 상·하 두 권에 모두 모아두었다.

저자 백운 스님은 왜 과거 7불부터 소개하고 있는가?

백운 스님의 평생 공부가 이 한 권의 책에 집약되어 있다고 할 수 있으므로 불교 전체를 간추려 정리한다는 의미에서 그 연원을 짚어본 것이다.

7불의 출처인 『장아함경』에는 30종류의 경전이 포함되어 있는데 그 첫 번째 경전이 『대본경(大本經)』이라는 경전이다. 팔만대장경에서 가장 첫 번째 경전의 이름이 '대본(大本)'인 것은 곧 불교의 큰 근본이 된다는 뜻이다.

불교의 다른 사서들도 그렇듯이 『직지』에서도 역시 그와 같은 대장경의 편찬예규를 따라서 불교의 뿌리이며 큰 근본이 되는 7불에서부터 짚어가는 것이 당연한 순서일 것이다.

그리고 또 한 가지 중요한 의미는 모든 존재의 참되고 바른 이치에 대해서는 어느 특정인의 것이 아니라 시간과 공간을 초월해서 모든 깨달은 사람들은 다 같은 견해를 가지고 있다는 뜻이며, 또한 진정한 진리란 동서고금과 민족과 나라의 차별이 없다는 뜻이기도 하다.

먼저 과거겁의 7불 게송을 소개하였는데 과거겁은 장엄겁(莊嚴劫)이라 하고, 현재겁은 현겁(賢劫)이라 하며 미래겁은 성수겁(星宿劫)이라 한다. 흔히 과거 7불이라고는 하나 과거불은 비바시불과 시기불과 비사부불까지 셋이며, 구류손불과 구나함모니불과 가섭불과 석가모니불은 현재 현겁의 부처님이다. 그러나 흔히 모두를 합하여 과거 7불이라 한다.

그래서 7불이 다 같이 공통으로 설한 게송이라는 뜻에서 칠불통

　비바시불 ●

게(七佛通偈)라는 게송도 있다. 제악막작 중선봉행 자정기의 시제불교
(諸惡莫作 衆善奉行 自淨其意 是諸佛敎)가 그것이다.

팔만대장경 중에서 첫 번째 경전인 『장아함경』 중 『대본경』에는
비바시 부처님과 7불에 대한 설명이 있다.

"부처님이 다시 말씀하셨다.
　'너희들은 여래가 숙명을 아는 지혜로써 과거의 모든 부처님
들의 인연을 아는 사실을 듣고 싶어 하는가. 만일 그렇다면 내 말
해 주리라.'
　'비구들이여, 지금부터 91겁 전에 비바시여래지진(毘婆尸如來
至眞)이라는 부처님이 있어 이 세상에 나오셨다. 그 다음에는 지금
부터 31겁 전에 시기(尸棄)여래지진이라는 부처님이 있어 이 세상
에 나오셨다. 비구들이여, 또 그 다음에는 31겁 중에 비사파(毘舍
婆)여래지진이라는 부처님이 있어 세상에 나오셨다.
　비구들이여, 또 그 다음에 현재의 현겁 중에는 구루손(拘樓孫)
이라는 부처님과 구나함(拘那含)이라는 부처님과 가섭(迦葉)이라는
부처님이 세상에 나오셨다. 그리고 나도 지금 이 현겁 중에서 가
장 바른 깨달음을 이루었다.'
　부처님은 다시 게송으로 말씀하셨다."

위와 같이 이야기를 이어가면서 7불의 명칭과 종성과 부모와 사
시던 성(城)과 설법의 횟수와 제도한 사람의 숫자와 제자의 이름까지
자세히 설명하고 있다.
　비바시 부처님 때의 사람들의 평균수명이 8만세 때에 출현하셨으
며 종성(種姓)은 찰제리이며 성은 구리야이며 아버지는 반두이며 어머

　　　　　무비 스님 직지 강설　◉

니는 반두파제이다. 반두파제성(城)에 살았다고 하였다. 파파라 나무 밑에서 3회의 설법으로 3십 4만 8천 명을 제도하였다고 하였다.

『직지』에 나오는 게송은 경전에는 보이지 않고 『전등록』에서 보인다. 이 게송은 불교의 수많은 가르침들 중에서 최초의 설법이라 할 수 있다. 『전등록』이나 기타 불교의 사서(史書)에 근거하여 본다면 석가모니 부처님이 처음 성도하시고 녹야원에서 다섯 비구들을 향해서 중도(中道)의 이치를 이야기 하고 사성제(四聖諦)를 이야기 했더라도 그것은 비바시 부처님보다 훨씬 뒤늦은 후대의 가르침이기 때문이다.

불교 최초의 가르침을 무엇으로 시작하여야 할까. 그것은 현재 설법을 하려고 하고 있는 그 존재의 문제부터 짚어가야 한다고 생각하였다. 그래서 모든 존재의 근본인 이 몸의 실재 여부를 거론한 것이다. 뿐만 아니라 불교의 가르침은 유형의 세계와 무형의 세계에 대해서 밝힌 내용이 대단히 많다. 비바시 부처님은 무한한 유형의 세계에서 인간의 몸이 가장 근본이 된다고 보고 몸의 실체에 대하여 깨달음의 눈으로 밝힌 내용이다.

우리들의 이 육신과 그 외 모든 유형의 존재들은 이렇게 보는 바와 같이 형상이 있지만 그 근본은 형상이 없는 곳으로부터 받아 생겨난 것이다. 돌이켜 생각해 보면 이 모든 유형의 존재들은 처음에는 아무것도 없었는데 이런저런 인연과 조건들이 만나고 모이면서 생겨나기 시작하였다.

수억 만년의 역사를 자랑하는 우리가 의지할 곳인 이 지구가 그렇고, 하늘에 떠 있는 수많은 별의 세계가 그렇고, 지구상에 존재하는 모든 동물과 식물과 광물이 다 그렇다. 모든 존재들은 성(成)·주(住)·괴(壞)·공(空)과 생(生)·주(住)·이(離)·멸(滅)의 과정을 거치면서 생겨났다가 없어지고 없어졌다가 다시 생겨난다.

비바시불 ◉

이와 같은 과정을 끝없이 반복한다. 그러므로 지금 존재한다고 해서 있다고 볼 수도 없으며 그렇다고 없다고 볼 수도 없는 일이다. 그래서 있음과 없음을 통시(通視)하는 중도적 안목을 가지라는 것이다.

인간이 세상을 살아가면서 가장 문제시되는 죄와 복이란 본래 없는 이 몸을 확고하게 존재한다고 여기는 데서 문제가 되었다. 근본 뿌리인 몸이 없는데 지엽인 죄와 복이 어디에 있겠는가. 이렇게 관찰한다면 인생을 마치 그림자처럼 없는 듯이 가볍게 살아갈 수 있을 것이다.

무비 스님 직지 강설 ◉

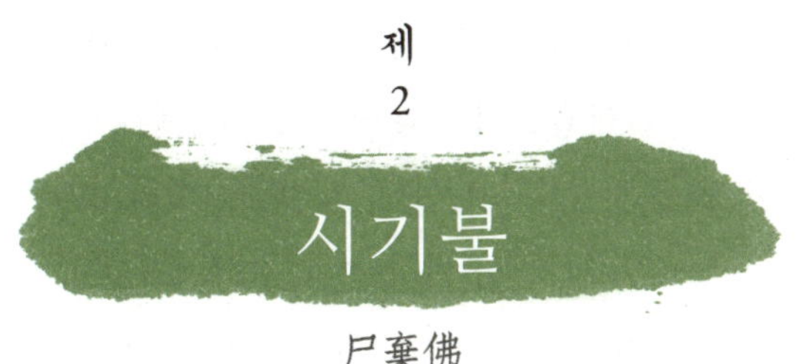

제
2

시기불

尸棄佛

시기 부처님은 앞의 장엄겁 때의 부처님이다. 게송으로 말씀하셨다.

온갖 선한 일을 하는 것도 본래 환술이며
여러 가지 악한 일을 하는 것도 또한 환술이다.
몸이란 물거품 같고 마음이란 바람 같은 것
환술에서 나온 것은 근본도 없고 실상도 없다.

[이를테면 '환술로 생긴 것은 근본이 없으니 그것이 곧 실상이며, 허망을 알
면 곧 진실이다.'라는 말과 같다.]

尸棄佛 同前劫 偈曰
起諸善法本是幻 造諸惡業亦是幻
身如聚沫心如風 幻出無根無實相
[如云 幻起無根 卽實相 是了妄卽眞]

【강설】 시기불은 과거 겁의 부처님 중에서 제2 부처님이다.『장아함경』 중『대본경』에는 사람들의 평균수명이 7만 세가 될 때 세상에 출현하셨으며 종성은 찰제리이며 성은 구리야이며 아버지는 명상(明相)이며 어머니는 광요(光耀)이며 관상성에 살았다. 분타리 나무 밑에서 3회의 설법을 하셨으며 2십 5만 명을 제도하였다는 내용이 보인다. 여기에 소개한 게송은 경전에는 보이지 않고『전등록』에 보인다.

게송의 내용은 환술(幻術) 법문이다. 환술이란 요술, 또는 마술이다. 모든 것이 눈앞에 확실하게 존재하는데 그것들의 진실을 꿰뚫어 본 깨달음의 눈에는 아무 것도 실재하지 않는다. 그 사실을 부처님은 미혹한 사람들에게 무어라고 설명할 길이 없다. 그래서 환술을 예로 들어서 설명하고 있다.

세상 사람들의 중요한 관심사는 선이니 악이니 하는 문제이다. 그런데 그 선과 악이라는 것이 실체가 없다. 마치 환술을 하는 사람이 마음먹은 대로 온갖 물건을 만들어 내는 것과 같다. 환술로 온갖 물건을 만들어내지만 아무 것도 실재하는 것은 없다. 우리가 선과 악에 그토록 마음을 쓰지만 그것은 모두 그림자요, 환영이다.

여러 가지라는 것 중에서도 가장 근본이 되는 것은 사람의 몸과 마음이다. 선과 악이 그렇듯이 몸은 물거품과 같고 마음은 바람과 같다. 모두가 실체가 없으며 허망한 존재라는 뜻이다. 선과 악은 모두가 이 몸과 마음이 짓는 일이다. 몸과 마음은 뿌리가 되고 선과 악은 지엽이 된다. 근본 뿌리가 실재하지 않는데 그 지엽이 어디에 있겠는가. 죄와 복도 그와 같은데 하물며 쥐꼬리만한 명예나 닭 볏보다 못한 벼슬이나 먼지 같은 재물이야 말해 무엇 하랴. 그러므로 진실이란 모든 존재가 허망하다는 사실이다. 즉 허망하다는 사실이 진실이다. 몸도 마음도 선도 악도 이와 같이 허망하여 실체가 없는 것으로 관찰하면 그는 깨달은 사람의 안목을 가진 것이다. 곧 부처님의 견해와 다르지 않다.

『직지』를 찬술하신 백운 스님은 시기불의 게송에 간단한 착어(괄호 안의 내용)를 붙였는데, "몸도 마음도 근본이 없는 것이 마치 환술로 생긴 것과 같다. 근본이 없어서 환술로 생긴 것과 같은 것이 곧 실상이다."라고 하였고, 다시 모든 존재의 허망한 사실을 알면 그것이 곧 진실이라고 하였다. 다시 정리하면 허상이 실상이며 허망한 사실을 아는 것이 곧 진실이라는 뜻이다. 그렇다면 무엇에 의지하고 무엇에 매달리겠는가. 인생사와 세상사가 모두 다 허망하다는 사실만이 진실인 것을. 인생사를 이렇게 이해한다면 그 어떤 영광에도, 그 어떤 오욕에도 마음 흔들릴 까닭이 없다. 깃털처럼 가뿐하고 편안하게 인생을 살 수 있을 것이다.

모든 것은 허상이며 이 허상이 진실한 모습[실상]이다. 여기에서 실상(實相)이라는 것은 영원히 변하지 않고 존재하는 무엇을 뜻하는 것이 아니라 허망한 것이 진실한 모습이라는 뜻이다. 생명의 실상이든 다른 어떤 물질의 존재의 실상이든 그 실상이란 모두가 허상이며 허망한 것이 실상이라는 뜻이다. 허상이기에 모든 것이 다 허망하며, 허망한 것이 또 진실이다. 이러한 허망한 사실을 아는 것이 곧 진실을 아는 것이다. 이것이 모든 존재의 원리이며 이 원리에서 벗어난 것은 아무것도 없다.

『직지』의 역사적 가치와 인쇄 문화적 가치도 중요하지만 부처님과 조사스님들의 깨달음에 의한 이와 같은 진리의 가르침이 더욱 값지고 소중한 것이다. 이와 같은 진리의 말씀이 『직지』의 문화적 가치와 함께 전 인류에게 전해져서 모든 사람이 다시는 취생몽사하지 않고 인생을 밝게 살고 행복하게 살게 된다면 『직지』가 세상에 존재하는 가치와 이유가 제대로 발휘되리라 생각한다.

시기불 ●

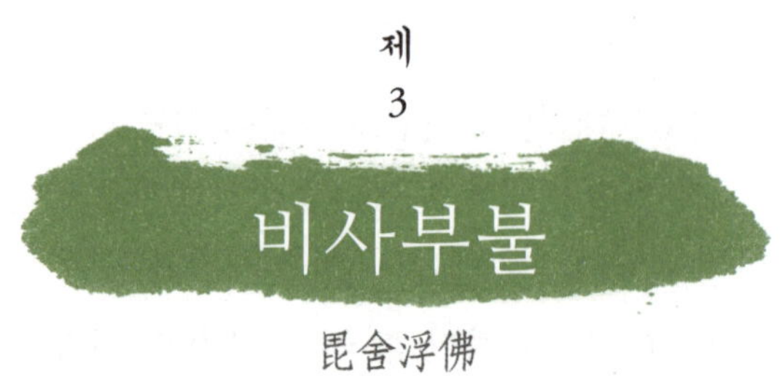

비사부불

毘舍浮佛

비사부 부처님도 앞의 장엄겁 때의 부처님이다. 게송으로 말씀하셨다.

지수화풍의 네 가지 요소를 빌려서 이 몸을 삼았고
마음은 본래 생기는 것이 아닌데 대상을 인하여 존재한다.
만약 대상이 없으면 마음이라는 것도 또한 없으므로
죄와 복도 환술처럼 생겼다가 사라지도다.

[예컨대 '마음은 본래 형상이 없으나 대상에 의지하여 생겨나나니 대상의 본성
도 또한 텅 비어 없으니 마음과 대상이 한결같다.'라고 한 말과 같다.]

毘舍浮佛 同前劫 偈曰
假借四大以爲身 心本無生因境有
前境若無心亦無 罪福如幻起亦滅.
[如云 心本無形 托境方生 境性亦空 心境一如]

【강설】　비사부 부처님에 대한『장아함경』중『대본경』의 이야기는 사람들의 평균수명이 6만세일 때 세상에 출현하셨으며 종성과 성과 부모와 살던 곳과 설법의 횟수와 제도한 사람들의 숫자와 제자들의 이름까지 기록되어 있다. 여기에 소개한 게송은『전등록』에 보인다.

우리나라 스님이 저술한 유일한 경전이라고 할 만한 이 책의 제목을 백운 스님은 불조직지심체요절(佛祖直指心體要節)이라고 하였다. 즉 부처님과 조사스님들이 사람의 마음을 중간의 다른 매개체나 거리나 간격이 없이 곧바로 가리킨 내용들 중에서 요긴하고 중요한 부분들만을 모아 놓았다는 뜻이다. 좀 더 부연하면 직지인심(直指人心) 견성성불(見性成佛)이라는 선불교의 종지를 그 내용으로 하고 있다는 뜻이다.

직지인심 견성성불이란 무엇인가? 사람의 마음을 곧바로 가리켜서 본성을 보아 알게 하고 부처가 되게 한다는 뜻이다. 사람 사람의 마음이 그대로 부처님이며 성인이다. 달리 다른 수행과 방법을 필요로 하지 않고 사람이 본래로 완전무결하다는 높은 뜻을 드러내는 내용이다.

이것이 불교에서도 가장 발달한 선불교의 중요한 근본 종지이다. 다른 경전의 가르침처럼 3아승지겁을 수행해서 비로소 부처가 된다는 내용과는 전혀 다르다. 10신(信)·10주(住)·10행(行)·10회향(迴向)·10지(地)·등각(等覺)·묘각(妙覺) 등의 52위(位)의 지위 점차를 밟아 올라가야 비로소 부처의 경지가 있다는 가르침과도 거리가 멀다. 그래서 선불교를 불교의 완성이라 한다. 마음이 있는 사람은 조금도 더 닦을 것도 없이 그 마음 그대로가 부처라는 사실을 일깨워 주는 가르침이다. 따라서 마음의 실상과 우리들 몸의 실상도 아울러 깨우쳐주고 있다.

우리들의 몸은 흙과 물과 불과 바람의 네 가지 요소가 어우러져 이 몸을 형성하고 있다. 때가 되어 그 네 가지 요소들이 뿔뿔이 흩어지고 나면 이 몸은 아무 데도 없다. 그와 같이 순식간에 사라지는 물거품과 같고, 날아가는 연기와 같고, 흩어지는 먼지와 같은 것을 착각하여 수백 년 수천 년 영원히 존재하리라고 믿고 살아가는 것이 우리들의 어리석은 인생이다.

마음[心王]과 마음의 작용[心所]이라는 것도 본래 있는 것이 아니다. 사물과 소리와 향기와 맛과 같은 등등의 대상이 있음으로 인하여 비로소 존재하게 되었다. 실로 대상 없는 마음이 어디에 있던가. 그러므로 대상이 없으면 마음이라는 것도 존재하지 않는다. 그렇다면 몸도 마음도 착각에 의하여 환영처럼 보일 뿐이다. 이 얼마나 딱하고 허무한 일인가. 그런데 인간들은 죄니 복이니 하는 일에 목을 매고 있지만, 죄와 복은 몸이 있고 마음이 있을 때 가능한 일이다. 죄와 복의 근본이 되고 뿌리가 되는 몸도 마음도 없는데 그 그림자와 같은 죄와 복에 인생을 걸고 있다는 사실이 참으로 통탄할 일이다.

아무리 큰 업적을 남긴 사람이라 하더라도 인연의 기운이 있는 동안 잠깐 있는 듯이 보이지만 인연의 기운이 다하면 누구도 살아남지 못하고 사라지고 만다. 할아버지가 그렇게 살다가 갔고 아버지도 그렇게 살다가 갔고 나도 또한 그렇게 갈 것이다. 후손들도 역시 그 길을 밟을 것이다. 먼저 가신 분들에 대해서 누가 두고두고 기억하겠는가. 기억도 잠깐이며 기억하던 사람조차도 어느새 사라지고 말 것이다. 이것이 진실한 모습이며 진리이다. 이러한 바르고 참된 이치를 깨달아 사는 일이 직지(直指)의 서지학적 가치보다 세계적 문화유산으로서의 가치보다 몇 만 배 더 소중한 일임을 알아야 하리라.

제
4

구류손불

拘留孫佛

구류손 부처님은 현재 현겁(賢劫)의 첫 번째 부처님이다.
게송으로 말씀하셨다.

이 몸이 실체가 없다고 보는 것은 부처님의 견해이며
이 마음이 환영과 같다고 아는 것은 부처님의 아는 것이다.
몸도 마음도 그 본성이 텅 비었음을 알았다면
이 사람이 부처님과 무엇이 다르랴.

[이를테면 '몸과 마음은 같은 것이며 몸 밖에 다른 것은 없으니 산하대지가 어디
에 있겠는가.'라는 말과 같다.]

拘留孫佛 現在賢劫第一 偈曰
見身無實是佛見 了心如幻是佛了
了得身心本性空 斯人與佛何殊別.
[如云 身心一如 身外無餘 山河大地 甚處得來]

【강설】　구류손 부처님에 대하여 『장아함경』 중 『대본경』의 이야기에는 사람들의 평균수명이 4만 년을 살 때 출현하셨다고 되어 있다. 그 외에도 종성은 바라문이며 성은 가섭이며 아버지는 예득(禮得)이며 어머니는 선지(善枝)이며 안화성(安和城)에 살았다고 하였다. 설법은 1회이며 제도한 사람들의 숫자는 4만 명이라고까지 하였다. 앞서 세 부처님은 과거겁의 부처님이며 구류손 부처님 이하는 모두 현재 현겁의 부처님이다. 게송은 『전등록』에 보인다.

게송의 뜻은 모든 존재의 실상을 깨달은 사람, 즉 부처님이 이 육신과 마음과 산하대지를 보는 눈은 어떨까 하는 문제이다. 그리고 보통 인간이 몸과 마음에 대해서 아는 것과 부처님이 아는 것의 차이점이란 무엇일까?

보통 사람들은 몸도 마음도 이렇게 눈에 보이고 희로애락의 감정과 그리고 눈에 보이는 모든 산하대지도 지금 있는 그대로 다 있는 것이라고만 알지만, 모든 존재의 실상을 꿰뚫어 보는 부처님은 이렇게 있는 것을 보면서 한편 텅 비어 없는 것으로도 본다. 그러므로 누구라도 몸과 마음과 산하대지가 텅 비어 없음을 알면 부처님의 견해와 조금도 다르지 않다. 그러므로 부처님이라는 존재의 실상을 바로 꿰뚫어 보고 인생과 세상의 진실을 알아서 그 진실에 어긋나지 않게 사는 것을 아는 사람이다.

불교에는 모든 존재를 보는 사람에 따라서 견해가 다른 몇 가지 점을 소개하였다.

첫째는 보통 사람들이 모든 현상을 눈에 보이고 귀에 들리는 그대로 여과 없이 이해하는 것을 상견(相見), 또는 유견(有見), 또는 가관(假觀)이라 하여 상종(相宗)의 견해라 한다.

둘째는 텅 비어 없으며 무상하고 허무한 것이라고 보는 것을 공견(空見), 또는 무견(無見), 또는 공관(空觀)이라 하여 공종(空宗)의 견해라 한다.

무비 스님 직지 강설　●

셋째는 있음과 없음을 같이 보고 상(相)과 공(空)과 유(有)와 무(無)를 통시하여 어디에도 치우치지 않고 실상을 실상대로 보는 것을 중도관(中道觀), 또는 성종(性宗)의 견해라 한다.

이러한 세 가지 견해의 차이점을 옛 선사들은 다반사로 사용하며 아주 쉽게 설명하는 말이 있다. 우리나라에도 널리 알려진 산시산수시수(山是山水是水)라는 말이다. 고전에도 대장경 제종부와 사전부에 무려 42회나 등장하는데 그 한 예문을 소개한다.『속전등록(續傳燈錄)』 22권에 나오는 말이다.

"노승이 30년 전 아직 참선을 하기 전에는 산을 보니 산이고 물을 보니 물이었다. 그러다가 나중에 선지식을 친견하여 깨침에 들어서서는 산은 산이 아니고 물은 물이 아닌 것으로 보았다. 지금은 푹 쉬어버림을 얻고 나니 예전처럼 산은 다만 산이요, 물은 다만 물로 보인다. 대중이여, 이 세 가지 견해가 같은 것인가? 다른 것인가[老僧三十年前未參禪時 見山是山 見水是水 乃至後來親見知識有入處 見山不是山 見水不是水 而今得箇休歇處 依前見山祇是山 見水祇是水 大衆這三般見解是同是別]?"

이 세 가지 견해 중에서도 존재의 있음의 견해에서 존재를 없음으로 볼 줄 아는 것[見山不是山]이 무엇보다 어려우므로 불교에서는 더 높은 차원의 중도적인 견해를 이야기하기보다는 공으로 보고 무상(無相)으로 보는 것을 강조한다. 그래서 공관을 주창하는 반야부의 경전이 무려 600여 부나 되며 금강경이나 반야심경이 그토록 많이 읽히는 이유가 여기에 있다. 이처럼 모든 존재에 대해 불교적 안목을 가졌다 하더라도 그 차원은 차이가 많이 난다. 궁극에는 있음과 없음, 어디에도 치우치지 않는 중도적 안목과 그 안목에 부합하는 일상생활의 삶이

구류손불 ●

되어야 한다.

　게송의 뜻을 요약하여 부연한 것이 책의 저자인 백운 스님의 괄호 안의 글이다. 그 글에서도 몸과 마음을 모두 다 같이 텅 비어 공한 줄을 안다면 산하대지도 역시 텅 비어 없으리라고 말씀하고 있다.

무비 스님 직지 강설　◉

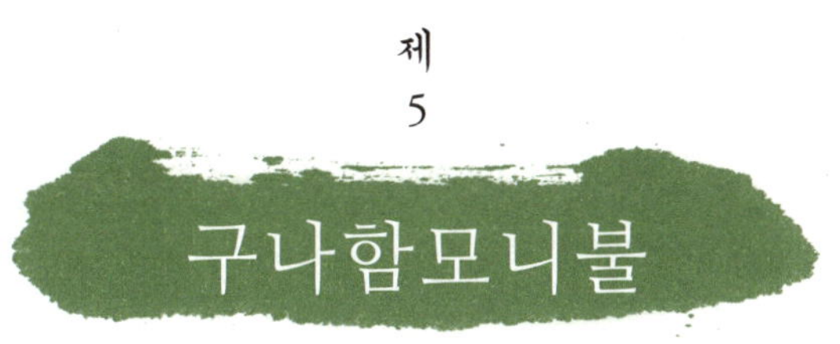

구나함모니불

拘那含牟尼佛

구나함모니 부처님은 현재 현겁의 제2 부처님이다.
게송으로 말씀하셨다.

부처란 몸을 보지 않는다. 아는 것이 부처다.
만약 진실로 아는 것이 있으면 따로 부처라고 할 것은 없다.
지혜로운 사람은 능히 죄의 성품이 텅 빈 것을 알아서
편안하고 래연하여 생사를 두려워하지 않는다.

拘那含牟尼佛 賢劫第二 偈曰
佛不見身知是佛 若實有知別無佛 智者能知罪性空 坦然不怖於生死.

【강설】　　　구나함모니불에 대한 『장아함경』 중 『대본경』의 이야기는 이렇다.

"사람들의 평균수명이 3만 년을 살 때에 세상에 출현하셨으며 종성은 바라문이고 성은 가섭이며 아버지는 대덕(大德)이고 어머니는 선승(善勝)이시다. 청정성에 살았으며 오잠바라문 나무 아래에서 1회를 설법하시고 3만 명을 제도하셨다."라고 기록하고 있다.

이 게송은 부처님이란 어떤 존재인가라는 문제를 밝힌 내용이다. 참으로 중요한 문제를 제기하였다. 불교란 깨달은 사람의 가르침이라는 뜻이다. 그래서 깨달은 사람을 부처님이라고 부른다. 그러나 사바세계 중생의 특징을 말할 때 흔히 모양을 보고 마음을 낸다는 뜻에서 상견중생(相見衆生)이라 하듯이 그 내용에 기준을 두지 않고 모양에 팔려버린다.

게송에서 밝힌 바는 부처란 몸을 보지 않고 지혜로 아는 능력을 부처라고 하였다. 일찍이 원효 스님도 신해(神解)라는 말을 써서 우리들 보통 인간들도 신비롭게 아는 능력이 있어서 그 신비롭게 아는 능력 그것이 위대한 존재라고 하였으며, 고덕들도 영지(靈知)라는 말을 써서 사람 사람이 본래로 아는 이 능력은 참으로 신령스러운 일이라고 높이 평하였다. 신비하면서 신령스럽게 아는 능력이란 무엇인가? 배가 고프면 음식을 찾아 먹을 줄 알고 피곤하면 잠을 잘 줄 아는 것이다. 부르면 대답할 줄 알고 춥고 더운 것을 알아서 잘 대처할 줄 아는 그 능력 그 사실 그 사람이다. 때로는 화도 내고 때로는 펑펑 울기도 할 줄 아는 능력이 부처이며 그와 같은 능력이 있는 사람이 그대로 위대한 부처님이다.

신찬(神贊) 선사가 은사스님인 계현(戒賢) 스님을 깨우치기 위해서 목욕을 함께하였다. 은사스님의 등을 어루만지면서 "법당은 참 좋은데 부처가 영험이 없구나[好好法堂 佛無靈驗]."라고 하니 계현 스님이 뒤를 돌아보았다. 다시 하는 말이, "영험도 없는 부처가 능히 방광은 할

무비 스님 직지 강설　●

줄 아는구나[佛無靈驗 也能放光].”라고 하였다는 기록이 전한다. 그렇다. 무슨 말을 들으면 알든 모르든 즉각 반응할 줄 아는 그 사실이다. 그 사실이 방광이며 신비롭고 신령스럽게 아는 능력이다. 이렇게 아는 것이 부처라는 말이다.

인류사에서 가장 부처님다운 훌륭한 부처님이 우리나라에 있다. 석굴암의 불상이다. 그러나 그는 추운 줄도 모르고 더운 줄도 모른다. 불러도 대답이 없다. 저렇게 오래 앉아 있건만 배가 고픈 줄도 모르고 다리가 아픈 줄도 모른다. 당신에게 바친 돈을 누가 훔쳐가도 모르며, 심지어 누가 법당에 불을 질러도 모른다. 그와 같은 부처님이 세계에서 가장 아름답고 훌륭한 부처님이라고 하지 않던가. 그래서 얼마나 많은 사람들이 자기의 욕심을 부당하게 채우기 위해서 간절히 빌고 떼를 쓰지 않던가. 이와 같은 진실을 모르는 무지몽매한 중생들에게 구나함모니 부처님은 “부처란 몸뚱이가 아니라 아는 능력을 가진 사람이 곧 부처다.”라고 하였다.

그래서 “사람이 곧 부처님이다.”라는 인불사상(人佛思想)은 불교의 큰 근본이 되는 과거 7불에서부터 역대 조사들을 거쳐 오면서 지금까지 변함없이 부르짖는 정법불교의 대 선언이다. 모든 인간을 부처님으로 바로 보고 바로 이해시키는 이 가르침보다 더 위대하기나 우선하는 가르침은 없다. 그가 언제 어디에 살고 무엇을 하는 누구이든 관계없이 모두가 이 큰 원리와 큰 원칙 안에 모두 포함되기 때문이다. 불교의 위대하고 훌륭한 점이 바로 이것이며 불교의 생명이다.

물론 아는 것에도 여러 가지로 설명할 수 있겠으나 가장 중요하고 기본이 되는 것은 웃을 줄 알고 울 줄도 아는 그 능력이다. 욕심도 부릴 줄 알고 화도 낼 줄 아는 그 능력을 가진 그 사람이다. 여기에 더하여 게송의 말씀과 같이 존재의 본성을 꿰뚫어보고 죄니 복이니 하는 문제의 진실을 환하게 알고 있다면 그것은 금상첨화다.

구나함모니불 ●

가섭불

迦葉佛

가섭 부처님은 현재 현겁의 제3 부처님이다.
게송으로 말씀하셨다.

일체 중생은 그 본성이 텅 비어서
본래부터 태어남도 없고 소멸함도 없다.
이 몸과 이 마음은 환영으로 생긴 것이다.
환영에는 죄도 없고 복도 없다.

迦葉佛 賢劫第三 偈曰
一切衆生性淸淨 從本無生無可滅
卽此身心是幻生 幻化之中無罪福.

【강설】   가섭불에 대한『장아함경』중『대본경』의 이야기는 이렇게 되어 있다.

"사람들의 평균수명이 2만 세를 살 때 세상에 출현하셨으며 종성은 바라문이고 성은 가섭이다. 아버지는 범덕(梵德)이며 어머니는 재주(財主)이다. 파라나성에 머무시면서 니구율 나무 아래에서 1회를 설법하시고 2만 명을 제도하셨다."라고 하였다. 가섭 부처님은 석가모니 부처님의 바로 윗대의 부처님이기 때문에 다른 경전에도 자주 등장하는 부처님이다. 가섭이라는 말은 음광(飮光)이라고 번역하는데, '빛을 머금고 있다'라고 할 수 있다. 그 뜻이 매우 오묘하여 부처님의 제자들 중에도 마하가섭, 우루빈나가섭, 가야가섭, 나제가섭, 십력가섭 등 다섯 명이나 있다.

대승경전이나 소승경전이나 다불(多佛)에 대한 이야기는 정도의 차이가 있을지언정 한결같다. 왜 불교의 경전에는 어떤 경전을 막론하고 부처님이 그토록 많이 등장하는가?

석가모니 부처님 당시의 사회 사정으로 볼 때 석가모니 부처님의 사상과 주의주장들은 가히 혁명적이며 반사회적이라고 할 만하다. 사람을 모든 존재에서 가장 우위에 두고 신을 섬기지 않는 문제라든지, 모든 인간은 본래로 평등하다고 보아 4성 계급을 부정한 문제라든지, 우주와 인생의 존재원리는 절대자의 창조가 아닌 연기(緣起)에 의한 것이라는 주장 등등은 참으로 당시로서는 하늘이 놀라고 땅이 흔들릴 만한 새로운 사상이었다. 그 외에도 더욱 고준하고 심오한 진리의 가르침들이 많다.

그렇다면 이 모든 새로운 사상들은 석가모니 부처님이 비로소 창안한 것인가? 아니면 그 이전부터 오랜 세월 동안 이 세상에 존재하였던 필연적인 진리라는 사실을 다만 모르고 있었을 뿐이었는가? 하는 문제이다. 그 해답이 바로 7불사상이다. 그 모든 위대한 사상들은

　　　　　　　　　　　　　　가섭불 ●

결코 석가모니 부처님이 비로소 창안한 것이 아니라 까마득한 옛적부터, 최소한 우리가 살고 있는 이 지구에서는 150억 년 이전부터 모든 생명의 역사와 함께 있었던 필연적인 진리를 다만 석가모니 부처님이 깨달음을 통해서 세상에 다시 드러낸 것에 불과하다는 뜻이 깔렸다.

법화경의 진리가 그렇고, 화엄경의 진리가 그렇다. 그러므로 모든 경전은 석가모니 부처님뿐만 아니라 과거의 무수한 부처님을 등장시켜 진리의 증거자로 삼았다. 심지어 미래의 부처님까지 거론하면서 앞으로 올 부처님들도 역시 이러한 진리에 의하여 사람들을 가르치고 제도할 것이라고 하고 있다. 과거 부처님과 미래 부처님과 그 외에 시방의 무수한 천불(千佛) 만불(萬佛)의 등장을 이렇게 이해하여야 할 것이다. 그래서 시방과 삼세를 통해서 제석천의 궁전을 덮고 있는 그물의 구슬에 비친 모습[帝網刹海]처럼 중중중중(重重重重)하고 무진무진(無盡無盡)한 부처님들이라 한다.

가섭 부처님의 게송은 모든 인간이 생과 사를 거듭하면서 죄와 복이라는 문제에 시달려 온갖 고통을 받고 있는데 깨어있는 눈으로 잘 살펴보면 실은 일체 중생의 본성은 텅 비어 있어서 본래부터 태어남도 없고 소멸함도 없다고 하였다. 인간의 죄와 복과 그리고 그로 말미암은 온갖 고통은 생과 사를 근거로 하는 것인데 생도 사도 텅 비어 없는 것이라면 죄와 복인들 어디에 있겠는가라는 뜻이다. 이 몸과 이 마음이 모두 환영이므로 환영에는 본래부터 죄도 복도 없다. 이렇게 알면 어떤 상황에서도 자유롭고 편안하며 깃털처럼 가볍게 살 수 있으리라.

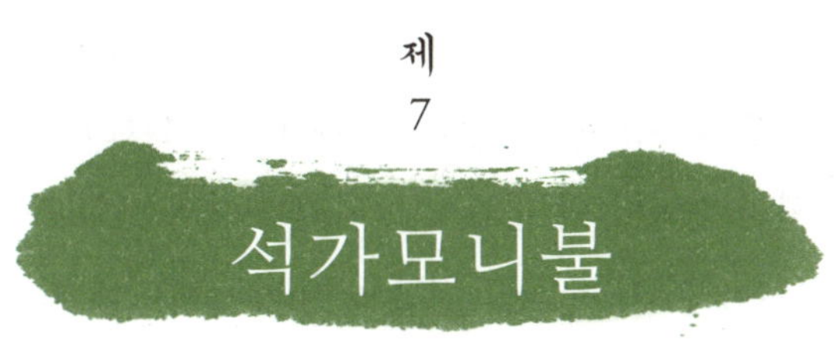

샛별을 보고 도를 깨닫다

석가모니 부처님은 현재 현겁의 제4부처님이다.
게송으로 말씀하셨다.

별을 보고 깨달음을 얻었으나
깨닫고 난 뒤에는 별이 아니다.
사물을 쫓아가지 않지만
그렇다고 무정물도 아니다.

釋迦牟尼佛 賢劫第四 偈曰
因星見悟 悟罷非星 不逐於物 不是無情.

【강설】　앞에서 보아왔던 여섯 부처님은 상징적인 의미가 있을 뿐 역사적으로 실존했던 부처님은 아니다. 그러나 석가모니 부처님은 역사적으로 실존했던 분이다. 즉 고대 인도의 종교 지도자로 불교의 창시자이다. 성은 '고타마'이며, 이름은 '싯다르타'이다. 석가족 출신으로서 진리를 깨달은 사람이라는 의미에서 석가모니 부처님이라고 한다.

석가모니 부처님의 출생과 열반의 시기는 확실하지 않다. 20세기의 역사가들은 대체로 기원전 563년 무렵에 태어나 기원전 483년 무렵에 열반에 든 것으로 추정하지만 1956년 11월, 제4차 세계불교도대회에서 석가모니 부처님의 생존 시기를 기원전 624년에서 기원전 544년까지 생존하였던 것으로 공식 채택하였다.

오래된 일이라 정확하지 않은 여러 가지의 설이 있지만 29세에 출가하여 6년간 수많은 스승을 찾아다니면서 고행을 하다가 35세에 성도하시고 45년 동안 교화하시다가 80세에 열반에 드셨다고 한다. 전통적인 북방불교에서는 30세에 성도하여 49년간 교화하시고 80세에 열반에 드셨다고도 한다. 그래서 한때 북방불기(北方佛紀)와 남방불기(南方佛紀)가 다르게 표기되기도 하였다.

석가모니 부처님을 이야기할 때 무엇보다 중요한 것은 별을 보고 도를 깨달았다는 사실이다. 세상에는 태자 출신도 많고 고행을 한 사람도 많다. 그러나 석가모니 부처님이 그토록 유명하고 인류의 스승으로 추앙을 받는 이유는 진리를 깨달았다는 사실 때문이다. 석가모니 부처님께서 깨닫기 전까지는 존재의 실상을 그 누구도 깨닫지 못했다. 그러므로 석가모니 부처님의 성도(成道)는 인류사에 있어서 가장 큰 사건으로 기록된다.

무엇이 인류사에 있어서 가장 큰 사건이라고 할 만한 것인가? 한마디로 표현하면 모든 사람, 모든 생명을 부처님으로 승격시켜 놓았기 때문이다. 과거·현재·미래의 모든 생명을 한꺼번에 부처님으로 승격시킨 이 사실보다 더 큰 사건이 또 어디에 있겠는가.

불교의 출발도 석가모니 부처님의 깨달음에서 시작한다. 싯다르타 태자가 깨달음을 얻음으로써 깨달은 사람, 즉 부처님이 존재하였고, 깨달음을 설명하는 가르침이 있었고, 그 가르침을 듣고 따르는 제자들이 있었다. 이렇게 하여 삼보(三寶)가 세상에 존재하게 되었으며 불교교단이 형성된 것이다. 그러므로 불교의 가장 중요한 기념일은 부처님이 태어나신 초파일이 아니라 성도일이다. 초파일 행사보다도 더욱 성대하게 행사를 하면서 성도의 의미를 세상에 널리 알리는 것이 불교의 정법을 가르치는 첩경이 될 것이다. 생일은 누구에게나 있다. 그러나 성도일은 누구에게도 없다. 불교가 세상에 왜곡되게 전해지는 것은 이 성도의 의미를 모르기 때문이라는 생각이다.

6년의 고행의 과정에서 여러 스승을 찾아 수행한 끝에 비로소 보리수나무 밑에 앉아 바른 사유에 들어가서 7일이 지난 뒤에 정각(正覺)을 이루었다. 이 사실을 두고 예로부터 수많은 명안종사들이 중언부언하며 왈가왈부하였다. 여기 게송의 내용은 '새벽의 별을 본 것이 하나의 계기는 되었지만 깨달음의 안목으로 볼 때 그 별은 이미 별이 아니다. 자신이요, 우주다. 진리 자체다. 별을 좇아갈 일이 없다. 그렇다고 목석과 같은 무정물이라서 그러리라고 오해해서도 안 된다.'라는 뜻이리라.

『선문염송』에서 깨달음에 대한 매우 빼어난 게송이 있어서 부처님의 깨달음의 실체를 이해하는 데 참고가 될까 하여 인용한다.

취암(翠嵓) 스님이 다음과 같은 게송을 지었다.

밝은 별을 한 번 보고 꿈에서 깨어났네.
마치 천 년 묵은 복숭아씨에서 푸른 매실이 열린 격이로다.

 석가모니불 ◉

매실이라는 말이 조미료는 못 되지만
일찍이 목마른 장병들의 갈증은 덜어 줬네.

[一見明星夢便廻 千年桃核長靑梅 雖然不是調羹味 曾與將軍止渴來]

보령(保寧) 선사는 말씀하기를, "여래가 밝은 별이 떠오를 때 도를 이루셨다고 하는데 대중은 말해 보라. 밝은 별이 언제는 뜨지 않던가?"라고 하였다. 그렇다. 도란 가히 한 순간도 사람과 떠나 있을 수 없는 것이다. 만약 한 순간이라도 떠나 있는 것이라면 그것은 도가 아니다. 여러 가지의 표현들이 있지만 위에서 인용한 두 분의 말씀이 여래의 성도를 이해하는 데 바른 안목을 열어주는 지침이 되리라 생각하여 소개하였다.

◉

꽃을 드니 미소하다

세존께서 영축산에서 설법을 하실 때 하늘에서 네 가지 꽃이 비가 오듯이 쏟아졌다. 세존께서 드디어 꽃을 들어 대중에게 보였는데 가섭 존자가 빙긋이 미소하였다.

세존께서 말씀하셨다.

"나에게 정법의 눈과 열반의 미묘한 마음이 있는데 그것을 마하가섭에게 부촉하노라."

世尊 在靈山說法 天雨四花 世尊 遂拈花示衆 迦葉 破顏微笑
世尊云 吾有正法眼藏涅槃妙心 付囑摩訶迦葉.

 무비 스님 직지 강설 ◉

【강설】　석가모니 부처님께 특기할 만한 사항이 여러 가지가 있는데 앞에서 소개하였던 성도(成道)하신 것이 첫 번째 특기할 사항이다. 그리고 여기에서 거량하는 법을 전하는 장면이다. 즉 법을 깨달은 일과 법을 전한 일이 가장 중요하다는 뜻이다. 『직지』를 편찬하신 백운 화상의 불교적 안목과 깊이를 조금은 짐작하겠다.

세존의 삼처전심(三處傳心) 중에서 가장 멋있고 대표적인 것이다. 스승이 꽃을 드니 제자가 미소를 지어 이심전심(以心傳心)의 도리를 천하에 널리 알게 한 내용은 『대범천왕문불결의경』이라는 경전의 이야기이다. 이 경전에는 이런 이야기가 전한다.

"그때에 대범천왕이 부처님께 사뢰었다. ‘세존께서 세상에 오시어 40여 년 동안 갖가지 설법을 하시었습니다. 어찌 미증유의 법문이 아니겠습니까. 어찌 말로 다 할 수 있는 법이라 하겠습니까. 원컨대 세상의 모든 사람과 천신들을 위하여 보여주십시오.’ 이 말을 마치고 금빛 나는 천 개의 잎이 달린 연꽃을 바치고 자신의 몸으로 법상을 대신하여 앉게 하며 진심으로 법을 간청하였다.

그때 세존은 그 자리에 앉아 문득 꽃을 들어 대중에게 보였다. 법회에 모인 백만 대중과 비구들은 묵묵하였다. 그때 오직 마하가섭 존자가 그것을 보고는 곧 파안 미소하여 보였다. 그리고는 자리에서 일어나 합장하고 바로 서서 아무 말이 없었다. 그때에 부처님이 마하가섭 존자에게 말하였다. ‘나에게 정법을 깨달은 안목과 열반을 체득한 마음이 있다. 그것은 진실하고 영원한 것이지만 형상이 없는 미묘한 법문이다. 이것은 문자로 성립되지 않기 때문에 교 밖에 다르게 전한다. 지혜가 있든 없든 인연이 되면 증득할 것이다[正法眼藏 涅槃妙心 實相無相 微妙法門 不立文字 教外別傳 有智無智 得因緣證]. 오늘 마하가섭에게 부촉하노니 미래세에 여러 부처

석가모니불 ●

님을 받들어 섬기고 나서 마땅히 성불하리라.'라 하였다."

이 이야기는 염화미소(拈花微笑), 영산회상거염화(靈山會上擧拈花), 염화시중(拈花示衆), 이심전심(以心傳心) 등의 말로 요약하여 널리 전해지면서 선불교의 기원이 되었다. 무엇보다 중요한 것은 선불교의 기원을 이 경전의 이야기에 근거를 두고 있다는 점이다. 선불교는 참으로 멋지다. 아름다운 한 송이의 꽃에서 출발하였다. 그래서 선은 간결하고 탈속하고 유현하고 아름답다. 선을 이야기 하는 사람치고 이 이야기를 근거로 삼지 않는 이가 없다. 그러고 보면 선은 경전의 산물이다. 경전은 선불교의 어머니다. 결국은 "문자로는 성립되지 않기 때문에 교 밖에 다르게 전한다[不立文字 敎外別傳]."라는 경전의 가르침을 높이 숭상하는 곳이 선원이며 선불교다.

그러므로 경전은 선가에서 더욱 숭상하는 입장이 되었다. 참으로 바람직한 일이라고 하겠다. 선불교를 공부하는 사람들은 이 사실을 깊이 명심해야 하리라. 왜냐하면 경전이나 어록에는 선불교에서 가장 높이 숭상하는 『대범천왕문불결의경』보다 훨씬 뛰어나고 격이 높은 경전과 어록이 대단히 많기 때문이다.

그러나 선은 인류가 창조한 것 중에 가장 위대한 정신문화이며 걸작품이다. 선은 하나의 거울이다. 사람의 마음상태를 환하게 비춘다. 선은 하나의 등불이다. 사람들의 삶의 길을 밝게 비추며 안내한다. 또한 선은 일종의 생활태도이며 처세방법이다. 선은 일종의 생각하는 지혜이며 인생지침이다. 선은 사람의 마음을 정화하며 인격을 미화한다. 지혜를 개척하며 역량을 강화한다. 선은 사람의 잠재된 능력 가운데 본래로 갖추고 있는 일종의 숭고한 정신역량이다. 이러한 선을 한 송이 꽃으로 보였다. 참 간결하다. 쉽다. 불필요한 장식적인 설명이나 부수적인 요소는 하나도 없다. 그러면서 무한히 높고 깊은 것이 또 선이다. 그래서 선을 이렇게 설명해도 결국은 하나도 설명하지 못한 것이 된다. 왜냐하면, 선은 언어 밖에 있기 때문이다.

『선문염송』에서 남명(南明) 스님이 염화미소를 노래한 게송이 매우 훌륭하여 소개한다.

"서릿발 바람이 땅을 스치며 마른 풀뿌리를 쓸어 가는데 누가 봄소식이 벌써 온 줄 느꼈겠는가. 오직 고갯마루에 매화가 있어 비밀을 누설하여 외가지에서 홀로 눈 속에 피었도다[霜風刮地掃枯荄 誰覺東君令已廻 唯有嶺梅先漏洩 一枝獨向雪中開]."

◉

열반은 본래 없다

석가모니 부처님이 열반회상에서 손으로 가슴을 어루만지시고 대중에게 말씀하셨다.

"그대들은 나의 자마금빛의 몸을 잘 살피고 마음껏 우러러 보아 후회가 없게 하라. 만약 나를 열반에 들었다고 한다면 나의 제자가 아니며 만약 나를 열반에 들지 않았다고 하더라도 역시 나의 제자가 아니다."

그때에 백 만억 대중이 모두 다 깨달음을 얻었다.

[이를테면 '여래는 세상에 나오지도 않았으며 또한 열반에 들지도 않았다.'라는 말과 같다.]

佛 於涅槃會上 以手摩胸 告大衆曰汝等 善觀吾紫磨金色之身 瞻仰取足 勿令後悔 若謂吾滅度 非吾弟子 若謂吾不滅度 亦非吾弟子 時 百萬億大衆 悉皆契悟.

[如云 如來不出世 亦無有涅槃也]

석가모니불 ◉

【강설】　열반회상은 부처님이 열반에 드시면서『열반경』을 설하시던 법회를 말한다. 세존의 한 생애를 두고 볼 때 성도하신 일과 법을 전하는 일 못지않게 중요한 것이 열반에 드신 일이기 때문에『직지』에서 앞의 두 가지 사실에 이어서 육신의 열반을 거론한 것이다.

세존의 열반은 참으로 중요한 문제이다. 세존의 열반은 세존의 열반에만 국한되어 있는 것이 아니라 모든 사람의 열반과 직결되어 있다. 부처님은 스스로 제자들에게 "나는 이제 곧 열반에 들고 다비를 할 것이다. 그러면 그동안 보고 듣고 하던 부처님은 세상에 존재하지 않는다. 그러므로 여한 없이 실컷 보도록 하라."고 하였다. 이 말씀은 보통 사람들의 상식에 따라 탄생과 열반을 말씀하신 것이다. 즉 속제(俗諦)이며 상견(常見)이며 유상불(有相佛)의 입장이다. 모든 사람의 기본적인 견해라고 할 수 있다. 그러므로『열반경』에서는 부처님이 열반에 들 때 모든 사람이 슬피 울었다. 그 슬픔이 심한 경우는 기절까지 하였다고 한다. 열반 변상도(變相圖)에 잘 나타나 있다.

2,700년이 지난 지금도 우리 불자들은 인도의 불교성지를 두루 참배하다가 쿠시나가라에 이르러 부처님이 열반에 드신 모습을 조각한 불상에 참배하고 열반의 광경을 이야기 하노라면 모두 눈물을 흘린다. 훌쩍훌쩍 소리 내어 우는 이도 있다. 슬픈 감정은 전이가 잘 된다. 그래서 법당 안은 순식간에 숙연해 지고 여기저기서 울먹인다. 부처님의 열반에 대한 불자들의 감정은 이와 같다. 하물며 그 당시에 여러 해를 모시고 살다가 입멸에 드시는 광경을 눈으로 직접 목격하게 된다면 얼마나 허무하고 안타깝고 비통할 것인가?

그래서『열반경』은 이러한 상식적인 견해에서 벗어나서 보다 높은 차원의 진실한 생명에 눈을 뜨게 하려고 영원한 불성과 불생불멸의 진여 생명을 누누이 설파하였다.

『열반경』에 이렇게 설하였다. "선남자여, 비유하자면 어떤 사람이

　　　　　　　　　무비 스님 직지 강설　●

달을 보아도 나타나 있지 않으면 달이 없어졌다고 하여 없다는 생각을 하지만 이 달은 실로 없어진 것이 아니니라. 도리어 다른 곳에서 사람들이 달이 나타났다고 하지만 이 달은 실로 나타난 것이 아니니라. 왜냐하면, 수미산에 가려 있어서 나타나지 아니하나 그 달은 항상 있어서 나타나거나 없어지지 않은 것과 같으니라. 여래도 또한 이와 같아서 삼천대천세계에 태어나서 염부제에 부모가 있음을 보이면 사람들은 모두 말하기를 여래가 염부제에 태어났다 하고, 혹 염부제에서 열반을 보이지만 여래는 실로 열반이 없느니라.”라고 하였다.

공적한 본질의 세계와 유형의 현상세계에 대한 깊은 이해를 통해서 불교의 진리를 알게 되고 모든 존재의 실상을 이해하게 된다. 따라서 부처님의 열반을 제대로 이해하게 된다. 부처님은 “만약 나를 열반에 들었다고 한다면 나의 제자가 아니며 만약 나를 열반에 들지 않았다고 하더라도 역시 나의 제자가 아니다.”라고 하였다. 부처님의 실상이나 우리 보통사람들의 실상이나 또는 모든 존재의 실상은 한쪽으로 치우친 견해로써 판단하면 잘 못 보는 것이 된다. 즉 열반에 들었다고 단정해서도 안 되고 들지 않았다고 단정해서도 안 된다. 왜 이처럼 알쏭달쏭하게 말할 수밖에 없는가? 모든 존재는 본래 있음도 아니고 없음도 아니기 때문에 이러한 불교 특유의 논리가 등장한 것이다. 부처님의 열반과 아울러 모든 존재를 이처럼 중도적으로 이해하는 것이 바로 이해하는 것이 되기 때문이다.

 석가모니불

보거나 듣지 아니하다

세존께서 니구율 나무 아래에 앉아 계실 때 상인 두 사람이 와서 물었다.

"혹시 수레가 지나가는 것을 보았습니까?"

"보지 못하였네."

"그렇다면 소리를 들으셨습니까?"

"듣지 못하였네."

"선정에 들어계셨습니까?"

"아니 선정에도 들어 있지 않았네."

"그렇다면 주무셨습니까?"

"아니 잠도 자지 않았네."

상인들이 찬탄하여 말하였다.

"훌륭하고 훌륭하십니다. 세존께서는 깨어 있으면서도 보지 않으십니다."라고 하고는 흰 천 두필을 바쳤다.

[이를테면 '몸과 마음은 토목과 같고 듣고 보는 것은 눈멀고 귀먹은 이와 같다.'라는 말과 같다.]

世尊 在尼拘律樹下坐次 有二商人 問 還見車過不 曰不見 曰還聞不 曰不聞 曰莫禪定不 曰不禪定 曰莫睡眠不 曰不睡眠 商人 歎曰 善哉善哉 世尊 覺而不見 遂獻白氎兩段.
[如云 身心 如土木 聞見 似盲聾]

【강설】 　석가세존의 일생의 삶에 대해서나 설법하신 내용에 대해서 특별히 기록하여 전하고 싶은 가르침이 매우 많다. 백운 화상은『오등회원』에 간추려놓은 내용 중에서 다시 더 살펴보고 선별하여 꼭 소개하고 싶었던 것을 『직지』에 수록하였다. 천하의 명안종사가 추리고 추려서 한 권의 경전으로 만들었으므로 그 내용의 깊이와 수준은 짐작하는 대로다.

　이 내용은 부처님의 중생들을 위한 다종다양한 대기설법(對機說法) 중에서 전통적인 선불교에서 매우 즐겨하는 대경무심(對境無心)의 삶을 표현하는 좋은 예가 되겠다. 즉 세상의 그 어떤 문제들도 모두가 내가 문제시함으로부터 비로소 문제로 등장하는 것이다. 세상의 주인은 나 자신이므로 좋은 문제도 나쁜 문제도 모두가 내 문제이다. 그러므로 내가 문제시하지 않으면 어떤 문제도 존재하지 않는다고 보는 것이 선불교의 입장이다. 그래서 문제 해결의 열쇠는 곧 나 자신에게 있고 그것은 곧 내가 무심하면 모든 문제는 존재하지 않으며 또한 문제가 있다 하더라도 다 해결이 된다는 뜻이다.

　선게(禪偈)에는 "내 마음 가운데 아무런 일이 없으면 세상의 그 어떤 일노 나를 움식이시 못한나[心中無一事 萬境不能轉]."라는 말이 있나.

　뿐민 아니라 제방선원의 주련에는 방(龐)기사의 "세상에는 대상도 많고 사건들도 많지만 다만 내 마음이 그것에 무심하다면 그 많고 많은 사물과 사건들이 아무리 내 주위를 에워싸고 있다 한들 무엇이 방해되랴. 마치 무쇠소가 사자의 포효를 두려워하지 않는 것과 같으며 나무로 깎은 사람이 꽃을 보고 새를 보는 경우와 같을 것이다. 나무로 만든 사람은 본래 감정이 없는데 꽃과 새가 그 나무사람을 만난들 놀랄 일이 무엇이겠는가. 그와 같이 마음은 마음대로, 경계는 경계대로, 그냥 그대로 그 자리에만 있으면 깨달음을 이루지 못한 것에 대하여 무엇을 염려하겠는가[但自無心於萬物 何妨萬物常圍繞 鐵牛不怕獅子吼 恰

석가모니불 ◉

似木人見花鳥 木人本體自無情 花鳥逢人亦不驚 心境如如只遮是 何慮菩提道不成]."

라는 게송을 흔히 볼 수 있다.

그렇다. 선원에 앉아 선정에 몰두하는 사람은 반드시 이와 같은 심경이 되어야 한다. 그러므로 세존께서도 위와 같은 사례가 있었으며 특별히 기록하여 후대에 전해줌으로써 수행자의 큰 지침이 되고 있다.

세존의 코앞을 수레가 지나갔으나 세존은 수레 소리를 듣지도 못했으며 보지도 못했다. 그렇다고 잠을 자고 있었던 것도 아니다. 세속의 상인이 보기에는 너무나도 훌륭한 일이며 뛰어난 정진력이다. 그래서 환희한 마음에 흰 천 두 필을 보시하였다. 백운 스님도 "살아 있는 사람이지만 몸과 마음은 토목과 같고 듣고 보는 것은 눈멀고 귀먹은 이와 같다."라고 착어를 하였다.

사람의 정신세계가 이와 같은 경지에 이르는 것도 쉬운 일은 아니지만 무엇인가 부족한 느낌이 든다. 살아 있는 사람이 목석과 같이 되는 것으로 두 상인을 감동하게 한 것보다는 이왕에 상인들을 만났으니 상인의 도리와 참다운 상인의 길을 일러주고 나아가서 어떻게 하면 정도에 맞게 사업을 잘하여 돈을 많이 벌고 이웃과 나눌 수 있는가를 가르쳤더라면 오늘날 중생에게 가장 많이 읽히는 경전이 되었으리라 생각한다.

욕실에서 깨닫다

세존께서 앉아 계실 때 발다파라 보살과 그의 도반 16명의 보살이 자리에서 일어나서 부처님의 발에 예를 올리고 부처님께 말씀드렸다.

"스님들이 목욕할 때에 순서를 따라서 욕실에 들어가서 홀연히 물의 원인을 깨달았습니다. 이미 때를 씻은 것도 아니며 또한 몸을 씻은 것도 아니지만, 그 순간이 편안하여 아무것도 존재하는 바가 없는 경지를 얻었습니다. 미묘한 감촉이 선명해서 부처님의 제자로서 머물 자리를 얻었습니다."라고 하였다.

世尊 坐次 跋多婆羅 併其同伴十六開士 卽從座起 頂禮佛足 而白佛言 於浴僧時 隨例入室 忽悟水因 旣不洗塵 亦不洗體 中間 安然 得無所有 妙觸 宣明 成佛子住.

【강설】 이 이야기는 『능엄경』의 25원통(圓通)을 밝히는 내용 가운데 촉진(觸塵)의 원통을 설명한 글이다. 원통이란 도통이며 깨달음이라는 뜻이다. 25원통이란 6근과 6진과 6식과 7대(大)에서 모두 깨달음을 이룬 아라한들과 보살들이 하나하나 등장하여 자신의 경험들을 부처님께 말씀드리는데 발다파라라는 보살은 목욕하면서 물의 감촉을 통하여 깨달음을 이루었다는 이야기이다.

불교는 세존이 보리수 아래에서 깨달음을 성취한 일로부터 출발하여 시종일관 그 깨달음의 내용과 방법을 사람들에게 널리 전파하여 모든 사람도 부처님처럼 깨닫게 하는 것이 가장 중요한 일이다. 바른 이치를 깨닫고 나면 어떻게 살 것인가 하는 문제는 스스로 알고 실천하게 되어 있다. 백천만겁에 만나기 어려운 인생으로서 이 세상에 태어나 부처님의 가르침을 만난 것은 오로지 인생의 지극히 소중함을 느끼고 그리고는 가장 보람 있고 가치 있게 사는 길을 배우는 일이다. 그리고 그것은 곧 깨달음을 이루는 일이라고 간단히 정리할 수 있다.

그런데 깨달음에 이르는 길은 대단히 많다. 흔히 알고 있는 참선과 염불과 간경과 주력과 같은 수행법이 있는가 하면『능엄경』에서 소개하고 있는 것처럼 25종의 깨달음에 이르는 길이 있다. 그것도 단순한 이론이 아니라 직접 경험한 사람들이 자신의 이야기들을 소개하였다. 한 가지 의문스러운 것은 백운 스님이『직지』를 편찬하시면서『능엄경』의 수행법을 소개한 점이다.『능엄경』에서도 관세음보살의 이근원통(耳根圓通)이 가장 우수하다고 하여 특별히 다루었는데, 왜 하필이면 발다파라 보살의 촉진원통을 이끌어 왔는가 하는 문제이다.

사사로운 생각으로는, 물은 생물에게 없으면 안 되는 것이다. 지구의 많은 부분이 물로 구성되었고 아기도 모태에서 물에 있다가 태어난다. 사람의 몸도 수분이 가장 많고, 모든 생물이 최초에 생길 때도 물에서 생겼다. 일상생활에서도 물을 가장 많이 접하기 때문이 아닐까 하는 생각이다. 서양철학에서도 물은 모든 존재의 원인이며 원리라고 하여 모든 것은 물에서 나와 물로 형성되어 물로 돌아간다고 보기도 하였다.

일상생활에서 가장 많이 접하며 가장 가까이 존재하는 물은 어쩌면 한시도 잊지 못하고 사는 대상이다. 공부는 지속적으로 하는 것이 무엇보다 중요하다. 기도가 그렇고 화두가 그렇고 경을 읽는 일이 그렇다. 물을 자주 대하므로 물의 원인을 관찰하여 선정에 든다면 아마 큰 도움이 될 것이다. 염화시중이라는 화두를 드는 사람은 꽃을 볼 때마다 놓친 화두를 다시 상기할 수 있어서 공부에 큰 도움이 된다는 경우와 같은 것이리라.

 무비 스님 직지 강설 ◉

"때를 씻은 것도 아니며 또한 몸을 씻은 것도 아니지만, 그 순간이 편안하여 아무것도 존재하는 바가 없는 경지를 얻었습니다."라고 한 것은 참으로 공감이 가는 말이다. 물을 대하는 순간은 누구나 마음이 편안하다. 바닷물이 그렇고 흐르는 강물이 그렇다. 목욕탕에 들어가서 느끼는 경우는 더욱 편안하다. 굳이 몸을 씻지 않더라도 그렇게 편할 수가 없다. 그 느낌의 그 상태가 지극히 편안한 데 이르러 아무것도 존재하는 바가 없는 경지인 텅 빈 자리에 머무른다면 더 무엇을 바라랴. 이러한 경지가 부처님의 제자로서 머물 자리를 얻었다고 하였는데, 이것이 바로 불교를 공부한 보람이 아니겠는가 하는 만족감이라고 이해할 수 있을 것이다. 비록 발다파라 보살의 개인적인 생각이지만 높은 경지임에는 틀림없다.

◉

방하착하라

흑씨범지가 신통력으로 좌우 양손에 오동나무 꽃 두 그루를 들고 와서 부처님께 공양하는데 부처님이 선인을 부르니 범지가 "예" 하고 대답하였다.
부처님이 다시 말씀하셨다. "내려놓아라."
범지가 왼쪽 손에 들고 있던 꽃 한 그루를 내려놓았다.
부처님이 또다시 선인을 불러서 "내려놓아라."라고 하였다.
범지가 또다시 오른손에 있는 꽃 한 그루마저 내려놓았다.
부처님이 또 말씀하시기를, "선인이여, 내려놓아라."
범지가 말하였다.
"세존이시여, 저는 지금 양손에 들고 있던 꽃을 모두 내려놓았는데 무엇을 더 '내려놓으라.'고 하시는 것입니까?"

부처님이 말씀하셨다. "내가 그대로 하여금 두 손에 들고 있는 꽃을 '내려놓으라.'고 한 것이 아니다. 지금 마땅히 밖으로는 6진과 안으로는 6근과 그 중간으로는 6식을 일시에 다 내려놓고 더는 버릴 것이 없는 경지에 이르면 이것이 그대의 생사를 벗어나는 경지이니라."

범지가 그 말씀에 깨달았다.

世尊 因黑氏梵志 以神通力 左右手 擎合歡梧桐花兩株 來供養佛 佛召仙人 梵志 應喏 佛云 放下着 梵志 放下左手一株花 佛 又召仙人 放下着 梵志 又放下右手一株花 佛又云 仙人 放下着 梵志云 世尊 我今兩手花 皆已放下 更放下个什麼 佛云 吾非令汝 放下手中花 汝今當放下 外六塵 內六根 中六識 一時放下 到無可捨處 是汝脫生死處 梵志 於言下 悟去.

【강설】 　무수한 불교의 명언 중에서도 이 방하착(放下着)이라는 말만큼 좋은 말이 있을까 하는 생각이 든다. 불자들에게는 조주 스님의 방하착이 가장 친숙한데, 알고 보니 세존께서 일찍이 방하착하라는 말씀을 하셨다.

　어떤 수행승이 조주 스님에게 와서 묻기를, "한 물건도 가져오지 아니했을 때는 어떻게 하여야 합니까?"

　조주 스님이 말하기를 "방하착 하라."라고 하였다.

　그러니 수행승이 다시 따지기를, "한 물건도 가져오지 않았는데 무엇을 내려놓으라는 말씀입니까?"라고 하니 조주 스님이 왈, "내려놓기 싫거든 짊어지고 가거라."라고 한 이야기는 너무도 유명하다.

　이 조주 스님의 이야기의 근거는 세존과 바라문교의 수행자 범지와의 대화에서 비롯되었다. 같은 방하착이라도 조주 스님은 대단히

 무비 스님 직지 강설 ●

직설적이고 정신이 번쩍 들게 하는 데 반해서 세존은 지극히 자비스럽고 자세하고 친절하게 설명해 주셨다. 그래서 예로부터 부처님의 설법은 활과 같이 가르치고 조사들의 설법은 활줄과 같이 가르친다고 하였다. 활은 굽어 있고 활줄은 직선이다. 여기에 소개하는 방하착이라는 법문을 가지고 서로 비교해 보면 그 성격이 더욱 명확해진다.

부처님께서 지금 들고 있는 꽃을 내려놓으라는 뜻이 아니고 그대의 삶의 일체를 모두 내려놓으라는 뜻이다. 사람들의 삶의 일체란 나라는 주관과 남이라는 객관이다. 그 주관은 6근으로 세분하고 객관은 6진으로 세분한다. 그 주객 사이에서 우리의 인식작용이 저절로 생기게 되는데 그것이 6식이다. 이 모든 것이 곧 우리들 삶의 모든 영역이다. 이와 같은 우리들 삶의 모든 영역을 다 내려놓으면 거기에는 삶도 없고 죽음도 없다. 그리하여 부처님께서 '생사를 벗어나는 경지'라고 말씀하신 것이다.

조주 스님의 방하착이라는 한마디 말씀이 오랫동안 참선수행자들에게는 천근의 무게와도 같은 풀지 못할 화두였다. 그 화두를 일찍이 부처님께서는 아주 친절하게 차근차근 설명해 주셨다. 부처님의 친절한 설명이 조주 스님의 낙처(落處)와 그 거리가 얼마나 되는가? 그 답은 우리들의 몫이다.

석가모니불 ◉

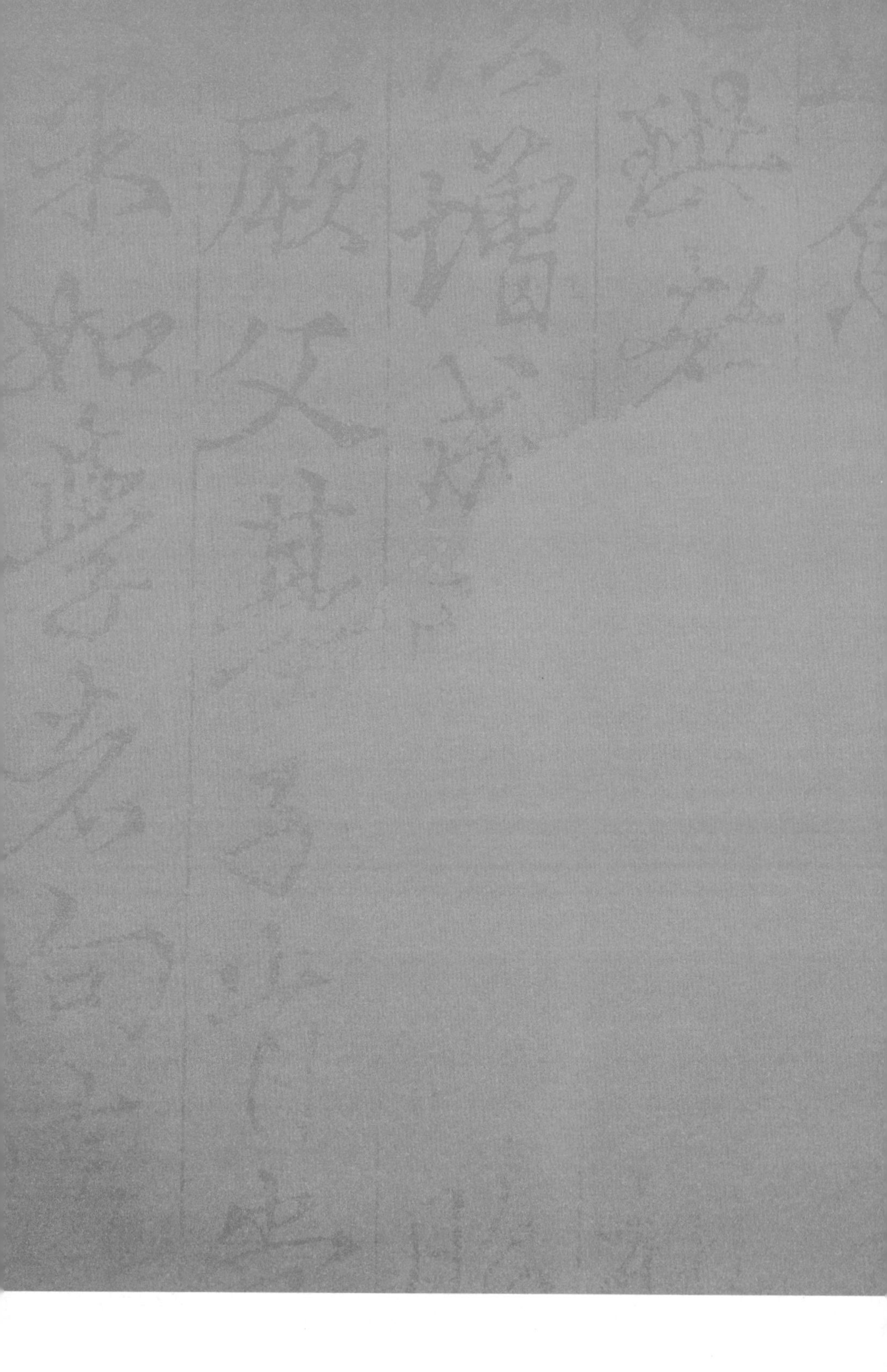

서천의 조사

西天祖師

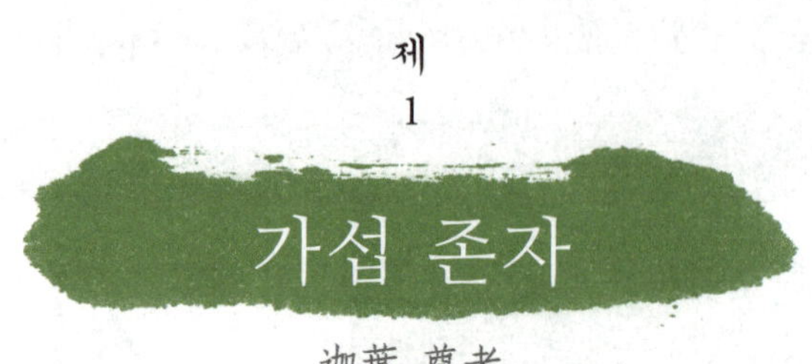 가섭 존자

迦葉 尊者

법과 비법이 없다

가섭 존자가 게송으로 말하였다.

법과 법은 본래의 법이니
법도 없고 법이 아님도 없다.
어찌 같은 하나의 법에서
법이 있고 법이 아닌 것이 있겠는가.

迦葉頌曰
法法本來法 無法無非法.
何於一法中 有法有不法.

【강설】　지금까지 여섯 부처님의 게송과 석가모니 부처님의 가르침 중에서 중요하다고 생각이 되는 사실들을 간략히 추려서 소개하였다. 이제부터는 서천(인도)의 여러 조사스님에 대한 이야기이다.

『직지』를 편찬하신 백운 스님은 서천의 여러 조사스님을 소개하면서 부처님과 같은 시대를 살았던 수많은 제자와 그 후대의 훌륭한 조사들을 모두 생략하고『전등록』이나『오등회원』의 편찬예규를 그대로 따르면서 더욱 간략히 하였다. 부처님 당시의 10대 제자들만 언급하더라도 본받을 이야기가 많을 것이며 빼어난 가르침들이 무수히 많을 것이다. 한 분 한 분의 특징적인 가르침만을 조금이나마 소개하였더라면 하는 아쉬움을 남긴다.

다만, 후대 선불교의 관점에서 볼 때 부처님의 법통을 정맥으로 계승한 것으로 알려진 28대 조사들을 중심으로 엮었다. 사실 부처님의 법통을 정맥으로 계승한 분은 마하가섭 외에도 사리불, 목건련, 수보리, 가전연 등 그 외에도 많지만, 흔히 선종 정맥에 등재된 분만을 실었다.『직지』가 철저히 선불교의 인물들과 그들의 사상으로서 진리의 가르침, 즉『정법(正法)의 서(書)』로 삼았음을 알 수 있다.

부처님 제자 중에 가섭이라는 이름을 가진 분이 여럿이다. 가장 대표적인 분이 소위 3가섭이다. 우루빈나가섭, 나제가섭, 가야가섭 삼형제는 본래 불을 섬기는 이교도였으나 부처님의 교화를 입고 불교에 귀의하였다. 경전에 자주 등장하는 가섭은 이분들이다. 하지만 전등 계보에 소개되는 분은 마하가섭(摩訶迦葉)으로 그는 불교 교단의 큰 어른으로 존경을 받았기 때문에 상수제자라고 한다. 마하가섭 존자의 수많은 교훈과 가르침이 전하는데, 본래 욕심이 적고 엄격한 계율로 두타(頭陀)를 행하신 것이 뛰어나서 두타제일이라 한다.

또한, 부처님이 열반에 들자 부처님의 가르침에 다소의 이견이 있었던 사람들이 기존의 교단 규칙을 어기면서 마음대로 말하고 행동하

　　　　　　　　　　　　　　　가섭 존자　◉

려는 경향이 있자 마하가섭 존자가 이를 염려하여 부처님 교법을 결집해서 법규를 다시 정립하기로 하였다. 그것이 소위 결집(結集)이다.

부처님께서 열반하신 지 3개월 만에 5백 명의 유능한 비구들을 왕사성 교외에 있는 칠엽굴에 모아놓고 마하가섭 존자의 주재 아래 아난 존자가 경(經)을 외고 우팔리 존자는 율(律)을 외어 3장 중에 2장이 완성되었다. 불교의 2,700여 년의 긴 역사에 있어서 가장 큰 불사이며 업적이다. 그때에 합송하여 결집한 경과 율이 발전하여 4차에 걸쳐 결집하게 되고 후대에는 성문화되었다. 그것이 다시 각 나라의 언어로 번역되어 오늘날까지 불교가 전하여지게 된 것이다. 이 얼마나 위대한 업적인가.

그러나 선불교에서는 부처님께서 세 곳에서 가섭 존자에게 법을 전했다고 하는 삼처전심(三處傳心)을 높이 산다. 다자탑전분반좌(多子塔前分半座), 영산회상거염화(靈山會上擧拈花), 사라쌍수곽시쌍부(沙羅雙樹槨示雙趺)다. 이 세 곳에서의 세 가지 행위는 곧 부처님께서 법을 보인 것이고, 가섭 존자는 그것을 모두 이해하였다고 하여 오직 가섭 존자가 유일하게 부처님의 정법안장을 전해 받았다고 기술하고 있다. 선종에서는 이 사실을 교외별전(敎外別傳)의 근거라고 하여 매우 중요시한다. 그래서 제1조사가 가섭 존자인 것이다.

부처님께서 특별히 가섭 존자에게 전법게송이라고 하여 내려준 것은 없다. 굳이 전법게송을 말한다면 『대범천왕문불결의경』에서 염화미소 이후에 말씀하신 것을 들 수 있다. 여기에 소개한 이 게송은 가섭 존자의 게송이다. 조금 부연하자면, 이런 법 저런 법, 동서양의 법, 옛 법이나 지금의 법이나 본래 그대로 다 법이다. 즉 『금강경』의 구절처럼 일체 법이 모두 불법이다[一切法皆是佛法]. 그래서 특별히 이것은 법이고 저것은 법이 아니라고 할 것이 없다. 그런데 무슨 같은 하나의 법에서 법이라고 할 법이 있으며 법이 아니라고 할 법이 있겠는가. 지금 현재 그대로 여여하며 본래 무사할 뿐이다.

무비 스님 직지 강설 ●

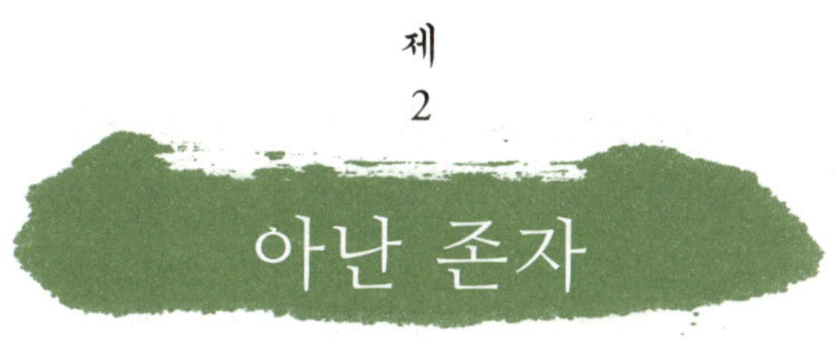

아난 존자

阿難 尊者

교법은 아난에게

「전등계보」에 이르기를 교의 바다는 아난의 입에 쏟아주시고 선의 등불은
가섭의 마음에 접지해 주셨다. 그러므로 아난이 가섭에게 물었다.

"세존께서 금란가사를 전해준 것 외에 따로 무슨 법을 전하였습니까?"

가섭이 아난을 부르니 아난이 "예" 하고 대답하거늘,

가섭이 말하였다.

"문 앞에 있는 찰간[깃발]을 넘어뜨려라."

[사견으로 말하자면, 가섭과 아난이 함께 교화하지 않는다. 부르는 곳이 분명하
고 대답하는 곳이 진실하다. 그 가운데에 형색과 소리와 언어를 갖췄으니 이것
이 바로 최초의 선불교라고 하겠다.]

譜云 敎海 瀉阿難之口 禪燈 點迦葉之心 故阿難 問迦葉 世尊 傳金襴
外 別傳何法 迦葉 召阿 阿難 應喏 迦葉云 倒却門前刹竿着.
[私曰 二尊 不並化 喚處分明 應處眞 个中 具色聲言語也 最初禪也]

【강설】　서천의 두 번째 조사인 아난 존자다. 아난은 세존의 10대 제
자 중 한 사람이지만 선종에서는 가섭 존자의 법을 이은 분으로 제 2
대 조사라고 칭한다. 아난을 무염(無染), 환희(歡喜), 경희(慶喜)라고 번
역하는데 세존의 사촌 동생으로 카필라 성의 석가 종족 출신이다. 그
의 전기에 의하면, 부처님의 시자가 되어 가장 오래 부처님을 모시면
서 부처님의 교법을 가장 많이 들었다. 어려서부터 총명이 남달라서
한번 들은 것은 모두 다 기억하였으므로 부처님의 법문을 결집할 때
아난 존자가 5백 아라한 중에서 송출(誦出)하는 역할을 하였다고 한다.
그래서 모든 경전 서두에는 아난 존자가 "나는 이와 같이 들었다[如是
我聞]."라고 하면서 그 경전의 내용을 들은 대로 재설(再說)하여 대중의
의혹을 풀었다는 사실은 불교사에 매우 중요한 일이다.

　　뿐만 아니라 불교 승단에 최초로 비구니 제도를 둘 수 있게 하는
데 큰 역할을 했던 일이라든지, 부처님의 시자를 맡기로 하면서 조건
을 붙인 일과 부처님이 열반에 드실 때 마지막으로 중요한 사항들을
물어서 뒷일을 잘 처리할 수 있었던 등등의 특기할 만한 내용이 대단
히 많은 제자이다.

　　『직지』에는 가섭 존자와 아난 존자를 함께 이야기하였다. 내용에
서 밝힌 대로 부처님의 교학은 아난 존자가 부처님의 법문을 들은 대
로 외어내어서 오늘날까지 널리 전하게 되었고, 선불교의 등불은 가
섭 존자의 마음에 심어주어 상전(相傳)하게 되었다. 일찍이 서산 스님
이 말씀하신 대로 선은 부처님의 마음이요, 교는 부처님의 말씀이다.
말씀은 마음에서 나왔으며 마음은 말씀으로 표현된다. 그것이 다른

무비 스님 직지 강설 ●

별개의 것으로 생각하여 높고 낮은 것을 나누거나 우열을 나눈다면 불교의 진실을 모르는 처사다.

아난 존자가 가섭 존자에게 법을 전해 받는 문답이라고 해야 할 내용이 소개되었다. 아난이 묻기를, "세존께서 금란가사를 전해준 것 외에 따로 무슨 법을 전하였습니까?"라고 하였다. 가섭이 아난을 부르니 아난이 "예" 하고 대답하거늘 가섭이 말하였다. "문 앞에 있는 찰간[깃발]을 넘어뜨려라."라고 하였다.

아난 존자의 질문은 가섭 존자의 속을 꿰뚫어보고 한 말이다. 속이란 살림살이며 법이며 도다. 가섭이 부르고 아난이 대답한 것이 너무나도 확실하다. 군더더기가 없다. 다만, 묻고 대답하는 그 사실이 있을 뿐이다. 그런데 가섭은 공연한 염려를 한 것이다. 아난 존자에게는 이미 깃발이라 할 것이 없는데 가섭 존자는 행여 깃발이라 할 만한 것이 조금이라도 남아 있을까 하여 철저히 점검한 것이다. 마치 양귀비는 공연히 소옥(小玉)을 부르고 소옥은 이미 다 알고 헛소리로 먼 산을 보고 헛대답을 하는 격이다.

이 내용에 대해서 『선문염송』에서는 정혜신(定慧信) 선사가 다음과 같은 게송을 지어 실었다.

금란가사를 전한 뒤에 무엇을 주었던가?
가섭 존자가 아난을 부를 때에 비밀이 이미 누설되어 버렸네.
말을 따라 알았다 하더라도 여전히 둔한 사람일세.
찰간대를 꺾은들 무슨 소용이 있으랴.
[金襴付後傳何物 迦葉呼名已泄機 言下便明猶鈍漢 刹竿倒却復奚爲]

상나화수 존자

商那和脩 尊者

마음은 희지 않다

제3조 상나화수 존자는 우바국다를 만나서 시자로 삼고 그에게 물었다.
"네 나이가 얼마인가?" "제 나이는 열일곱입니다."
"네 몸의 나이가 열일곱인가? 네 성품의 나이가 열일곱인가?"
"스님의 머리카락이 이미 하얗습니다. 머리카락이 하얗습니까? 마음이 하얗습니까?"
"다만 머리카락이 하얗지 마음이 하얗지는 않다."
"저도 제 몸의 나이가 열일곱이지 성품의 나이가 열일곱은 아닙니다."
상나화수 존자는 이 아이가 법의 그릇임을 알고 드디어 출가시키고 구족계를 주었다. 그리고 말씀하시기를, "여래가 최상의 법으로 가섭에게 부촉하시고 그것이 옮기고 옮기면서 전해주고 전해 받아서 나에게 이르렀다. 나는 지금 그대에게 부촉하노니 절대 끊어지지 않게 하라. 나의 게송을 들어라."

법도 아니고 마음도 아니다.
마음도 없고 또한 법도 없다.
이러한 마음과 법을 말할 때에
이 도리는 마음도 법도 아니다.

【강설】　스승과 제자가 만나서 서로 주고받은 문답에서 불교에서 중
요하게 생각하고 있는 일심(一心) 사상을 엿볼 수 있다. 흔히 일심이 육
신과 별개의 것처럼 이야기하는 경우가 많다. 실은 별개의 것이라고
치우쳐서 볼 것은 아니지만, 일심을 깊이 이해하게 하는 데는 필요한
주장이다. 열일곱 살의 제자도 몸의 나이가 열일곱 살이지 마음마저
열일곱 살은 아니라는 이야기와 스승도 육신의 머리카락이 하얗지 마
음이 하얀 것은 아니라는 말씀은 곧 몸과 마음이 별개의 것인 것처럼
말하고 있다. 그와 같은 대화를 하는 사이에 의기투합하여 법의 그릇
이라 여기고 제자로 삼았다. 이 내용을 철저히 이해하여 자신의 안목
과 가치관으로 정립된다면 그것만으로도 상당한 경지다.

　　조계선종 법맥의 길고 긴 산맥이 흘러내리다가 가장 우뚝하게 높이
솟은 산이 있다. 그가 임제의현(臨濟義玄, ?~867) 선사다. 임제 선사도 이
와 같은 법문을 남겨서 후대의 법사들이 영혼을 천도할 할 때 자주 언급

상나화수 존자 ◉

하는 내용인데, 즉 일심의 영원한 생명에 대해서 일깨워주는 법어다.

"그대들의 지수화풍(地水火風) 네 가지 요소로 구성된 이 육신은 법을 말하거나 법을 들을 줄 모른다. 지라나 위장이나 간장이나 쓸개도 법을 말하거나 법을 들을 줄 모른다. 허공도 역시 법을 말하거나 법을 들을 줄 모른다. 그렇다면 무엇이 법을 말하고 법을 들을 줄 아는가? 그것은 그대들 목전에 있는 역력하면서 조그마한 형체도 없는, 그러나 오직 그것만이 뚜렷하게 밝은 이것이 법을 말하고 법을 들을 줄 안다. 만약 이와 같이 이해한다면 곧바로 조사나 부처님과 더불어 똑같을 것이다[儞四大色身 不解說法聽法 脾胃肝膽 不解說法聽法 虛空不解說法聽法 是什麼解說法聽法 是儞目前歷歷底勿一箇形段孤明 是這箇 解說法聽法 若如是見得 便與祖佛不別]."라고 하였다.

지수화풍 네 가지 요소로 구성된 이 육신은 말을 하거나 말을 들을 줄 모른다. 오직 형체 없는 이 마음이 보고 듣고 느끼고 알 뿐이다. 이것은 태어나고 죽고 하는 문제에도 상관이 없으므로 이 자리를 알면 곧 생사를 해탈한 것이라고 한다. 그러므로 모든 사람은 이미 영원한 생명인 이 마음이 있기 때문에 태어나고 죽는 일에 관계가 없다고 임제 스님의 법문으로써 영가를 깨우친다.

이어서 "태어남이란 어디에서 오는 것이며 죽음이란 어디로 가는 것인가. 태어남이란 한 조각 구름이 일어나는 것과 같고 죽음이란 한 조각 구름이 사라지는 것과 같다. 뜬구름은 그 자체가 본래 실체가 없으며 죽고 태어나고 가고 오고 하는 일도 그와 같다. 홀로 한 물건이 있어서 항상 홀로 드러나 있어서 맑고 밝아 태어나고 죽는 일을 따라가지 않는다[生從何處來 死向何處去 生也一片浮雲起 死也一片浮雲滅 浮雲自體本無實 生死去來亦如然 獨有一物常獨露 湛然不隨於生死]."라는 법문으로 일심의 영원성을 더욱 확실하게 일깨워준다.

이처럼 선불교에서 가장 중요하게 생각하는 일심 사상은 초기불교에서부터 불교 전반에 걸쳐 중요시되고 있다. 『법구경』 첫머리에도 "모든 것은 마음이 다스리고 마음에서 나와 마음으로 이루어진다. 나쁜 마음을 가지고 말하거나 행동하면 괴로움이 따르리니, 마치 소와 말의 뒤를 수레바퀴가 따르듯 하리. 모든 것은 마음이 다스리고 마음에서 나와 마음으로 이루어진다. 선한 마음을 가지고 말하거나 행동하면 즐거움이 따르리니, 마치 그림자가 형체를 따르듯 하리[心爲法本 心尊心使 中心念惡 卽言卽行 罪苦自追 車轢於轍 心爲法本 心尊心使 中心念善 卽言卽行 福樂自追 如影隨形]."라고 하였다.

익히 알고 있듯이 대승경전에서는 '일체유심조(一切唯心造)'라고 하여 일심을 지극히 강조한다. 신라의 원효 스님도 의상 스님과 중국 유학길에 올랐다가 모든 것이 마음으로 이루어진다는 것을 깨달은 너무나도 유명한 일화가 있다. 어두운 밤에는 갈증을 풀어주는 시원한 맑은 샘물이라고 알았다가 아침에 깨어나 보니 해골바가지의 물이었다는 사실을 알고 구토를 하던 중 모든 것이 마음의 조작이라는 사실을 깨달은 것이다. 이 일을 계기로 원효 스님은 "마음이 생기면 갖가지 법이 생기고 마음이 소멸하면 갖가지 법이 소멸한다[心生卽種種法生 心滅卽種種法滅]."라는 유명한 말씀을 남겼다.

불교의 완성이라고 할 수 있는 선불교에서 일심 사상은 더욱 크게 강조되었다. 달마로부터 현대에 이르기까지 오직 일심뿐이라고 해도 지나친 표현은 아닐 것이다. 그러면서 이 한마음의 바른 이해를 위해서 게송에서는 "법도 아니고 마음도 아니며 마음도 없고 또한 법도 없다."라고 하였다. 마음에 대한 바른 이해란 무엇인가. 마음은 곧 마음이 아니며 법은 곧 법이 아니므로 마음이며 법이라는 즉비(卽非)의 중도적 관점을 견지하라는 뜻이다.

상나화수 존자

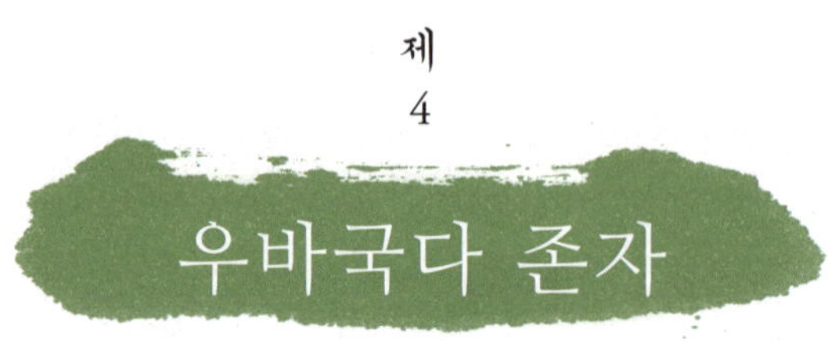

우바국다 존자

優波鞠多 尊者

출가란 무엇인가

제4조 우바국다 존자는 20세에 출가하여 불과(佛果)를 이루고 여러 곳을 다니며 교화하여 한량없는 사람들을 제도하셨다. 최후에 한 장자가 있었는데 이름이 향중(香衆)이었다. 불도를 구하기 위하여 출가하기를 원하자 우바국다 존자가 물었다.

"그대의 몸이 출가하는가? 그대의 마음이 출가하는가?"

"제가 여기에 와서 출가하려는 것은 몸도 마음도 아닙니다."

"몸도 마음도 아니라면 누가 출가하는가?"

"대저 출가라는 것은 나와 나의 것이 없으므로, 나와 나의 것이 없으므로 이 마음이 생기거나 소멸하지 않습니다. 이 마음이 생기거나 소멸하지 않는 것이 곧 항상한 도(道)며 모든 부처님도 역시 항상합니다. 마음은 형상이 없고 그 본체도 또한 그러합니다."

"그대는 마땅히 크게 깨달아서 마음이 저절로 통달하였으니 마땅히 부처님과 법과 스님을 의지해서 살아라."하시고, 곧 머리를 깎고 구족계를 주어 법을 부촉하였다. 게송으로 말씀하였다.

마음은 저절로 본래의 마음이니
본래의 마음이란 어떤 법이 있는 것이 아니다.
법이 있고 본래의 마음이 있으면
마음도 아니고 본래의 법도 아니다.

第四祖 優波鞠多者 二十 出家證果 隨方行化 度無量衆 最後 有一長者 名香衆 志求妙道出家 尊者 問曰 汝身出家 汝心出家 答曰 我來出家 非爲身心 尊者曰 不爲身心 復誰出家 曰夫出家者 無我我故 無我我故 卽心不生滅 不生滅 卽是常道 諸佛亦常 心無形相 其體亦然 尊者曰 汝 當大悟 心自通達 宜依佛法僧住 卽爲剃度受具 卽付法 偈曰 心自本來 心 本心非有法 有法有本心 非心非本法.

【강설】　우바국다 존자가 향중이라는 제자를 만나서 출가에 대하여 대화를 나누다가 그를 출가시키고 법을 부촉한 내용으로 구성되어 있다. 출가를 원하는 사람에게 질문하는 내용은 다양하다. 6조 혜능 대사가 출가하려고 5조 홍인 스님 회상에 갔을 때 5조 홍인 스님이,

"그대는 어디에서 왔으며 무엇을 구하려 하는가?"

"예, 저는 영남 신주에 사는 백성인데 이렇게 와서 뵙는 것은 부처가 되고자 함이요, 다른 뜻은 없습니다."

"그대는 영남의 무지렁이인데 어떻게 부처가 될 수 있겠는가?"

"사람은 남쪽사람과 북쪽사람이 있으나 불성은 본래 남북이 없습니다. 무지렁이의 몸은 화상과 같지 않으나 불성이야 어찌 다르겠습

우바국다 존자　●

니까?"라는 대화가 널리 알려져서 인구에 회자되고 있다.

우바국다 존자는 "몸의 출가인가? 마음의 출가인가?"를 물었는데 향중이라는 제자는 출가의 높고 깊은 의미를 피력하였다. 즉, 출가란 나와 나의 것으로부터 완전히 벗어나는 것이지 몸이나 마음이 출가하는 문제가 아니라는 것이다. 이 세상 모든 것을 한마디로 표현하면 나와 나의 것이다. 이 세상 모든 것에 묻혀 살되 그 모든 것이 마음에서 사라져서 일체에 무심하면 온갖 대상들과 경계들이 나를 어찌하지 못한다. 즉 그것이 진정한 출가이다. 결코, 머리를 깎고 가사를 입고 집을 버리고 산에 들어가서 사는 것에 출가가 있지 않다고 하였다.

비유하자면 연꽃이 더러운 늪지대에서 피었지만, 그 더러운 늪의 진흙에는 조금도 더럽혀지지 않는 것과 같이 이 세상에 살되 세상사에 물들지 않고 오염되지 않을 때 진정한 출가라는 뜻이다. 출가라는 형식에만 매달리고 진정한 출가를 못하고 사는 수많은 출가인에게 더 없이 훌륭한 경책의 말씀이다.

향중이라는 제자는 이어서 "나와 나의 것이 없을 때 마음의 불생불멸을 알고, 마음의 불생불멸을 안다면 곧 항상한 도며, 항상한 도란 곧 모든 부처님의 경지이다."라고 하였다.

이처럼 출가에 대한 뛰어난 경구를 설한 향중이라는 제자에게 법을 부촉하고 게송을 내렸는데 마음과 그 마음의 대상인 법의 존재에 대하여 설파하였다.

"삼계가 오직 마음뿐이요, 만목이 청산이라." 하였듯이 좀 부연하면, "마음은 저절로 본래의 마음이며 그 본래의 마음에는 마음뿐이지 그 어떤 법도 없다. 그리고 마음뿐이라면 굳이 마음이라 할 것도 없다. 그렇다면 마음이라는 것도 대상인 법이라는 것도 달리 논할 일이 아니다."라는 내용이다.

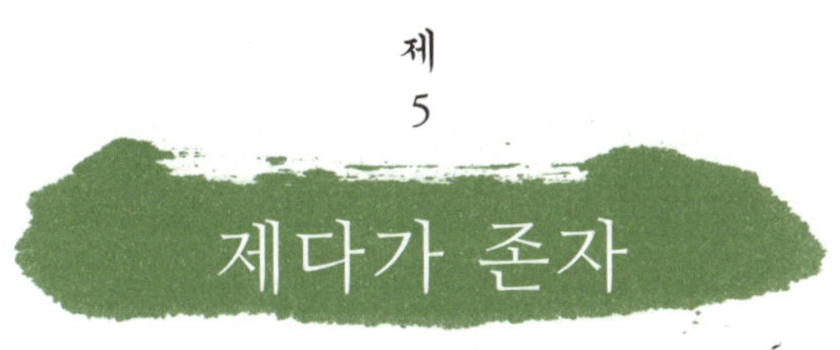

제다가 존자

提多迦 尊者

마음도 없고 법도 없다

제5조 제다가 존자는 이곳의 말로는 '진리를 통달한 사람'이라는 뜻이다. 존자가 미차가에게 이르기를, "옛날에 여래께서 큰 법의 창고로써 가섭 존자에게 부촉하시고 그것이 옮기고 옮겨서 서로 전해주어 나에게 이르렀다. 지금 그대에게 부촉하노니 그대는 마땅히 보호하여 기억하라." 하시고 게송으로 말하였다.

본래의 마음 법을 통달하면
법도 없으며 법이 아닌 것도 없다.
깨달은 뒤에는 깨닫지 못한 것과 같나니
마음도 없고 법도 없느니라.

게송을 설하여 마치고 몸을 허공에 솟구치어 열여덟 가지의 변화를 일으키면서 불의 삼매를 지어서 스스로 그 몸을 태우시니라.

第五祖 提多迦者 此云通眞量也 尊者 謂彌遮迦曰昔 如來 以大法藏 付
囑迦葉 轉轉相授 而至於我 我今付汝 汝當護念 偈曰
通達本法心 無法無非法 悟了同未悟 無心亦無法
說偈已 踊身虛空 作十八變 化火三昧 自焚其身.

【 강설 】　제다가 존자는 제자를 만나서 부처님의 법의 등불[法燈]을
전해주고 전해 받는 일이 무엇보다 중요하다는 뜻을 말씀하고 있다.
예로부터 한 나라에서는 왕의 법통이 어떻게 전해 내려가는가 하는
문제를 대단히 중요하게 생각하였으며, 세간에서는 한 집안의 계통을
잇는 문제라든지 그림이나 글씨나 도자기 등 모든 분야에 있어서 스
승에게 전수받은 전통을 중요시하고 있는 것이 사실이다. 법을 생명
처럼 여기는 불가에서는 더욱 귀중하게 생각하였기 때문에 아직은 가
섭 존자로부터 5조에 불과하지만 그 전등법계(傳燈法系)를 밝히고 그
것이 지금 그대에게까지 이어졌다고 한 것이다. 그리고 면면히 이어
서 끊어지지 않도록 하라는 당부의 말씀을 남겼다.
　　백운 스님은『직지』에서 선종 법맥의 계보를 밟아서 엮어나갔다.
이 점에서도 법맥이 중요하다는 사실을 알 수 있다. 불교에는 역사적
으로 볼 때 유식학파, 천태학파, 화엄학파, 밀교학파, 염불종, 계율종,
교종, 선종 등등 수많은 종파가 있었다. 우리나라에는 여러 가지 사정
으로 한때 교종과 선종으로 나뉘어 내려오다가 통불교적(通佛敎的) 선
종으로 통합되었다. 이는 불교 전체를 아우르면서도 선불교를 앞세우
기 때문이다. 우리나라 법맥의 대수가 문중마다 다소의 차이는 있지만
지금까지 80대를 전후하여 그 법맥이 이어지고 있다. 법을 가르치는
사람들이나 법을 배우는 사람들이나 다 같이 법등의 계보를 중요하게
생각하여 자신의 전등계보를 확인하고 잘 전해줘야 할 일이다.

무비 스님 직지 강설 ◉

법력이 어느 정도인가 하는 것은 별개의 문제다. 왕의 자손이 아무리 못났어도 왕자는 왕자이기 때문에 그 왕족의 대수를 면할 수 없는 것과 같다. 법력이 있든 없든 이 시대의 불자는 이 시대의 법등의 맥을 자리매김할 수밖에 없는 일이기 때문이다.

게송에서 "본래의 마음 법을 통달하면 법도 없으며 법이 아닌 것도 없다."라는 말은 마음의 진실을 이해하는 가장 요긴한 말이다. 불교에서 가장 많이 거론하는 것이 마음이지만 마음의 실상이 참으로 어떤 것인가를 알기는 어렵다. 마음의 도리를 통달하면 마음이니 법이니 하는 것이 실재하지도 않으면서 그렇다고 전혀 없는 것도 아니라는 뜻이다. 없으면서 있고 있으면서 없다는 중도적 안목으로 이해해야 한다. 실은 마음뿐만 아니라 모든 존재, 모든 행위가 다 그렇다. 이와 같이 모든 것을 중도적 원리에 입각하여 이해한다면 죄와 복도 그와 같으며 선과 악도 그와 같다. 죄와 복과 선과 악이 있으면서 없고 없으면서 있는 것이라면 그렇게 매달릴 일이 아니지 않겠는가.

제다가 존자는 자신의 몸을 허공에 솟구치어 열여덟 가지의 신통변화를 보이고는 스스로 불을 일으켜서 자화장(自火葬)을 하였다. 석가모니 부처님께서도 열반에 들자 제자들이 다비를 할 때 나무를 쌓아놓고 아무리 불을 지펴도 불이 붙지를 않았는데 시간이 되니 스스로 불을 일으켜 자화장을 하였다고 한다. 이 일이 성스럽고 부러운 나머지 후대의 제자 중에도 방법은 다르지만 자화장을 하는 경우가 간혹 있었다.

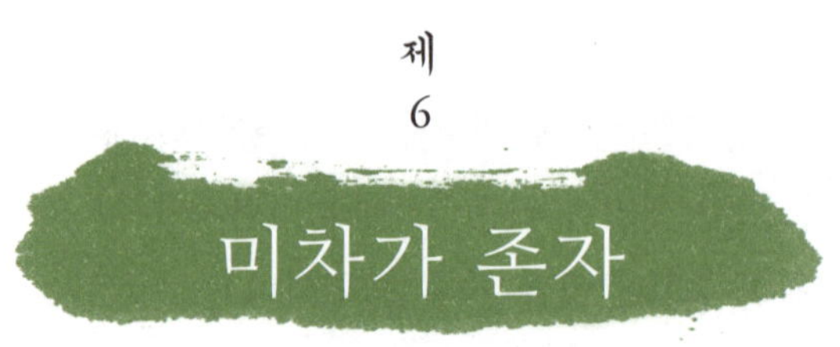

미차가 존자

彌遮迦 尊者

술독을 안고 살다

제6조 미차가 존자는 북천 축국에 가서 교화를 펴다가 어떤 작은 성 위에서 금빛 찬란한 상서로운 구름이 떠 있는 것을 보고 찬탄하였다.

"반드시 대인이 있어서 나의 법을 잇게 될 것이다." 하고 곧 그 성에 들어가니 어떤 사람이 손에 술그릇을 들고 오면서 도리어 물었다.

"스님은 어느 곳에서 오시며 어느 곳으로 가려고 하십니까?"

미차가 존자가 대답했다.

"자신의 마음으로부터 왔으며 장소가 없는 곳으로 가고자 한다."

"스님은 저를 아십니까?"

"나는 곧 알지 못한다. 안다면 곧 내가 아니다."

또 말씀하시기를,

"그대는 스스로 이름과 성씨를 말하라. 내가 마땅히 뒷날 본래의 인연을 보이리라." 하시니,

그 사람이 게송으로써 답하였다.

"저는 한량없는 세월로부터 이 국토에 태어나기까지
본래의 성은 파라타요, 이름은 바수밀입니다."

미차가 존자가 말하였다.
"세존이 옛날 북인도에 계실 때 아난에게 일러 말씀하시기를 '이 나라
에서 내가 열반에 든 뒤 3백년 경에 한 성인이 있으리니 성은 파라타요,
이름은 바수밀이라. 선불교의 조사로 제7조에 해당하리라.'라고 하셨
다."
바수밀이 말하기를,
"지금 스님의 말씀과 부합하니 원컨대 제도하여 주십시오."
미차가 존자가 곧바로 머리를 깎고 구족계를 주고 말씀하였다.
"정법의 바른 눈을 지금 그대에게 부촉하노니 결코 끊어지지 않게 하라."
그리고는 이에 게송을 설하였다.

마음도 없고 얻을 것도 없는데
얻음을 말하면 법이라 부르지 못한다.
마음이 마음 아닌 것을 알면
비로소 마음과 마음의 법을 알리라.

미차가 존자는 게송을 설하여 마치고 불을 일으켜서 스스로 화장하셨다.

미차가 존자 ●

第六祖 彌遮迦 行化北天竺國 見雉堞上 有金色祥雲 嘆曰必有大人 爲
吾嗣法 乃入城 有一人 手持酒器 逆而問曰師 何方而來 欲往何所 師曰
從自心來 欲往無處 曰師知我否 師曰我卽不識 識卽非我 又謂曰汝試
自稱名氏 吾當後示本因 彼人 說偈而答
我從無量劫 至于生此國 本姓頗羅墮 名字 波須密
師曰世尊 昔 遊北印度 語阿難言 此國中 吾滅後三百年 有一聖 姓 頗
羅墮 名 波須密 而於禪祖 當得第七 曰今符師說 願加度脫 師卽與披剃
授具 乃曰正法眼藏 今付於汝 勿令斷絶 乃說偈曰
無心無可得 說得不名法 若了心非心 始解心心法師 說偈已 化火自焚.

【강설】　미차가 존자는 교화를 하러 다니다가 어떤 마을의 작은 성
위에서 금빛 찬란한 상서로운 구름이 엉겨 있는 것을 보았다. 그 상서
로써 그곳에 대인이 있을 것을 알았다. 아무리 하찮은 사물이라도 다
그 기운이 있고 빛이 있고 힘이 있게 마련이다. 사람도 한 생각 선한
마음을 가지게 되면 설사 선한 행동을 하지 않더라도 선한 기운이 주
위에 퍼지게 되고, 악한 마음을 가지게 되면 악한 행동을 하지 않더라
도 악한 기운이 주위에 퍼지게 되어 있다. 그처럼 형체가 없는 생각뿐
이지만 그 생각에도 기운이 있어서 그것을 알고 느끼는 사람은 반드
시 알고 느낀다. 다만, 그것을 알고 느끼는 사람은 흔치 않다.
　　미차가 존자는 자신의 법을 이을 만한 그릇을 상서로운 구름을 보
고 알아차렸다. 이처럼 영혼이 맑은 사람들은 길사든 흉사든 견기이
동(見機而動)이라 하여 기미를 느끼고 벌써 움직인다는 것이다. 어떤
사태가 벌어져서 이미 돌이킬 수 없는 상황이 되었을 때 비로소 느끼
고 아는 사람들은 그만큼 무디어져 있고 혼탁하여져 있다는 뜻이리
라.

　　　　　　　　　　　　　무비 스님 직지 강설 ●

미차가 존자의 제자가 된 바수밀은 부처님께서 옛날 북인도에 계실 때 아난에게 예언을 한 인물이다. 성과 이름과 연대가 모두 맞아서 오차가 없다. 제7대 조사가 불멸 3백 년경이라고 하였다. 정확한 년, 월, 일이 없어서 다소 아쉽지만 이러한 예언의 이야기는 불교역사에 가끔 등장하는 이야기다. 작은 부자는 노력으로 되지만 큰 부자는 하늘이 내린다는 말과 같이 보통의 공부인은 자신의 노력으로 가능하지만 위대한 수행자는 예언과 같이 정해져 있는지도 모른다.

미차가 존자의 게송은 마음의 문제와 얻음의 문제를 설명하고 있다. 불교에서 마음을 가장 중요하게 생각하지만 실은 마음은 없는 것이다. 그리고 얻음도 없다. 널리 알려져 있는 반야심경의 근본종지가 무소득(無所得)이다. 그 무소득으로 보살들은 마음에 걸림이 없으며 마음에 걸림이 없으므로 일체의 공포가 없어서 전도몽상을 멀리 떠나 구경에는 열반을 얻으며, 삼세제불은 최상의 깨달음을 얻는다고 하였다. 그래서 "얻음을 말한다면 진리라고 부르지 못한다."라고 하였다.

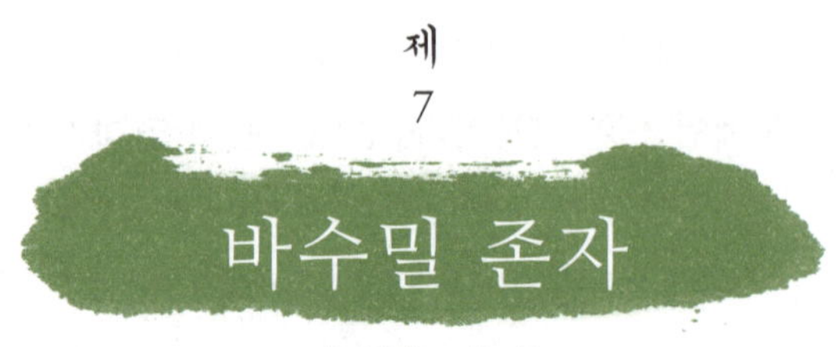

바수밀 존자

波須密 尊者

마음은 허공과 같다

제7조 바수밀은 미차가 존자가 말하는 여래의 과거 예언을 전해주는 것을 듣고 스스로 지난 인연을 살피게 되었다. 그래서 출가하게 하여 구족계를 주고 다시 말씀하였다.

"여래의 정법안장을 내가 지금 그대에게 부촉하노니 그대는 마땅히 지켜 가지라." 하시고,

게송을 설하였다.

마음은 허공계와 같으므로
허공과 같은 법을 보이노라.
허공을 깨달아 얻을 때에
옳은 법도 그른 법도 없느니라.

게송을 설하여 마치고 곧 삼매에 들어가서 열반상을 보였다.

第七祖 波須密 遇彌遮迦 尊者 宣如來往誌 自省前緣 乃出家授具 復告
曰如來正法眼藏 我今付汝 汝當守持 乃說偈曰
心同虛空界 示等虛空法 證得虛空時 無是無非法
說偈已 卽入三昧 示涅槃相.

【강설】　　바수밀 존자의 이야기는 이끌어 온 글이 충분하지 못하여
미차가 존자의 내용과 중복이 되었다.『전등록』의 내용을 인용하여 보
충한다.

"바수밀 존자는 북천축국 사람이다. 성은 파라타인데 항상 상복
[淨衣]을 입고 술그릇을 들고 마을을 다녔다. 혹은 흥얼거리기도
하고 혹은 휘파람을 불기도 하여 사람들이 그를 광인이라고 하였
다. 그러다가 미차가 존자에게 여래가 말씀하신 옛날 예언을 전해
듣고 자신의 과거 인연을 알게 되었다. 술그릇을 던지고 출가하여
법을 받고 교화를 펴다가 가마라 국에 이르러 불사를 크게 일으켰
다. 법을 설하는 자리에 홀연히 한 지혜로운 자가 있어서 스스로
일컫기를,
　　'나의 이름은 불타난제이며 지금 스승님과 이치를 논하려고
합니다.'라고 하였다.
　　바수밀 존자가
　　'어진 이여, 논하면 곧 이치가 아니요, 이치는 곧 논하지 못함이
라. 만약 이치를 논하고자 하면 마침내 이치도 논함도 아니니라.'
　　불타난제가 스승의 이치가 뛰어남을 알고 마음이 곧 공경하
고 굴복하여 말하였다.
　　'저는 도를 구하여 감로의 맛에 젖어들기를 원합니다.'

바수밀 존자 ●

존자가 드디어 머리를 깎아주고 구족계를 주면서 다시 말하였다.
'여래의 정법안장을 내가 지금 그대에게 부촉하노니' 운운.”

여기까지가 『전등록』의 내용이다. 그러므로 정법안장을 부촉 받은 사람은 바수밀 존자의 제자인 불타난제이다. 앞의 제6조 미차가와 바수밀과의 이야기와 제7조 바수밀과 불타난제와의 이야기가 너무나 흡사하다. 너무나 오래된 역사이다 보니 비슷비슷하게 정리가 된 것 같다. 혼동이 없어야 할 일이기에 노파심에서 중언부언하였다.

게송에서 “마음은 허공과 같다.”라고 한 것은 다른 경전에도 마음을 허공에다 비유한 내용이 자주 보인다. 허공의 실상도 바르게 이해하기는 어렵지만, 마음의 실상을 바르게 이해하기란 참으로 어려운 일이다. 그래서 허공에다 비유하여 설명하고 있다. 허공과 마음은 유사한 점이 많지만 몇 가지를 든다면,

첫째 마음도 허공도 모두가 텅 비었다는 점이다.

둘째 텅 비었으되 변화무쌍하여 모든 유형들을 다 수용한다는 점이다.

셋째 무엇이 허공이며 마음이라고 단적으로 정의를 내릴 수 없다는 점이다.

넷째 그 수명이 한량없다는 점이다.

다섯째 허공도 마음도 그 천의 얼굴을 다 이해하고 수용하여 편견을 가지지 않을 때 비로소 허공과 마음을 조금이나마 이해할 수 있다는 점이다.

무비 스님 직지 강설 ●

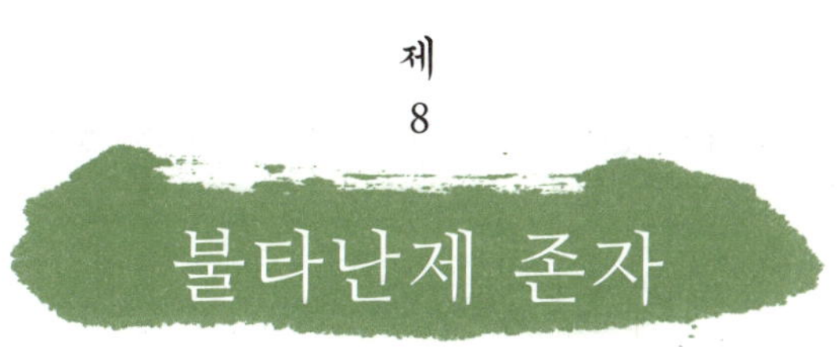

불타난제 존자

佛陀難提 尊者

부모도 친한 이가 아니다

제8조 불타난제 존자가 처음 바수밀 존자를 만나서 가르침을 받아 출가하고 교화를 펴다가 제가국의 한 성중의 비사리의 집에 이르렀다. 그의 집 위에 흰빛이 치솟는 것을 보고 그의 무리에게 말하였다.

"이 집에는 틀림없이 성인이 있다. 입으로는 말을 하지 못하나 참으로 대승의 그릇이다."라고 하였다. 말을 마치자 장자가 나와서 예를 올리고 물었다.

"무엇을 구하십니까?"

"나는 시자를 구하노라."

"저에게 아들이 하나 있는데, 이름이 복태밀다입니다. 나이가 이미 50세이지만 입으로는 아직 말을 못하고 발로는 아직 걸음을 걷지 못합니다."

"그대의 말과 같다면 참으로 나의 제자이다."라고 하고 불타난제 존자가 그를 보니 그가 곧 일어나서 예배를 올리고 게송을 설하였다.

부모가 나의 친한 이가 아니니 누가 가장 친한 것인가?
모든 부처님이 나의 도가 아니니 무엇이 참다운 나의 도인가?

불타난제 존자가 게송으로 답하였다.

그대의 말이 마음으로 더불어 친하니 부모와 비교할 수 없고
그대의 행이 도와 더불어 합하니
모든 부처님의 마음이 곧 이것이니라.
밖으로 형상이 있는 부처를 구하면
너와 더불어 같이하지 못할 것이다.
그대의 본래의 마음을 알고자 할진댄
그대와 합한 것도 아니고 떠난 것도 아니니라.

복태밀다가 스승의 미묘한 게송을 듣고 곧 일곱 걸음을 걸었다. 불타난제 존자가 곧 그를 출가하게 하여 구족계를 주고 다시 그에게 고하여 말하였다. "내가 지금 정법안장으로써 그대에게 부촉하노니 절대 끊어지지 않게 하라."
그리고 다시 게송을 설하였다.

허공은 안과 밖이 없으니
마음의 이치도 역시 이와 같으니라.
만약 허공의 이치를 깨달으면
이는 진여의 이치를 통달한 것이니라.

게송을 설하여 마치고 존자는 곧 신통 변화를 나타내고는 조용히 적멸 열반에 드시었다.

第八祖 佛陀難提 初遇波須密 受教出家 行化至提加國城毗舍羅家 見
舍上 有白光上騰 謂其徒曰此家 當有聖人 口無言說 眞大乘器 言訖 長
者 出 致禮問 何所須 尊者曰我求侍者 曰我有一子 名伏馱密多 年已
五十 口未曾言 足未曾步 尊者曰如汝所說 眞吾弟子 尊者 見之 卽起禮
拜而說偈曰 父母非我親 誰是最親者 諸佛非我道 誰是最道者 尊者 以
偈答曰 汝言與心親 父母非可比 汝行與道合 諸佛心卽是 外求有相佛
與汝不相似 欲知汝本心 非合亦非離 伏馱 聞師妙偈 便行七步 尊者 卽
令出家授具戒 復告之曰我今以如來正法 付囑於汝 勿令斷絶 乃說偈
曰 虛空無內外 心法亦如此 若了虛空故 是達眞如理 說偈已 尊者 卽現
神變 了然寂滅.

【강설】　불타난제 존자는 교화를 펴다가 어느 집에서 흰빛이 비치는
것을 보고 제자가 될 만한 사람을 찾았다. 특이하게도 그는 태어난 지
50년이 되었으나 그동안 한마디도 말하지 않았고 한 걸음도 걷지 않
았다. 불타난제 존자가 그의 부모와 간단한 대화를 나누고 그를 보자
그가 곧 일어나 예배를 하였다. 예배를 마친 뒤 곧 게송으로 "부모가
나의 친한 이가 아니니 누가 가장 친한 것인가? 모든 부처님이 나의
도가 아니니 무엇이 참다운 나의 도인가?"라고 물었다.

　　세상에 태어나서 처음 한 말이 이와 같다. 마치 천상천하유아독존
을 부르짖은 싯다르타 태자와도 같았다. 불타난제 존자는 제자가 될
복태밀다의 게송을 듣고 역시 게송으로 답하였다.

　　모든 사람에게 있어서 진정으로 자신과 가장 친한 것은 무엇인
가? 가장 친한 것부터 찾아서 잘 이해하고 관리해서 자신의 것으로 만
들어야 하리라. 흔히 양친이라고 하여 나를 낳아준 부모를 세상에서
가장 친한 사람으로 여기지만 그것은 누구나 다 아는 세속적 가치관

　　　　　　　　　　　　　　　　불타난제 존자 ◉

이다. 아내나 남편이나 자식이나 명예나 재산은 더욱 아니다. 또 부처님의 도가 가장 훌륭하여 그것이 자신의 도라고 생각하나 그것 역시 세속적 가치관이다. 불타난제 존자는 제자의 질문을 계기로 이러한 문제를 명확하게 밝혀 주었다.

『선요(禪要)』에 고봉 화상이 직옹(直翁) 거사에게 보인 글에 다음과 같은 내용이 나온다.

"부모가 나의 친한 사람이 아니다. 누가 가장 친한 사람인가? 눈 먼 거북이와 다리를 저는 자라니라. 영리한 사람이 이 도리를 알아듣는다면 곧바로 무한히 넓은 이 우주와 나와 또 다른 사람 모두가 터럭 끝과 같은 작은 간격도 없이 혼연일체라는 사실을 보게 될 것이며, 과거·현재·미래와 예와 지금과 처음과 끝이 모두 한순간을 떠나 있지 아니함을 보게 되리라[父母非我親 誰是最親者 盲龜跛鼈 靈利漢向者裏薦得 便見無邊刹境自他不隔於毫端 十世古今始終不離於當念]."라고 하였다. 즉 일체 공간 일체 시간이 모두 우리들 자신의 지금 이 순간, 이 자리에 함께 존재한다는 사실을 알게 되리라는 뜻이다.

불타난제 존자가 게송을 답한 내용을 보다 분명하게 하려고 인용하였다.

 무비 스님 직지 강설 ●

복태밀다 존자

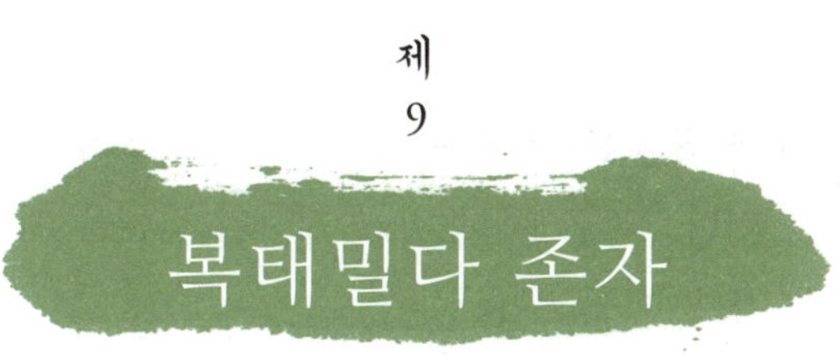

伏馱密多 尊者

60년 만에 태어나다

제9조 복태밀다 존자가 교화를 펴다가 중인도에 이르렀다. 한 장자가 있었는데 이름이 향개(香蓋)였다. 아들을 하나 데리고 복태밀다 존자에게 예배를 드리면서 말하였다.

"이 아들은 모태 가운데서 60세를 있었기 때문에 그로 말미암아 태어나기 어려운 사람이라는 뜻의 난생(難生)이라고 부릅니다. 지금 존자님을 만났으니 출가하게 하려 합니다." 하였다.

존자가 곧 머리를 깎고 구족계를 주는데 갈마작법을 할 즈음에 상서로운 광명이 그 자리를 비추며 사리가 37개가 쏟아졌다. 이로부터 정진을 하는 데 피로함을 잊었다. 그리하여 스승 복태밀다 존자가 말하였다.

"여래의 큰 법을 지금 그대에게 부촉하노니 그대는 잘 보호하여 기억하라." 하시고 이에 게송을 설하였다.

진리는 본래 이름이 없으나
이름으로 인하여 진리를 나타낸다.
진실한 법을 받으면
진실도 아니고 또한 거짓도 아니다.

존자가 법을 부촉하여 마치고 곧 멸진삼매에 드셨다.

第九祖 伏馱密多 行化 至中印度 有一長者 香蓋 携一子來 禮尊者曰此
子 在胎六十歲 因號難生 今遇尊者 可令出家 尊者 卽與落髮授具 羯摩
之際 祥光 燭座 仍感舍利 三七箇 自此 精進忘 旣爾 師告之曰如來大
法 今付於汝 汝護念之 乃說偈曰 眞理本無名 因名現眞理 受得眞實法
非眞亦非僞 尊者 付法已 卽入滅盡三昧.

【강설】　복태밀다 존자의 제자가 될 이 사람은 60년 동안 어머니 태
중에서 있다가 출생하였다는 매우 특이한 분이다. 중국의 성인 노자
(老子)도 어머니 태중에서 72년 동안 있다가 출생하였다는 전설이 있
다. 역사적으로 위대한 사람들은 그 출생부터 특이한 예가 많다.
　　복태밀다 존자는 출가하여 스님이 될 때 상서로운 광명이 비치고
사리가 37과나 쏟아졌다. 대개 사리는 열반에 든 뒤 다비를 하고 나서
수습을 하는데 살아 있을 때 사리가 나오는 경우는 드물다. 우리나라
에도 31 독립을 선언한 33인 중의 한 분인 백용성 스님이 살아계실
때 사리가 3과가 나왔다. 필자는 1975년경 부산 서면에 사셨던 연세
가 높으신 보살님에게서 사리가 수십 과가 나온 것을 직접 보았다. 보
살님은 평소에 법화경을 많이 독송하였다고 하였다. 이처럼 살아 있
을 때 나온 사리를 생(生)사리라 한다.

복태밀다 존자가 법을 부촉하면서 설한 게송에 "진리는 본래 이름이 없으나 이름으로 인하여 진리를 나타낸다."라는 말씀은 천고에 명언이다. 물질세계에서나 정신세계의 문제에 대해서도 그것들을 이름을 지어 부르고 말과 문자로써 표현하는 일은 사물이나 정신적 사실 못지않게 중요하다.

예컨대 자비심이 참으로 아름답고 중요한 마음이지만 그것을 이름 짓고 말과 문자로 표현함으로써 자비심이 비로소 드러난다. 드러남으로써 다른 사람들에게 알려지고 전해져서 모든 사람이 자비심을 공유할 수 있다. 만약 그 마음을 이름 지어 부르지 않았다면 설사 그와 같은 마음이 있다 하더라도 어떻게 오랜 세월을 지나면서 사람들에게 알려질 수 있었겠는가. 하물며 세상에서 가장 가치가 높고 중요한 진리는 더 말할 나위가 없다. 진리를 발견한 사람이 그것을 진리라고 이름을 지어 부르고 문자로 표현함으로써 진리를 나타낼 수 있게 된 것이기 때문이다. 그러므로 이름과 언어와 문자를 진리 이상으로 귀중한 방편이라고 생각해야 한다.

정신적인 문제나 존재의 이치에 관한 문제들도 그렇거니와 형상이 있는 물질의 세계에서도 역시 그렇다. 많고 많은 이 세상 모든 것에 만약 이름을 붙이지 않았다면 어떻게 될까? 저 많은 사람에게 만약 그들을 지칭하는 이름이 없다면 그들을 어떻게 부르고 어떻게 표현할까? 상상이 가지 않는다. 그러므로 진리나 사물이나 사람 못지않게 그 이름도 중요하다 하겠다.

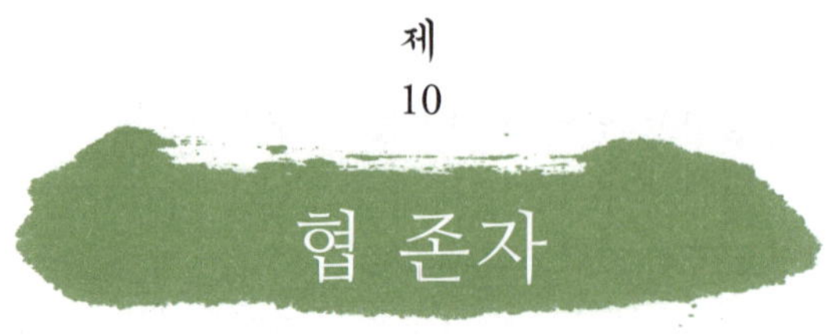

마음은 머무르지 않는다

제10조 협(脇) 존자가 탄생할 때 그의 아버지가 꿈을 꾸었다. 등에 보좌가 있고 보좌 위에 한 개의 밝은 구슬을 얹은 한 마리의 흰 코끼리가 대문으로 들어오는데 빛이 4부 대중을 두루 비추었다. 그 꿈을 깨고 나서 드디어 태어났다. 그 후 복태밀다 존자를 만나 좌우에서 시중을 드는데 잠을 자지 않았다.

그래서 이르기를,

'그는 옆구리가 자리에 이르지 않은 사람'이라고 하여 이름을 협 존자라고 하였다. 화씨국(花氏國)에서 교화를 펴다가 한 나무 밑에서 쉬고 있는데 이름이 부나야사라는 어느 장자의 아들이 있었다. 그가 합장하고 앞에 서거늘 협 존자가 물었다.

"그대는 어디서 왔는가?"

"저의 마음은 가지 않습니다."

"그대는 어디에 머무는가?"

"저의 마음은 머물지 않습니다."

"그대는 정해 있지 않은가?"

"모든 부처님도 또한 그렇습니다."

협 존자가 그의 뜻을 아시고 곧 출가하게 해서 구족계품을 주었다. 그리고 일러 말하기를,

"여래의 큰 법을 지금 그대에게 부촉하노니 그대는 잘 보호하여 기억하라."하시고 게송을 설하였다.

참다운 본체는 자연히 참다운 것이니
 참다움으로 인하여 이치가 있음을 설한다.
참다움과 참다운 법을 알면
 행함도 없고 그침도 없다.

협 존자가 법을 부촉하여 마치고 곧 열반에 들어 불을 일으켜 스스로 태우셨다.

第十祖 脇尊者 將誕 父夢一白象 背有寶座 座上 安一明珠 從門而入 光照四衆 旣覺 遂生 後値伏馱 執侍左右 未嘗睡眠 謂其脅 不至席 遂 號脇尊者焉 行化花氏國 憩一樹下 有一長者子富那夜奢 合掌前立 尊 者問汝從何來 答曰我心非往 尊者曰汝何住 曰我心非止 尊者曰汝不 定耶 曰諸佛亦然 尊者 知其意 卽令出家 授具戒品 乃告之曰如來大法 今付於汝 汝護念之 乃說偈曰 眞體自然眞 因眞說有理 領得眞眞法 無 行亦無止 尊者 付法已 卽入涅槃 化火自焚.

【강설】   협 존자는 60세에 출가하였다는 설이 있다. 매우 늦은 나이에 출가하였기 때문에 옆구리를 땅에 붙이지 않고 언제나 용맹스럽게 정진하였다. 젊은 사람들이 늦게 출가한 협 존자를 조롱하는 일이 많았으므로 그의 정진은 더욱 매서웠다. 협 존자를 그린 그림에는 노인이 나뭇가지에 기대서서 정진을 하는 모습으로 묘사되어 있다. 무수한 수행인들에게 그 그림 한 장이 큰 경책이 된다.

근래에도 처음 발심하여 소위 말뚝 같은 신심으로 선원에서 첫 철을 날 때는 협 존자의 용맹정진을 본받으려고 한밤중에도 나무에 기대어 잠과 싸우는 참선 납자들이 있다. 협 존자가 늦게 출가하였으나 무서운 정진력으로 깨달음을 이루고 부처님의 정법안장을 전해 받았다는 기록 때문이다. 불법을 공부하여 진리를 깨닫는 데는 남녀와 노소의 차별이 없으며 오직 진실한 발심과 끊임없는 정진으로 가능하다는 사실을 입증하여 보인 사람이다.

협 존자는 『전등록』에는 난생(難生)이라는 이름으로 기록되어 있다. 앞의 복태밀다 존자의 이야기에 그의 제자가 모태 중에 60년 동안 있다가 태어났기 때문에 태어나기 어려웠다는 뜻으로 난생(難生)이라고 이름을 지었다는 기록이 있다. 그렇다면 그 사람이 협 존자임에 틀림없으며 모태에서 60년, 그리고 다시 60세에 출가를 하였다고 되어 있으니 이것은 아마도 오래된 일이라 기록에 다소의 차이가 있지 않나 생각한다.

협 존자는 제자가 될 부나야사라는 사람을 만나서 가고 오고 머무는 것을 물었는데 마음은 가지도 않고 오지도 않고 머물지도 않으며 모든 부처님도 또한 그러하다는 이치를 밝혔다. 『화엄경』에 "한순간에 한량없는 겁을 널리 관찰하여 보니, 감도 없고 옴도 없고 또 머무름도 없네. 과거 · 현재 · 미래의 모든 일을 이처럼 알면 모든 방편을 뛰어넘어 곧바로 부처를 이루리라[一念普觀無量劫 無去無來亦無住 如是了知三世

무비 스님 직지 강설 ●

事 超諸方便成十力]."라고 한 내용과 같다. 이처럼 고준한 이치를 주고받음으로써 법의 그릇됨을 알고 출가하게 해서 구족계를 주었다.

전법게송의 내용은 참다운 본체는 누가 알아주든 알아주지 아니하든 참다운 것이기 때문에 굳이 설명하여 드러낼 필요는 없으나 참답다는 사실로 인하여 이치가 있음을 설하게 되었다는 뜻이다. 사람에게 마음이 있어서 그 마음을 사용하여 세상을 영위하고 인생을 슬기롭게 살아나가며 온갖 것을 만들고 예의와 도덕을 바로 세워 세상의 질서를 유지해 나간다. 그와 같은 이치를 설명하는 것이 종교이며 철학이다. 그러나 마음의 참다운 근본을 알면 모든 것이 텅 빈 궁극의 경지에서 초연한 삶이 전개된다. 그 경지는 무엇이라고 논할 자리가 아닌 곳이다.

협 존자 ●

부나야사 존자

富那夜奢 尊者

미혹과 깨달음

제11조 부나야사 존자가 이미 협 존자에게 법을 얻고 곧 바라나국에 나아가니 마명 대사가 있었다. 존자를 영접하여 예배하고 물었다.

"내가 부처를 알고자 하니 무엇이 부처입니까?"

"그대가 부처를 알고자 하니 알지 못하는 것이 그것이다."

"부처를 이미 알지 못한다면 어찌 그것인 줄을 알 수 있습니까?"

"이미 부처를 알지 못한다면 어찌 그것이 아닌 줄을 아는가?"

마명이 활연히 깨달아서 곧 출가하여 승려가 되기를 구하거늘 부나야사 존자가 대중에게 말하였다.

"이 대사는 옛날 비사리국의 왕이었는데 그 나라에 어떤 부류의 사람들이 말과 같이 벗고 살기에 마명 대사가 신통력을 써서 분신(分身)하여 누에가 되었다. 그래서 그들이 옷을 입을 수 있었다. 그 뒤에 다시 중인도에 태어나니 말과 사람들이 모두 감격하여 슬피 울었다. 그래서 이름을 마명(馬鳴)이라 하게 되었다.”

　이미 부나야사 존자를 만나 출가하고 구족계를 주게 되었다. 그래서 곧,
“여래의 큰 법을 지금 그대에게 부촉하노라.” 하시고 곧 게송을 설하였다.

　　미혹과 깨달음이 숨겨짐과 나타남과 같으며
　　밝고 어두움도 서로 떠나 있지 않다.
　　지금 숨겨짐과 나타남의 이치를 부촉하노니
　　하나도 아니고 또한 둘도 아니로다.

　법을 부촉하여 마치고 곧바로 고요히 원적에 드시었다.

第十一祖　富那夜奢　旣得法於脅尊者　尋詣婆羅奈國　有馬鳴大士　延
而作禮　因問曰我欲識佛　何者卽是　師曰汝欲識佛　不識者是　曰佛旣
不識　焉知是乎　師曰旣不識佛　焉知不是　云云　馬鳴　豁然省悟　卽求
剃度　師　謂衆曰此大士　昔爲毗舍離國王　其國有一類人　如馬裸露　大
士運神力　分身爲蚕　彼乃得衣　後復生中印度　馬人感戀悲鳴　因號馬鳴
旣遇尊者　出家授具　卽告之曰　如來大法　今付於汝　卽說偈曰　迷悟如
隱現　明暗不相離　今付隱現法　非一亦非二　付法已　卽湛然圓寂.

【강설】　　부나야사 존자가 바라나국에 가서 마명 대사를 만난 것은
부처님께서 처음 깨달음을 이루시고 바라나국에 가서 5비구를 만난
것과 깊은 인연이 있으리라. 마명 대사는 만나자마자,
　“부처가 무엇인지 알고 싶다.”고 하였는데 부나야사 존자의 대답
은 마치 선불교가 고도로 발달하였을 무렵의 언어로 답을 하였다.
　즉, “그대가 부처를 모른다고 하니 모르는 그 당체가 곧 부처이

　　　　　　　　　　　　　　　　　　　　　　부나야사 존자　●

다.”라고 하였다. 임제 스님이 황벽 스님에게 불법의 대의를 물었을 때 몽둥이로 후려쳐서 묻는 그 당사자가 곧 불법의 대의라는 사실을 일깨워 준 것과 같다.

또한 대주 화상이 처음 마조 스님을 만나서 주고받은 대화와도 같다. 마조 스님이 묻기를,

“여기에 와서 무엇을 구하려는가?” 하니,

“불법을 구하려 합니다.”

“자기 자신의 보물은 돌아보지 않고 집을 버리고 달려와서 무엇을 구하려는가? 여기에는 아무것도 없는데 무슨 불법을 구한다는 말인가?”

“무엇이 저의 보물입니까?”

“지금 나에게 묻는 그 사람이 곧 그대의 보물이다. 그것에는 일체 모든 것이 구족하였기 때문에 아무것도 부족함이 없다. 마음껏 자유롭게 쓸 수 있거늘 왜 밖을 향해서 구하려 하는가[大珠初參祖 祖問曰 從何處來 曰越州大雲寺來 祖曰 來此擬須何事 曰來求佛法 祖曰 自家寶藏不顧 抛家散走作什麼 我這裡 一物也無 求甚麼佛法 珠遂禮拜 問曰阿那箇 是慧海自家寶藏 祖曰 卽今問我者 是汝寶藏 一切具足 更無欠少 使用自在 何假向外求覓 珠於言下 自識本心]?” 라고 하니 대주 화상이 그 말을 듣자마자 스스로 본래의 마음자리가 불법이라는 사실을 깨달았다.

그렇다. 부처가 무엇인지 알든 모르든 상관없이 그대로가 부처이다. 알면 아는 그 자체이고 모르면 모르는 그 자체이다. 그밖에 달리 부처를 구하면 부처와는 십만 팔 천 리 멀어진다. 부나야사 존자는 불멸 4백여 년경에 이미 이처럼 발달한 대화법으로써 마명 대사를 깨우쳤던 것이다.

부나야사 존자의 전법 게송이 매우 절묘하다. 불교에서 깨달음을 가장 중요하게 여기는데 그 깨달음의 실체에 대해서 설파하였다. 깨

무비 스님 직지 강설

달음과 깨닫지 못한 미혹의 상태란 마치 어떤 사물이 나타나 있는 것과 숨어 있는 것의 차이와 같다는 것이다. 예컨대 다이아몬드가 손바닥에 있든 장롱 속에 있든 책상 위에 있든 무슨 상관인가? 아니면 똥통 속에 있든 거름 무더기 속에 있든 밭에 있든 그 자체는 아무런 달라진 것이 없으며 그 가치도 또한 전혀 달라진 것이 없다. 책상 위에 있으면 나타나 있다 하고 장롱 속에 있으면 숨어 있다고 말할 뿐이다. 불교에서 깨달았느니 깨닫지 못했느니 하는 것은 아무런 차이도 없으며 깨달은 사람과 깨닫지 못한 사람의 가치와 차별도 전혀 없다.

그것은 또한 밝은 것과 어두운 것의 문제와도 같다. 어떤 공간에 빛이 있으면 밝고 빛이 없으면 어둡다고 한다. 한낮에 빛이 있어서 밝든 한밤에 빛이 없어서 어둡든 그 공간의 가치와 차이는 전혀 없다. 그곳에서는 밝음이 곧 어둠이고 어둠이 곧 밝음이다. 어두운 공간이 밝아졌다고 해서 어둠이 실체가 있어서 어디로 빠져나간 것도 아니며, 어둡다가 밝아졌다고 해서 그 밝음이 어디에서 들어온 것도 아니다. 이처럼 깨달음과 미혹이라는 것도 실체가 있어서 깨달았다 하거나 미혹하다고 하지 않는다. 이미 그냥 그대로 충만한 존재이다. 그래서 부나야사 존자는 숨고 나타남은 하나도 아니며 둘도 아니라고 하시고 이치로써 전법을 하였다.

부나야사 존자

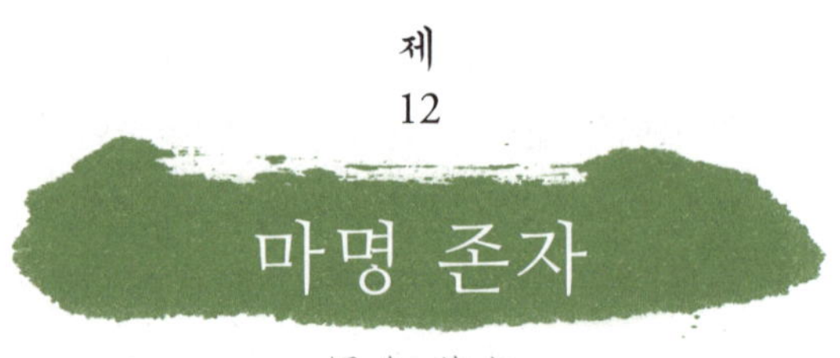

마명 존자

馬鳴 尊者

◉

외도를 굴복시키다

제12조 마명 존자에게 어느 날 어떤 외도가 있어서 논의할 사람을 찾았다. 국왕과 대신들과 그리고 사부대중을 논의하는 장소에 함께 모았다. 마명 존자가 말하였다.

"그대의 뜻은 무엇으로 종(宗)을 삼는가?"

외도가 말하였다.

"무릇 모든 언설을 내가 능히 깨트립니다."

마명 존자가 국왕을 가리키면서 말하였다.

"지금 나라가 편안하고 대왕도 장수하시니 청하노니 그대는 한번 깨트려보라." 하였다.

외도가 그만 굴복하였다.

第十二祖 馬鳴尊者 一日 有外道 索論議 集國王大臣 併及四衆 俱會論
場 馬鳴云 汝義 以何 爲宗 外道云 凡有言說 我皆能破 馬鳴 乃指國王
云 當今國土 康寧 大王 長壽 請汝破之 外道 屈伏.

【강설】　마명(馬鳴, 100?~160?) 존자는 고대 인도의 불교 시인이며 초
기 대승불교 학자로도 이름이 높다. 불교를 소재로 한 산스크리트의
미문체 문학을 창작하여 인도 문학사상 불후의 업적을 남겼다. 중인
도 마갈타국 사람으로 불멸 6백 년경에 살았던 마명 보살로 불렸다.
본래는 외도의 집에 태어나서 논의(論議)를 잘하여 불교를 헐뜯었는데
부나야사 존자와 토론을 하여 설복을 당하자 불교에 귀의하고 제자가
되었다. 그 뒤부터 마갈타국을 중심으로 전법을 하였는데 가니색가
왕이 중인도를 정복하고 배상금 대신에 마명 존자를 데리고 북인도로
돌아갈 정도로 존경받았다고 한다. 마명 존자는 북쪽의 월지국에 들
어가서 왕의 보호를 받으며 대승불교를 전파하였다.
　마명 존자는 대승불교의 시조라고 할 수 있다. 대승불교에 관한 저
술로써 대승불교 운동을 일으켰던 대승의 논사이기 때문이다. 특히『대
승기신론(大乘起信論)』1권과 부처님의 행적을 최초로 기록한『불소행찬
(佛所行讚)』5권은 매우 널리 알려진 마명 존자의 저술이다.『대승기신론』
은 오랜 세월 동안 한국불교의 전통교육 기관인 강원에서 필수교과서
로 읽히고 있으며,『불소행찬』은 부처님의 생애를 편찬하는 후대의 사
람들이 의지하여 근거로 삼는 책이다. 그 외에도『대장엄론경(大莊嚴論
經)』15권,『금강침론(金剛針論)』,『건추범찬(犍椎梵讚)』등이 있다.
　마명 존자 자신이 외도로 있을 때 부나야사 존자와 토론을 하여
굴복당하고 불교에 귀의하였듯이 자신도 외도들과 토론을 하여 굴복
시키는 사실을 전하고 있다. 국왕과 대신들 앞에서 백성으로서 국왕

마명 존자

을 부정하는 말을 하게 하였으니 어찌 외도가 감당할 수 있었겠는가?
그 토론이 짧지만 매우 교묘하다 하겠다.

『직지』에는 생략이 되었으나 『전등록』에 나오는 마명 존자의 전법
게송은 다음과 같다.

숨기도 하고 나타나기도 하는 것은 본래의 법이며
밝고 어둠도 원래 둘이 아니다.
지금 깨달음의 법을 부촉하노니
취할 것도 아니며 또한 떠날 것도 아니니라.

[隱現即本法 明暗元不二 今付悟了法 非取亦非離]

사람의 마음은 본래 공적하고 텅 비어서 깊이 숨어 있는 것 같으
나 한편 희로애락과 보고 듣고 말하고 차고 더운 것을 느끼기도 하면
서 온갖 작용을 하여 이 우주에 꽉 차게 나타내기도 한다. 이것이 본래
의 법이다. 마음뿐만 아니라 실은 모든 존재가 다 그렇다. 그런데 숨은
것과 나타난 것이 둘이 아니며 밝은 것과 어두운 것도 역시 둘이 아니
다. 둘이 아니면서 인연에 따라 둘이 되기도 한다. 이것이 참되고 바른
이치이다. 이와 같은 이치를 설사 깨달았다 하더라도 그 깨달음의 법
은 취할 것도 아니며 또한 떠날 것도 아니라는 이치를 설파하였다.

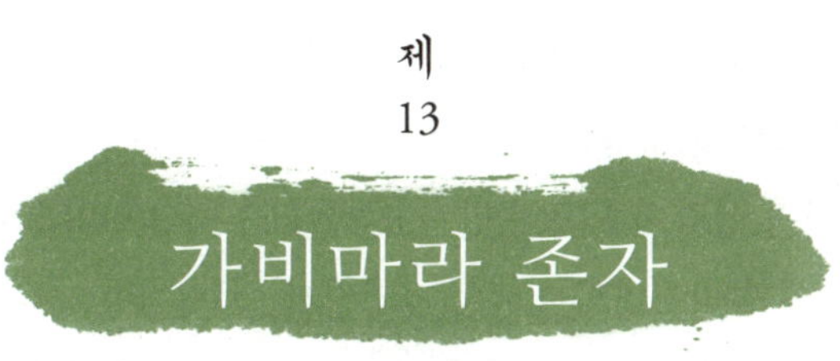

가비마라 존자

迦毘摩羅 尊者

따지지 말고 출가나 결심해라

제13조 가비마라 존자는 마명 존자에게 법을 얻고 교화를 펴다가 서인도에 이르니 그 나라의 산중에서 북쪽으로 10리 되는 곳에 큰 나무가 있었다. 나무 그늘이 5백 마리의 큰 용을 덮을 수 있었다. 그 나무의 이름이 용수(龍樹)였다. 항상 용의 무리를 위하여 설법하였다. 가비마라 존자가 드디어 대중과 함께 그곳에 나아가니 용수가 나와서 존자를 맞이하며 말하였다.

"깊은 산이라 외롭고 적적하여 용과 이무기들이 머무는 곳인데 덕이 높으시고 존귀하신 분께서는 어찌하여 잘못 오셨습니까?"

가비마라 존자가 말하였다.

"나는 존귀한 사람도 아니요, 여기 와서 현자를 만나려 하노라."

용수가 묵묵히 생각하였다.

'이 존자께서는 결정된 서품을 얻어 도의 눈이 밝으신가? 큰 성인으로서 참다운 법을 계승하셨는가?'라고 하였다.

존자가 말하였다.

"그대가 비록 마음으로 말하나 나는 이미 그 뜻을 알았으니 다만 출가 할 것을 판단해야지 어찌하여 내가 성인인지, 아닌지를 염려하는가?"

용수가 듣고 나서 뉘우치고 사과하거늘 가비마라 존자가 곧바로 제도 하여 주고 그리고 5백 명의 대중도 함께 구족계를 받았다.

다시 용수에게 고하여 말하였다.

"지금 여래의 큰 법을 그대에게 부촉하노라." 하고 곧 게송을 설하였다.

나타나지도 않고 숨은 것도 아닌 법을
진실한 것이라고 설하나니
이 숨고 나타나는 법을 깨달으면
어리석음도 아니고 또한 지혜로움도 아니니라.

법을 부촉하여 마치고 곧 신통 변화를 나타내어 불을 일으켜 자신을 스 스로 태우셨다.

第十三祖 迦毗摩羅 於馬鳴尊者 得法行化 至西印度 彼國山中 北去十 里 有大樹 陰覆五百大龍 其樹王 名曰龍樹 常爲龍衆 說法 尊者 遂與 徒衆 詣彼 龍樹 出迎尊者 曰深山 孤寂 龍蟒 所居 大德至尊 何枉神足 師云 吾非至尊 來訪賢者 龍樹 黙念曰此師 得決定性明道眼不 是大聖 繼眞乘不 師云 汝雖心語 吾已意知 但辨出家 何慮吾之不聖 龍樹 聞已 悔謝 尊者 卽與度脫 及五百衆 俱受具戒 復告龍樹曰 今以如來大法 付 囑於汝 卽說偈曰 非現非隱法 說是眞實際 悟此隱現法 非愚亦非智 付 法已 卽現神變 化火自焚.

【강설】 가비마라 존자가 제자인 용수 보살을 만난 이야기는 기록의 내용 그대로라면 용수라는 이름의 나무가 사람 행세를 한 것으로 되어 있다. 또 한 가지는 용의 무리를 위해서 설법하였다고 되어 있다. 사람과 대화를 나누고 설법을 하는 것은 분명히 보통 사람의 일이다. 기록에 나타난 이야기는 아마도 용을 믿는 사람들이거나 상징적으로 표현한 말이라고 생각된다. 불교에는 천룡팔부(天龍八部)라고 하여 이 세상에 실재하는 대중과 실재하지 않는 대중을 함께 일컫는 예가 대단히 많다. 유정과 무정들과 존재와 비존재를 모두 아우르는 의미가 있기 때문이다. 용수 보살은 식물에 속하는 나무도 아니며 축생에 속하는 용도 아니다. 아마도 용을 신봉하는 종교단체의 지도자였을 것이다.

아무튼, 마명 보살과 용수 보살은 대승불교 운동의 선구자이며 뛰어난 저서들도 매우 많은 분들로 불교 역사에서 대단히 중요한 위치를 차지하고 있다. 용수 보살이 처음 가비마라 존자를 만나서 속으로 혼자 생각한 것을 가비마라 존자는 타심통(他心通)으로 훤히 꿰뚫어 보고 그 생각에 답을 하고 출가할 것을 권하여 그의 무리 5백 명과 함께 제자가 되었다.

전법 게송의 내용은 숨고 나타나는 이치에 대하여 설하였다. 모든 존재는 숨은 면이 있기도 하고 나타난 면이 있기도 하다. 물질도 그렇거니와 정신의 면도 역시 그러하다. 진리도 마찬가지이다. 그래서 생사가 없는 진리 자체를 무생법인(無生法忍)이라고 하여 참을 인자를 쓴다. 경전에 의하면, '참을 인'자는 어떤 사람이 병고로 고통이 심하더라도 그 고통을 앓는 사람은 참음으로써 아픔을 드러내지 않고 숨겨두듯 생사가 없는 진리는 분명히 있지만 드러나지 않는다는 뜻이라고 하였다.

그러므로 게송에서 "숨기도 하고 나타나기도 하며 나타난 것도

　　　　　　　　　　　　　　　　　가비마라 존자 ●

아니고 숨은 것도 아닌 중도의 법이 진실한 것이다. 이 숨고 나타난 이치를 깨달으면 비로소 성인이며 깨달은 사람이라고 표현할 수 있지만 그렇다고 성인이라거나 범부라거나 지혜로운 사람이라거나 어리석은 사람이라 정해진 것은 아니므로 그 말을 따라 집착하여 알음알이를 낼 것이 아니다."라고 한 것이다.

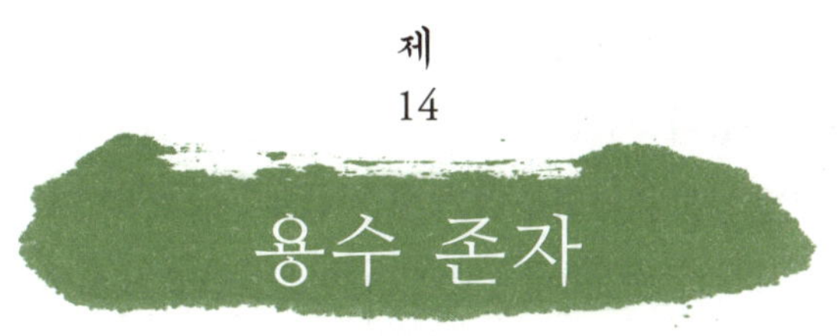

용수 존자

龍樹 尊者

무생의 도리를 알다

제14조 용수 존자가 가비마라 존자에게 법을 얻은 뒤에 남인도에 이르니 그 나라의 사람들은 복업(福業)을 많이 믿고 있었다. 그러다가 용수 존자가 미묘한 이치를 설하는 것을 듣고는 모두 말하기를,

"사람에게 복업이 있는 것이 세상에서는 제일인데, 한갓 불성(佛性)을 말하니 누가 능히 그것을 보겠는가?"라고 하였다.

이에 용수 존자가 말하기를,

"그대들이 불성을 보고자 한다면 먼저 아만(我慢)을 반드시 제거해야 한다."

그들이 말하기를,

"불성이 큰 것인가, 작은 것인가?"

존자가 말하기를,

"불성은 큰 것도 아니고 작은 것도 아니며, 넓은 것도 아니고 좁은 것

도 아니며 복도 아니고 과보도 아니며, 죽는 것도 아니고 태어나는 것도
아니다.”라고 하였다.

그들이 뛰어난 이치를 듣고는 모두 처음의 마음을 돌이키게 되었다.

용수 존자가 다시 앉은 자리에서 자유자재한 몸을 나타내는데 마치 둥
근 보름달과 같았다. 그들은 오직 법을 설하는 소리만 듣고 용수 존자의
모습은 보지 못하였는데 그 대중 가운데서 한 장자의 아들이 있었다. 이
름은 가나제바였다.

그가 대중에게 이르기를,

“여기 이 존자가 불성의 체를 나타내어서 우리에게 보인 것이다. 무엇
으로써 아는가 하면 대개 형상이 없는 삼매란 그 형상이 둥근 달과 같고
불성의 뜻은 툭 터져서 비고 밝으니라.”라고 하였다.

말을 마치니 둥근 모습은 곧 사라지고 다시 본래의 자리로 돌아가 앉아
서 게송을 설하여 말씀하였다.

몸이 달의 둥근 모습을 나타내는 것은
모든 부처님의 본체를 표현한 것이요,
설법하되 그 형상이 없는 것은
소리도 색깔도 아님을 밝힌 것이니라.

대중이 게송을 듣고는 생사가 없는 이치를 몰록 깨닫고 모두 출가하여
해탈을 구하기를 원하므로 존자가 곧 머리를 깎고 구족계를 주어 삼보에
귀의하게 하였다.

그리고 가나제바에게 말하기를, “여래의 미묘한 법을 지금 마땅히 그
대에게 부촉하노니 나의 게송을 들어라.”

숨고 나타나는 이치를 밝히고자 하여

   무비 스님 직지 강설 ◉

비로소 해탈의 이치를 설하노라.
법에 대하여 마음이 증명하지 아니하면
성냄도 없고 기쁨도 없느니라.

법을 부촉하여 주고 나서 월륜삼매에 들어가 고요히 선정에 들었다.

第十四祖 龍樹 於毗羅尊者 得法 後至南印度 彼國之人 多信福業 聞尊
者爲說妙法 互相謂曰人有福業 世間第一 徒言佛性 誰能見之 尊者曰
汝欲見佛性 先須除我慢 彼人曰佛性 大小 尊者曰非大非小 非廣非狹
無福無報 不死不生 彼聞勝理 悉迴初心 尊者 復於座上 現自在身 如滿
月輪 彼衆 唯聞法音 不見師相 彼衆中 有一長者子 名迦那提波 謂衆曰
此是尊者 現佛性體相 以示我等 何以知之 盖以無相三昧 形如滿月 佛
性之義 廓然虛明 言訖 輪相卽隱 復居本座 而說偈言 身現月輪相 以表
諸佛體 說法無其形 用辨非聲色 彼衆 聞偈 頓悟無生 咸願出家 以求
解脫 尊者 卽爲剃髮授具 皆歸三寶 告迦那提波曰如來妙法 今當付汝
聽吾偈曰 爲明隱現法 方說解脫理 於法心不證 無瞋亦無喜 付法已入
月輪三昧 凝然禪寂.

【강설】　　용수(龍樹, 150?~250?) 보살은 남인도 출생으로서 북인도로 가
서 당시 인도의 모든 사상을 공부하였다. 다시 초기 대승불교사상을
연구하고 그 기초를 확립하여 8종(八宗)의 조사(祖師)로 불리는 위대한
성자이다. 모든 것이 독립적으로 존재할 수 없으며 공(空)의 측면에서
보는 중도적 견해를 취했기 때문에 후세에 중관파(中觀派)라고도 불렸
던 분이다. 주요 저서로는 『중론(中論)』과 『회쟁론(廻諍論)』, 『광파론(廣
破論)』, 『십주비바사론(十住毗婆沙論)』, 『공칠십론(空七十論)』, 『대지도론

용수 존자 ●

(大智度論)(100권)』,『십이문론(十二門論)』 등이 있다.

　용수 존자가 교화를 펴려고 남인도에 갔을 때 그곳 사람들은 생사를 해탈하는 불생불멸의 깊은 이치에는 관심이 없고 오직 복업(福業)에 대한 것만 믿고 있었다. 예나 지금이나 보통 사람들의 관심사는 오직 복업에 대한 것뿐이다. 불교의 진리가 아무리 참되고 바르고 뛰어나다 하더라도 그것에는 관심이 없고 다만 눈앞의 이익과 손해에만 뜻이 있고 복이 되고 죄가 되는 일에만 마음이 있다면 생사를 해탈하는 불생불멸의 높은 진리에 대해서는 알 길이 없다. 그래서 현금 한국불교의 현상을 살펴보더라도 한편에서는 말할 때마다 불생불멸의 생사 해탈을 이야기하고 있으며, 한편에서는 끊임없이 세속적으로 복이 되고 이익이 되는 길을 찾아 북새통을 이루는 현상이 벌어지고 있다. 여기에서부터 세속의 길과 열반의 길이 나누어지고 있다고 할 수 있다.

　용수 존자는 이 두 가지의 길에서 불교가 불교로서의 가치관에 입각한 위대한 길을 가르치는 모습을 보였다. 만약 세속의 가치관대로 복업의 이치만을 설한다면 그것은 이미 불교가 아니다. 불교가 이 땅에 존재하는 의미를 잃게 된다. 법문을 듣는 대중이 불성의 이치를 이해하든 못하든 상관없이 생사 해탈의 길인 불성의 이치를 설법하였다는 사실이 중요하기 때문에 『직지』를 편찬하신 백운 화상은 이 사실을 기록하여 우리에게 들려준 것이다. 불교를 운위하는 사람들은 반드시 이 대목에서 진정한 불교관을 확립하여 어떤 상황에서도 불교로써 사람들에게 전법하고 교화하여야 할 것이다.

무비 스님 직지 강설 ◉

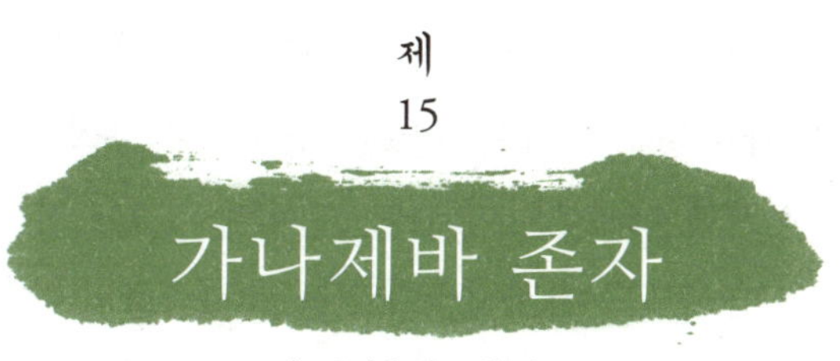

가나제바 존자

迦那提婆 尊者

물그릇에 바늘을 넣다

용수 대사가 가나제바가 오는 것을 보고 먼저 시자에게 물을 한 발우를 기저오게 해서 그의 비로 앞에 두었다. 가나제바가 이에 한 개의 바늘을 발우에 넣으니 용수 대사가 말하기를,

"선정의 물이 맑고 맑은 것은 나의 덕에 견준 것이고, 그대가 와서 바늘을 넣은 것은 그 밑바닥을 다하고자 한 것이다."라고 하였다.

龍樹大士 見迦那提波來 先令侍者 將一鉢水 置面前 提波 乃以一針 投之 樹云 定水澄淸 比方我德 彼來投針 欲窮其底.

【강설】　가나제바(迦那提婆) 존자는 남인도 출생이다. 한 눈이 멀어 애꾸라는 뜻의 '가나'라는 이름이 붙었다. 용수(龍樹) 보살과 함께 삼론종(三論宗)의 시조에 해당한다. 처음에는 복업(福業)을 구하며 변론을 즐겼으나 뒤에 용수 보살에게 불교를 배워 공종(空宗)의 깊은 뜻을 깨닫고 법을 전해 받았다. 이교도들과 논쟁하여 100만여 명을 개종시켰다고 전한다. 뒷날 라후라다 존자에게 전법하였는데 불행히도 이교도들의 칼을 맞고 죽었다고 전해진다. 불교를 펴다가 순교한 것이다. 부처님의 제자 부루나 존자와 신라의 이차돈 성사도 가나제바 존자처럼 전법을 위해 순교하였다.

　　세상에는 종교도 많고 주의주장도 많다. 어떤 종교든 인연에 따라 그 종교에 귀의하게 된다. 그리고 모든 종교는 나름의 사상이 있고 주의주장이 있으며 역사가 있다. 그러나 그동안 믿어오던 종교를 등지고 다른 종교로 개종하는 경우가 종종 있다. 세존이 교화를 펴실 때 3가섭과 사리불과 목건련 같은 분들이 대표적인 예이다. 개종하는 과정에서 부작용도 많았다. 그들의 스승들과 종도들은 지극한 반감을 품고 부처님을 음해하고 비난하였으며, 제자들을 해치는 일까지 있었다.

　　부처님을 직접 찾아와서 욕설과 비난의 화살을 퍼붓기도 하였다. 그럴 때마다 부처님께서는 묵묵부답으로 대치하였다. "동주도반 중에 악성 비구가 있을 때 묵빈대치(黙擯對治)하라."라고 제자들에게도 지시하신 방법이다. 결코, 맞서 싸우거나 옳고 그름을 따져서 다투지 말라는 것이다. 사람과 사람 사이에는 옳고 그름보다 친화와 융화가 우선하기 때문이다.

　　가나제바 존자도 이교도들을 많이 개종시켰기 때문에 그들에 의하여 살해당하였다. 불교 안에서도 종파를 달리한다는 이유로 비방하고 음해하며 심지어 목숨을 해치는 경우도 있었다. 종교가 사람을 위해 존재해야 하는데 오히려 종교가 사람을 해치는 무기로 전락한 것

　　　　　　　　　　　　　　　무비 스님 직지 강설　●

이다. 중생의 집착과 아집에서 기인한 일이다.

『백론(百論)』 2권, 『백자론(百字論)』 1권, 『광백론(廣百論)』 1권, 『대장부론(大丈夫論)』 2권, 『외도소승열반경(外道小乘涅槃經)』 1권 등의 저서가 있다.

『직지』에서 인용하였듯이 스승인 용수 보살을 만났을 때 법을 거량한 것이 특이하다. 용수 보살은 아무런 말도 없이 물 한 그릇을 떠오게 하였는데 가나제바 존자는 그 물그릇에 바늘을 하나 던져 넣어서 자신이 용수 보살에게 스승의 법과 학덕을 끝까지 궁구하여 다하리라는 뜻을 가만히 드러냈다. 그러자 용수 보살은 그릇의 맑은 물의 의미와 바늘이 물밑을 다하게 된 뜻을 설명하였는데 그 내용이 참으로 빼어나다.

스승다운 스승을 만나기도 어렵지만, 제자다운 제자를 만나기란 참으로 어려운 일이다. 법의 그릇이 될 만한 사람을 만나 법을 전하지 못하면 사람을 잃어버린다. 반면에 법을 받을 만한 그릇이 아닌데 아무렇게나 법을 남발하면 법을 잃게 된다. 용수 보살과 가나제바 존자가 만난 것은 진정 그 스승에 그 제자라고 할 만한 천고에 보기 드문 만남이다. 신종사에서 볼 때 불교는 이처럼 훌륭한 스승과 출륭한 제자가 서로 만나 오늘에 이른 매우 특별한 종교라고 할 수 있다.

◉

도가 없어 버섯이 되다

가나제바 존자가 법을 얻고 뒤에 비라국에 가니 그곳에 장자가 있어 이름을 범마정덕이라 하였다. 하루는 뜰에 있는 나무에 큰 싹이 돋았는데 마치 버섯과 같고 맛은 매우 훌륭하였다. 그런데 오직 장자와 둘째 아들 라후라다만 그것을 따서 먹었는데 따고 나면 곧 자라고 다 따고 나면 다시 돋고 하였으나 다른 사람은 전혀 볼 수 없었다. 그때 가나제바 존자가 그 일의 과거 생의 인연을 알고 드디어 그 집에 가니 장자가 그 까닭을 물었다. 가나제바 존자가 말하기를,

"그대의 집에서 옛날에 한 비구를 공양하였는데 그 비구가 도안(道眼)이 밝지 못해서 신도의 시주만 헛되이 없앤 까닭으로 그 과보로 나무 버섯이 되었다. 오직 그대와 그대의 둘째 아들이 정성으로 공양하였기 때문에 그것을 얻어먹을 수 있으며 다른 사람들은 그렇지 못하다."

또 묻기를, "장자의 나이가 얼마인가?"

대답하기를 "79세입니다." 이에 게송을 설하였다.

도에 들어와서 이치를 통달하지 못하면
다시 태어나도 신도의 시주를 갚아야 하나니
그대의 나이가 81세가 되면
그 나무에서 더는 싹이 나지 않으리라.

장자가 게송을 듣고는 더욱 탄복하였다. 또 말하기를,

"제자는 늙어서 스승으로 섬길 수 없으니 둘째 아들은 스님을 따라 출가하기를 원합니다."

존자가 말하기를,

"옛날에 여래가 예언하시기를 '이 아들이 1천 년이 되면 대교주(大敎主)가 되리라.'고 하셨으니 지금 서로 만난 것은 숙세의 인연이 들어맞은 것이니라." 하고 곧바로 머리를 깎아주고 구족계를 주고 나서 게송을 설하였다.

　　　　　　　　　　　　무비 스님 직지 강설 ●

본래 법을 전할 사람을 대하여
해탈의 이치를 설하나
법에는 실로 깨달아 얻음이 없으니
마침도 없고 시작도 없다.

게송을 설하여 마치고 적멸에 돌아가셨다.

尊者 得法 後至毗羅國 彼有長者 名梵摩淨德 一日園中 樹生大耳 如菌
味甚美 唯長者 與第二子羅睺羅多 取而食之 取已隨長 盡而復生 自餘
他人 皆不能見 時 尊者 知其宿因 遂至其家 長者 問其故 尊者曰汝家
昔曾供養一比丘 然其比丘 道眼未明 虛沾信施故 報爲木菌 唯汝與子
精誠供養 得以享之 餘即否矣 又問 長者年 多少 答曰七十有九 乃說偈
曰 入道不通理 復身還信施 汝年八十一 其樹不生耳
長者 聞偈 彌加歎伏 又曰弟子 衰老 不能師事 願捨次子 隨師出家 尊
者曰昔 如來 記此子 當第二五百年 爲大敎主 今之相遇 盖符宿因 即與
剃髮 授具已 而說偈曰 本對傳法人 爲說解脫理 於法實無證 無終亦無
始 說偈已 而歸寂滅.

【강설】　출가하여 수행하는 사람들은 생업이 따로 없으며 시주의 은
혜로 살아간다. 그 대신에 참선, 간경, 염불, 포교, 봉사활동, 사찰관리
등등의 일에 부지런히 정진하고 바르게 깨달아서 시주의 은혜에 보답
해야 한다. 만약 그렇지 못하면 시주의 집에 소로 태어나 은혜를 갚든
지 버섯이 되어 갚든지 혹은 일꾼이나 종이 되어 갚아야 한다고 하였
다. 그와 같은 사례를 보여준 이야기로 시주의 은혜로 살아가는 출가
수행자들이 깊이 명심하고 두려워하여야 할 교훈이 담겨 있다. 일미

　　　　　　　가나제바 존자 ◉

칠근(一米七斤)이라는 말이 있다. 시주의 은혜는 쌀알 한 톨에 일곱 근의 무게로 갚아야 한다는 말이다.

또 "금생(今生)에 마음의 이치를 밝히지 못하면 시주에게 얻어 마신 한 방울의 물도 갚기 어렵다[今生未明心 滴水也難消]."는 말도 있다. 참으로 무섭고 두려운 말씀이다. 모든 수행자는 명심하고 또 명심해야 하리라.

또 한 가지 교훈은 같은 집에 한 가족으로 살았어도 수행자에게 시주하는 것에 동참하는 마음으로 기꺼이 함께한 사람은 시주와 은혜를 같이하여 과보도 같이 받지만, 아무리 작은 시주라도 그것을 마음에 꺼리거나 부정적인 마음을 조금이라도 가진 사람은 시주하는 공덕에 불참한 것으로 돌아오는 것이 전혀 없다는 것이다.

그러므로 좋은 일에는 간접적으로나마 작은 인연이라도 된다면 마음으로나 말로라도 동참하여 따라서 기뻐하는 자세를 가져야 한다. 그것을 수희동참(隨喜同參)이라 한다. 불교에서 좋은 불사에 동참하기를 권하는 권선(勸善)의 의미가 여기에 있다.

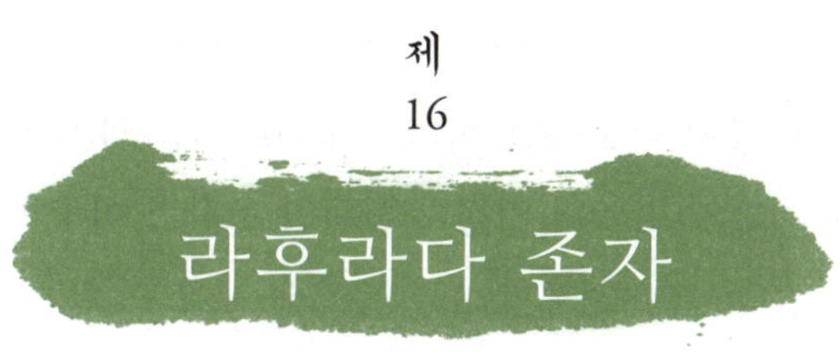

라후라다 존자

羅睺羅多 尊者

본래 안팎이 없다

제16조 라후라다 존자는 승가난제에게 명하여 출가하게 하였다. 구족계
를 주고 나서 정법안장을 부촉하면서 게송으로 말하였다.

법에는 진실로 깨달아 얻을 것이 없으니
취할 것도 아니고 또한 떠날 것도 아니다.
법은 있다 없다는 모습이 아니다.
그런데 안이니 밖이니 하는 것이 어떻게 있겠는가?

법을 부촉하고 나서 편안히 앉아 적멸의 선정에 들었다.

第十六祖 羅睺羅多尊者 命僧伽難提 出家授具已 而付法眼 偈曰 於法
實無證 不取亦不離 法非有無相 內外云何起 付法已 安坐入寂滅定.

【강설】　인도의 비라국에 범마정덕이라는 장자가 있었는데 라후라다 존자는 그의 둘째 아들이다. 아버지 범마정덕은 과거 생에 한 비구를 시봉하며 여러 가지 의식주를 제공하였으나 그 비구는 정진을 게을리 하여 도안(道眼)이 밝지 못하였다. 그래서 그 시주의 은혜를 갚기 위하여 죽은 뒤에 범마정덕 장자의 집에 버섯으로 환생하는 신세가 되었다. 그런데 그 버섯을 볼 수 있는 사람은 아버지 범마정덕과 둘째 아들 라후라다뿐이었다. 다른 가족들은 한집안에 살았어도 스님에게 시주하는 것을 싫어하였으나 아버지와 라후라다만이 그 비구에게 정성을 다해 공양을 하였기 때문이다.

제15조 가나제바 존자가 범마정덕 장자에게 그 내용을 소상히 일러주니 범마정덕 장자가 이렇게 말하였다.

"제자는 늙어서 스승으로 섬길 수 없으니 둘째 아들을 드려서 스님을 따라 출가하게 하기를 원합니다."라고 하였다.

가나제바 존자가 말하기를,

"옛날에 여래가 예언하시기를 '이 아들이 1천 년이 되면 대교주(大敎主)가 되리라.'고 하셨으니 지금 서로 만난 것은 숙세의 인연이 들어맞은 것이다." 하고 곧 머리를 깎아 구족계를 주고 제자로 삼아 법을 전하게 되었다.

게송의 내용이 실로 의미심장하다. 불교에서는 진리와 진리의 가르침을 한마디로 법이라 한다. 진리를 깨닫기 위해서, 또는 진리를 얻기 위해서, 그리고 진리를 전하기 위해서 불교는 존재한다. 그런데 그 진리를 우리는 어떻게 보고 어떻게 알아야 할 것인가? 이것이 화두다. 이 문제를 여기에 등장하는 게송이 다소 설명해 주고 있다.

법이라고 하는 진리는 실로 깨달을 것도, 얻을 것도 없다. 왜냐하면, 늘 우리 곁에 존재하는 것이기 때문이다. 늘 우리 곁에 존재하는 것이라면 구태여 취할 것이 아니다. 그렇다고 떠날 수 있는 것도 아니다. 취한다고 해서 취해지고 떠난다고 해서 떠나지는 것이라면 그것은 이미 진리로서의 가치를 상실하였기 때문에 진리가 아니다.

그리고 꼭 알아야 할 것은 '진리가 있다거나 없다거나'라고 하는 두 가지 중의 어떤 모습을 가진 것은 더욱 아니다. 물론 안팎으로 논할 문제도 아니다. 세속의 논리로 볼 때는 지극히 모호하게 들리고 말장난처럼 들리지만, 진리는 어쩔 수 없이 그렇게 존재하되 또한 존재하는 것이 아니므로 세상의 언어로는 한계가 있을 수밖에 없다. 그래서 흔히 '진리는 말을 떠나고 생각으로 헤아리는 것을 떠난 것이다.'라고 한다. 이러한 사실을 명료하게 설파한 게송이다.

라후라다 존자 ◉

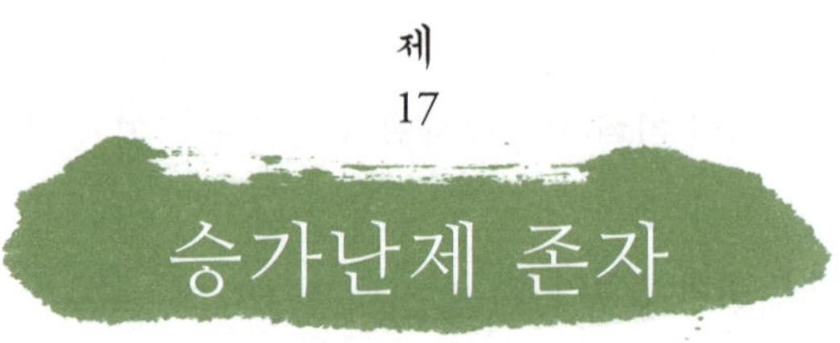

승가난제 존자

僧伽難提 尊者

마음이 울리는 것이다

제17조 승가난제 존자가 구리로 만든 방울이 바람에 흔들려 소리가 나는 것을 보고 동자에게 물었다.

"방울에서 소리가 나는가? 바람에서 소리가 나는가?"

동자가 말하였다.

"바람에서 소리가 나는 것도 아니고 방울에서 소리가 나는 것도 아닙니다. 저의 마음에서 소리가 날 뿐입니다."

승가난제 존자가 말하기를,

"바람에서 소리가 나는 것도 아니고 방울에서 소리가 나는 것도 아니라면 그 마음이라는 것은 또한 무엇인가?"

동자가 말하였다.

"모든 것이 다 고요하기 때문이요, 결코 삼매는 아닙니다."

승가난제 존자가 말하기를,

무비 스님 직지 강설

"장하고 훌륭하구나. 나의 도를 계승할 사람이 그대가 아니고 누구이 겠는가." 하고 곧 법을 부촉하면서 게송으로 말하였다.

마음자리에는 본래 생멸이 없으나
원인과 조건에 의해서 생멸이 일어난다.
조건과 원인이 서로 걸리지 않으며
꽃과 열매도 또한 다시 그러하니라.

승가난제 존자가 법을 부촉하고 나서 오른손으로 나무를 잡은 채 열반 에 들었다.

第十七祖 僧伽難提 因風吹銅鈴鳴 乃問 鈴鳴耶 風鳴耶 童子云 非風鈴 鳴 我心鳴耳 祖曰非風鈴鳴 心復誰乎 童子云 俱寂靜故 非三昧也 祖曰 善哉善哉 繼吾道者 非子而誰 卽付法 偈曰 心地本無生 因地從緣起 緣 種不相妨 花果亦復爾 尊者付法已 右手攀樹而化.

【강설】　승가난제 존자(?~74)는 이미 기원 이후에 열반에 드신 분이 기 때문에 출생연대는 미상이나 입적한 연대는 정확하게 기재되어 있 다. 실라벌성 사람이며 성은 찰제리요, 아버지의 이름은 보장엄이며 어머니의 이름은 분타리였다. 태어나자마자 또렷또렷하게 말을 할 줄 알아서 어머니에게 설법해 주기도 했다. 라후라다 존자에게 법을 받 고는 사방으로 교화를 펴면서 다니다가 마가다국에 이르러 앞으로 법 을 이을 가야사다 동자를 만난 이야기가『전등록』에 실려 있다.
　　마가다국에서 12세쯤 되어 보이는 동자 하나를 만났는데 손에 구 리거울을 들고 승가난제 존자에게 왔다. 이에 존자께서 물었다.

승가난제 존자 ◉

"그대는 몇 살인가?"

"저는 백 살입니다."

"그대는 매우 어려 보이는데 어째서 백 살인가?"

"저는 올바른 백 살의 이치를 알지 못합니다."

"그대는 훌륭한 기틀인가?"

"부처님 게송에 말씀하시기를 '사람이 백 살을 살아도 부처님들의 기틀을 알지 못하면 하루를 살면서 분명히 깨달아 아는 것만 못하다.'라고 하였습니다."

위와 같은 신기한 이야기가 전한다.

본문에서 소개한 방울 소리에 대한 문답도 동자로서는 아주 뛰어나다. "바람에서 소리가 나는 것도 아니고 방울에서 소리가 나는 것도 아닙니다. 저의 마음에서 소리가 날 뿐입니다."라고 한 것은 마치 6조 혜능 스님이 깨달음을 얻고 나서 15년간의 보림(保任) 생활을 마치고 법성사에 가서 비로소 정식 출가를 할 때의 이야기와 같다.

게송에서는 본래로 텅 비고 적멸한 마음자리에서 온갖 작용이 펼쳐지며 복잡한 세상사들을 만들어가는 사실의 실상을 설파한 내용이다. "마음, 마음, 마음, 하지만 그 마음을 찾기가 쉽지 않다."라는 말이 있다. 온갖 조건에 의하여 별별 마음작용이 다 일어나지만, 마음의 흔적을 찾으려고 하면 누구도 찾지 못한다. 석가와 달마도 찾지 못한다.

석가와 달마가 법이 부족하고 도가 없어서가 아니다. 마음의 본체가 그렇게 생겼기 때문이다. 온 세상에 꽉 차 있으면서 텅 비어 공적한 것이 마음이기 때문이다. 그래서 『기신론』에서는 진여문(眞如門)과 생멸문(生滅門)으로 분류하여 설명하고 있다. 불교 공부는 이 마음의 실상에 대한 이치와 모든 존재의 인연생기(因緣生起)에 대한 원리를 잘 파악하면 거의 완성이라고 할 수 있다. 그러므로 여기에 소개한 게송은 간략하지만 불교의 근간을 표현하였다.

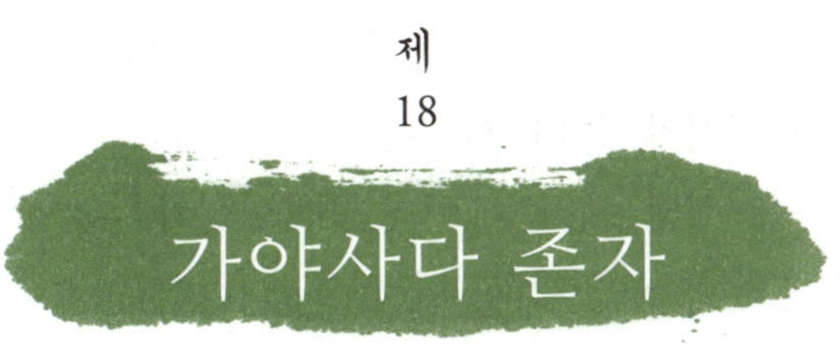

가야사다 존자

伽耶舍多 尊者

아무도 없다

제18조 가야사다 동자가 거울을 들고 놀러나갔다가 승가난제 존자를 만나서 득도하였다. 그 후에 교화하러 다니다가 대월지국에 이르러서 한 바라문의 집에서 이상한 기운이 감도는 것을 보고는 가야사다 존자가 그 집에 들어기려고 하였다. 집주인인 구마라다가 물었다.

"무엇을 하는 사람들입니까?"

"부처님의 제자들입니다."

구마라다가 부처님이라는 이름을 듣고는 정신이 아찔하여 곧바로 문을 닫아버렸다. 가야사다 존자가 잠시 기다리다가 스스로 그 문을 두드리니 구마라다가 말하였다.

"이 집에는 아무도 없습니다."

가야사다 존자가 대답하기를,

"아무도 없다고 하는 사람은 누구입니까?"

구마라다가 그 말을 듣고 이상한 생각이 들어 곧바로 문을 열고 영접하였다. 가야사다 존자가 말하였다.

"옛날 세존의 유언에 '내가 열반에 든 뒤 1천 년이 되면 큰 보살이 있어서 월지국에 출현하여 부처님의 법을 잇고 크게 교화하리라.' 하였는데 지금의 그대가 이 아름다운 운에 들어맞는 사람이로다."

이에 구마라다가 숙명의 지혜를 발하여 모든 인연을 알고 가야사다 존자에게 의지하여 출가하고 구족계를 받았다. 법을 부촉하면서 게송으로 말하였다.

씨앗도 있고 마음 땅도 있어서
인연에 따라 능히 싹이 돋아난다.
인연에 서로 장애 되지 않으니 생겨날 때에
생겨나도 생겨난 것이 아니다.

가야사다 존자가 법을 부촉하고 나서 몸을 허공에 솟아올라 불을 내어 스스로 몸을 화장하였다.

第十八祖 伽耶舍多童子 持鑑出遊 遇難提尊者 得度後 行化 至大月氏國 見一波羅門舍 有異氣 尊者 將入彼舍 舍主鳩摩羅多 問曰是何徒衆 曰是佛弟子 彼聞佛名 神心 悚然 卽時閉戶 尊者 良久 自扣其門 羅多曰此舍 無人 尊者曰答無者 誰 羅多聞語 異之 卽開門迎接 尊者云 昔世尊 記曰吾滅後一千年 有大士 出現於月氏國 紹隆玄化 今汝 應斯嘉運 於是 鳩摩羅多 發宿命智 投師出家授具 付法 偈曰 有種有心地 因緣能發萌 於緣 不相㝵 當生生不生 尊者 付法已 踊身虛空 化火自焚.

   무비 스님 직지 강설

【강설】　가야사다 존자는 동자의 몸으로 스승을 만나 교화를 입었다. 또 가야사다 존자가 월지국에서 교화를 펴다가 기이한 기운이 감도는 집에서 제자가 될 사람을 발견하였는데 그가 구마라다 존자다. 구마라다 존자는 대화를 통하여 '부처님'이라는 말을 듣고 정신이 아찔함을 느꼈다고 한다. 참으로 영혼이 맑은 사람이다. 그리고 숙세에 인연도 대단히 깊은 사람이다. 아무리 성인의 이름을 많이 들어도 감동이 되지 않는 사람들이 얼마나 많으며, 그 높고 깊은 가르침을 그토록 들어도 마음에 아무런 파장도 일지 않는 사람들이 또한 얼마나 많은가. 성인의 가르침을 듣고도 감동이 없는 사람은 변화하지 않는다. 성인의 가르침을 받고 변화하지 않으면 교화라고 할 수 없다.

　소명 태자가 32분단을 나눈『금강경』에 의법출생분(依法出生分)이라는 말이 있다. 진리의 가르침에 의해 다시 태어난다는 뜻이다. 우리는 진리의 가르침에 감동을 받고 감동이 있으므로 변화가 있게 된다. 그 변화란 부모로부터 받은 이 몸을 가지고 타의에 의하지 않고, 자신의 의지와 노력으로 새로운 사람이 된다는 뜻이다. 그것을 법에 의지하여 다시 태어난다고 하는 것이다. 부처님과 모든 성인이 사람들에게 바라는 것은 오직 그것뿐이다.

　법을 전하면서 내린 게송에서는 법문을 듣고 마음에 감동이 오면 지혜와 자비의 싹이 트고 잎이 피며 꽃이 피고 열매를 맺어, 또다시 세상을 아름답게 가꾸어가는 성인들의 꿈을 실현하는 일에 대해 간단하게 설명하고 있다. 즉, 한마음이 청정하면 한량없는 마음이 청정해지고, 한 중생이 청정해지면 무량한 중생이 청정해지고, 한 세계가 청정해지면 한량없는 세계가 청정해져서 온 법계에 평화를 가져오는 것이다. 그와 같은 일은 마음의 땅이 있어야 하고 그 땅에 심을 불심종자(佛心種子)가 있어야 하며, 그 불심 종자가 인연을 만나 능히 싹을 틔워야 한다. 싹이 나면 잎이 되고 꽃이 피어 열매를 맺는 것이다.

　　　　　　　　　　　　가야사다 존자 ●

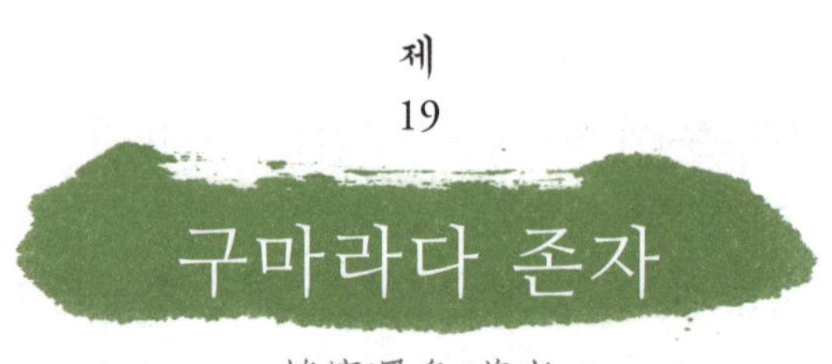

구마라다 존자

鳩摩邏多 尊者

지은 업은 되돌려 받는다

제19조 구마라다 존자가 가야사다 존자를 만나서 법을 얻고 뒤에 중천축에 이르렀다. 마침 대사가 있었는데 이름이 사야다였다.

그가 묻기를,

"제 부모님은 일찍이 삼보를 신봉하였으나 항상 병고에 시달리고 온갖 하는 일들이 모두가 뜻과 같지 못한데, 제 이웃집은 오랫동안 온갖 천한 일만 했으나 몸은 항상 건강하고 하는 일들이 뜻대로 잘 되니 그는 무슨 행운이며 저는 무슨 잘못입니까?"

구마라다 존자가 말하였다.

"어찌 의심하는가? 선과 악의 과보란 과거와 현재와 미래가 있거늘 보통 사람들은 어진 사람들이 일찍 죽고 난폭한 사람들이 오래 살며 도리를 거슬려도 복을 받고 도리를 지켜도 흉한 일만 있는 것을 보고 곧 생각하기를 '인과라는 것도 없고 죄니 복이니 하는 것도 허망한 것이다.'라고 하

여 인과와 죄와 복이 그림자나 메아리처럼 서로 따르게 되어 있어서 털끝
만큼도 어긋나지 않아서 비록 백겁 천겁이 지나더라도 또한 없어지지 않
는다는 사실을 알지 못하는구나."

　사야다가 이 말씀을 듣고 나서 그동안 의심하던 것이 한꺼번에 다 풀려
버렸다.

第十九祖 鳩摩羅多 遇舍多得法 後至中天竺 有大士 名闍夜多 問曰我
家父母 早信三寶 而常縈疾 凡所營作 皆不如意 而我鄰家 久爲旃多羅
行 身常勇健 所作和合 彼何幸而我何辜 尊者曰何足疑乎 且善惡之報
有三世焉 凡人 但見仁夭暴壽 逆吉義凶 便謂亡因果 虛罪福 殊不知影
響相隨 毫氂不差 縱經百千萬劫 亦不磨滅 夜多聞是語已 頓釋其疑.

【강설】　불교의 가르침을 대강 나누어 본다면 인과나 연기에 대한
가르침이 30퍼센트, 공(空)의 이치에 대한 가르침이 30퍼센트, 일심(一
心)에 대한 가르침이 30퍼센트, 나머지 10퍼센트는 기타의 가르침이
치지한다고 할 수 있을 것이다. 불교공부 초기에는 대다수가 인연이
나 연기에 대해 재미와 관심이 많은 것 같다. 그래서 한국의 불자들은
인과에 대한 지식과 믿음이 가장 높다고 할 수 있다. 그런데도 실생활
에서 보면 그렇지 못한 면이 보인다. 특히 어려운 상황을 만나면 인과
를 철저하게 믿지 않는 경향을 자주 볼 수 있다. 마치 이 글에서 사야
다 존자가 생각하고 의문을 품고 있던 내용과 꼭 같은 의문을 가지고
있는 것도 사실이다. 그러고 보면 사야다는 오늘날 불자들의 생각을
대변한다고 할 수 있다.

　이와 같은 의문에 대한 해답으로서 『법구경』에서는 이렇게 가르치
고 있다.

　　　　　　　　　　　　　　　　　　구마라다 존자 ●

"악이 성숙하지 않는 동안은 비록 악인이라도 즐거움을 경험한다. 그러나 악이 성숙하고 나면 악한 자는 온갖 악의 과보를 경험해야 한다[妖孽見福 其惡未熟 至其惡熟 自受罪虐].

복이 성숙하지 않는 동안은 비록 착한 사람이라도 악한 과보를 경험한다. 그러나 복이 성숙하면 착한 사람은 온갖 즐거움을 경험하게 된다[禎祥見禍 其善未熟 至其善熟 必受其福]."

그렇다. 눈앞의 사정들만 보면 인과가 없는 것처럼 보일 수도 있으나 실로는 그렇지가 않다. 채소나 곡식이나 과일도 심은 지 한 달이면 먹을 수 있는 것이 있으며 5, 6년이 지나야 겨우 열매를 거둘 수 있는 것도 있다. 사람이 지은 일에 대해서도 눈앞에 벌어지는 일만 가지고 인과가 없다고 할 것이 아니다.

인과에는 순현보(順現報), 순생보(順生報), 순후보(順後報)라 하여 사람이 지은 인과가 금생에 받는 것도 있고, 다음 생에 받는 것도 있고 먼 후생에 받는 것도 있다. 그리고 앞과 뒤의 문제도 앞에 지은 것이라고 반드시 먼저 받는 것이 아니다. 뒤에 지었더라도 중처편추(重處偏墜)라 하여 무거운 것부터 받게 되어 있다. 그래서 백장(百丈, 749~841) 스님도 불매인과(不昧因果)라야 옳지 불락인과(不落因果)는 아니라고 하지 않았던가?

저 『인과응보경』에 있는 말은 널리 소개되어 있어서 인과에 대한 확신을 하게 하는데 훌륭한 지침이 되고 있다.

"가령 백겁이나 천겁이 지난다 하더라도 지은 업은 없어지지 아니하여 인연이 닿으면 그 과보를 다시 받게 된다[假使百千劫 所作業不亡 因緣會遇時 果報還自受]."라고 하였다. 만고에 깊이 새겨둘 진리의 가르침이다. 시대가 바뀌고 세월이 많이 흘렀다고 하여 만약 콩 심은 데 팥이 나거나 팥 심은 데 보리가 난다면 불교는 그날로부터 끝장이다. 만약 그렇지 않고 감나무에 감이 열리고 배나무에 배가 열리고 사과나무에

사과가 열린다면 그것은 진리이며, 그것이 진리인 이상에는 불교의
가르침은 인류와 더불어 영원히 존재할 것이다.

◉

마음에는 생멸이 없다

구마라다 존자가 말하였다.

"그대가 비록 이미 몸과 말과 생각이라는 세 가지의 업을 믿고는 있으
나 이 세 가지의 업은 미혹으로부터 생기고, 미혹은 의식으로 말미암아
존재하고, 의식은 깨닫지 못함[不覺]을 의지하고, 깨닫지 못함은 마음을
의지한다는 사실을 알지 못한다. 마음은 본래 텅 비어서 생멸이 없고 조
작도 없으며, 과보도 없고 승부도 없다. 고요하고 또 고요하며 신령스럽
고 또 신령스러우니 그대가 만약 이 법문에 들어간다면 가히 모든 부처님
으로 더불어 동등하리라. 일체의 선과 악과 조작이 있음과 없음이 모두
꿈과 같고 환영과 같다."

사야다가 그 말씀을 받들어 깊은 뜻을 이해하고 곧 본래의 지혜가 드러
나서 부지런히 출가하기를 원하거늘 이미 구족계를 주고 법을 부촉하며
게송을 말하였다.

성품에는 본래 생멸이 없는데
구하는 사람을 대하여 말하는 것이다.
법에도 이미 얻을 것이 없다면
해결하고 해결하지 못함을 어찌 생각하는가.

"그대는 후학들에게 널리 전하라."라는 말을 마치고 적멸에 들었다.

　　　　　　　　　　　　　　　　　구마라다 존자 ◉

尊者曰汝雖已信三業 而未明業從惑生 惑因識有 識依不覺 不覺依心
心本清淨 無生滅無造作 無報應無勝負 寂寂然靈靈然 汝若入此法門
可與諸佛同矣 一切善惡 有爲無爲 皆如夢幻 夜多承言領旨 卽發宿慧
勤求出家 既授具戒乃付法 偈曰 性上本無生 爲對求人說 於法既無得
何懷決不決 汝宜傳後學 言訖入寂滅.

【강설】　구마라다 존자가 사야다 존자에게 계속해서 일러주신 가르
침이다. 불교에서는 인간의 삶을 흔히 업이라고 한다. 선업이든 악업
이든 모두가 업이다. 부처가 지으면 불업(佛業)이요, 보살이 지으면 보
살업(菩薩業)이다. 그래서 일체가 업 놀음이라는 말까지 쓴다. 업이란
사람이 몸과 말과 생각으로 하는 모든 행위이다. 행위에 따라서 그 사
람의 삶이 결정되며 행복과 불행이 나뉜다. 그렇다면 업은 무엇으로
부터 생기는가? 구마라다 존자는 부처의 업이나 보살의 업이 아닌, 보
통 사람들의 업을 논하면서 업의 원인을 미혹이라고 하였다.

　　불교는 혹(惑)과 업(業)과 고(苦)라고 하여 삶은 고통이며, 고통의
원인은 업이며, 업의 원인은 미혹이라고 하였다. 여기에서는 그 미혹
의 원인은 의식이며, 의식의 원인은 깨닫지 못함[不覺]이며, 깨닫지 못
함은 마음을 의지한다고 하여 더욱 세밀하게 밝혔다.

　　마음의 실체를 알면 깨닫지 못함이 해결되며, 깨닫지 못함이 해결
되면 의식이 해결되며, 의식이 해결되면 미혹이 해결되며, 미혹이 해
결되면 업이 해결되며, 업이 해결되면 고통에서 벗어난다. 종국에 가
서는 마음이 열쇠다. 그런데 마음이란 어떻게 생겼는가? 법문에서 밝
힌 대로 마음은 본래 텅 비어서 생멸이 없고 조작도 없으며, 과보도 없
고 승부도 없다. 고요하고 또 고요하며 신령스럽고 또 신령스러운 것
이다. 이러한 것이 마음의 본체다. 이러한 마음의 본체를 꿰뚫어 보면

 무비 스님 직지 강설 ●

모든 업과 모든 고통과 모든 문제가 순식간에 풀린다. 이렇게 해결하
는 것이 불교의 해결 방법이다. 그래서 달마 대사도 "마음을 관찰하는
한 가지 방법이 모든 수행을 다 포함하고 있다[觀心一法 總攝諸行]."고 하
지 않았던가.

　　게송에서 말하는 성품이라는 것도 역시 마음이다. 성품에는 본래
생멸이 없는데 생멸을 구하는 사람들을 상대하다 보니 마음의 생멸의
입장을 말하게 된 것이다.

구마라다 존자 ●

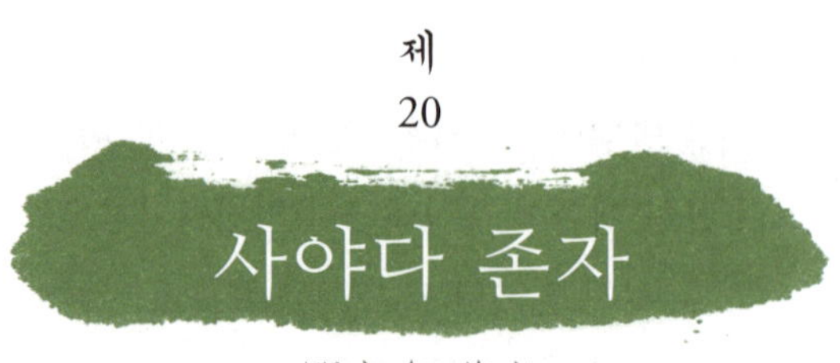

사야다 존자

闍夜多 尊者

마음에 바라는 바가 없다

제20조 사야다 존자는 바수반두 존자가 늘 하루에 한 번만 식사하고 눕지 아니하며, 여섯 번 예불하고 청정하게 살면서 아무런 욕심이 없어서 많은 사람이 귀의하는 것을 보시고, 장차 그를 제도하고자 하여 먼저 그의 제자들에게 물었다.

"그대들의 스승이 하는 여러 가지 두타행(頭陀行)이 능히 훌륭한 수행이긴 하나 그것으로 불도를 얻을 수 있겠는가?"

제자들이 말했다. "우리 스승의 정진이 그와 같은데 무슨 까닭으로 불도를 얻을 수 없겠습니까?"

사야다 존자가 말하기를, "그대들의 스승은 도와는 멀다. 설사 고행을 수억 년 동안 하더라도 그것은 모두가 허망의 근본이다."

제자들이 말하기를,

"존자는 무슨 덕행을 쌓았기에 우리들의 스승을 비방하는가?"

사야다 존자가 말하였다.

"나는 도를 구하지는 아니하나 또한 잘못되지도 아니하며, 나는 예불을 하지는 않으나 또한 가벼이 생각하거나 업신여기지도 않는다. 나는 장좌불와(長坐不臥)도 하지 않으나 또한 게으르지도 않다. 나는 일중식(一中食)은 아니 하지만, 또한 잡식도 아니 한다. 나는 만족을 알지 못하지만, 또한 탐욕을 부리지도 않는다. 마음에 바라는 바가 없는 것을 일러서 도라 한다."

바수반두가 이 말을 전해 듣고 나서 무루의 지혜를 발하였다. 그래서 법을 부촉하면서 게송을 설하였다.

말을 듣자 곧바로 무생의 이치에 계합하니
법계의 성품과 같도다.
만약 능히 이와 같이 알면
사리를 통달하여 마치리라.

사야다 존자가 게송을 말씀해 마치고 자리에서 일어나지 않은 채 문득 적멸에 드셨다.

第二十祖 闍夜多 見波修般頭尊者 常一食不臥 六時禮佛 淸淨無欲 爲衆所歸 祖 將欲度之 先問徒衆曰此徧行頭陀 能修梵行 可得佛道乎 彼衆曰我師精進 如是 何故 不可 祖曰汝師 與道 遠矣 設若苦行 歷於塵劫 皆妄之本也 衆曰尊者 蘊何德行 而譏我師 祖曰我不求道 亦不顚倒 我不禮佛 亦不輕慢 我不長坐 亦不懈怠 我不一食 亦不雜食 我不知足 亦不貪欲 心無所希 名之曰道 波修聞已 發無漏智 付法偈曰 言下合無生 同於法界性 若能如是解 通達事理竟 祖說偈已 不起于座 奄然歸寂.

【강설】　　사야다 존자가 말한 가르침은 선어록에서 매우 자주 인용되는 유명한 말이다. 도인의 삶, 또는 불교적 수행 생활에 대한 참되고 바른 견해를 피력한 말씀이다. 바수반두 존자는 평소에 철저한 계율과 두타행을 수행함으로써 그것이 불도를 얻는 참되고 바른 길이라고 생각하였다. 그리고 그와 같은 수행으로 말미암아 인도 사회에 소문과 칭찬이 자자하였다. 그러나 사야다 존자의 안목으로는 그것만으론 부족했던 것이다. 그래서 그를 바르게 가르치고자 그의 제자들에게 비난한 것이 곧바로 바수반두의 귀에 들어가게 되었으며, 그 말을 전해들은 바수반두는 단박에 도의 눈이 열리고 지혜가 밝아졌다. 마치 밥을 떠다 나른 숟가락은 그대로인데 그 밥을 받아먹은 사람은 배가 부르고 원기가 충만하여진 것과 같이 되었다.

　　이를테면, 도를 구한다는 것은 전도되지 않으며 바르게 산다는 뜻이다. 예불이란 평소 사람들을 존경하고 섬긴다는 뜻이다. 늘 앉아서 눕지 않는다는 것은 게으르지 않고 부지런히 정진한다는 뜻이다. 일중식이란 아무 때나 함부로 음식을 먹지 않는다는 뜻이다. 만족함을 안다는 것은 탐욕을 부리지 않는다는 뜻이다. 이처럼 인연 따라서 물이 흐르듯 순리대로 사는 삶이 도인의 삶이라는 것이다. 영가현각 선사의 「증도가」에서 "공부가 다 끝나고 아무 일이 없는 한가한 도인의 삶이란, 망상을 제거하지도 않으며 또한 진실한 생각을 구하지도 않는 것이다[絶學無爲閑道人 不除妄想不求眞]."라고 한 것과 같다. 참으로 바르고 옳은 삶을 명쾌하게 밝혔다고 하겠다.

　　　　　　　　　　무비 스님 직지 강설

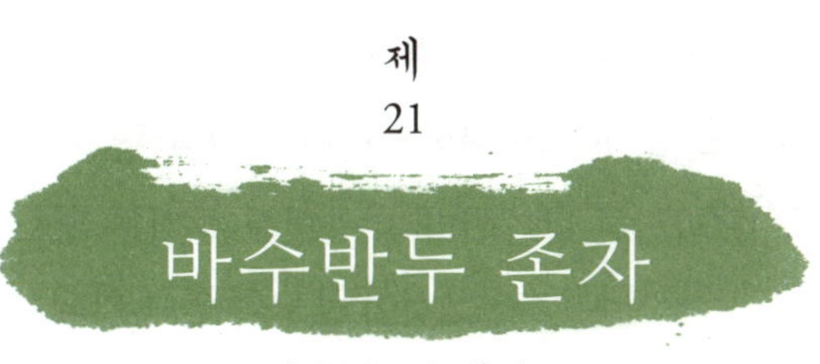

바수반두 존자

波須般頭 尊者

물거품이 곧 실상이다

제21조 바수반두 존자가 게송으로 말하였다.

물거품과 환술이 다 같이 걸림 없는데
어찌하여 그것을 깨닫지 못하는가?
이치가 그 가운데 있는 것을 통달한다면
지금도 아니요, 또한 옛도 아니로다.

第二十一祖 波須般頭尊者 偈曰
泡幻同無碍 如何不了悟 達法在其中 非今亦非古.

【강설】　『경덕전등록』에 의하면, 바수반두 존자의 성은 비사거(毘舍佉)이며, 아버지는 광개(光蓋)이며 어머니는 엄일(嚴一)이었다. 집은 부유하나 아들이 없었으므로 부처님 탑에 기도하여 자손을 구하였다. 어느 날 밤 그의 어머니가 꿈속에서 밝은 구슬과 어두운 구슬 두 개를 삼켰다.

꿈을 깨고 태기가 있었는데 7일이 지나서 현중(賢衆)이라는 아라한이 그의 집에 왔다. 아버지인 광개가 예를 올리니 현중 아라한이 단정히 앉아서 받았다. 어머니인 엄일이 나와서 절을 하니 현중 아라한이 자리를 피하면서 말하기를, "도리어 법신 대사에게 예를 올립니다."라고 하였다.

광개가 그 까닭을 알 수 없어서 시험 삼아 보배 구슬을 드리니 현중 아라한이 곧 받고는 아무런 예도 표하지 않았다. 광개가 참을 수 없어서 물었다.

"나는 남자인데 절을 해도 돌아보지도 않더니 나의 아내는 무슨 공덕이 있어서 존자께서 예를 피하십니까?"

"내가 그대의 절을 받고 보배 구슬을 받는 것은 그대를 복되게 하기 위함이다. 그대의 아내는 거룩한 분을 잉태하였는데 출생하면 반드시 세상의 지혜의 등불이 될 것이므로 내가 예를 피한 것입니다."라고 하였다.

이처럼 잉태할 때부터 남달랐던 바수반두 존자는 평소 계율을 철저히 지키고, 하루에 여섯 번이나 부처님께 예불을 올렸다. 또한 일종식을 하며 장좌불와(長坐不臥)를 실천하였다. 그 외에도 여러 가지 수행자로서의 모범됨이 만고에 빼어났으나 다만 수행을 남보다 매우 잘한다는 상(相)이 많았다. 그러다가 사야다 존자를 만나서 "마음에 아무것도 바라는 바가 없는 것이 진실한 도이다."라는 법문을 듣고는 자신이 평생 해 오던 철저한 수행에 대한 고정관념이 송두리째 깨지고 말왔다. 그리고는 비로소 참다운 수행과 진정한 불교에 대하여 눈을 뜨게 되었다.

『직지』에는 모든 내용이 다 생략되었고 게송만 소개하였다. 흔히 세상사, 인생사가 모두 물거품이며 환술이며 꿈이며 그림자이며 아침이슬이며 번갯불이라고 하였는데 그와 같은 사실이 실은 걸림이 없는 진실이며 실다운 모습이라고 하였다. 허망이 진실이며 무상이 실상이다. 허망하고 무상한 것 외에 달리 무엇이 있는가? 그런데 왜 그 이치를 모르는가? 온갖 진리가 그 가운데 있다는 사실을 깨달으면 시간적으로도 공간적으로도 모든 차별이 사라진 평등일여의 청평세계(淸平世界)이다. 선도 악도 고통도 즐거움도 옳고 그름도 너도 나도 일체가 조용하고 잠잠한 것이다.

영가 대사의「증도가」에도 "버려야 할 것으로 알고 있는 번뇌 무명이 그대로 소중한 부처의 성품이며 허망하기 이를 데 없는 환영으로 된 이 몸뚱이가 그대로 진리의 몸인 법신이다[無明實性卽佛性 幻化空身卽法身]."라고 하였다. 번뇌 무명이 곧 불성이며 환영으로 된 허망한 이 몸뚱이가 그대로 진리의 법신이듯 물거품이며 환영인 세상사, 인생사가 그대로 걸림이 없는 진리의 모습이며 실상의 모습이다. 이 허망한 인생사와 세상사를 떠나 달리 영원한 진리를 찾는다면 그것은 토끼의 뿔을 찾는 격이며 거북이에게서 털을 구하는 어리석은 일이다.

『제법무행경』에서도 "탐욕이 즉시 불도(佛道)이다. 성냄과 어리석음도 또한 그러하다. 이와 같은 세 가지 가운데 일체의 불법이 다 갖춰져 있다[貪慾卽是道 嗔痴亦復然 如是三法中 具一切佛法]."고 하였다. 허망한 것이 진리이며, 번뇌 무명이 불성이며, 이 몸뚱이가 법신이며, 탐·진·치 삼독이 곧 불법이다.『금강경』의 일체법이 모두 다 불법이라는 말씀 그대로다. 흔히 말하는 사람들의 평상심이 도[平常心是道]라는 뜻 그대로다. 평상심이란 무엇인가? 탐욕을 부리고 성질을 내고 어리석

바수반두 존자 ●

은 마음 그대로가 평상심이라는 말이다. 구태여 이것 외에 달리 있지
도 않은 진리를 찾고 도를 찾아서 내달릴 필요가 없다.

수많은 조사가 밖을 향해서 내달리지 말라고 얼마나 일렀던가. 내
손에 없는 내 것을 찾아 밤이나 낮이나 얼마나 찾아 헤맸던가. 놓아버
리고 쉬어버리는 바로 그 자리가 진리인 것을.

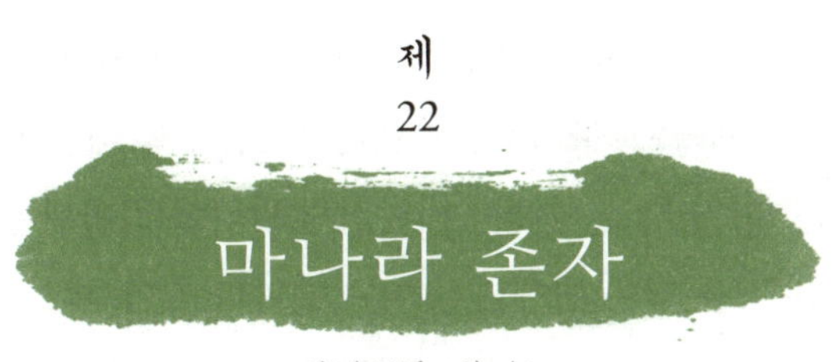

마나라 존자

摩拏羅 尊者

기쁨도 없고 슬픔도 없다

제22조 마나라 존자가 게송으로 말하였다.

마음은 온갖 경계를 따라 굴러다니나
굴러다니는 그곳은 실로 깊고 그윽하여라.
흘러가는 그곳을 따라서 본성을 알면
기쁨도 없고 또한 근심도 없네.

第二十二祖 摩拏羅尊者 偈曰
心隨萬境轉 轉處實能幽 隨流認得性 無喜亦無憂.

【강설】　마라나 존자는 제21조 바수반두 존자의 제자다. 『전등록』에 의하면 그는 나제국(那提國)의 상자재왕(常自在王)의 아들이었다. 30세가 되었을 때 바수반두 존자를 만나 출가하여 법을 전해 받고 서인도로 가서 교화를 하였다. 그리고는 다시 월씨국에 인연이 있어서 오게 되었으며 제자가 될 학륵나(鶴勒那) 비구를 만났다. 학륵나 비구에게는 평소 5백 마리의 학이 늘 따라다니는 기이한 일이 있었다. 이에 학륵나 비구가 마라나 존자에게 물었다.

"저는 무슨 인연이 있어서 학의 무리들을 만났습니까?"

"그대는 4겁 중에 비구가 되어서 용궁에 공양을 받으러 가는데 그대의 제자들이 모두 따라가려고 하였다. 그때 그대가 관찰하니 5백 명의 제자 가운데 한 사람도 용궁의 훌륭한 공양을 받을 만한 이가 없었다. 그러나 그대의 제자들이 항의하기를, '스승님께서 항상 말씀하시기를, 음식에 평등한 사람은 법에도 평등하다고 하시더니 이제 그렇지가 않은데 무슨 성인이신가?'라고 하였다. 그래서 그대는 그 제자들을 용궁에 데리고 갔었다. 그 후 그대는 생을 거듭하면서 여러 나라로 다니며 교화를 할 때에 그 5백 제자들은 복덕이 부족하므로 새가 되어 지금도 그대의 은혜에 감화되어 학의 무리가 되어 따라다니는 것이다."

"어떤 방편을 써야 저들을 해탈케 할 수 있습니까?"

"나에게 최상의 법보가 있으니 그대는 마땅히 잘 들었다가 미래의 사람들을 교화하라. 나의 게송을 들어라."

마음은 온갖 경계를 다 따라 굴러다니나
굴러다니는 그곳은 참으로 깊고 그윽하여라.
흘러가는 그곳을 따라서 본성을 알면
기쁨도 없고 또한 근심도 없네.

　　무비 스님 직지 강설 ●

이 게송을 듣고 학들이 모두 울면서 떠나갔다고 한다. 뜻이 매우 깊고 훌륭하여 역대 조사스님들이 즐겨 이야기하는 게송이기도 하다. 우리의 마음은 누구나 다 같이 경계를 만나면 그 경계를 따라 흘러 다닌다. 하늘을 보면 하늘을 따라가고 산을 보면 산을 따라간다. 물을 보면 물을 따라 흐르고 꽃을 보면 꽃을 따라 흐른다. 이것이 사람의 삶이다. 어떤 대상과 경계를 보고 듣고 냄새를 맡는 등 하는 일에 마음이 따라 흘러가지 않는다면 그것은 목석이지 사람이 아니다.

그런데 따라 흐르는 곳곳에 모두 이 마음의 존재가 있으며, 마음의 존재란 무상심심미묘하며 불가사의하다. 참으로 깊고 그윽하기 이를 데 없다. 현묘하고 또 현묘하다. 경계를 따라 흐르는 그곳에서 그 현묘한 본성을 알면 시비분별도 없고 우비고뇌도 없으며, 나아가서 생로병사마저 사라져 버린다. 이것을 일러 해탈이라 하며, 대 자유라 한다. 이 게송을 들은 5백 마리의 학들은 모두 학의 몸을 벗어났을 뿐만 아니라 생로병사마저 해탈하여 진여법계에서 대 자유를 누리게 되었다.

학륵나 존자와 그의 5백 명 제자들의 이야기에서 기억해야 할 점이 있다. 출가 수행자는 생업이 없다. 오로지 신도들의 시주를 받아 생명을 유지해 간다. 그런데 신도들의 시주를 받고도 이를 충분히 녹일 수 있으려면 훌륭한 덕행이 있어야 한다. 수행 봉사나 전법 포교에 진력하여야 한다. 만약 그렇지 못하면 5백 마리의 학처럼 새의 몸이 되어서라도 갚아야 한다. 그래서 금생에 마음을 밝히지 못하면 한 방울의 물도 녹이기 어렵다[今生未明心 滴水也難消]고 하였다. 경계하고 또 경계하며, 명심하고 또 명심해야 할 일이다.

마나라 존자 ◉

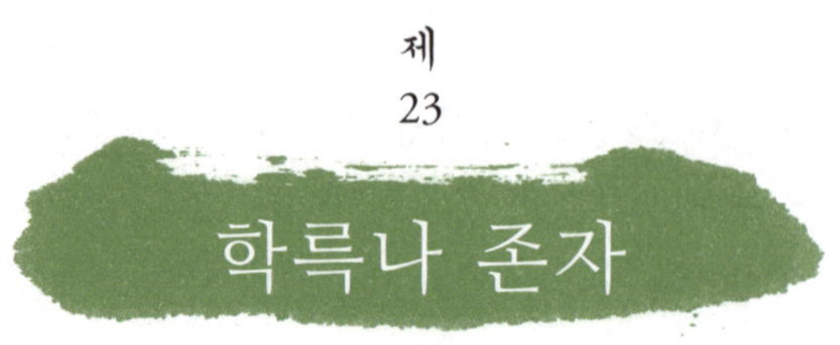

제
23

학륵나 존자

鶴勒那 尊者

마음을 쓰는 바 없다

제23조 학륵나 존자는 마나라 존자를 만나서 법을 얻은 후에 교화를 펴다가 중인도에 이르러 사자 존자를 만나게 되었다.

사자 존자가 물었다.

"제가 도를 구하고자 하는데 마땅히 어떻게 마음을 써야 합니까?"

"그대가 도를 구하고자 한다면 마음을 쓸 것이 없다."

"이미 마음을 쓸 것이 없다면 누가 부처님의 일[佛事]을 할 수 있겠습니까?"

"그대가 만약 마음을 쓸 것이 있으면 그것은 곧 공덕이 아니요, 그대가 만약 마음을 쓸 것이 없으면 그것이 곧 부처님의 일을 하는 것이다. 경에 말씀하시기를 '내가 짓는 공덕은 나와 나의 것이라는 것이 없기 때문이다.'라고 하였다."

사자 존자가 이 말씀을 듣고 나서 곧 부처의 지혜에 들어가거늘 이에 법을 부촉하면서 게송을 설하였다.

　심성을 깨달을 때에
　불가사의라고 말하나
　분명하고 분명하지만 얻을 것이 없네.
　얻었을 때엔 알았다고 말하지 못하리.

　게송을 마치신 뒤에 열반에 드셨다.

第二十三祖 鶴勒那 遇摩挐羅尊者 得法後行化 至中印度 見師子尊者
尊者 而問曰我欲求道 當何用心 祖曰汝欲求道 無所用心 曰旣無用心
誰作佛事 曰汝若有用 卽非功德 汝若無用 卽是佛事 經云 我所作功德
而無我所故 師子 聞是語已 卽入佛慧 乃付法 偈云 認得心性時 可說不
思議 了了無可得 得時不說知 說偈已 而歸寂.

【강설】　　학륵나 존자는 월씨국 사람이다. 성은 바라문이며, 아버지
는 천승(千勝)이며, 어머니는 금광(金光)이었다. 그들은 아들이 없었으
므로 칠불(七佛)에 기도하였는데 어머니의 꿈에 수미산 정수리에서 한
신동이 금으로 된 고리를 들고 와서 "내가 왔습니다."라고 외치는 것
을 보고 깨어난 후 태기가 있었다. 나이 22세에 출가하여 30세에 마나
라 존자에게 정법안장을 전해 받았다.
　　사자 존자를 만나서 법을 논하는 대화가 불법(佛法)의 진수를 드
러낸 내용이다. 즉 도(道)를 구하는데 어떻게 마음을 써야 하는가 하는
문제인데 도는 무엇이며 마음을 쓴다는 것은 무엇인가 하는 것을 좀
더 부연하자면, 도란 달리 표현하면 불법이며, 불도(佛道)이며, 깨달음

143　　　　　　　　　　　　　　　　　　　　　　　　　　학륵나 존자 ●

이며, 성불(成佛)이며, 해탈이며, 열반이다. 그리고 이러한 것은 나 자신 외에 다른 곳에서 찾는다거나 어디서 얻어 오는 것이 아니다. 다만, 우리 자신 속에 이미 존재하는 것을 발견해 내는 일이다.

중(中)근기나 하(下)근기를 대상으로 하는 가르침에는 자기 자신 안에 이미 완전하게 갖추어져 있는 것을 달리 마음을 써서 찾아내거나 만들어 가는 수행을 하라고 한다. 여섯 가지 바라밀을 위시해서 온갖 방법의 수행이 동원된다. 그와 같은 방법을 염두에 두고 사자 존자는 어떻게 마음을 써야 하는지 물은 것이다.

그러나 학륵나 존자는 단호하게 "그대가 도를 구하고자 한다면 마음을 쓸 것이 없다."라고 하였다. 이미 자기 안에 존재하는 것을 찾아낸다고 하는 것은 마치 머리 위에 다시 머리를 하나 더 올려놓는 괴상망측한 일이 될 뿐이다. 그래서 "마음을 쓸 것이 없다."고 하신 것이다. 더 나아가서 "마음을 쓸 것이 없는 그것이 곧 세상에서 가장 훌륭한 일, 즉 부처님의 일이다."라고 하였다. 불교를 공부하는 모든 사람은 이 사실에 눈을 떠야 할 것이다.

그래서 달마 대사가 많은 불사를 하고, 수행을 많이 하고, 스스로 가사를 입고 경전을 강설하는 일도 즐겨 불심천자(佛心天子)라는 말을 들었던 양무제에게 그 모든 일이 도에는 전혀 공덕이 되지 않는다고 하였던 것이다. 외형적인 수행은 유루복(有漏福)과 유루의 공덕은 될지언정 도를 깨닫고 부처가 되는 일과는 아무런 상관이 없다.

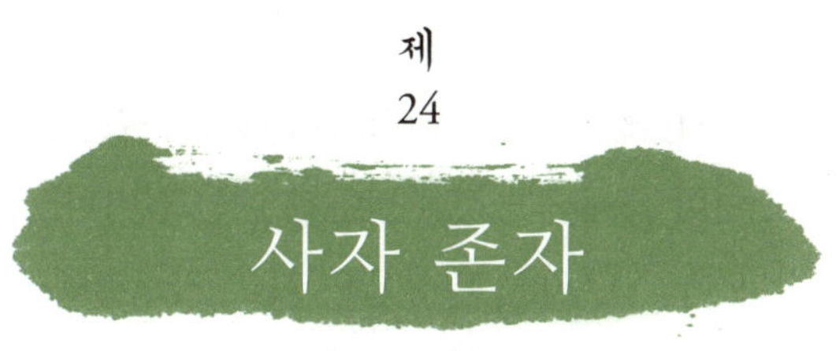

제
24

사자 존자

師子 尊者

◉

흰 피가 솟다

제24조 사자 존자에게 계빈국의 왕이 칼을 들고 물었다.

"스님은 오온이 공한 것을 얻었는가?"

"이미 얻었습니다."

"이미 오온이 공한 것을 얻었다면 생사를 떠났는가?"

"이미 생사를 떠났습니다."

"스님의 머리를 줄 수 있겠는가?"

"이 몸도 나의 소유가 아니거늘 하물며 머리이겠습니까?"

왕이 곧 머리를 베니 흰 젖이 높이 솟았고 왕의 팔이 저절로 떨어졌다.

第二十四祖 師子尊者 因罽賓國王 仗劍問曰師得蘊空不 曰已得曰旣
得蘊空 離生死不曰已離 王曰乞師頭得不 曰身非我有 況乃頭耶 王 便
斬之 白乳 高丈 王臂 自落.

【강설】　이 내용의 전말을 『전등록』에서 인용하면 이렇다. 사자(師子, ?~259) 존자는 중인도 사람으로 바라문 종족이었다. 법을 전해 받은 뒤에 사방으로 다니다가 계빈국에 이르러 파리가(波利迦)와 달마달(達磨達) 등을 교화하고 명성이 널리 퍼졌다. 마침 어떤 장자가 아들을 데리고 와서 물었다.

"이 아이의 이름은 사다(斯多)인데 태어날 적부터 왼손을 쥐고 있습니다. 성장한 지금에도 끝내 펴지 못합니다. 바라건대, 존자께서 전생의 인연을 알려주십시오."

존자가 아이를 보고 손으로 어루만지며 말하였다.

"내 구슬을 돌려다오."

동자가 갑자기 손을 펴고 구슬을 받들어 올리니 대중이 모두 깜짝 놀랐다. 존자가 말하였다.

"내가 전생에 스님이었는데 바사(婆舍)라는 동자를 데리고 있었다. 그때에 내가 서해(西海)의 재(齋)에 갔다가 구슬을 보시 받아서 맡겼었는데 이제 도로 돌려주는 것이 당연한 이치가 아닌가."

장자가 드디어 그 아들을 놓아주어 출가하게 하니 사자 존자가 곧 구족계를 주고 이어 전생의 인연에 따라 바사사다(婆舍斯多)라고 이름하였다. 존자가 이어 분부하기를, "나의 스승이 비밀하게 예언하신 바가 있는데 오래지 않아서 재난에 걸려들리라. 여래의 정법안장(正法眼藏)을 그대에게 전하노니 그대는 잘 보호하여서 미래의 사람들을 잘 교화하도록 하라." 하고 게송을 설하였다.

지견(知見)을 말할 때에
지견은 모두 마음이니
그 마음이 곧 지견이요,
지견이란 곧 지금 이 순간이니라.
[正說知見時 知見俱是心 當心卽知見 知見卽于今]

존자가 게송을 설한 뒤에 승가리 가사를 바사사다에게 비밀스럽게 전해주고 다른 나라에 가서 인연을 따라 교화하라고 하였다. 바사사다는 분부를 받고 곧바로 남천축으로 갔다.

사자 존자는 생각하기를, '환란을 구차하게 면하려는 것은 옳지 않다.' 하고 홀로 계빈국에 머물렀다. 이때에 그 나라에 두 외도가 있었는데 한 사람은 마목다(摩目多)요, 또 한 사람은 도락차(都落遮)였다. 그들은 온갖 요술을 배워서 함께 반란을 일으키려 하였다. 그리하여 거짓으로 승려의 형색을 꾸미고 왕궁으로 숨어들면서 말하였다.

"성공하지 못하면 죄를 승려들에게 돌리자."

그들 스스로가 요망한 짓을 하였기에 재앙도 잇달아 일어났다. 일이 이미 완전히 실패하게 되었을 때 왕은 과연 승려들에게 화를 내었다.

"내가 본래 삼보를 독실하게 믿었는데 어쩌면 이다지도 야속히게 나를 해치려 하였는가?"

그리고는 곧 절을 파괴하고 승려들을 모두 죽이라고 하였다. 그리고 자기는 손수 칼을 들고 사자 존자에게 가서 따졌다.

"존자는 몸도 마음[五蘊]도 텅 비었음을 깨달았는가?"

"예, 깨달았습니다."

"생사를 떠났는가?"라고 하는 등등 위의 본문에서 보여주는 문답과 사건이 있었던 것이다. 그 후 왕의 팔이 저절로 떨어지고 7일 만에 죽었다. 태자 광수(光首)가 탄식하기를, '우리 아버지가 무엇 때문에 스스로 재앙을 불렀는가?' 하니, 이때에 상백산(象白山)의 선인(仙人)이 인과의 법칙을 잘 알고 있었는데 광수에게 전생의 인연을 두루 설명해 주어서 의심을 풀게 되었다.

신라에 이차돈(異次頓, 506~527)이 순교한 아름다운 역사가 있어서 소개한다. 이차돈은 신라 법흥왕 때 순교하였다. 성은 박씨이며 이름은 염촉이요, 자는 염도(厭都)이다. 일명 거차돈(居次頓)이라고도 한다. 『삼국유사』 주(註)의 『아도비문』에 그의 아버지는 길승(吉升)이며, 할아버지는 공한(功漢)이고, 증조부는 흘해왕(訖解王)으로 되어 있다.

그는 일찍이 불교를 신봉했으나 국법으로 허용되지 않음을 한탄했다. 법흥왕의 근신(近臣)으로 내사사인에 오른 그는 527년(법흥왕 14)에 법흥왕이 불교의 힘으로 국운의 번영을 꾀하고자 불교를 공인하려 했지만, 무속신앙에 젖은 신하들의 반대로 뜻을 이루지 못하자 법흥왕의 뜻을 헤아리고 스스로 순교를 자청하여 불교의 공인을 주장하였다. 결국, 불사를 시작하여 절을 짓다가 국가의 영을 어긴 죄목으로 처형되었는데, "만일 부처님이 있다면 반드시 기적이 일어날 것이다."라고 예견한 대로 그의 목을 베니 피가 흰 젖빛으로 변하여 솟구치고 갑자기 캄캄해진 천지에서 꽃비가 내리는 등 기이한 현상이 일어났다.

이에 왕과 모든 신하가 감동하여 불교를 공인하게 되었으며, 경주에 신라 최초의 절인 흥륜사를 창건하여 그를 추모했다. 544년(진흥왕 5) 신라 십성(十聖)과 함께 모셔지고 817년(헌덕왕 9) 국통 혜륭(惠隆)이 무덤을 만들고 비를 세웠다.

중국 당나라 때 자인(慈忍) 대사의 이야기도 감동적으로 전해지고 있다. 자인 대사가 살던 곳에 심한 가뭄이 들었는데 주민이 염소와 돼지를 잡아서 기우제를 지내려고 하였다. 자인 대사가 그것을 알고는 무고한 생명을 죽이지 말고 자기가 희생될 것을 자청하였다. 자인 대사가 기우제를 지내기 위해 스스로 몸을 희생하니 대사의 몸에서 흰 피가 나왔다. 그 후로 가뭄은 모두 해소되고 많은 비가 내렸다고 전한다.

구마라습(鳩摩羅什) 스님의 제자 중에 승조(僧肇, 338~414) 법사라는 분이 있었는데 사철(四哲)로 유명한 분이다. 승조 법사는 재능이 탁월하였으므로 그 당시 요진(姚秦) 임금이 '승조 법사를 환속시켜 재상으로 삼으면 천하가 요순 시대로 돌아가 태평시절이 될 것이다.'라고 생각하고 구마라습 스님에게도 청하고 승조 법사에게도 간청하였다.

"스님이 머리를 기르고 재상이 되어 정치를 한다면 천하에 명재상이 되어 백성이 편안할 것이니 환속해서 부디 재상의 직을 맡아 주시오."라고 하였다.

승조 법사는 "재상이 다 무엇이냐! 일국의 재상이란 꿈속의 꿈이고 어린애 잠꼬대 같은 소리다. 나는 무상 대도를 얻어 영원토록 자유자재하여 일체 중생을 위해 살 뿐이다."라고 하며 끝내 허락하지 않았다.

임금이 아무리 권해도 듣지 않으므로 마침내 옥에 가두어 버리고 "끝까지 내 말을 듣지 않으면 죽여 버린다."고 위협하여도 막무가내였다. 나중에 정말 왕이 죽이려고 하니 승조 법사께서 "나를 꼭 죽이려면 일주일만 시간을 달라." 하고는 그동안에 『보장론(寶藏論)』한 권을 지었다. 문장이 뛰어날 뿐만 아니라 불법의 진리를 다 담아놓았다고 한 정도로 유명한 책이다. 일주일 뒤에 형틀에 올려놓고 죽이러 하니 게송을 읊었다.

사대가 원래 주인이 없으며
오온도 본래 공하다.
머리를 가져 흰 칼날에 대니
마치 봄바람을 베는 것과 같네.
[四大元無主 五蘊本來空 將頭臨白刃 猶如斬春風]

사자 존자 ●

불교사에 이와 같은 사례들이 종종 있었다. 불법을 위해 이 한 몸을 초개처럼 버리는 것을 순교라 하며, 불교를 사랑하는 마음인 애불심(愛佛心)이라 한다. 불교가 어려운 상황에 부딪칠 때 고인들의 불교를 위한 순교정신과 애불심이 더욱 숭고해 보이며 무구정광의 깃발이 되어 창공에 높이 펄럭이는 것 같다. 후인들은 반드시 그 정신을 본받아서 이 땅에 불법을 더욱 널리 그리고 오래오래 펼쳐지기를 기원하며 정진해야 하리라.

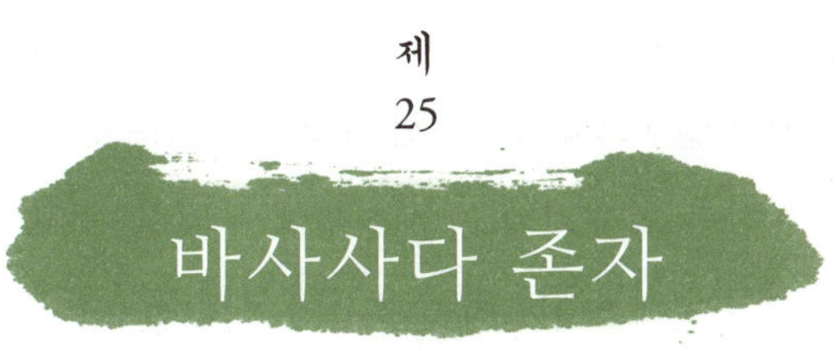

바사사다 존자

婆舍斯多 尊者

성인은 시비가 없다

제25조 바사사다 존자는 무아존이라는 이교도와 논의를 하여 59번이나 말이 오고 간 끝에 이교도가 말을 못하고는 믿고 항복하였다. 그때 바사사다 존자가 홀연히 얼굴을 북쪽으로 향하여 합장하고 길게 탄식하여 말하였다.

"우리 스승이신 사자 존자께서 오늘에 어려움을 만났으니 이것은 실로 가슴 아픈 일이로다."라고 하고, 곧 남인도에 이르러 산속에 숨어 살았다. 그 나라에 태자가 있으니 이름이 불여밀다였다. 그가 출가하기를 구하거늘 바사사다 존자가 태자에게 물었다.

"그대가 출가하고자 하는 것은 마땅히 무슨 일을 위해서인가?"

"마땅히 부처님의 일을 위해서입니다."

"태자는 지혜가 천연으로 지극하니 반드시 성인이 자취를 보인 것이리라." 하고 출가를 허락하니 6년간 시봉을 하였다.

뒷날 왕궁에서 구족계를 받기 위하여 갈마[作法]를 할 때에 대지가 진동하고 여러 가지 신령스럽고 기이한 일들이 많았다. 바사사다 존자가 일러 말하였다.

"그대는 마땅히 정법안장을 잘 보호하여 널리 중생을 이익하게 하여라. 나의 게송을 들어라."

성인이 지견을 말씀하시지만
경계를 만나서는 옳고 그른 것이 없도다.
내가 지금 참 성품을 깨달은 것은
도(道)도 없고 또한 이치도 없네.

게송을 이야기해 마치시고 신통변화를 나타내시어 불을 일으켜 자신을 스스로 태우시고 적멸에 드시었다.

第二十五祖 婆舍斯多 因與外道無我尊 論議 往返五十九番 外道 杜口信伏 于時 祖忽然面北 合掌長吁曰我師 師子尊者 今日 遇難 斯可傷焉 卽達南天 隱于山谷 彼國 有太子 名不如蜜多 遂求出家 祖 問太子曰汝欲出家 當爲何事 曰當爲佛事 祖曰太子 智慧天至 必諸聖 降迹 卽許出家 六年侍奉 後於王宮 受具羯摩之際 大地震動 頗多靈異 祖命之曰汝當善護正法眼藏 普利羣品 聽吾偈曰 聖人說知 見當境無是非 我今悟眞性 無道亦無理說偈已 現神變化 火自焚 入寂滅.

【강설】　『전등록』에 의하면 바사사다(婆舍斯多, ?~325) 존자는 계빈국 사람으로 성은 바라문이며 아버지는 적행(寂行)이고 어머니는 상안락(常安樂)이었다. 처음에 어머니가 신기한 칼을 얻는 꿈을 꾸고 태기가 있었다. 탄생한 뒤엔 왼손을 쥐고 있었는데, 사자 존자를 만나 옛 인연을 깨닫고 심인(心印)을 비밀히 전해 받았다. 뒤에 남인도로 가는 도중에 중인도에 이르니 가승(迦勝)이라는 나라의 왕이 예를 갖추어 공양하였다.

그때 무아존(無我尊)이라는 외도가 먼저 왕의 존중을 받았는데 바사사다 존자가 오는 것을 질투하였다. 그래서 그는 논쟁을 일으켜 다행히 이기면 자신의 지위를 확고히 굳히리라 하고 왕 앞에서 조사에게 말했다.

"나는 잠자코 하는 토론을 압니다. 말을 빌리지 않습니다."

조사가 대답했다.

"누가 승부를 아는가?"

"승부를 다투는 것이 아니고 다만 그 뜻만을 취합니다."

"그대는 무엇을 뜻이라 하는가?"

"무심(無心)을 뜻이라 합니다."

"그대가 이미 무심이라는 뜻에 안정했는가?"

"제가 무심이라 한 것은 이름이요, 뜻이 아닙니다."

"그대가 무심은 이름이요, 뜻이 아니라 하지만 나는 마음 아님은 뜻이지 이름이 아니라 하노라."

"뜻이지 이름이 아니라 하지만 누가 뜻임을 분별합니까?"

"그대가 이름이요, 뜻이 아니라 했으니 그 이름은 어떻게 이름하는가?"

"판단한다고 하지만 뜻이 없습니다. 이름이라 하지만 이름도 없습니다."

　　　　　　　　　바사사다 존자 ◉

"이름이 이미 이름이 아니라면 뜻도 뜻이 아닌데, 분별하는 이는 누구이며, 어떤 물건을 분별하는가?"

이와 같이 59회를 반복하여 따지니 외도가 말이 막히어 항복하였다고 되어 있다.

법을 전해 받을 불여밀다에게 전한 전법게송에서는 성인의 지견에 대해서 언급하였다. 지견이란 지혜다. 그 지혜는 어떤 경계를 만나더라도 무심할 뿐 아무런 시비가 없다. 보통 사람들은 어떤 경계를 만나더라도[觸] 즉각 그것을 받아들인다[受]. 고수(苦受)와 낙수(樂受)와 사수(捨受)가 그것이다. 그리고는 다음으로 증애심(憎愛心)을 일으킨다. 그리고 취하고 소유하려 한다. 그래서 고통과 번민이 뒤엉킨 삶이 이어진다. 그것이 사람들의 일상이다. 성인들은 경계를 만나도 그것을 받아들이지 않기 때문에 그 경계들이 그를 어떻게 하지 못한다. 모든 존재의 참다운 본성을 깨달았기 때문에 도라는 것도 없으며 또한 이치라는 것도 없다고 하였다. 진정한 성인에게는 불법이니 도니 진리니 열반이니 성불이니 하는 것도 한갓 부질없는 일일뿐이기 때문이다.

그래서 말씀하시기를,

"성인이 지견을 말씀하시지만 경계를 만나서는 옳고 그른 것이 없도다. 내가 지금 존재의 참 성품을 깨달은 것에는 도도 없고 또한 이치도 없네."라고 하였다.

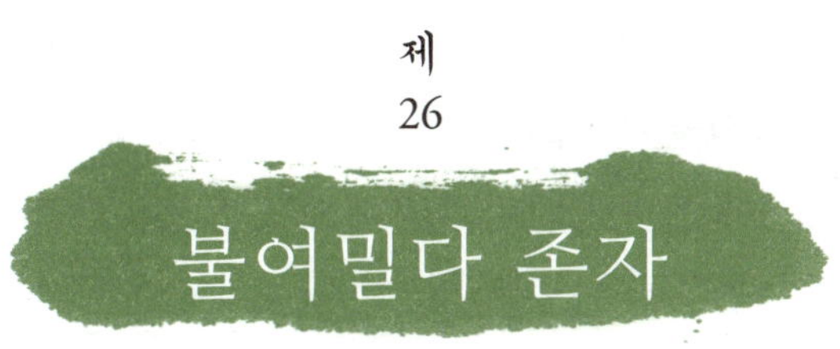

불여밀다 존자

不如密多 尊者

그대와 같은 성이다

제26조 불여밀다 존자가 이미 출가하여 법을 얻고는 동인도에 이르러 왕에게 말하였다.

"이 나라에는 마땅히 성인이 있어서 나의 법을 계승하리라."하였다.

그때 바리문의 아들로서 나이가 20세가 된 이가 있었다. 어려서 부모를 잃고 이름도 성씨도 알지 못하였다. 혹 스스로 말하기를 영락 동자라고 하였다. 마을로 돌아다니며 구걸하면서 세월을 보내는데 마치 상불경(常不輕) 보살과 같았다. 사람들이 "그대는 성씨가 무엇이냐?"고 물으면 "그대와 같다."라고 하니 사람들은 그 까닭을 알지 못하였다. 뒷날 왕이 불여밀다 존자와 함께 수레를 타고 나갔는데 영락 동자가 앞에 와서 머리를 숙이는 것을 보고 불여밀다 존자가 물었다.

"그대는 지난 일들을 기억하는가?"

"저는 과거의 오랜 겁 중에 스승님과 함께 살았으며 스승님이 마하반

야를 연설하시고 저는 심히 깊은 경전을 설하였는데 오늘의 일은 옛날의
인연에 계합한 것임을 기억합니다.”

불여밀다 존자가 다시 왕에게 말하였다.

“이 동자는 다른 사람이 아니라 곧 대세지(大勢至) 보살입니다. 이 성인
뒤에도 다시 두 사람이 출현하리니 한 사람은 남인도를 교화할 것이고,
또 한 사람은 인연이 중국에 있으니 20년 뒤에 다시 인도로 돌아올 것입
니다.”

드디어 옛날의 인연으로 말미암아 반야다라(般若多羅)라고 이름하고
법을 부촉하며 게송을 설하였다.

참다운 성품이 마음 땅에 묻힌 것은
머리도 없고 꼬리도 없건만
인연에 맞춰서 중생들을 교화하나니
방편으로 이름을 지혜라 한다.

불여밀다 존자가 법을 부촉하여 마치고 말하였다.
“나는 교화의 인연이 이미 끝났으니 마땅히 적멸에 돌아가리라.”

第二十六祖 不如蜜多 旣受度得法 至東印度 謂王曰 此國 當有聖人 而
繼於我 是時 波羅門子 年二十 幼失父母 不知名氏 或自言纓珞童子 遊
行閭里 乞求度日 若常不輕之類 人問汝何姓 乃曰與汝同姓 人莫知其
故 後 王與尊者 同車而出 見纓珞童子 稽首於前 尊者曰汝憶往事不 答
曰我念遠劫中 與師 同居 師演摩訶般若 我轉甚深修多羅 今日之事 盖
契昔因 尊者 又謂王曰此童子 非他 即大勢至菩薩 是也 此聖之後 復
出二人 一人 化南印度 一人 緣在震旦 四五年內 却返此方 遂以昔因故
般若多羅 付法 偈曰 眞性心地藏 無頭亦無尾 應緣而化物 方便呼爲智
尊子 付法已曰 吾化緣已終 當歸寂滅.

【강설】　불여밀다(不如密多, ?~388) 존자의 이야기를『전등록』에서 자세히 살펴보면, 그는 남인도 득승왕(得勝王)의 태자였다. 승려가 되어 법을 전해 받은 뒤에 동인도에 이르니, 그 나라의 왕인 견고(堅固)는 외도의 스승인 장조(長爪) 범지를 받들고 있었다. 존자가 그 나라에 이르려 할 때에 왕과 범지는 모두 흰색의 상서로운 기운이 위아래로 뻗는 것을 보았다. 왕은 그것이 무슨 상서냐고 물었다. 범지는 존자가 들어올 징조라는 것을 미리 알았으나 왕의 마음이 불법(佛法)으로 향할 것이 걱정되어 거짓으로 대답했다.

“악마가 나타날 징조입니다. 무슨 상서가 있겠습니까?”

그리고는 곧 자기의 무리를 모아 놓고 의논하였다.

“불여밀다가 여기에 온다면 누가 그를 꺾겠는가?”

제자들이 모두 말했다. “저희에겐 제각기 주술(呪術)이 있어서 천지를 움직이고 물과 불에 들어가는데 무엇이 근심되겠습니까.”

존자가 이르러 먼저 왕성의 담 위에 검은 기운이 서린 것을 보고 작은 환란이 있을 것을 알고 바로 왕에게 가니 왕이 말했다.

“대사는 무엇을 하러 왔습니까?”

존자가 대답했다. “중생을 제도하려 합니다.”

“어떤 법으로 제도하시겠습니까?”

“제각기 부류에 맞는 법으로 제도합니다.”

이때에 범지가 이 말을 듣고 분함을 이기지 못하여 요술로써 큰 산을 변화해 존자의 정수리 위에 얹어 두었다. 그러나 존자가 손가락으로 가리키니 홀연히 그의 머리 위로 옮아갔다. 범지들은 겁이 나서 모두 존자에게 귀의했다. 존자는 그들의 어리석음을 가엾게 여기어 다시 손가락으로 가리키니 허깨비 산이 즉시 사라졌다. 그리고 왕에게는 바른 법을 말하여 그로 하여금 참다운 법에 나아가게 하였다. 이어 왕에게 알렸다고 되어 있다. 불여밀다 존자의 법을 전해 받은 영락

　　　　　　　　　　불여밀다 존자 ●

동자는 상불경(常不輕) 보살과 같은 이라고 하며, 또한 대세지(大勢至) 보살이라고도 하였는데, 상불경 보살은 『법화경』 「상불경보살품」에 등장하는 인물이다. 경전을 그대로 인용하면 다음과 같다.

"최초의 위음왕 여래께서 열반하신 뒤 정법이 없어지고, 상법 동안에 뛰어난 체하는 비구들이 큰 세력을 가졌고, 그때 한 보살비구가 있었으니 이름은 상불경(常不輕)이라 하였느니라. 득대세보살이여, 무슨 인연으로 이름을 상불경이라 하였는가. 이 비구가 무릇 만나는 이는 비구이거나 비구니이거나 우바새이거나 우바이이거나 간에 보는 대로 예배하고 찬탄하면서 이렇게 말하였느니라. '나는 그대들을 깊이 공경하고 감히 가벼이 여기거나 업신여기지 못합니다. 왜냐하면, 그대들은 모두 보살의 도를 행하여 마땅히 성불할 것이기 때문입니다.'라고 하였느니라.

이 비구는 경전을 읽거나 외우지는 아니하고 다만 예배만을 하였느니라. 멀리서 사부대중을 보더라도 또한 일부러 따라가서 예배하고 찬탄하면서 '나는 그대들을 깊이 공경하고 감히 가벼이 여기거나 업신여기지 못합니다. 왜냐하면, 그대들은 모두 보살의 도를 행하여 마땅히 성불할 것이기 때문입니다.'라고 하였느니라.

사부대중 가운데 화를 내거나 마음이 부정(不淨)한 이가 있다가 나쁜 말로 욕설을 하면서 말하기를 '이 무지(無智)한 비구야, 어디서 왔기에 스스로 말하기를, 나는 그대들을 경멸하지 않는다고 하면서 우리에게 마땅히 성불하리라고 수기(授記)를 주는가. 우리는 그런 허망한 수기를 받지 아니하리라.'라고 하였느니라.

이렇게 여러 해를 다니면서 욕설과 꾸짖음을 당하여도 화도 내지 아니하고 항상 말하기를 '그대들은 마땅히 성불하리라.'라고 하였느니라. 이러한 말을 할 적에 여러 사람이 몽둥이로 때리거나 돌을 던지면 멀리 피하여 달아나면서도 오히려 큰소리로 외치기를 '나는 그대들을 감히 경멸하지 않노라. 그대들은 모두 마땅히 성불하리라'고 하였느니라. 그가 항상 이렇게 말하므로 뛰어난 체하는 비구·비구니와 우바새·우바이들이 별명을 지어서 상불경(常不輕)이라 하였느니라."

위와 같이 석가모니의 전신인 상불경 보살은 모든 사람에게 본래 그대로 부처님이라는 수기를 최초로 주어 보증하였다. 상불경 보살이 말씀하시고 실천하신 그 내용은 곧 불교의 여러 가지 사상 중에서 가장 뛰어난 인불사상(人佛思想)이다. 그는 인불사상을 세상에 최초로 선언한 보살이라고 할 수 있다.

영락 동자가 곧 상불경 보살과 같은 사람이라고 하였다. 또한 영락 동자를 대세지 보살이라고도 하였는데 대세지 보살은 아미타불의 오른쪽 보처(補處) 보살이기도 하다. 대정진(大精進), 또는 득대세(得大勢)라고도 부른다. 아미타불에게는 자비문과 지혜문이 있는데 관세음 보살은 자비문을 표하고 대세지 보살은 지혜문을 표한다. 이 보살의 지혜 광명이 모든 중생에게 비치어 삼악도를 떠나고 최상의 힘을 얻게 하므로 대세지 보살이라 한다. 영락 동자는 곧 그러한 사람이다.

불여밀다 존자가 법을 전한 게송을 좀 더 부연하면, 참다운 성품과 마음이라는 것의 차이를 설명하였다. 흔히 말하는 마음이란 어디에나 다 통하는 모든 마음 작용을 일컫는데 참다운 성품이란 허망한 마음과 망령된 마음과 거짓마음과 악한 마음과 분별하는 마음과 생멸 변화하는 마음 등은 아니다. 그러나 어떤 마음이든지 모양이 없고 앞뒤가 없고 머리와 꼬리가 없는 것은 같다. 그런데 묘하게도 인연을 따라 사람들을 가르치고 교화한다. 그것이 마음의 신기한 작용이며 불가사의한 묘용이다. 그래서 그것을 방편으로 이름 지어 지혜라고 부른다.

　　　　　　　　　　　　　　　　불여밀다 존자 ◉

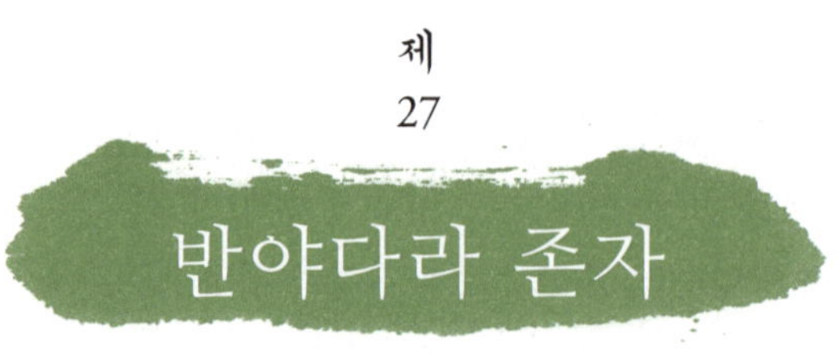

반야다라 존자

般若多羅 尊者

마음의 보배

제27조 반야다라 존자가 이미 법을 얻은 뒤에 교화를 펴다가 남인도에 이르니 그 나라의 향지왕이 궁중으로 청하여 존중하여 공양하며 무가보주로써 보시하였다. 왕에게 세 아들이 있었는데 그 막내아들은 보살이었다. 반야다라 존자가 그들의 안목을 시험하려고 보시를 받은 무가보주로써 세 왕자에게 물었다.

"이 구슬이 둥글고 밝으니 무엇이 능히 이것에 미칠 만한 이가 있겠는가?"

두 왕자가 같이 말하기를, "이 구슬은 7보 가운데 으뜸이니 진실로 이것을 능가할 것이 없습니다. 존자님의 도력이 아니면 누가 능히 받아 가질 수 있겠습니까?"라고 하였다.

셋째 왕자인 보리다라(菩提多羅)가 말하였다.

"이것은 세간의 보배이니 족히 훌륭한 것이 못 되고 모든 보배 가운데 법보(法寶)가 으뜸입니다. 이것은 세간의 빛이니 족히 훌륭한 빛이 못 되고 모든 광명 가운데 지혜의 광명이 으뜸입니다. 이것은 세간의 밝음이니 족히 훌륭한 것이 못 되고 모든 밝음 가운데 마음의 밝음이 으뜸입니다. 이 구슬의 광명은 능히 스스로를 비추지 못하고 요컨대 지혜의 광명을 빌려야 이에 이것을 분별할 수 있으니 이미 이것을 분별한 다음에 곧 이것이 구슬인 줄 압니다. 이미 이것이 구슬인 줄 알아야 곧 그것이 보물인 줄을 압니다. 그렇다면 스승님에게 그 도가 있으므로 그 보물이 저절로 드러나고 중생에게 도가 있으면 마음의 보배가 나타납니다.”

반야다라 존자가 그의 변재와 지혜를 감탄하였다. 반야다라 존자는 그가 법을 계승할 사람임을 알았으나 아직 때가 이르지 못했기 때문에 우선 침묵하고 그대로 있었다. 마침내 향지왕이 세상을 하직하여 여러 사람이 슬피 우는데 오직 셋째 왕자는 널(사람의 시체를 넣는 상자) 앞에서 선정에 들어 7일이 지난 뒤에 나와서 출가할 것을 구하거늘 이미 구족계를 주고 반야다라 존자가 말하였다.

“여래의 정법이 전하고 전하여 나에게 이르렀노라. 나는 지금 그대에게 부촉하노니 나의 게송을 들어라.”

마음 땅에서 여러 가지 종자가 생겨나며
일로 인하여 다시 이치가 생김이라.
결과가 원만함에 보리가 원만하여지고
꽃이 핌에 세계가 생기도다.

반야다라 존자가 법을 부촉하여 마치고 곧 법좌에서 좌우의 양손을 펴서 각각 광명을 놓으니 스물일곱 줄기에 오색이 찬란하였다. 몸을 솟구쳐 일곱 다리수 높이만큼 솟아 올라가서 불을 일으켜 자신을 스스로 태우셨다.

第二十七祖 般若多羅 既得法已 行化 至南印度 彼王香至 請祖宮中 尊
重供養 施無價寶珠 王有三子 其季 開士也 尊者 欲試其所得 乃以所施
珠 問三王子曰 此珠 圓明 有能及此不 二子 皆曰此珠 七寶中尊 固無踰
也 非尊者道力 孰能受之 第三子菩提多羅曰此是世寶 未足爲上 於諸
寶中 法寶爲上 此是世光 未足爲上 於諸光中 智光爲上 此是世明 未足
爲上 於諸明中 心明爲上 此珠光明 不能自照 要假智光 乃辨於此 既辨
此已 卽知是珠 卽知是珠 卽明其寶 然則師有其道 其寶自現 衆生有道
心寶自現 尊者 歎其辯慧尊者 知是法嗣 以時未至 且黙而混之 及香至
王 厭世 衆皆號哭 唯第三子 於柩前 入定 經七日而出乃求出家 既授具
戒 尊者 告曰如來正法 轉轉乃至於我 我今付汝 聽吾偈曰 心地生諸種
因事復生理 果滿 菩提圓 花開 世界起尊者 付法已 卽於座上 舒左右手
各各放光明 二十七道 五色 光耀 踊身虛空 高七多羅樹 化火自焚.

【강설】　　반야다라(般若多羅, ?~457) 존자가 법을 받고 교화를 펴다가
남인도에 이르러 매우 뛰어난 사람을 만나 법을 전하게 되는데, 그가
바로 불교 역사상 석가세존에 버금가는 동토초조(東土初祖) 보리달마
(菩提達磨, ?~528)였다. 달마 대사를 남인도 향지왕의 셋째 아들이라고
하는 근거가 바로 이것이다. 반야다라 존자와 처음 만났을 때 나눈 대
화도 다른 형들의 말과는 특별히 달랐다. 그래서 반야다라 존자는 첫
눈에 그가 법의 그릇이라는 것을 알아보았다.

　　그는 세간의 보배와 법의 보배, 세간의 광명과 지혜의 광명, 세간
의 밝음과 마음의 밝음을 명석하게 설명하였다. 아무리 훌륭한 보배
가 있다 하더라도 그것은 스스로 훌륭한 줄을 모르고 다만 지혜의 광
명을 빌려야만 능히 그것이 훌륭한 보배인 줄을 안다는 말은 만고의
명언이라고 하겠다. 그러므로 궁극적 가치는 보배에 있는 것이 아니

라 그 보배를 알아볼 줄 아는 지혜가 궁극적 보배라고 하였다.

반야다라 존자가 도가 있어 보리달마의 그릇을 알아보듯이, 사람 사람에게 도가 있으므로 마음의 보배가 나타나며 마음의 보배를 십분 활용하여 편안하고 행복한 삶을 영위할 수 있는 것이다. 비유하자면, 동굴 속에 보물이 가득 있으면 동굴을 밝히는 등불이 있음으로 해서 보물을 알아볼 수 있고 부유한 생활을 할 수 있지만, 만약 등불이 없다면 보물을 알아볼 수도 없을 뿐만 아니라 그것을 취하여 활용한다는 것은 꿈에도 생각할 수 없는 것과 같다. 이처럼 보물도 소중하지만 그 보물을 알아보는 마음의 지혜가 더욱 소중하고 값진 것이다.

이와 같은 사상을 가진 보리달마는 뒷날 중국으로 건너와서 기존의 이론에만 치우친 불교를 배격하고 모든 법의 근본인 한마음을 중요시하는 가르침을 폈다. 그의 『관심론(觀心論)』에서 마음을 관조하는 한 가지 방법이 육바라밀 등 온갖 수행을 다 포함하고 있다[觀心一法 總攝諸行]고 강조하였다. 또한 전법게송에 "마음 땅에서 여러 가지 종자가 생겨난다."라고 하였는데 달마 대사가 이와 같은 가르침을 전해 받은 영향을 받아 일심법(一心法)의 이치를 제창하게 된 것이다.

불교를 전체적으로 보면 하나의 원리이지만 그 표현에는 여러 가지가 있을 수 있는 것은 가가의 근거와 뿌리가 있기 때문이다. 혹자는 마음[心]을 즐겨 거론하고, 혹자는 성품[性]을 자주 쓰며, 혹자는 진여(眞如), 법성(法性), 열반(涅槃) 등등을 선호한다. 특히 임제 스님은 사람이라는 한마디 말에 다 포함될 뿐만 아니라 적극적이며 직접적인 표현이라 하여 사람[人]이라는 말을 즐겨 썼다. 마음 없는 사람은 없으며 사람 없는 마음은 없기 때문이다.

 　　　　　　　　　　　　　　　　반야다라 존자

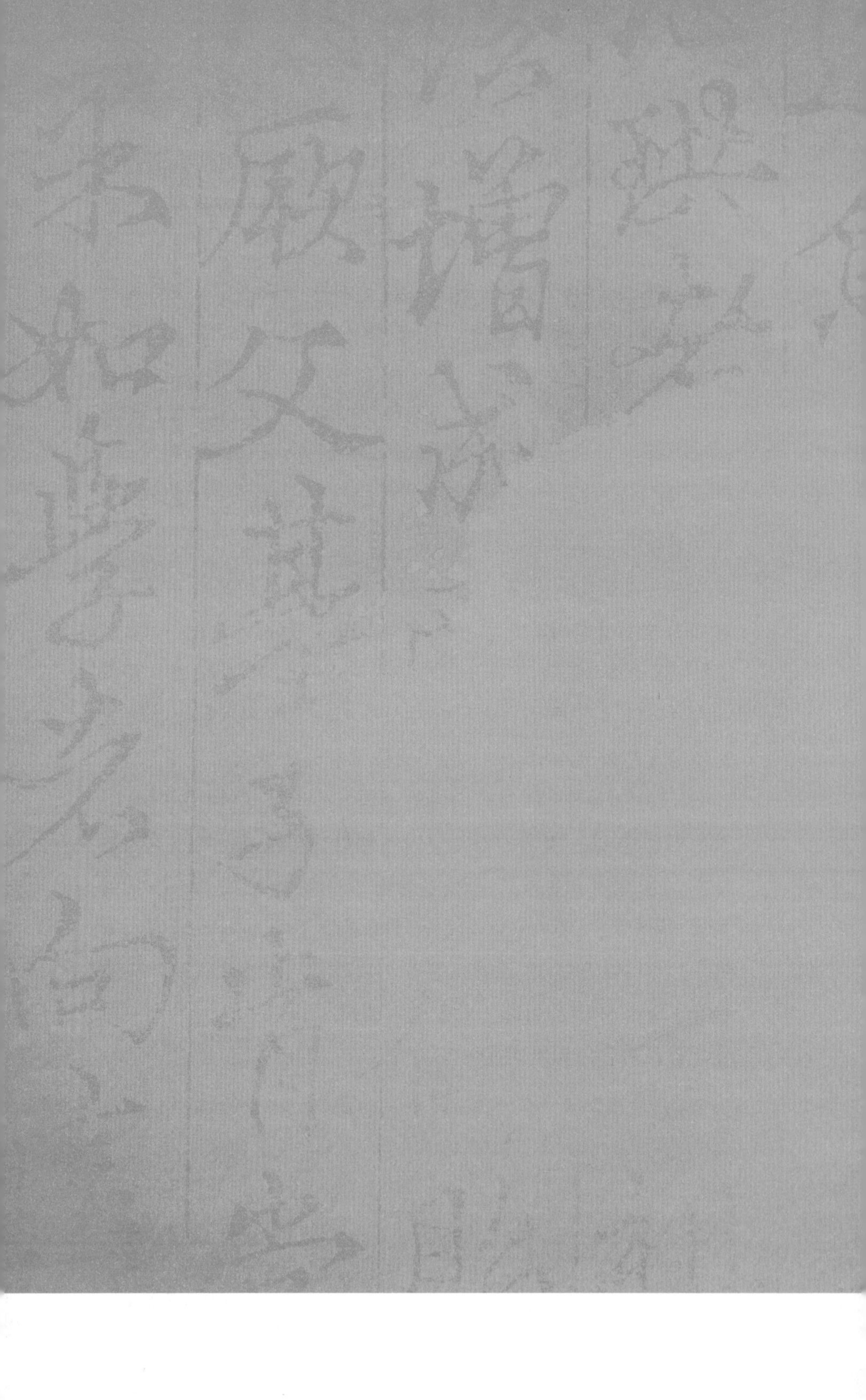

중국의 선사

中國 禪師

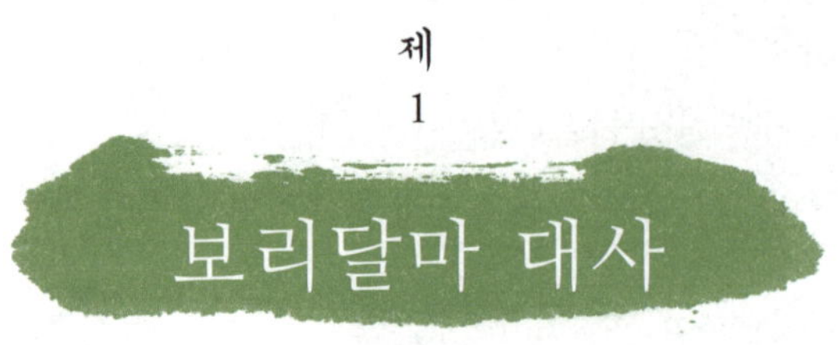

보리달마 대사

菩提達摩 大師

중국에 인연이 성숙하여

제28조 보리달마 대사가 27조 반야다라 존자에게 말씀하였다.

"저는 이미 법을 얻었으니 어느 나라에 가서 부처님 일을 해야 하겠습니까?"

"그대는 비록 법을 얻었으나 아직 멀리 갈 것은 아니고 우선 남인도에 머물다가 내가 열반에 든 뒤 6, 7년을 기다려서 마땅히 중국에 가서 큰 법의 약을 베풀어주되 최상의 근기들만 제접하라. 빨리 가서 너무 일찍이 쇠퇴하지 않도록 신중하게 하라. 그대가 교화를 펴는 곳에 깨달음을 얻는 사람들이 다 헤아릴 수 없을 정도로 많으리라."

그 후 달마 대사가 마음에 생각하기를 '중국에 인연이 성숙하여 교화를 펼 때가 이르렀다.' 하고 이에 먼저 반야다라 존자의 탑에 가서 하직 인사를 드리고 다음에는 함께 수행한 도반과 작별하였다.

그리고는 왕궁에 가서 위로하면서 부탁의 말을 하였다.

"마땅히 좋은 업을 부지런히 닦고 삼보를 잘 보호하라. 내가 가서 오래 지 않아 19년이 되면 돌아오리다."

왕이 달마 대사의 말씀을 듣고 눈물을 흘리며 슬픔이 북받쳐서 말하였다.

"이 나라는 무슨 죄가 있으며 저 나라는 무슨 복이 있는가? 숙부께서 이미 그 나라에 인연이 있으니 내가 만류해서 되지 않거니와 오직 바라건 대 부모의 나라를 잊지 마시고 일이 끝나면 빨리 돌아오십시오."

왕이 곧 큰 배를 준비해서 온갖 보물로 가득 채우고 몸소 대소 신료들을 거느리고 가서 부둣가에서 전송하였다.

달마 대사가 바다에서 배를 타고 무릇 겨울과 여름을 세 번[3년]이나 겪으면서 남해에 이르렀으니 그때가 실로 양나라 보통 8년 정미년(서기 527년) 9월 21일이었다.

第二十八祖 菩提達摩 告祖曰我旣得法 當往何國 而作佛事 尊者曰汝 雖得法 未可遠遊 且止南天待吾滅後六十七年 當往震旦 設大法藥 宜 接上根 愼勿速行 衰於日下 汝所化之方 得菩提者 不可勝數祖 心念 震 旦 緣熟 行化時至 乃先辭祖塔 次別同學 然至王所 慰而勉之曰當勤白 業 護持三寶 吾去非晩 一九 卽廻王 聞師言 涕淚父集曰此國 何罪 彼 土 何祥 叔旣有緣 非吾所止 惟願不忘父母之國 事畢早廻 王 卽具大舟 實以衆寶 窮率臣僚送至海堧 師汎重溟 凡三周寒暑 達于南海 實梁普 通八年丁未歲九月二十一日也.

보리달마 대사 ●

【강설】　달마 대사의 생몰 연대는 여러 가지 설[(~495) (?~436) (?~528) (346~495) (?~535)]이 있다. 서기 527년 9월 21일에 달마 대사가 드디어 중국에 왔다는 것은 『전등록』의 기록이며, 『직지』는 『전등록』을 근거로 하여 재편찬한 책이므로 그 내용을 따르고 있다. 달마 대사가 중국에 온 것은 중국·한국·일본의 불교에 있어서는 석가세존의 성도에 버금가는 큰 사건이며 불교 역사상 큰 획을 그은 일이 되었다. 달마 대사가 중국에 와서 불법을 전한 의미는 아무리 강조하고 드러내어 찬탄하더라도 다 할 수 없는 미증유의 일이다. 그리고 달마 대사도 인도에 그대로 있었더라면 오늘날의 달마는 되지 못하였을 것이다. 사물도 때와 장소와 사람을 만나는 데 따라서 그 가치와 영향력이 달라지는데 사람은 더더욱 그렇다.

　　달마 대사가 중국에 오기 4백여 년 전, 즉 서기 67년에 인도의 승려 가섭마등(迦葉摩騰)과 축법란(竺法蘭) 등이 중국에 이미 불교를 전했지만, 그때까지의 불교는 중국 민중들의 욕구를 충족시키지 못하였다. 달마 대사가 들어와서 비로소 불교의 최극점이며 불교의 완성이라 할 선불교를 창안하여 선양함으로써 중국불교가 온전하게 되었다. 달마 대사가 전한 선불교는 유교와 도교의 철학사상을 훌쩍 뛰어넘어 당시 최고의 지식층에 커다란 충격을 주었으며 그들을 불교에 귀의하게 하였다.

　　이처럼 불교 역사상 큰 업적을 남긴 달마 대사는 갖추어 부르면 보리달마(菩提達摩)라고 하며, 사전에는 6세기경에 활동한 인도 출신의 승려로서 중국 선종(禪宗)의 개조(開祖)라고 되어 있다. 그는 남인도 마드라스 근처 칸치푸람 출신으로 527년 중국 광주(廣州)에 도착했다. 그해 10월에 여러 가지 선행과 불사로 이름이 높았던 양(梁)나라 무제(武帝)와 만났는데, 보리달마는 선한 행위를 쌓는 것으로는 제도를 받을 수 없다고 하여 황제를 당혹하게 했다. 그 뒤 보리달마는 낙양(洛陽)

으로 가서 소림사(少林寺)의 동굴에서 매일 벽을 바라보고 9년 동안이나 좌선을 했다고 한다. 이에 대해 학자들은 오랜 기간 깊은 선정을 닦았음을 말해주는 설화일 뿐이라는 주장도 한다. 보리달마는 부처님의 제자인 초조(初祖) 가섭 존자로 헤아리면 28번째의 조사(祖師)로서 중국 선종에서는 초조(初祖)로 추앙한다. 그래서 선불교에서는 석가세존보다도 달마 대사를 더욱 높이 받든다. 불상은 없어도 달마 대사의 그림은 모신 선원을 생각하면 그 위상을 짐작할 수 있을 것이다.

달마 대사가 새로 세운 선불교는 그간의 불교와는 차원을 달리하는 최첨단의 불교라고 할 수 있다. 불교는 초기불교, 부파불교, 상좌부불교, 대중부불교 등 소승불교, 대승불교를 넘어 선불교에 이르러 완성되었다고 본다. 그래서 본서의 저자인 백운 화상은 평생의 불교공부를 총 정리하는 입장에서 이 책을 엮으면서 인물 중심의 선종사적인 형식을 빌려 선어록의 핵심들을 모아 책명을『불조직지심체요절』이라고 한 것이다.

◉

공덕이 없다

광주 자사 소앙(蕭昻)이 주인의 예를 갖추어서 영접하고 나서 표를 올려 무제에게 알렸다. 무제가 그 보고를 받고 사신을 보내어 조서를 가지고 달마 대사를 맞이하여 10월 1일에 금릉에 도착하였다.

양무제가 물었다.

"짐이 왕위에 오른 이후로 절을 짓고 경전을 쓰고 승려들을 만든 일을 가히 다 기록할 수 없을 정도로 많은데 어떤 공덕이 있습니까?"

달마 대사가 말하였다.

　　　　　　　　　　　　　　　보리달마 대사 ◉

"아무런 공덕이 없습니다."

"어찌하여 공덕이 없습니까?"

"이러한 것은 다만 인간으로나 천상에 태어날 수 있는 작은 과보이며 모두가 빠져나가 버리는[漏] 원인일 뿐입니다. 마치 그림자가 형체를 따르는 것과 같아서 비록 잠깐 있으나 실다운 것이 아닙니다."

"그렇다면 어떤 것이 참다운 공덕입니까?"

"청정한 지혜는 미묘하고 원만하여 그 자체가 스스로 공적하니 이와 같은 공덕은 세상의 일로는 구할 수 없습니다."

양무제가 또 물었다.

"어떤 것이 성스러운 진리로서 제일가는 도리입니까?"

달마 대사가 말하였다.

"넓고 텅 비어 성스러움이란 없습니다."

"짐을 마주하고 있는 사람은 누구입니까?"

"모릅니다."

양무제가 그 뜻을 알지 못하였다. 달마 대사가 갈댓잎 하나로 강을 건너 위나라에 이르러 숭산 소림사에 머무시면서 얼굴을 벽에 대고 앉아서 종일토록 침묵하였다. 사람들이 그를 알지 못하고 '벽만 보고 있는 바라문'이라고 하였다.

廣州刺史蕭昂 具主禮迎接 表聞武帝 帝 覽奏 遣使齎詔迎請 十月一日 至金陵 帝 問曰朕 卽位已來 造寺 寫經 度僧 不可勝記 有何功德 師云 片無功德 帝曰何以無功德 師曰此但人天小果有漏之因 如影隨形 雖 有非實 帝曰如何是眞功德 答曰淨智 妙圓 體自空寂 如是功德 不以世 求 帝 又問 如何是聖諦第一義 師云 廓然無聖 帝曰對朕者 誰 師曰不 識 帝 不契 師 一葦 渡江 至魏 寓止于崇山小林寺 面壁而坐 終日黙然 人莫知之 謂之壁觀波羅門.

　　　　　　　　　　　　무비 스님 직지 강설 ●

【강설】　달마 대사는 서기 527년 9월 21일에 광주의 광효사에 잠깐 머물다가 10월 1일에 금릉에 왔다. 금릉은 지금의 남경(南京)이다. 금릉에서 드디어 양무제와 역사적인 만남이 이루어졌다. 그리고는 그 유명한 대화를 남겨 오늘날까지 선불교 사상의 핵심을 이루고 있다. 즉 "여러 가지 불사를 하여 큰 복을 지었는데 그것이 어떤 공덕이 되는가?"라는 양무제의 질문에, "아무런 공덕이 없습니다."라고 한 것이었다. 이 한마디가 천하 사람들의 눈을 열어주는 지침이 되었으며 올바른 불교공부의 기준이 되었다. 만약 이 한마디가 없었더라면 불교도들은 지금까지 밖을 향하여 부단히 찾고 있을 것이다. 절을 지어 복을 닦으며 탑을 쌓아 공덕을 짓고 온갖 보시와 선행으로 공덕이 된다고 믿었을 것이다. 그것이 성불의 바른 길이라고 생각하였을 것이다.

그렇다면 진정한 공덕의 소재는 어디에 있으며 무엇이 성불의 바른 길인가? 달마 대사는 그와 같은 일은 한갓 천상이나 인간에 태어날 수 있는 과보에 불과하다고 하였다. 무한한 생명과 무한한 광명의 대해탈과 진여 열반의 삶과는 거리가 십만 팔천 리라고 한 것이다.

"청정한 지혜는 미묘하고 원만하여 그 자체가 스스로 공적하니 이와 같은 공덕은 세상의 일로는 구할 수 없습니다."라고 하여, 사람이 본래로 갖추고 있는 본성의 공덕과 칭징한 지혜는 세상의 일이나 인위적인 수행으로 얻어지는 것이 아님을 설파하였다. 실로 이미 갖추고 있어서 누가 가져갈 수도 없고 새롭게 다듬거나 장엄하거나 닦을 것이 아님을 아는 것뿐이다. 만약 수행을 통해서 새롭게 닦거나 장엄한다면 그것은 마치 본래 있는 머리 위에 다시 머리를 하나 더 올려 놓는 것과 같다. 있을 수 없는 일이며, 될 수도 없는 일이다.

이처럼 모든 사람은 본래부터 이미 해탈이 되어 있고 본래부터 부처가 되어 있다. 한량없는 복덕과 한량없는 신통을 모두 갖추고 있어서 조금도 더할 것이 없는 그대로 완전무결한 존재라는 뜻을 설파한

　　　　　　　　　　　　보리달마 대사 ●

것이다. 인간이 본래로 그렇게 위대한 존재이거늘 하물며 양무제가 다시 물은 '성스러운 진리로서 제일가는 도리'가 따로 있을 까닭이 있겠는가. 실로 역사적인 만남인 두 사람의 대화는 자꾸 어긋나기만 한다. 그러나 어긋난 대화가 다행히 먼 후대에까지 불교를 바로 가르치고 수행을 바로 하게 하는 거울이 되고 지침이 되었다.

그리고 양무제와의 최후의 한마디 "모른다[不識]."라는 말은, 달마 대사의 모든 저서와 주옥같은 말씀 중에서도 백미라고 할 수 있다. '모른다'보다 더 훌륭한 말이 어디에 있겠는가. 후대의 어떤 선사는 '오직 모를 뿐'이라고 하지 않았던가. 또한, 천하의 명화인 달마 대사가 갈댓잎 하나를 타고 양자강(揚子江)을 건너가는 일위도강도(一葦渡江圖)를 남기게 된다.

그 후 숭산 소림사에 와서 소림굴에 묵묵히 앉아 벽만을 쳐다보고 말없이 중생 제도의 세월을 기다린 것이다. 그것이 무려 9년의 세월이었다. 마치 강태공이 강가에 앉아 곧은 낚시를 드리우고 천하를 경영할 웅지를 품고 때를 기다리듯이.

  무비 스님 직지 강설 ●

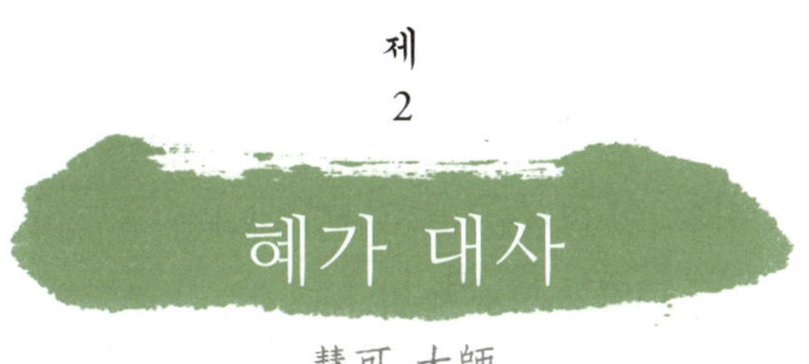

혜가 대사

慧可 大師

법을 위해 몸을 잊다

그때에 신광이라는 승려가 있었는데 밝게 툭 터진 선비였다. 이락이라는
곳에 오래 살면서 여러 가지 서적들을 폭넓게 읽었으며 깊은 이치를 잘
설명하였다. 그러나 한편으로 늘 탄식하기를, "공자와 노자의 가르침은
예절과 술수와 풍류와 규범이며, 장자와 주역의 글도 미묘한 이치를 다
하지는 못하였다. 근래에 들으니 달마 대사가 소림사에 머문다고 한다.
지극한 사람이 멀리 있지 않은데 그를 만나면 마땅히 깊은 경지에 나아가
게 될 것이다."

그리고는 이에 그곳에 가서 아침과 저녁으로 참배하여 받들었으나 달마
대사는 항상 단정히 앉아서 벽만 쳐다보므로 가르침을 듣지 못하였다.

신광이 스스로 생각하기를, '옛날 사람들은 도를 구하는데 뼈를 깎아
골수까지 드러내며, 몸을 찔러 피를 내어 굶주림을 면하게 하였으며, 머
리털을 펴서 진흙을 덮었으며, 절벽에서 몸을 던져 호랑이에게 먹였으니

옛날에도 오히려 이처럼 하였는데 나는 또한 어떤 사람인가?'라고 하였
다. 그 해 12월 9일 밤에 하늘에서 많은 비와 눈이 내렸으나 신광은 굳게
서서 움직이지 아니하였다. 날이 밝아 옴에 쌓인 눈이 무릎을 지나거늘
달마 대사가 가엾게 여겨서 물었다.

　"그대는 오랫동안 눈 속에 서서 마땅히 무슨 일을 구하려 하는가?"

　신광이 슬피 울면서 말하였다.

　"오직 원하옵나니 화상께서는 자비로운 감로 법문으로써 널리 중생을
제도하소서."

時 有僧神光 曠達之士 久居伊洛 博覽群書 善談玄理 每嘆曰孔老之敎
禮術風規 莊易之書 未盡妙理 近聞 達磨大士 住止小林 至人不遙 當造
玄境 乃往彼 晨夕參承 師常端坐面壁 莫聞誨勵 光 自思惟曰昔人 求道
敲骨取髓 刺血濟飢 布髮掩泥 投崖飼虎 古尙如此 我又何人 其年十二
月九日夜 天大雨雪 光 堅立不動 遲明 積雪 過膝 師 憫而問曰汝久立
雪中 當求何事 光 悲泣曰惟願和尙 慈悲開甘露門 廣度衆生.

【강설】　　법을 구하기 위해서 몸을 아끼지 않는 신광(487~593)의 구도
정신이 잘 나타나 있는 이야기이다. 신광은 이미 밝게 툭 터진 선비로
서 여러 가지 서적들을 폭넓게 읽었으며 깊은 이치를 능수능란하게 담
론하는 승려였다. 유교나 도교의 내용을 모두 통달하였으며 그동안 중
국에 전해 내려온 불교까지 모두 알고 있었으나 마음속에는 늘 미진한
점이 있어서 달마 대사의 소식을 듣고 소림굴로 찾아왔던 것이다.

　　예부터 구도자의 용맹한 행적은 여러 가지가 알려져 있다. 석가세
존의 6년 고행은 이미 잘 알려진 일이고, 신광은 『열반경』에 나오는 설
산 동자(雪山童子)의 위법망구(爲法忘軀) 정신을 생각하였다. 설산 동자

는 설산 대사(雪山大士)라고도 하는데, 석가모니 부처님이 아득한 과거의 세상에서 보살행(菩薩行)을 닦을 때, 눈 쌓인 산에서 수행하던 시절의 이름이다. 설산 동자는 오로지 해탈의 도를 구하기 위해서 가족도 부귀영화도 모두 버리고 설산에서 고행하고 있었다.

이를 본 제석천(帝釋天)이 설산 동자의 이와 같은 구도의 뜻을 시험해 보려고 아주 무서운 살인귀인 나찰의 모습으로 둔갑하여 하늘에서 설산으로 내려왔다. 그리고 설산 동자에게 가까이 가서 지난날에 들었던 부처님의 게송 가운데 "제행무상(諸行無常)하니 시생멸법(是生滅法)"이라는 게문의 반만 읊어 주었다.

이 게송을 들은 설산 동자의 마음은 비길 데 없이 큰 기쁨으로 깨달음의 등불이 바로 눈앞에 다가오는 것만 같았다. 그래서 "지금 게송을 설한 분은 누구십니까?" 하고 소리쳤다. 자리에서 일어나 주위를 살펴봤지만, 거기에는 무서운 나찰귀신 외에는 아무도 없었다.

설산 동자가 나찰에게 물었다. "지금 게송의 절반을 읊은 이가 바로 그대인가요?" "그렇다." "그대는 어디서 과거 부처님께서 설하신 게문(偈文)을 들었습니까? 나에게 그 나머지 반까지 마저 들려주기 바랍니다. 만일 나를 위해서 게송 전부를 들려준다면 평생 그대의 제자가 되겠습니다."

"그대 바라문이여! 그렇게 물어봐도 아무 소용이 없다네. 나는 벌써 며칠이나 굶어 허기에 지쳐서 말을 할 기력조차 없기 때문이다."

"그렇다면 그대가 먹는 것은 무엇인가요?"

"그것은 묻지 않는 것이 좋을 것이다. 단지 사람들을 무섭게 할 뿐이기 때문이다."

"여기에는 그대와 나밖에 없으니 어서 말해 주기 바랍니다."

"정 그렇다면 말하지. 내가 먹는 것은 오직 사람의 살이고, 마시는 것은 사람의 뜨거운 피다."

설산 동자는 한참 동안 생각하였다. 그리고 조용히 입을 열었다.

"좋습니다. 그렇다면 나머지 게송을 마저 듣기만 한다면 이 몸뚱이를 기꺼이 그대의 먹이로 바치겠습니다."

"어리석도다. 그대는 겨우 여덟 글자의 게송을 위해서 목숨을 바치려 하는가?"

"참으로 무지하시군요! 옹기그릇을 깨고 금으로 된 그릇을 얻는다면 누구라도 기꺼이 그 옹기그릇을 깰 것입니다. 무상한 이 몸을 버리고 금강신(金剛身)을 얻으려는 것이니 게송의 나머지 절반을 들어서 깨달음을 얻는다면 아무런 후회도 미련도 없습니다. 어서 나머지 게송이나 들려주십시오."

나찰은 목소리를 가다듬어 나머지 게문을 읊었다.

"생멸멸이(生滅滅已)하면 적멸위락(寂滅爲樂)이니라."

나머지 게문을 읊은 나찰은 곧 설산 동자의 몸을 요구하였다. 이미 죽음을 각오한 설산 동자는 그대로 죽으면 세상 사람들이 이 귀중한 진리를 알 수 없어 전혀 도움이 되지 않으므로 게송을 세상 사람들에게 남기기로 했다. 바위와 돌, 나무에 이 게송을 많이 써 두고 높은 바위 위로 올라가서 나찰이 있는 곳을 향해 허공으로 몸을 던졌다. 그러나 설산 동자의 몸이 땅에 떨어지기도 전에 나찰은 다시 제석천의 모습으로 돌아와서 커다란 손으로 설산 동자를 받아 땅 위에 고이 내려놓았다. 제석천을 비롯하여 모든 천상의 사람들은 설산 동자 발아래에 엎드려 찬탄하였다. 이 광경을 사찰에서는 벽화로 그려서 법의 소중함을 사람들에게 가르치고 있다.

이 세상 모든 것은 무엇이든 변하지 않는 것이 없다[諸行無常]. 이것이 바로 우주 만물 속에 있는 생멸의 법칙이다[是生滅法]. 그러므로

 무비 스님 직지 강설 ●

생기고 소멸하는 것이 소멸해 버린 초월의 경지에 다다르면[生滅滅已]
고요하고 고요한 진정한 열반의 즐거움을 얻게 되리라[寂滅爲樂].

　이것이 만고에 길이 빛나는 불법을 위해서 자신의 몸을 희생하고, 불법을 보호하여 오래 오래 전하기 위해서 생명을 아끼지 않은 아름다운 사례이다. 신광은 이러한 경전의 가르침을 불현듯 떠올리고 법을 위해서 이 몸을 기꺼이 버릴 각오를 다짐하였던 것이다.

　"머리털을 펴서 진흙을 덮었다."라는 설화는『본연부』경전에 나오는 이야기이다.

　그때에 연등 부처님은 많은 비구와 함께 마을로 오셨다. 성(城) 안의 백성이 모두 꽃을 차례로 드리고 예배하는 것을 보고 선혜(善慧) 보살도 발원하고 꽃을 올렸다. 연등 부처님이 꽃 공양을 마치시고 떠나실 때 마침 비가 내렸다. 선혜 보살은 부처님 발에 진흙이 묻을까 크게 염려하여 자신의 머리를 풀고 진흙 위에 엎드려 연등 부처님께 말씀드렸다.

　"부처님은 부디 진흙을 밟지 마시고 마치 마니구슬의 판자로 된 다리를 밟는다 생각하고 사십 만의 비구들과 함께 제 등을 밟고 지나가소서. 그것은 저에게 영원한 이익이 되고 안락이 될 것입니다."

　연등 부처님은 진흙 위에 엎드려 있는 선혜 보살을 보시고 찬탄하시기를, "착하고 착하다. 너의 심성이 참으로 기특하구나. 한량없는 겁을 지낸 뒤에 사바세계에서 성불하여 석가모니라는 부처가 되어 나와 같이 삼계의 중생들을 제도하리라." 하고 수기하신 후, "그대는 카필라 성에서 살 것이며, 아버지는 정반왕이요, 어머니는 마야 왕비일 것이다."라는 말씀을 마치신 후 사십 만 비구들과 함께 오른쪽으로 원을 그리면서 도는 예를 갖춘 뒤에 떠났다.

　모두가 떠난 뒤 엎드려 있던 선혜 보살은 일어나서 쌓아 놓은 꽃 위에 다리를 포개고 앉았다. 그때에 하늘 사람들이 모여와 "보살이여!

　　　　　　　　　　　혜가 대사 ●

당신은 반드시 부처가 될 것입니다. 우리는 그것을 잘 알고 있습니다. 당신은 부디 굳세게 정진하십시오."라고 하며 온갖 말로 보살을 칭찬하였다. 선혜 보살은 하늘 사람들의 칭찬을 받고 십바라밀을 완전히 행하여 무량수 겁이 지난 뒤에 부처가 되자고 굳게 결심한 뒤 설산을 향해 떠났다.

여기까지가 석가세존의 전신인 선혜 보살이 "머리털을 펴서 진흙을 덮었다."는 설화의 일단이다. 신광은 또한 세존께서 과거에 고통을 참으며 수행하셨던 때의 발자취를 떠올리며 법을 깨닫기 위해 이 몸을 희생하겠다는 결심을 더욱 굳게 하였다. 그래서 날이 밝아 올 때까지 밤새도록 눈 속에 묻혀서 달마 대사에게 간절히 법을 청하였다.

◉

마음을 가져 오너라

달마 대사가 말하였다.

"모든 부처님의 가장 높은 미묘한 도는 오랜 세월 동안 부지런히 수행하여 행하기 어려운 일을 능히 행하고 참기 어려운 일을 능히 참았느니라. 어찌 작은 덕과 작은 지혜와 가벼운 마음과 거만한 마음으로 참다운 가르침을 바라는가? 부질없는 고생만 할 뿐이로다."

신광이 달마 대사의 가르침을 듣고 몰래 날카로운 칼을 가져다가 스스로 왼쪽 팔을 잘라서 대사의 앞에 두었다. 대사가 법의 그릇임을 아시고 말하였다.

"모든 부처님이 최초에 도를 구하는데 법을 위해서 몸을 잊었는데 그대가 지금 내 앞에서 팔을 자르니 가히 도를 구할 만하다." 하시고 대사가 그로 말미암아 그 이름을 바꾸어 혜가(慧可)라고 하였다.

 무비 스님 직지 강설 ◉

신광이 말하였다.

"모든 부처님의 법인(法印)을 들을 수 있습니까?"

"모든 부처님의 법인은 사람에게서 얻는 것이 아니니라."

"저의 마음이 편안하지 못하니 스님께서는 편안하게 하여 주십시오."

"그 편안하지 않은 마음을 가져오너라. 그대에게 편안하게 해 주겠노라."

"마음을 찾아도 마침내 찾을 수가 없습니다."

"그대의 마음을 편안하게 해 주었느니라."

師曰諸佛無上妙道 廣劫勤修 難行能行 難忍能忍 豈以小德小智 輕心
慢心 欲冀眞乘 徒勞勤苦 光 聞師誨勵 潛取利刀 自斷左臂 置於師前
師 知是法器 乃曰諸佛最初求道 爲法忘形 汝今斷臂吾前 求亦可在 師
遂因與易名曰慧可 光曰諸佛法印 可得聞乎 師曰諸佛法印 匪從人得
光曰我心 未寧 乞師與安 師曰將心來 與汝安 曰覓心了不可得 師曰與
汝安心竟.

【강설】　신광은 달마 대사를 뵙고 옛날 사람들이 도를 구하기 위해서 소중한 몸을 뼈를 깎고 피를 내어 몸을 던져 주린 야차에게 공양하고, 진흙에 머리카락을 깔아 부처님이 밟고 지나가게 한 행적들을 생각하여 자신도 소림굴 앞에서 눈이 내리는 한밤을 꼬박 지새우고 법을 청하는 신심을 보였다. 그리고 슬피 울면서 말하였다. "오직 원하옵나니 화상께서는 자비로써 감로법문을 열어서 널리 중생을 제도하소서."라고 간절히 청하였다.

　　이러한 청을 듣고 달마 대사는 "작은 덕과 작은 지혜와 가벼운 마음과 거만한 마음으로 참다운 가르침을 바라는가? 부질없는 고생만

혜가 대사 ●

할 뿐이로다.”라고 하였으니 신광은 한편으로는 울분이 솟고 한편으로는 더욱 용맹한 마음이 일어나서 날카로운 칼로써 자신의 한쪽 팔을 잘라서 달마 대사에게 바쳐 도에 대한 철석같은 믿음을 보였다.

이 사건은 불교사에 길이길이 아름다운 본보기로 전하여 내려오고 있다. 소위 ‘혜가(慧可)의 입설단비(立雪斷臂)’다. 천하의 명승(名僧)인 달마 대사와 혜가 대사의 첫 만남은 이처럼 살벌하면서도 불꽃이 튀는 진검승부로 이뤄졌다. 그 광경을 본 달마 대사는 비로소 그가 법의 그릇임을 알고 이름을 바꾸어 신광을 혜가(慧可)라고 하였으며, 그 뒤부터는 혜가 대사로 널리 알려지게 되었다. 그리고 달마 대사와 혜가 대사와의 대화에서 그 유명한 안심법문(安心法門)이 오고 가게 되었다. 혜가 대사가 말하기를, “저의 마음이 편안하지 못하니 스님께서는 편안하게 하여 주십시오.”

달마 대사가 왈, “편안하지 않은 마음을 가져오너라. 그대를 편안하게 해 주겠노라.”

“마음을 찾아도 마침내 찾을 수가 없습니다.”

“그대의 마음을 편안하게 해 주었느니라.”라고 한 내용이다. 이 대화의 내용은 사람의 마음이 한편으로는 고통과 즐거움으로 윤회하면서 엄연히 실재한다는 측면과 다른 한편으로는 엄연히 실재하는 마음의 자체를 추구해 들어가면 무아(無我)요, 공성(空性)이라는 측면을 함께 드러내고 있다.

이처럼 몸도 마음도 있는 것이면서 없고, 없는 것이면서 있는 것이다. 있음도 진리이고 없음도 진리이다. 모든 존재는 이중적 진리가 공존한다. 이중적 진리가 존재의 실상이다. 이 이중적 진리를 치우치지 말고 바르게 이해하고 수용해야 한다. 상반되는 양면을 치우치지 않고 이해하여 수용하는 안목과 소견을 중도정견(中道正見)이라 하며, 중도의 생활화라고 할 수 있다. 중도의 생활화가 되었을 때 혜가 대사

　　　　　　　　무비 스님 직지 강설 ◉

처럼 모든 불안과 고통이 사라지고 편안한 삶이 시작된다.

혜가 대사는 그토록 편치 않던 마음이 삶 전체를 짓누르고 있었으나 마음의 실체는 없으며 공한 것이라는 사실을 확연히 깨달아 편안한 삶을 누리게 된 것이다. 부처님과 같은 장황한 설명이 아니라 달마 대사의 촌철살인과 같은 명쾌한 한마디, "마음을 가져 오너라."라는 이 말이 모든 존재의 있고 없음의 실상을 다 설명한 것이다. 그래서 "부처님은 활과 같이 말하고 조사들은 활줄과 같이 설한다."라고 하였다. 선문답의 묘미는 바로 이런 것이다.

항상 알고 있다

달마 대사가 어느 날 혜가 대사를 위하여 말씀하였다.

"그대는 다만 밖으로는 모든 인연을 쉬고 안으로는 마음에 헐떡거림이 없어서 마음이 장벽과 같아야 가히 도에 들어갈 수 있느니라."

혜가가 갖가지로 궁리한 끝에 마음을 설명하고 성품을 설명하였으나 모두 계합하지 못하다가 어느 날 홀연히 깨닫고는 말하였다.

"저는 이미 모든 인연을 쉬었습니다."

조사가 말하기를,

"단멸을 이루지 않았는가?"

"그렇지 않습니다."

"그대는 지금 어떤가?"

"밝고 밝아서 어둡지 않으며 분명하고 분명하여 항상 알고 있기 때문에 말로는 어떻게 표현할 수 없습니다."

"이것이 모든 부처님과 모든 조사가 전한 마음의 자체니라. 다시는 의심하지 마라."

達磨 一日 爲可大師 曰汝但外息諸緣 內心無喘 心如墻壁 可以入道 可
作種種說心說性 皆不契 一日 忽悟 乃曰我已息諸緣 祖曰莫成斷滅不
可曰無 祖曰子作麽生 可曰明明不昧 了了常知故 言之不可及 祖曰此
是諸佛諸祖 所傳心體 更勿疑矣.

【강설】　　달마 대사가 제자 혜가에게 도에 들어가는 방법을 가르친
대목이다. 싯다르타 태자가 세상에서 가장 큰 영광인 태자의 지위를
버리고 출가하여 도에 들어가는 길을 찾아 나섰다. 처음에 '알라라 칼
라마'라는 스승을 찾았고, 다음으로 '웃다카 라마풋타'라는 스승을 찾
았다. 그러나 그들은 도에 들어가는 길을 제대로 제시하지 못하였다.

　　그들을 떠나 홀로 수행한 지 6년이 다 된 어느 날 보리수나무 밑에
앉아 스스로 바른 사유에 들어 존재의 실상을 깨달았다. 그로부터 불
교가 시작된 것이다. 불교는 도에 들어가는 길을 찾아 도를 깨달아서
도의 삶을 살자는 데 있다. 그래서 2천 7백여 년 동안 헤아릴 수 없이
많은 구도자가 도에 들어가는 바른 길을 찾아 인생을 송두리째 바쳤
다. 혜가도 또한 도에 들어가는 길을 찾아 달마 대사를 찾아왔기 때문
에 달마 대사는 날을 택하여 혜가에게 도에 들어가는 바른 길을 일러
주었던 것이다.

　　말씀은 간단했다. 사람의 삶이란 안과 밖으로 나눌 수 있는데 첫
째 밖으로는 모든 인연을 쉬라는 것이다. 그것이 가장 중요한 수행이
다. 수행자가 도를 닦는다면서 그동안 살아온 삶의 방식대로 이런 저
런 속된 인연들을 끊지 못하거나, 안·이·비·설·신·의의 유혹에 이끌
려 여기저기를 기웃거린다면 그는 이미 도에 관심이 있는 사람이 아
니다. 속인이다.

　　고인의 말씀에, "가진 것이란 한 가지의 옷과 한 가지의 발우로써

살라. 그래서 사람의 감정을 송두리째 끊어버리고 주리거나 배가 부르거나 무심하게 산다면 도는 저절로 높아지리라[一衣一鉢絶人情 饑飽無心道自高].”라고 하지 않던가. 바깥 인연을 제대로 끊고 사는가, 그렇지 못한가에 따라서 수행자인지 아닌지를 판단하는 잣대가 된다. 이러한 생활이 곧 도는 아니지만 도에 들어가는 바른 방편임은 분명하다.

둘째는 “안으로 마음에 헐떡거림이 없어서 마음이 장벽과 같아야 한다.”라고 하였다. 헐떡거림이란 도를 구하기 위해서 이런저런 생각으로 치구하는 마음 씀씀이를 뜻한다. 도를 구하는 사람으로서 구하는 마음이 없으면 어떻게 도를 구할 수 있겠느냐는 생각을 할 수 있겠으나 도를 구하는 그 소중한 마음마저 내려놓아야 한다는 뜻이다. 도를 구하는데 그 구하는 마음으로 출발하지만, 결국 구하는 마음이 장애가 되어 도에서 멀어지게 된다. 이것은 최후의 방편이다. 처음에는 열심히 구하는 마음이 있어야 하고 다음에는 그 마음마저 내려놓아야 한다.

도를 구하고자 하는 사람이 안과 밖으로 이와 같은 상태가 되었다면 그 경지가 어떻겠는가? 물 온도가 찬지 더운지는 물을 마셔본 사람만이 스스로 알 것이다. 그러나 이런 경지도 어디까지나 방편이지 도는 아니다. 혜가도 온갖 시식을 나 동원하여 설명하였으나 모두 틀렸다. 그러다가 어느 날 홀연히 깨닫고는 “저는 이미 모든 인연을 다 쉬었습니다.”라고 하니 “혹시 아무것도 없는 단멸에 떨어진 것은 아니겠지?”라고 하였다. 그 뒤 자신이 얻은 경지를 “밝고 밝아서 어둡지 않으며 분명하고 분명하여 항상 알고 있기 때문에 말로는 어떻게 표현할 수 없습니다.”라고 하였다.

그렇다. 그 경지는 어떻게 말로 표현할 수 없다. 그리고 그 말에서 중요한 한마디는 “분명하고 분명하여 항상 알고 있다.”라는 말이다. 실로 마음의 실체는 공적하여 나라고 할 것이 없다. 그러나 “분명하고

혜가 대사 ●

분명하여 항상 알고 있는" 이 엄연한 사실은 누구도 부정하지 못한다. 항상 알고 있는 이 사실이 곧 공적하면서 또한 항상 알고 있는 이중적 진리를 잊어서는 안 된다. 견문각지(見聞覺知)로서 작용하는 사실도 진리요, 그러나 그 실체는 텅 비어 나라고 할 것이 없다[無我]는 사실도 또한 진리이기 때문이다.

달마 대사의 마지막 말씀대로 "이것이 모든 부처님과 모든 조사가 전한 마음의 자체다." 그래서 백운 화상은 이 책의 제목을 "부처님과 조사들이 사람의 마음을 곧바로 가리킨 요긴한 절목[佛祖直指心體要節]"이라고 정하게 된 것이다.

◉

법의 안목을 시험하다

달마 대사가 9년이 지난 후 서역인 천축국으로 돌아가고자 하여 문인들을 불러 말하였다.

"때가 장차 이르렀는데 그대들은 어찌하여 각각 얻은 바를 말하지 않는가?"

그때 문인 가운데 도부(道副)가 대답하였다.

"저의 소견은 문자에 집착하지 아니하고 문자를 떠나지도 않는 것으로써 도의 작용으로 삼습니다."

"그대는 나의 피부를 얻었구나."

총지(總持)가 말하였다.

"제가 아는 바로는 마치 경희(慶喜)가 아축불국을 한 번 보고 다시는 더는 보지 않는 것과 같습니다."

"그대는 나의 살을 얻었도다."

 무비 스님 직지 강설 ◉

도육(道育)이 말하였다.

"4대가 본래 공하고 5음도 있는 것이 아니니 저의 견해는 한 법도 가히 얻을 것이 없습니다."

"그대는 나의 뼈를 얻었도다."

최후에 혜가 대사가 나와서 세 번 절을 하고 자리에 의지하여 서 있었다. 달마 대사가 말하기를 "그대는 나의 골수를 얻었도다."라고 하였다.

이에 혜가 대사를 돌아보고 말하였다.

"옛날 여래가 정법안장을 가섭에게 부촉하여 전하고 또 전하여 나에게 이르렀다. 나는 지금 그대에게 부촉하노니 그대는 마땅히 잘 보호하여 지키라. 아울러 그대에게 가사를 주어서 법에 대한 믿음을 삼아서 각각 표시한 바가 있게 하나니 마땅히 잘 알지니라."

達磨 迄九年已 欲返西竺 乃命門人曰時將至矣 汝等 盡各言所得乎 時門人道副 對曰如我所見 不執文字 不離文字 而爲道用 師曰汝得吾皮 總持曰我今所解 如慶喜 見阿閦佛國 一見 更不復見 師云 汝得吾肉 道育曰四大本空 五陰 非有 而我見處 無一法可得 師曰汝得吾骨 最後 慧可大師 出禮三拜 依位而立 師曰汝得吾髓 乃顧慧可而告之曰昔 如來 以正法眼藏 付囑迦葉 轉轉相承 而至於我 我今付汝 汝當護持 并授汝 袈裟 以爲法信 各有所表 宜可知矣.

【강설】　달마 대사가 제자들에게 자신이 얻은 견해에 대해서 이야기하여 보라는 내용이다. 먼저 도부라는 제자가 진리란 문자를 통해서 표현하지만 그렇다고 문자에 집착하지도 않으며 문자를 떠난 것도 아니라고 하였다.

다음 총지라는 분은 비구니스님으로 양무제 때 부대사(傅大士)의

 　　　　혜가 대사 ●

딸이라고 한다. 예부터 도인의 딸이 역시 도인이 된 예가 많다. 신라 때 부설 거사의 딸로서 월명(月明)이라는 이가 있었는데 역시 유명한 도인이었으며, 당나라 방 거사의 딸인 영조(靈照) 역시 도를 이룬 분이었다. 근세에 성철 스님의 딸은 불필(不必) 비구니로서 훌륭한 큰스님이다. 청담 스님의 딸은 묘엄(妙嚴) 스님이며, 관응 스님의 딸은 명성(明星) 스님이다. 모두 훌륭한 큰스님이다. 대장경에는 뛰어난 비구니 스님들만을 기록하여 전하는 『비구니전』도 있다.

그리고 경희는 아난 존자다. 아난 존자가 화려하고 휘황찬란한 아축불국을 한 번 보고 다시는 보지 않았다는 것은 바깥세상이 아무리 화려하고 풍요롭더라도 불도(佛道)의 경지에는 미칠 수 없다는 뜻이다. 그러므로 세상을 초탈하여 고고하게 살아가는 경지를 뜻한다. 도육이라는 분은 지수화풍(地水火風)으로 된 이 육신이나 수상행식(受想行識)이라는 마음마저 텅 빈 무아(無我)의 실상을 꿰뚫어 본 사람이다. 세상을 초탈한 경지보다도 초탈할 자신마저 텅 빈 무아의 경지이다.

그리고 마지막으로 혜가 대사는 절만 세 번 하고 아무런 말이 없었다. 무엇이라고 강설을 붙일 경지가 아니다. 마치 유마 거사가 비야리 성에서 문수보살과 부처님의 수많은 제자 앞에서 불이법문(不二法門)을 설하면 아무런 말이 없었던 것으로써 그 도리를 나타낸 것과 같다. 그래서 달마 대사는 혜가 대사에게 정법안장을 부촉하였다. 그리고 신표로 가사를 전해 주면서 가사를 전해주는 까닭을 말하였다.

 무비 스님 직지 강설 ●

내가 이 나라에 온 것은

혜가 대사가 말하였다.

"청컨대 스승님께서는 가리켜서 말씀하소서."

달마 대사가 말하였다.

"안으로 마음 도장[心印]을 전해서 본심에 계합하고 밖으로 가사를 주어서 종지를 표하노라. 후대의 사람들이 가볍고 야박하여 의심하는 생각이 다투어 일어나서 말하기를, '나는 서역 천축의 사람이고 그대는 이 지방 중국의 사람이니 무엇에 의지하여 법을 얻었으며 무엇으로 증명할 수 있겠는가?'라고 하리라. 그대가 지금 이 가사와 법을 받아서 뒷날 어려운 일이 생기거든 다만 가사와 나의 전법 게송을 내보여서 증표로 사용하여 밝히게 되면 교화하는 데 장애가 없으리라.

내가 열반한 뒤 2백 년에 이르러서는 가사는 더는 전해지지 아니할 것이다. 법이 온 세상에 두루 퍼져서 도에 밝은 사람들은 많고, 도를 실천하는 사람들은 적을 것이며 이치를 설하는 사람들은 많고 이치에 통달한 사람들은 적을 것이며, 암암리에 부합하고 비밀리에 승명하는 이들이 천만도 넘을 것이다. 그대는 마땅히 이 법을 드러내고 깨닫지 못한 사람들을 가벼이 여기지 마라. 그들도 한 생각에 기틀을 돌이키면 곧 본래 얻은 것과 같으리라. 나의 게송을 들어라."

내가 본래 이 나라에 온 것은
법을 전하여 미혹한 사람들을 구제하기 위함이라.
한 꽃에 다섯 잎이 피어서
결과가 저절로 이루어지리라.

可曰請師指陳 師曰內傳心印 以契本心 外付袈裟 將表宗旨 後代 澆
薄 疑慮競生云 吾 西天之人 言汝 此方之人 憑何得法 以何 證之 汝今
受此衣法 却後難生 但出此衣 幷吾法偈 用以表明 其化無㝵 至吾滅後
二百年 衣止不傳 法周沙界 明道者多 行道者少 說理者多 通理者少 潛
符密證 千萬有餘 汝當闡揚 勿輕未悟 一念廻機 便同本得 聽吾偈曰 吾
本來此土 傳法救迷情 一花 開五葉 結果自然成.

【 강설 】　　선법이 드디어 인도 사람인 달마 대사에게서 중국 사람인
혜가 대사에게로 전승되는 장면이다. 그리고 여러 가지 현상들이 나
타날 것에 대해서도 예언을 하였다. 2백 년에 이르러서 가사는 더는
전해지지 아니하리라는 것은 그로부터 2백 년이면 33조사인 동토의
6조 혜능 대사까지를 말한다. 그래서 가사와 발우는 6조 스님에게까
지 전했다. 6조 혜능 대사에게는 훌륭한 제자가 많이 있었지만 가사를
전하지않았다. 달마 대사의 예언이 그대로 행해진 것이다.

　　달마 대사가 서쪽 인도에서 중국으로 오셔서 불법을 전하여 중
생을 제도하였는데 그 사실에 대해서 수많은 말이 만들어졌다. 소위
'조사서래의(祖師西來意)'라는 것이다. 가장 많이 인구에 회자되는 것
은 그에 대한 조주 스님의 답이다. 어떤 수행자가 "무엇이 달마 조사
가 서쪽 인도에서 중국으로 오신 뜻입니까?"라고 물었는데 조주 스님
이 "뜰 앞의 잣나무[庭前栢樹子]"라고 하였다. 상식적으로는 불법을 가
르쳐서 사람들을 제도하기 위해서 온 것으로 알려졌지만 조주 스님은
그와 같이 말할 수는 없는 일이다.

　　그렇다면 조주 스님이 '뜰 앞의 잣나무'라고 말한 그 뜻은 무엇일
까? 그것이 문제다. 그래서 이처럼 상식 밖의 깊고 오묘한 의미가 있
는 말을 화두(話頭)라 하여 간화선 수행자들은 이 문제를 곰곰이 의심

하고 사유한다. 사유하고 사유하여 모든 생각이 다 끊어지고 의단(疑團)만이 홀로 드러날 때까지 참구한다. 달마 대사가 처음 말씀하였듯이 밖으로는 모든 인연을 다 쉬고 안으로는 헐떡거리는 마음이 없어지도록 참구한다. 그것이 간화선 수행의 기본 조건이다. 달마 대사를 인연으로 하여 이와 같은 멋진 화두가 탄생하였다.

　그런데 달마 대사는 스스로 자신이 중국에 오신 뜻을 게송에서 밝혔다. "내가 본래 이 나라에 온 것은 법을 전하여 미혹한 사람들을 구제하기 위함이라. 한 꽃에 다섯 잎이 피어서 결과가 저절로 이루어지리라."라고 하였다. 다만 법을 전한다고 하였는데 그 법이란 무엇인가 하는 것과 사람들을 구제한다고 하였는데 그 구제란 무엇을 의미하는가가 문제인 것이다. 그리고 '한 꽃에 다섯 잎'이라는 한 꽃은 동토의 제1조인 달마 자신을 의미하고 다섯 잎이란 5대(代)로 내려가면서 2조 혜가와 3조 승찬(僧璨)과 4조 도신(道信)과 5조 홍인(弘忍)과 6조 혜능(慧能)을 말한다고 한다. 이와 같이 5대로 내려가면서 선불교가 더욱 왕성하게 전파될 것을 게송에서 예언하고 있다.

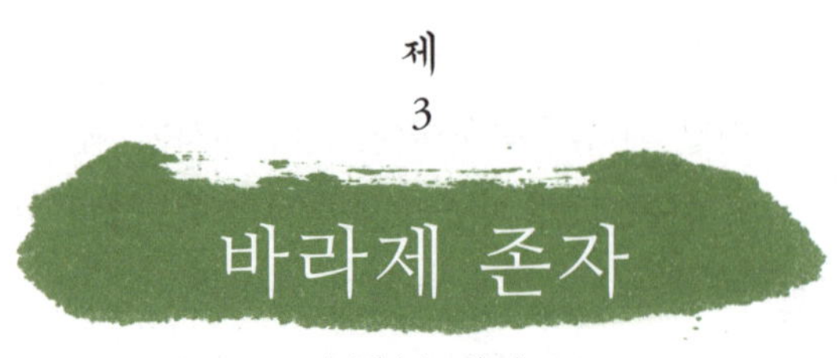

제
3

바라제 존자

波羅提 尊者

◉

불성이 있는 곳

바라제 존자에게 이견왕이 물었다.

 "무엇이 부처님입니까?"

 "성품을 보는 것이 부처님입니다."

 "스님께서는 성품을 보셨습니까?"

 "저는 불성을 보았습니다."

 "성품이 어디에 있습니까?"

 "성품은 작용하는 곳에 있습니다."

 "어떻게 작용하기에 저는 지금 보지 못합니까?"

 "지금도 작용을 나타내고 있지만, 왕이 스스로 보지 못합니다."

 "저에게는 있지 않습니까?"

 "왕이 만약 작용한다면 성품이 아닌 것이 없으나 왕이 만약 작용하지
아니하면 그 자체를 또한 보기 어렵습니다."

"만약 작용할 때에는 몇 곳에서 나타납니까?"

"만약 나타날 때에는 마땅히 여덟 가지가 있습니다."

"여덟 가지로 나타나는 것을 마땅히 저를 위하여 설명하여 주십시오."

바라제 존자가 말하였다.

"태중에 있으면 몸이 되고, 세상에 있으면 사람이라 하고, 눈에 있으면 보고, 귀에 있으면 듣고, 코에 있으면 향기를 분별하고, 혀에 있으면 말을 하고, 손에 있으면 무엇을 잡고, 발에 있으면 걸어 다닙니다. 두루 나타나면 온 세상에 꽉 차지만, 거둬들이면 하나의 작은 먼지 속에 있습니다. 아는 사람은 이것이 불성이라고 알고, 모르는 사람은 정혼(精魂)이라고 부릅니다."

왕이 게송을 듣고는 마음이 곧 깨닫게 되었다.

波羅提 因異見王 問何者 是佛 答曰見性 是佛 王曰師見性不 答曰我見
佛性 王曰性在何處 答曰性在作用 王曰是何作用 我今不見 答曰今見
作用 王自不見 王曰於我 有不 答曰王若作用 無有不是 王若不用 體亦
難見 王曰若當用時 幾處出現 曰若出現時 當有其八 王曰其八出現 當
爲我說 波羅提曰在胎爲身 處世名人 在眼曰見 在耳曰聞 在鼻辨香 在
舌談論 在手執捉 在足運奔 徧現 則俱該沙界 收攝 則在一微塵 識者
知是佛性 不識者 喚作精魂 王聞偈 心卽開悟.

【강설】 바라제 존자는 달마 스님이 중국에 오시기 전에 인도에서 교화한 제자다. 이견왕은 달마 스님의 조카라고 한다. 제자가 조카인 이견왕을 교화한 대화의 내용은 마음의 실체에 대한 규명이 뛰어나므로 여기에 소개하였다. 불교는 마음의 실체를 규명하는 가르침이 경전이나 어록에 대단히 많다. 『능엄경』에도 칠처징심(七處徵心)이라고

바라제 존자 ◉

하여 부처님과 아난 존자가 마음이 있는 곳을 일곱 곳에서 추궁해 들어가는 문답이 유명하다. 여기에서 마음과 성품과 불성은 같이 본다. 그래서 성품을 보는 것이 곧 부처라고 하여 견성성불(見性成佛)을 같은 뜻으로 여긴다. 이 성품은 누구에게나 다 있지만, 누구는 볼 수 있고 누구는 볼 수 없다는 것이 이견왕의 화두이다. 그래서 질문한 내용에 대한 대답이 "성품은 작용하는 곳에 있다."라는 것이다.

작용하는 곳에 있는 이 마음을 극명하게 보여준 것이 임제(臨濟) 스님이 불법의 대의를 묻자, 황벽(黃蘗) 스님이 60방으로 두들겨 패서 쫓아버린 일, 임제 스님이 대우 스님의 옆구리를 세 번 쥐어박은 일 등이다. 그러나 바라제 존자는 누구라도 알아들을 수 있도록 친절하게 설명하였다.

좀 더 설명하자면, 봄에는 온갖 꽃을 감상하고, 여름에는 시원한 바람을 쐬고, 가을에는 밝은 달을 즐기며, 겨울에는 흰 눈을 바라보는 것이다. 또한, 슬픈 일이 있으면 울고, 기쁜 일이 있으면 웃고, 기분이 나쁘면 화도 내고, 즐거우면 즐거워하는 이것이 마음이며, 이것이 성품이며, 이것이 불성이며, 이것이 사람이다. 그러므로 이러한 작용을 할 줄 아는 사람은 모두 불성이 작용하는 사람이므로 그대로가 부처님이다. 이 사실 외에 달리 다른 부처님은 없다.

경주의 석굴암 부처님이 아무리 훌륭하다 해도 울 줄 모르고 웃을 줄 모른다. 춥고 더운 것을 모르며 화도 낼 줄 모른다. 그러한 부처님보다는 무식하고 장애인이고 여러 가지 병에 시달리고 소견이 좁고 답답하고 멍청하고 숱한 모순과 여러 감정과 약점들을 다 가지고 있는 이 못난 중생이 수억 만 배 값진 부처님이다. 바라제 존자는 이러한 사실을 이견왕에게 깨우쳐 준 것이다. 이 내용은 다른 어록에도 자주 인용되는 가르침이다.

 무비 스님 직지 강설 ●

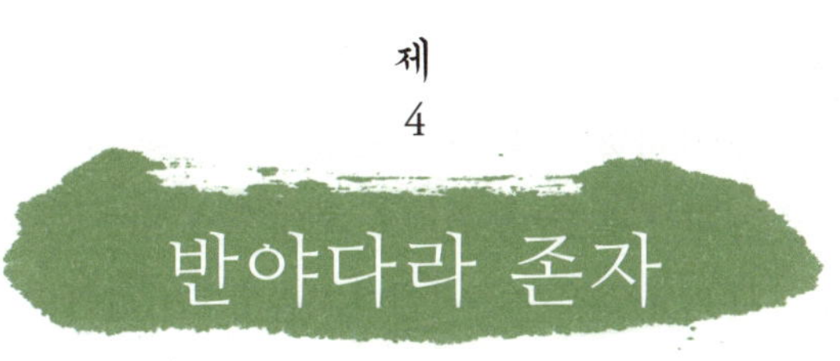

般若多羅 尊者

경을 읽는다는 것

동인도 국왕이 27조 반야다라 존자를 청하여 내궁에 들어가서 재를 지낼 때 왕이 물었다.

"모든 사람은 경전을 읽는데 스님은 왜 경전을 읽지 않습니까?"

"빈도는 숨을 들이쉴 때는 오음과 십팔계에 머물지 않고 숨을 내쉴 때는 온갖 인연에 빠져들지 아니합니다. 항상 이와 같은 백 천 만억 권의 경전을 읽습니다."

東印度國王 請二十七祖般若多羅尊者 入內齋 王問曰諸人 盡轉經 師何不看經 師曰貧道 入息不居陰界 出息不涉衆緣 常轉如是經百千萬億卷.

【강설】 　　제27조 반야다라 존자와 동인도 국왕과 경전을 읽는 문제에 대한 대화를 소개하였다. 짧은 대화지만 경전을 읽는 진정한 의미가 무엇인가를 생각하게 한다. 불교를 믿고 불교를 공부하는 사람들은 부처님이 설하신 경전을 읽는 일이 기본이다. 경전을 공부하는 일이 불자의 제1조건이다. 만약 경전을 읽지 아니하면 불자라고 할 수가 없다. 심지어 돌아가신 분을 위해서 재를 올릴 때도 경전을 읽는다. 경전을 읽지 아니하면 재를 지냈다고 할 수가 없기 때문이다. 그와 같이 경전을 읽는 일은 불교에서 매우 중요한 일이다.

　　그런데 경전을 읽는 형식이 나라마다 조금씩 다르다. 중국이나 한국에서는 재를 지낼 때 반드시 『금강경』이나 『아미타경』을 소리 내어 읽는다. 일본에서는 경전 구절을 한 무더기 쌓아놓고 책장을 넘기면서 바람만 쐰다. 티베트에서는 천에 경전을 써서 바람에 휘날리게 하거나 돌에 새겨서 밖에 진열하여 놓거나 경전이 새겨진 도구를 돌리거나 하는 것으로써 대신하기도 하고 직접 소리 내어 읽기도 한다.

　　동인도 국왕이 재를 지내면서 스님들을 초청하여 독경하였는데 다른 스님들은 모두 경을 읽는데 반야다라 존자만 읽지 않고 가만히 있었나 보다. 왕이 그 뜻을 물었는데 반야다라 존자는 뜻밖에도 최상승법의 독경을 이야기하였다. 즉 일상에서 삶의 전 영역인 5온과 18계와 그리고 온갖 인연으로 살지만 그것들에 머물지 않고 물들지 않으며 집착하거나 이끌리지 않고 세상의 주재자로서 그 위치를 잘 견지하고 있는 것이 진정한 독경이라고 하였다. 달리 말하면 수처작주(隨處作主)하여 사는 삶이 독경이라는 뜻이다. 마음은 온갖 경계를 만나 따라가지만, 그 경계에 파묻히지 않는 삶이 곧 경전을 읽는 것이다. 법문을 듣되 화두를 놓치지 않고 법문을 들어야 법문을 들을 자격이 있다는 고인의 말씀과도 들어맞는다. 진정한 경전은 자기 자신이라는 뜻이다.

그래서 이런 말씀이 있다.

"나에게 한권의 경전이 있는데 종이와 먹으로 만들어지지 않았다. 펼쳐보아야 글자 하나 없지만 항상 큰 광명을 발하고 있다[我有一卷 經 不因紙墨成 展開無一字 常放大光明]."

물론 종이와 문자로 된 경전도 경전임은 틀림없다. 그래서 그것을 문자반야(文字般若)라 한다. 그러나 문자반야는 실상반야(實相般若)를 전달하려는 방편이다. 문자가 달을 가리키는 손가락이라면 실제의 달은 여기에서 말하는 한 권의 경, 실법이다. 이 한 권의 경은 어느 특정한 사람에게만 있는 것이 아니라 모든 사람, 모든 생명에 다 있는 것이다. 모든 사람이 다 평등하며 다 존귀하다. 궁극적으로 그것을 일러 부처님이라고 한다. 그래서 사람 사람이 모두가 부처님이라는 결론[人佛 思想]에 도달하게 된다. 불교의 역대 성인들은 결국 그 한 권의 경전을 깨달았고 그 한 권의 경전을 가르친 것이다. 그러므로 복잡다단한 불교 교리는 종이도 아니고 글자도 아닌 그 한 권의 경전으로 집약하여 표현할 수 있다.

반야다라 존자 ◉

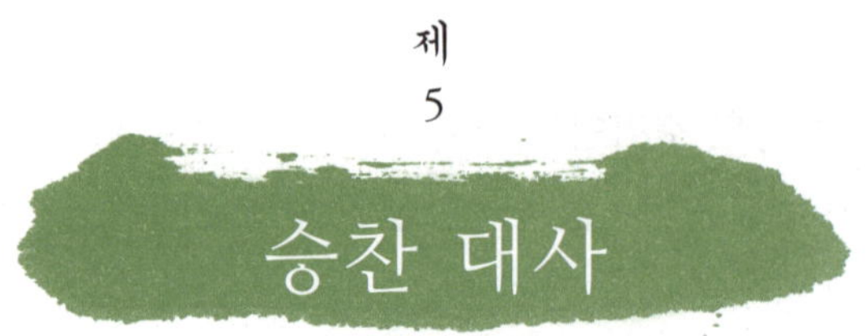

승찬 대사

僧璨 大師

죄업은 본래 없다

3조 승찬 대사가 2조 혜가 대사에게 물었다.

"제자가 몸에 풍병을 앓고 있으니 청컨대 스님께서는 저를 위하여 죄를 참회하게 하여주십시오."

혜가 대사가 말하였다.

"죄를 가져오너라. 그대에게 참회하게 하여 주리라."

"죄를 찾아보아도 마침내 찾을 수가 없습니다."

"그대에게 죄를 참회하여 주는 것을 마쳤느니라. 마땅히 불법승을 의지하여 살라."

"저는 지금 화상을 뵙고 이미 승은 알았습니다만 무엇을 불과 법이라 하는지 알지 못합니다."

"마음이 불이며, 마음이 법이니라. 불과 법은 둘이 아니며 승보도 역시 그러하니라."

"오늘에야 비로소 죄의 본성이 안과 밖과 중간에도 있지 아니하며, 마음이 그러하듯이 불과 법이 둘이 아님을 알았습니다."

혜가 대사는 그가 법의 그릇임을 깊이 인정하였다.

三祖 璨大師 問二祖曰弟子 身纏風恙 請師爲我懺罪 祖曰將罪來 與汝 懺云覓罪了不可得 祖曰與汝懺罪竟 宜依佛法僧住 曰某甲 今見和尙 已知是僧 未審何名佛法 祖曰是心 是佛 是心 是法 佛法無二 僧寶 亦 然 曰今日 始知罪性 不在內外中間 如其心然 佛法 無二 祖 深器之.

【강설】　3조 승찬(僧璨, ?~606) 대사는 수나라의 양제 대업 2년 10월 5일(서기 606년)에 입적하였다. 태어나신 날짜가 알려지지 않아서 세수가 얼마인지는 모른다. 입적하시고 150년 뒤에 당나라 현종 황제가 감지선사(鑑智禪師)라고 시호를 올렸다. 탑호는 각적(覺寂)이라 하였으며 당시 재상으로 있던 방관(房琯)이라는 사람이 비문을 지었다.

　어느 날 혜가 대사에게 40이 넘었음직한 사람이 찾아와서 자신은 풍병(風病)을 앓고 있는 사람이라고 고백하면서 본문과 같은 대화를 하게 되었다. 풍병이란 지금의 말로는 문둥병이다. 40세가 넘기끼지 온 세상이 다 혐오하는 몹쓸 병을 앓으면서 얼마나 많은 고초를 겪었겠는가. 온 세상 사람이 병을 혐오하여 던지는 돌에 맞는 아픔보다도 무슨 몹쓸 죄업을 지었기에 이와 같은 병을 앓고 있느냐는 생각으로 자신을 미워하고 혐오하는 매와 돌멩이가 더욱 가슴 아팠던 것이다. 수많은 명의를 찾아서 처방을 받았으나 끝내 치료하지 못하고, 최후의 비장한 각오로 유명한 도승이 산중에 있다는 소문만을 듣고 무턱대고 찾아왔으리라. 그러기에 부처님도 법도 스님도 전혀 모르는 상황에서 찾아온 것으로 미루어 짐작이 가는 일이다.

승찬 대사 ●

훌륭한 지혜를 갖춘 진실한 성인이라는 유형무형의 모든 존재에 대한 실상을 꿰뚫어 보는 안목을 가져야 한다. 그리고 세상의 온갖 존재에 대한 바른 안목도 중요하지만, 특히 인간에 대한 바른 안목과 사람들이 잘못 알고 있는 죄업에 대한 바른 안목을 가지고 있어야 비로소 성인이라고 할 수 있다. 혜가 대사는 승찬 대사가 인간의 죄업 때문에 몹쓸 병을 앓고 있다고 하는 잘못된 견해를 간단하게 설파하여 그의 마음을 편안하게 해 주었다. 이와 같은 설법을 안심법문(安心法門)이라 한다.

죄업이 본래 실체가 없는데 사람들은 잘못 알고 죄업이라는 환영(幻影)을 스스로 가설해 놓고 그것에 속박당하여 고통을 받고 있다. 죄업은 실체가 없으므로 아무리 찾아도 찾을 수가 없다. 이 사실은 승찬 대사가 무능하여 찾지 못하는 것이 아니다. 죄업이 실체가 없는 것은 진리이기 때문에 찾을 수 없는 것이다. 실로 죄업이라는 이름뿐이다. 마치 토끼의 뿔과 같고 거북의 털과 같은 존재다. 승찬 대사는 그동안 죄업이라는 환영에 사로잡혀 있었을 뿐이다.

『천수경』에도 "죄업이란 자체의 성품이 없다. 다만, 사람이 마음으로 만들어 낸 것이다. 그리고 마음도 실체가 없다. 그러므로 마음이 실체가 없다는 것을 알면 죄업 또한 사라진다. 그래서 죄업도 없어지고 마음도 없어지고 두 가지가 모두 텅 비어버리면 이러한 것이 진실한 참회다[罪無自性從心起 心若滅時罪亦亡 罪亡心滅兩俱空 是卽名爲眞懺悔]."라고 하였다.

없는 죄업을 없다고 보지 못하고 확연하게 존재한다고 생각하여 사람들을 오도하는 것은 성인의 가르침이 아니다. 불교를 가르친다고 하면서 삿된 법을 가르치는 것이 되고 만다. 그래서 바른 견해[正見]가 무엇보다 중요하다는 이유가 여기에 있다.

승찬 대사는 간단한 대화를 통해서 마음이 밝아지고 그토록 무겁

무비 스님 직지 강설

게 짓누르던 죄업은 어느 사이에 사라지고 말았다. 그 길로 출가하여
삼보를 믿게 되고 급기야는 부처님의 정법안장까지 물려받게 되었다.

◉

신심명

3조 승찬 대사가 게송을 말하였다.

　지극한 도는 어려움이 없으나
　오직 가려내고 선택함을 싫어할 뿐이다.
　다만, 미워하고 사랑하지 아니하면
　환하게 명백하리라.

또 게송으로 말하였다.

　원만하기가 허공과 같아서
　모자람도 없고 남음도 없거늘
　진실로 취하고 버림을 말미암아서
　그와 같지 못하게 됨이니라.

三祖偈云 至道無難 唯嫌揀擇 但莫憎愛 洞然明白
又云 圓同太虛 無欠無餘 良由取捨 所以不如.

199　　　　　　　　　　　　　　　　　　　　

【강설】　 석가세존에게 팔만장경이 있다면 승찬 대사에게는 「신심명 (信心銘)」이 있다. 「신심명」은 한 편의 선시(禪詩)이지만 불교의 오묘한 진리가 오롯이 담겨 있다. 그뿐만 아니라 자세히 살펴보면 꿈과 열정 이 용솟음치던 젊은 시절 몹쓸 병 때문에 겪게 된 좌절과 아픔도 녹아 있다. 사언절구(四言絶句)로 146구 584자로 되어 있는 간단한 글이지 만 세존의 팔만장경의 내용을 압축하여 담았다고 할 만하다. 『직지』에 서는 비록 몇 구절만 소개하고 있지만 실은 구절구절이 모두 명언이 요, 절창이다. 그래서 이 글이 세상에 나온 이후의 선사들은 글을 쓰거 나 법을 설할 때 자주 인용하였으며, 주석서도 적지 않다. 불교 공부를 하는 사람, 특히 선불교에 관심이 있는 사람은 반드시 읽고 외우고 사 유해야 할 글이다.

　지극한 도란 무엇인가? 성공한 삶, 행복한 삶, 보살의 삶, 부처의 삶이다. 즉 성불의 길이다. 그와 같은 삶이 어려운 것 같으나 실은 어 렵지 않은 것이다. 다만, 눈앞에 나타난 현상들을 분별하고 차별하고 저울질하여 가려내어 배척하기도 하고 선택하여 취하기도 하는 일 때 문에 어렵게 느껴진다. 또한, 현상들을 사랑하고 미워하는 마음 때문 에 갈등하고 투쟁한다. 갈등하고 투쟁하다 보면 부처의 삶이라든지 보살의 삶, 행복한 삶은 꿈도 꾸지 못하게 된다. 만약 어떤 현상이 앞 에 나타나더라도 마음에 아무런 동요가 없으면 온갖 경계들은 나를 어쩌지 못한다. 즉 존재의 실상을 꿰뚫어 본다면 마음에 동요가 없고 마음에 동요가 없이 바른 이치대로만 살게 된다면 그것이 곧 지극한 도이며 부처의 삶이다.

　달리 표현하면 선악과 시비와 유무에 치우치지 않는 중도의 삶이 라는 뜻이다. 중도의 삶이 곧 성불의 길이다. 왜냐하면, 모든 존재의 구성 원리는 중도 원리이다. 그러므로 중도 원리인 존재의 실상을 바 르게 보고 그 원리대로 지극한 도가 환하게 밝아진 상태이다.

 　　　　　　　　　　　　　　　　　　　　무비 스님 직지 강설 ●

다음의 게송은 삿되거나 전도된 견해로 사람을 보면 번뇌와 망상 덩어리이며 죄업으로 윤회하고 끌려다니는 부족하기 이를 데 없는 존재이지만, 밝은 지혜로 바로 보면 사람은 지금 이대로 완전무결한 존재라는 뜻이다. 그래서 "원만하기가 허공 같아서 모자람도 없고 남음도 없다."라고 노래하고 있다. 부처님께서 처음 깨달음을 이루신 후, 한 사람 한 사람을 낱낱이 관찰해 보니 모두가 여래의 지혜와 덕상을 다 갖추고 있더라고 찬탄하였다.

『화엄경』「여래출현품」에 다음과 같은 내용이 나온다.

"그때에 여래가 무엇에도 걸림이 없는 시원하고 툭 터진 지혜의 눈으로 일체 중생을 널리 살펴보시고 이처럼 말하였다. '신기하고 또 신기하여라. 이 많고 많은 모든 중생이 어찌하여 여래의 지혜를 모두 다 갖추고 있건만 어리석고 미혹하여 그 사실을 알지도 못하고 보지도 못하는가? 내가 마땅히 성스러운 진리로써 그들을 가르쳐서 죄업이 많은 못난 중생이라는 잘못된 생각과 그것에 대한 집착을 영원히 버리게 하리라. 그래서 스스로 자신들에게 여래의 넓고 큰 지혜가 부처님과 조금도 다르지 않다는 사실을 보게 하리라.'라고 하였다."

부처님과 승찬 대사는 바른 지혜의 안목으로 사람들을 보니 이처럼 완전하고 훌륭한데 어리석은 사람들이 삿된 견해로 잘못 알고 성인이니 범부니 부처니 중생이니 선이니 악이니 분별하고 취사선택을 하여 그와 같은 본래의 완전한 삶과 이미 갖추어진 한량없는 복덕의 삶을 누리지 못하게 된 것이라는 이치를 설파하였다. 「신심명」은 이처럼 부처님과 조사스님들이 깨달으신 궁극의 이치를 짧은 글 속에 모두 담고 있어서 가위 팔만대장경의 축소판이라고 할 수 있다.

승찬 대사 ●

도신·홍인 대사

道信 · 弘仁 大師

처녀에게서 환생하다

4조 도신 대사가 재송도자를 만나서 이야기를 나누는데 말이 서로 계합하였다. 4조가 말하였다.

"그대의 나이가 이미 늙었으니 몸을 바꾸어서 오는 것이 좋을 것이다."

재송도자가 아무 말 없이 곧 산에서 내려가서 탁항에 이르렀다. 한 처녀가 빨래하는 것을 보고 드디어 말하였다.

"내가 그대의 집을 빌려서 하룻밤을 묵고자 하노라."

처녀가 말하였다.

"부모님이 계십니다."

"그대는 허락하는가?"

"집에 가서 저의 부모님께 물어보겠습니다."

재송도자가 멀리 가지 아니하고 한 나무 밑에 앉아서 입적하셨다. 그 처녀가 이로부터 잉태하여 아들을 낳으니 부모의 꾸짖음과 옳고 그름을 씻을 수 없게 되어, 곧 아이를 데리고 가서 강물에다 던지고 가버렸다. 다시 돌아와서 다음날에 아이를 보니 물을 거슬러 올라가고 있었다. 차마 버릴 수가 없어서 다시 거두어 기르게 되었다.

걸식하면서 세월을 보내다가 일곱 살이 되어 황매산에 갔다. 길에서 4조 도신 대사를 만났다. 도신 대사가 물었다.

"동자는 성이 무엇인가?"

아들이 대답하였다.

"성은 있으나 보통 성이 아닙니다."

"무슨 성인가?"

"불성(佛性)입니다"

"비록 불성은 있으나 너는 아직 알지 못할 것이다."

"비단 저만 알지 못할 뿐 아니라 삼세제불도 알지 못합니다."

"무엇 때문에 알지 못하는가?"

"불성이 공하기 때문입니다."

4조 대사는 그가 법의 그릇임을 묵묵히 아시고 곧 출가를 시켜서 가사를 전하고 법을 부촉하였다.

四祖 因栽松道者 來相見 語言相契 祖曰汝年 已老 改形而來 可也 道者 珍重 便行下山 至濁港 見一處女 浣衣 遂云我欲借汝家一宿 女云 有父母在 道者曰你肯麼 女云 去問我父母宿 道者 去不遠 於一樹下 坐化去 其女 從此有孕 生一男子 被父母訶嘖 及是非不能洗 便將兒子 抛於江水中去 復廻 次日 見兒 逆流而去 不忍 復收養之
乞食度日 至七歲 携在黃梅 路上 見四祖 祖 問曰 童子 何姓 子 答曰 姓即有 不是常姓 祖曰 是什麼姓 子曰 佛性 祖曰 雖有佛性 汝且不會 子曰非但我不會 三世諸佛 亦不會 祖曰爲什麼不會 子曰性空故 祖 黙識其法器 即便出家 乃傳衣付法.

도신·홍인 대사

【강설】　제4조 도신 대사(道信大師, 580~651)와 제5조 홍인 대사(弘仁大師, 602~675)의 신비한 인연 이야기를 담아 놓았다. 소나무를 심었다는 뜻에서 재송 도자(栽松道者)라는 별명을 가진 분이 5조 홍인 대사다. 도신 대사가 제자가 될 재송 도자를 처음 만났을 때는 자신보다 나이가 많고 매우 늙은 사람이었다. 몸을 바꾸어서 세상에 돌아오면 그때 다시 제자로 삼아 법을 전하겠다는 도신 대사의 말씀에 따라 재송 도자가 몸을 바꾸어서 탄생하는 과정의 이야기이다.

아무리 도인들의 약속이라도 후인들을 위하여 증거를 삼을 만한 것을 남겨야 했다. 그것이 황매산에 소나무를 심은 일이다. 다시 돌아왔을 때 4조 대사가 "그대가 누구냐?"라고 물었을 때, "제가 바로 저기 서 있는 소나무를 심은 사람입니다."라고 하였다. 이와 같은 게송이 남아 있어서 그 사연을 더욱 돋보이게 한다.

쓸쓸히 백발인 채 청산을 내려가서
팔십 먹은 옛 얼굴을 바꾸고 돌아오니
사람은 소년이나 소나무는 늙어 있네.
이로부터 세상에 다시 옴을 알았구나.

[蕭蕭白髮下青山 八十年來換舊顔 人忽少年松自老 始知從此落人間]

홍인 대사는 아버지도 없는 젊은 처녀의 몸에 강신(降神)하여 세상에 태어났다. 그 처녀의 처지가 오죽하였겠는가. 집에서는 쫓겨나고 세상 사람들에게 손가락질을 당해도 한마디 변명도 할 수 없는 형편이었다. 태어나서는 핏덩이인 채 물에 던져졌다. 그러고도 모진 목숨은 살아서 끝내 부처님의 정법안장을 부촉받기에 이른다. 그와 같은 우여곡절을 겪으면서 오늘에 이른 불교다.

일곱 살 먹은 소년과 도신 대사와의 대화가 매우 빼어나다.

"비록 불성은 있으나 너는 아직 알지 못한다."라고 하였을 때,
"저만 알지 못할 뿐 아니라 삼세제불도 알지 못합니다."라고 대답한 것은 만고에 절창이다. 알지 못하는 까닭은 "불성은 공성이기 때문이다."라고 하였다. 텅 빈 공성인 줄 알면서도 서로 대화를 나누고 있다. 서로 대화를 나누지만 찾아보면 텅 비어 실체가 없다. 이 이치가 불성뿐만 아니라 모든 존재의 진실한 내용이다. 이처럼 존재의 진실을 알아 그 이치에 맞게 사는 일이 진리의 삶이다.

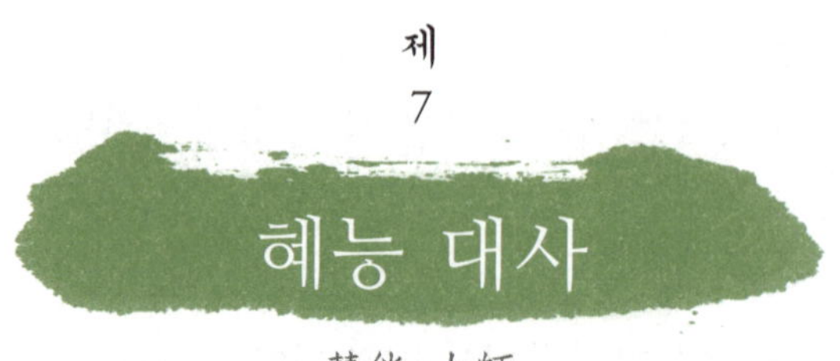

제
7

혜능 대사

慧能 大師

황매산에 출가하다

6조 혜능 대사가 땔나무를 베어 팔아서 홀어머니를 봉양하였는데, 어느 날 땔나무를 짊어지고 어떤 객점 [여관]에 이르렀을 때 손님이 금강경의 "응당히 머무는 바가 없이 그 마음을 써라."라는 내용을 읽는 소리를 듣고 마음이 오싹하여 소름이 끼치는 느낌을 받았다. 그래서 그 손님에게 물었다.

"이것은 무슨 이치이며 어떤 사람에게 얻었습니까?"

손님이 대답하였다.

"이 경의 이름은 금강경이며 황매산의 홍인 대사에게 얻었습니다."

혜능 대사가 곧바로 황매산 동선사에 나아가니 홍인 대사가 한 번 보고는 그의 근기를 알아보았다. 혜능 대사가 돌을 짊어지고 방아를 찧어서 드디어 가사와 법을 전해 받고는 남쪽으로 가서 회집이라는 곳과 사회라는 곳에 숨어 살았다. 그러다가 조계산에 이르러 큰 법의 비를 내리시니 공부하는 사람들이 천 명을 넘었다.

 무비 스님 직지 강설

六祖 能大師 採樵 以給偏母 一日 負薪 至店中 聞客 誦金剛經 應無所住
而生其心 心卽悚然 問其客曰此何法也 得於何人 客曰此名金剛經 得於
黃梅忍大師 師直造黃梅東禪寺 忍大師 一見 黙而識之 師負石舂米 遂
傳衣法 南行 隱于懷集四會之間 至曹溪 雨大法雨 學者 不下千數.

【강설】　　혜능(638~713) 대사는 한국불교와 특별히 깊은 인연이 있는
스님이다. 대한불교조계종이라는 말도 중국의 조계산에서 법을 폈던
혜능 스님의 사상과 그의 법맥을 계승한 종파라는 뜻이다. 혜능 스님
이 남긴『육조단경』도 한국 선불교의 교재로 높이 받들고 있다.

　　혜능 스님은 조계산 보림사에 머물게 되었는데 소주의 자사 위거
라는 사람이 성중에 있는 대범사로 청하여 법회를 열게 되었다. 그것
이 스님이 베푼 첫 법회다. 첫 법회였기 때문에 지금까지 자신이 걸어
온 길을 스스로 밝혔다.

　　"아버지의 본관은 범양(范陽)인데 좌천되어 영남의 신주 백성으로
살았고, 혜능은 어렸을 때 아버지를 여의었다. 늙은 어머니와 외로운
아들은 남해로 옮겨와서 가난에 시달리며 장터에서 땔나무를 팔았었
다."라는 내용이 담겨 있다.

　　중국에 선불교를 전한 달마 스님은『능가경』을 의지하여 사람들을
교화하였다. 그래서 달마선을『능가종』이라고 한다. 그리고『능가경』의
불어심위종(佛語心爲宗)이라는 말을 중요하게 여기는 관계로 불심종(佛
心宗)이라고도 부른다. 5조 홍인 스님에 이르러서는『금강경』을 의지하
는 경전으로 삼고 있다. 모든 수행자에게 금강경을 깊이 공부하도록
하였기 때문에 객점의 손님도 오직『금강경』만을 공부하였을 것이다.
『금강경』은 짧은 내용으로 되어 있지만, 사람이 사람으로서의 가치와
보람을 한껏 누리면서 살아가는 길을 제시하고 있다. 사람의 가장 큰

　　　　　　　　　　　　　　　　　혜능 대사 ◉

병통은 눈에 보이는 현상에 집착한 것이라고 보았으며, 그 병통을 없애고 무한생명과 무한자유를 누리는 길은 모든 현상을 곧 상이 없음[非相]으로 이해하는 길을 가르쳤다.

　마음을 활용하는 문제에서도 어떤 고정된 틀[相]을 설정하지 말라고 하였다. 당시의 사회적인 삶의 가치였던 충(忠)과 효(孝)에 얽매여 있던 고정관념에서 "어떤 것에도 이 마음을 머물지 마라. 마음은 본래로 무한자유, 무한해탈이다[應無所住而生其心]."라는 이 한마디에 혜능 스님께서도 마음이 활짝 열렸다. 그래서 자신이 보살펴야 하는 노모를 두고 과감하게 출가의 길을 나설 수 있었던 것이다. 이 사실을 나무꾼이 지고 가던 땔나무를 버리고 황금을 한 짐 짊어지고 간 것과 같다고 표현한다. 이처럼 깨달은 사람의 한마디 말, 한 구절의 글, 한 가지의 행위[一言一句一機]에서 눈을 뜨게 되고 마음이 열리게 된다. 그러므로 경전이나 어록은 대단히 중요하다. 달마 스님도 5조 홍인 스님도 선종의 조사이지만 이처럼 의지하는 경전이 있었다.

　혜능 스님의 행자시절은 돌을 짊어지고 방아를 찧었다는 한 가지 일로 표현되지만 법을 위해서 육신을 돌아보지 않았다는 위법망구(爲法忘軀)의 정신은 수행자들에게는 큰 본보기가 된다. 사찰마다 벽화로 그려져서 오늘날까지 사람들의 옷깃을 여미게 하며 흐트러진 정신을 추스르게 한다.

조칙을 사양하다

중종이 신룡 원년에 조칙을 내렸다.

"짐이 혜안과 신수 두 대사를 청하여 궁중에서 공양하고 나라의 일을 보는 여가에 일승법을 공부하는데 두 대사를 다 같이 추천하였습니다. '남방에 혜능 선사가 있어서 홍인 대사의 가사와 법을 남몰래 전해 받았으니 그분에게 나아가서 묻는 것이 좋을 것입니다.'라고 하였습니다. 지금 내시 설간이라는 사람을 보내서 조서로써 청하여 영접하려 하니 원컨대 대사께서는 자비로 생각하시어 빨리 상경하소서."라고 하였다.

혜능 선사는 표를 올려 병을 핑계로 사양하고 숲 속에서 살기를 원하였다.

中宗 神龍元年 降詔云 朕 請安秀二師 宮中 供養 萬機之暇 每究一乘 二師 並推云 南方 有能禪師 密受忍大師衣法 可就彼問 今遣內侍薛簡 馳詔迎請 願師 慈念 速赴上京 師 上表辭疾 願終林下.

【강설】 천자가 조칙을 내려 궁중으로 청하였으나 혜능 스님은 나아가지 않았다. 그 인격이 훌륭하여 나라에서 천자가 받들어 모시고자 청하였다면 당시의 사회적인 분위기와 천자의 권위로 볼 때 매우 경사스러운 일이다. 그러나 참으로 훌륭한 수행자들은 그와 같은 일을 달갑게 생각하지 않는다. 오히려 귀찮고 하찮은 일로 여긴다. 그러나 당시 선불교의 쌍벽을 이루었던 신수(神秀, ?~706) 대사는 측천무후와 중종과 예종의 예우를 받아 삼제(三帝)의 국사가 되었고, 중서령(中書令) 장설(張說)은 그의 제자가 되었으며 나중에 신수 대사의 비문을 쓰기도 하였다.

혜능 스님의 법을 계승한 남양혜충(南陽慧忠, ?~775) 국사는 남양의 백애산 당자곡(谷)에 들어가 40여 년을 산문 밖으로 내려가지 않으면서 수행에만 몰두하였기 때문에 당나라 숙종 임금의 귀의를 받았다. 숙종은 세 번이나 혜충 국사를 궁중으로 청하였으나 한 번도 내려가지 않았다. 그래서 숙종은 더욱더 스님들을 존경하고 불교를 높이 받들었다. 뒷날 이 일에 깊이 감동한 한 스님이 어떤 절의 주지로 와 달라는 초청을 받고 슬프고 분통이 터져서 글을 한편 남겼는데 강원의 교과서에 실려 있다.

고경(古鏡) 화상이 분양의 태수에게 보낸 편지이다.

"남양 혜충 국사는 천자가 세 번이나 초청하였으나 끝내 나아가지 않았다. 그래서 숙종 임금으로 하여금 부처님과 조사님들을 더욱 존중하게 하였다. 그러나 나를 남양 혜충 국사에 견준다면 하늘과 땅 차이이다. 옛 사람을 생각해 보니 부끄러움에 땀이 비 오듯 한다. 어찌하여 분양의 태수는 나를 진흙과 같이 보아서 장난 삼아 '옥봉사'라는 절을 지어놓고 편지 한 장을 달랑 보내어 주지나 하기를 청하는가? 어찌 이 일신을 위하여 불교의 문중이 오물을 뒤집어쓰도록 할 수 있단 말인가? 만고에 흐르는 장강의 물로도 이 더러운 이름을 씻을 수 없구나.

삼가 편지 한 장을 올리니 그 뜻을 받아주시고 나를 숲 속의 자유로운 원숭이나 새들처럼 놓아주어 구름 덮인 산에서 운치나 즐기게 하시오. 그 은혜 갚을 날이 없을 듯하여 조석으로 향이나 한 줄기 피우리다[古鏡和尚回汾陽太守 南陽忠國師 三詔竟不赴 遂使唐肅宗 愈重於佛祖 然我望南陽 雲泥雖異路 回首思古人 魄汗下如雨 如何汾陽侯 視我如泥土 戲以玉峰寺 出帖請權住 豈可爲一身 法門同受汚 萬古長江水 惡名洗不去 謹謹納公帖 觀使自收取 放我如猿鳥 雲山樂幽趣 他年無以報 朝夕香一炷]."

혜능 스님은 병을 핑계로 숲 속에서 살다 죽을 수 있도록 해달라
며 사양하였다. 얼마나 고결하고 아름다운 모범인가. 출가수행자의
정신은 모름지기 혜능 스님과 같고 혜충 국사와 같고 고경 화상과 같
아야 하거늘, 어찌하여 오늘날 우리 불교의 출가수행자들은 그렇지
못한가? 참으로 부끄럽고 애석한 일이다.

불교를 세상에 널리 전파하여 부처님의 훌륭한 사상으로 사람들
을 교화하는 일에는 우리나라의 원효 스님처럼 몸소 세상에 뛰어들
어서 전법을 하는 포교활동도 중요하지만, 한편으로는 불교의 특별한
장점인 철저한 자기 수행의 모습을 보여주는 일이다. 옛사람들은 철
저한 자기 수행으로써 부처님의 사상을 전한 사례가 훨씬 더 많았다.
수행자들은 깊이 생각해야 할 것이다.

◉

좌선만 고집하지 마라

설간이 말하였다.

"경성의 선덕들은 모두 말하기를, '불도를 알고자 하거든 반드시 좌선
하고 선정을 닦아야 한다. 만약 선정을 인하지 않고 해탈을 얻는 사람은
없다.'라고들 하는데 스님의 설법은 어떻습니까?"

혜능 스님이 말씀하였다.

"불도란 마음을 말미암아서 깨닫는 것이다. 어찌 좌선에 있겠는가?
『금강경』에 이르기를, '만약 여래가 앉아 있거나 누워 있다고 한다면 이
는 삿된 도를 행하는 것이다.'라고 하였다. 왜냐하면, 여래란 어디에서
오는 것도 아니며 또한 어디로 가는 것도 아니다. 만약 가고 오는 생멸이
없으면 이것이 여래의 청정한 선(禪)이며, 모든 법이 공적한 이것이 여

　　　　　혜능 대사 ◉

래의 청정한 좌(坐)니라. 구경에 깨달아 얻음이 없거늘 어찌 하물며 앉
는 것이겠는가?”

薛簡曰京城禪德 皆云 欲得會道 必須坐禪習定 若不因禪定 而得解脫
者 未之有也 未審師所說法 如何 師曰道由心悟 豈在坐也 經云 若見如
來 若坐若臥 是行邪道 何故 無所從來 亦無所去 若無生滅 是如來淸淨
禪 諸法空寂 是如來淸淨坐 究竟無證 豈況坐也.

【강설】　천자가 혜능 스님을 궁중에 청하여 법을 듣기 위해서 내시
설간을 보냈다. 혜능 스님이 병을 핑계로 천자의 청에 응할 수 없다고
하자, 설간이 대신 혜능 스님께 법문을 청한 것이다. 법문의 내용이라
도 천자에게 전해줘야 하기 때문이리라. 아마도 그는 그동안 경성의
여러 스님에게 많은 법문을 들은 것 같다.

　설간은 경성에 사는 선사들이 모두 좌선을 하여 선정을 닦아야 해
탈을 얻는다고 하는 데 대한 혜능 스님의 견해를 물었다. 그는 남종선
과 북종선이 있듯이 중앙과 지방의 불교에 대한 견해가 다소 다를 수
가 있다는 것을 파악하고 있었다. 그리하여 혜능 스님께 경성의 불교
분위기와 그곳의 여러 스님에 대한 사상과 수행 풍토들을 아울러 말
씀드리면서 자신이 가장 궁금한 점을 물었던 것이다.

　혜능 스님은 먼저 마음의 중요성을 들었고, 다음으로는 『금강경』
을 인용하여 그 증거로 삼았다. 즉 도란 마음을 말미암아 깨닫는 것이
고, 또한 마음을 깨닫는 것이다. 앉든지 눕든지 행주좌와 어묵동정과
는 전혀 관계가 없는 것이므로 반드시 좌선으로 해탈을 얻는다고 생
각하는 경성의 선사들의 주장을 부정하였다. 그리고 달마 스님으로부
터 전해 내려온 “마음을 관찰하는 하나의 길이 온갖 육도만행을 닦아

서 성불에 이른다는 수행법을 모두 다 포섭하고 있다[觀心一法 總攝諸 行].”는 일심(一心)의 이치에 근거한 가르침을 일러주었다.

또한, 혜능 스님은『금강경』을 듣고 깨달음을 얻은 사람이지 좌선을 통하여 깨달은 사람이 아니다. 그러므로『금강경』을 증거로 삼으면서 여래란 오고 감이 없으며 앉고 누움도 없다는 것과 또한 만약 형상이나 소리로써 여래를 찾는다면 그는 삿된 길을 가는 사람이라는 것을 설파하였다. 가거나 오거나 하는 형상이 있으면 그것에는 반드시 생멸이 있는 것이며, 생멸이 있는 것이라면 온전한 법이 아니라는 뜻을 설파하였다. 생멸이 없으며 모든 법이 공적해야 비로소 여래의 청정한 선이며 여래의 청정한 앉음이라는 뜻이다.

그리고 궁극적으로 무엇을 깨달아 얻음도 없다고 하였다. 본래의 여여(如如)한 그 모습 그대로이지 달리 좌선을 하여 얻을 것이 없다고 한 것이다. 만약 좌선한다고 하더라도『육조단경』「좌선품」에서 말하고 있는 것과 같이 한다면 허물이 없으리라.

『육조단경』에 말씀하시기를, “선지식이여, 무엇을 이름하여 좌선이라고 하는가? 이 진리의 문중에는 아무런 장애가 없어서 밖으로 일체 선과 악의 경계에 대하여 마음이 일어나지 않는 것을 ‘앉음’이라 하고, 안으로 자성이 움직이지 않음을 보는 것을 ‘선’이라 한다.”라고 하였다.

일체의 선과 악과 좋고 나쁜 일에 마음이 일어나지 말아야 한다고 하는 것은 굳이 가부좌를 틀고 앉아야 하는 것은 아니다. 행주좌와와 어묵동정에서 모두 가능한 일이다. 좌선의 진정한 뜻은 여기에 있다.

혜능 대사 ●

설간이 말하였다.

"제자가 돌아가면 주상께서 반드시 물을 것이니 바라건대 화상께서는 자비로써 마음의 요점을 지시하여 주십시오."

혜능 스님이 말씀하였다.

"도란 밝고 어두움이 없다. 밝고 어둠이란 서로 뒤바뀌는 이치이다. 밝고 밝은 것은 다함이 없으며 또한, 다함이 있는 것이니라."

설간이 말하였다.

"밝음은 지혜에 비유하고 어둠은 번뇌에 비유합니다. 도를 닦는 사람이 혹시 지혜로써 번뇌를 비추어 깨트리지 못하면 끝이 없는 생사를 무엇을 의지해서 벗어날 수 있습니까?"

혜능 스님이 말씀하였다.

"만약 지혜로써 번뇌를 비추어 깨트리는 사람은 이것은 이승(二乘)의 어린아이인, 양이나 사슴이 끄는 수레인지라 상근기인 큰 지혜의 사람들은 모두 이처럼 같지 않느니라."

설간이 물었다.

"어떤 것이 대승의 견해입니까?"

혜능 스님이 말씀하였다.

"밝음과 어둠은 성품이 둘이 없다. 둘이 없는 성품이 곧 진실한 모습이다. 진실한 모습이란 범부로서 어리석은 처지에 있더라도 감소하지 않으며, 현자나 성자의 입장에 있더라도 더 불어나지 않는다. 번뇌 속에 머물더라도 어지럽지 않으며, 선정에 머물더라도 고요하지 않다. 아주 없어지는 것도 아니며 늘 존재하는 것도 아니다. 오는 것도 아니며 가는 것도 아니다. 중간에 있는 것도 아니며 안이나 밖에 있는 것도 아니다. 생기거나 소멸하는 것도 아니며 성(性)과 상(相)이 여여(如如)하여 항상 그 자리에서 옮기지 않는 것을 이름하여 도라고 한다."

簡曰弟子之迴 主上必問 願和尙 慈悲 指示心要 師曰 道無明暗 明暗
是代謝之義 明明無盡 亦是有盡 簡曰明喩智慧 暗況煩惱 修道之人 倘
不以智惠 照破煩惱 無始生死憑何出離 師云 若以智惠 照破煩惱者 此
是二乘小兒 羊鹿車等機 上根大智 悉不如是 簡曰如何是大乘見解 師
云 明與無明 其性 無二 無二之性 卽是實相 實相者 處凡愚而不減 在
賢聖而不增 住煩惱而不亂 居禪定而不寂 不斷不常 不來不去 不在中
間 及其內外 不生不滅 性相 如如 常住不遷 名之曰道.

【강설】   도란 상대적인 양변을 초월한 경지이다. 그것을 흔히 중도
라고 한다. 깨달음이나 지혜를 말할 때 어둠과 밝음으로 비유되지만,
어둠과 밝음으로 비유되는 그와 같은 밝음은 상대적이기 때문에 진
정한 밝음, 초월적 밝음이라 할 수 없다. 진정한 밝음은 상대적 관계를
초월하면서 상대적인 양변을 모두 수용하는 것이다.

　비유하자면, 법당이 어두워서 전깃불을 밝혔을 때 그때의 밝음은
진정한 밝음이 아니다. 법당이라는 공간은 밝음도 아니고 어둠도 아니
다. 외적 조건이 밝으면 밝고 외적 조건이 어두우면 어둡다. 그러나 본
래 법당의 참모습은 밝든 어둡든 아무런 관계없이 그 공간은 그대로이
다. 해가 떠서 밝으면 밝음을 수용하고 해가 져서 어두우면 어둠을 수
용한다. 밝을 때든 어두울 때든 법당은 그 의미와 가치를 항상 가지고
있어서 아무런 변함이 없다. 이 변함없는 사실이 진정한 밝음이다. 그
러므로 진정한 밝음은 밝다고도 할 수 없고 어둡다고 할 수도 없다.

　지혜로써 번뇌의 어둠을 깨트려서 밝음을 찾았다는 것은 임시방

혜능 대사 ●

편일 뿐이지 영원한 진실은 아니다. 일반적인 불교 교의는 모두 지혜
로써 번뇌를 몰아낸다고 가르치지만 6조 스님은 다르다. 사람이 본래
로 갖추고 있는 최상승의 지혜와 실상을 드러내 보인다. 그러므로 실
다운 모습[實相]이란 범부의 경우든 성인의 경우든 언제나 부증불감이
며, 번뇌에 있든 선정에 있든 아무 상관이 없다. 아주 없는 것[斷]도 아
니고 그렇다고 항상 있는 것[常]도 아니다. 옴도 아니고 감도 아니며
중간이나 안팎도 아니다. 참선을 하거나 육바라밀을 닦아서 얻어지는
것도 아니다. 본래로 여여한 그 모습 그대로다. 이것이 진정한 도다.

만약 이와 같지 아니하고 무엇을 닦아서 무엇을 얻었다면 그것은
성문이나 연각의 좁은 소견이다. 소승들의 좁은 소견은 어린아이들이
장난감으로 만족하는 것처럼 방편불교의 낮은 수준이다. 진실한 불교
는 꿈에도 보지 못한 차원이다.

◉

본래 생멸이 없다

설간이 물었다.

"말씀하신 바의 '생기거나 소멸하는 것이 아니다'라는 것은 외도들의
주장과 어떻게 다릅니까?"

혜능 스님이 말씀하였다.

"외도들이 말하는 '생기거나 소멸하는 것이 아니다'라는 것은 소멸로
서 생기는 것을 그치고, 생기는 것으로써 소멸을 나타내는 것이라서 소
멸로써 오히려 소멸이 아닌 것과 같고, 생기는 것이 생김이 없음을 말하
는 것이거니와 내가 말하는 '생기거나 소멸하는 것이 아니다'라는 것은
본래 저절로 생김이 없으며, 지금도 또한 소멸이 없으니 외도들의 주장

 무비 스님 직지 강설 ◉

과는 같지 않느니라.

그대가 만약 마음의 요점을 알고자 한다면, 다만 일체의 선과 악을 모두 생각하지 아니하면 자연히 청정한 마음의 자체에 들어가서 항상 맑고 고요하여 미묘한 작용이 항하강의 모래수와 같이 많으리라.”

설간이 혜능 스님의 가르침을 듣고 활연히 크게 깨달았다.

簡曰師 所說不生不滅 何異外道 師曰外道 所說不生不滅者 將滅止生 以生現滅 滅猶不滅 生說無生 我說不生不滅者 本自無生 今亦無滅 所 以不同外道 汝若欲知心要 但一切善惡 都莫思量 自然得入淸淨心體 湛然常寂 妙用恒沙 簡 蒙師指敎 豁然大悟.

【강설】　불생불멸의 이치를 바르게 이해하면 불교의 진리를 거의 다 알았다고 할 수 있다. 불자들이 늘 외우는『반야심경』에도 불생불멸이 있고,『법화경』에도 세상의 모습은 그대로 늘 머물러서[世間相常住] 불생불멸이라고 하였다.『화엄경』에도 일체법이 불생하며 일체법이 불멸이라고 하였다. 부처님과 조사스님이 다 같이 불생불멸을 이야기하였다. 그리고 외도들까지 불생불멸을 이야기하였다.

그래서 설간은 외도들이 주장하는 불생불멸과 불교에서 말하는 불생불멸이 어떻게 다른지 궁금하여 물어본 것이다. 이에 혜능 스님은 생성과 소멸이 상대적이기 때문에 결국은 불생불멸이라고 이해하는 것은 외도들의 소견이고, 생성과 소멸을 본래로 불생불멸이며 절대적인 것으로 이해하는 것은 불교적인 소견이라고 하였다.

이 모든 현상이 생성하고 소멸하는 것을 불교적인 안목에서 불생불멸로 본다는 것은 모든 존재의 본질에서 보는 것이다. 허망하기 이를 데 없는 물거품이나 아지랑이라고 하더라도 그 본질의 측면에서

혜능 대사 ●

보면 생멸하는 그대로가 불생불멸이라는 것이다. 또한 사람이 생로병사하는 가운데서 영원한 생명과 생사해탈을 말하는 불교의 안목 역시 생로병사하는 그 가운데서 불생불멸을 본다는 것이다.

요컨대 그 본질에서 보는 안목이란 어떤 것인가? 사람과 아울러 모든 존재를 보는 당사자가 생멸을 초월한 부동의 측면에서 보면 어떤 존재도 모두 본래로 불생불멸의 영원한 존재이지만, 존재를 바라보는 당사자가 생멸하는 측면에서 바라보면 불생불멸하는 것까지 생멸로 보인다. 비유하자면 빨리 달리는 기차를 타고 건물이나 산을 보면 건물도 산도 모두 달려가는 생멸의 존재로 보인다. 그것을 보는 사람이 기차를 타고 달려가기 때문에 건물이나 산들이 달려가는 것으로 보이는 것과 같다. 불생불멸의 이치를 깨닫지 못한 사람들은 언제나 달리는 기차처럼 생멸하고 있기 때문에 본래로 불생불멸인 영원한 생명과 모든 존재의 영원성을 알지 못하고 보지 못한다.

혜능 스님은 불교에서의 불생불멸이란 사람을 위시해서 모든 존재의 본래부터 불생불멸인 이치를 주장하는 것이기 때문에 외도들이 존재의 본질을 깨닫지 못하고 상대적으로 이해하는 불생불멸과는 다르다는 것을 말씀하였다.

　　　　　　　　　　　무비 스님 직지 강설 ◉

◉

여기에 한 물건이 있다

6조 혜능 스님이 대중을 위하여 말씀하였다.

"여기에 한 물건이 있어서 위로는 하늘을 떠받치고 아래로는 땅을 버 티고 있다. 밝기는 태양과 같고 검기는 옻칠과 같다. 항상 움직이는 가운 데 있지만 움직이는 가운데서도 찾지 못한다. 그대들은 무엇이라고 부를 것인가?"

어린 사미인 신회가 대중 앞으로 나와서 말하였다.

"모든 부처님의 근원이며 신회의 불성입니다."

조사가 말씀하였다.

"내가 한 물건이라고 부르는 것도 오히려 틀리거늘 어찌 근원이니 불 성이니 하고 부르는가?"

六祖 爲衆曰有一物 上拄天 下拄地 明如日 黑似漆 常在動用中 動用中 收不得 汝等諸人 喚作甚麼 沙彌神會 出衆曰諸佛之本源 神會之佛性 祖曰我喚作一物 尙自不中 那堪喚作本源佛性.

【강설】 한 물건[一物]에 대한 법문이다. 한 물건이란 곧 한마음이다. 그러나 마음이라고 하지 않고 물건이라고 하여 그 존재를 더욱 뚜렷하 게 드러내게 되었다. 혜능 스님의 한 물건이라는 표현에 근거하여 그 뒤 수많은 조사스님이 한 물건에 대하여 여러 가지 시각으로 표현한 글이 많이 전한다. 조선 초기의 함허득통(涵虛得通, 1376~1433) 스님은 천 하의 명문이라고 알려진『금강경 오가해』서문에 이렇게 표현하였다.

혜능 대사 ◉

"여기에 한 물건이 있으니 이름도 없고 모양도 없으나 고금을 꿰뚫고 있다. 하나의 작은 먼지 속에 있으나 온 우주를 다 에워싸고, 안으로는 온갖 여러 가지의 아름다운 덕을 가지고 있으며 밖으로는 무수한 근기들에 다 맞춘다. 하늘과 땅과 사람에게 있어서 주인 노릇을 하고 모든 법에서 왕 노릇을 한다. 탕탕(蕩蕩)하여 무엇과도 비교할 수 없고, 외외(巍巍)하여 무엇과도 짝할 수 없다.

참으로 신비롭지 않은가? 몸을 구부리거나 우러러 쳐다보는 그곳에서 너무나 분명하고, 보고 듣는 그곳에 은은히 숨어 있네. 참으로 유현(幽玄)하지 않은가? 하늘과 땅보다도 먼저 있었으나 그 시작이 없고, 하늘과 땅보다도 뒤에 있으나 그 끝이 없네. 이것이 있는 것인가? 없는 것인가? 나는 그 까닭을 알지 못하겠네.

우리 석가모니 부처님은 이 한 물건을 얻어서 모든 중생이 다 같이 가지고 있으나 그것을 알지 못하는 것을 널리 살펴보시고 찬탄하여 말하기를, '신기하고 신기하다.'라고 하셨다. 생사의 바다를 향해서 밑이 없는 배를 몰고 구멍 없는 피리를 부니, 아름다운 소리가 땅을 진동하고 법문의 바다가 하늘에 가득하였다. 이로써 귀가 먹고 눈이 먼 어리석은 이들이 모두 모두 깨어나고 바싹 마른 이들이 모두 모두 흠뻑 젖었다. 그래서 온 천지의 모든 생명이 각각 그 누릴 바를 누리게 되었다[有一物於此 絶名相 貫古今 處一塵 圍六合 內含衆妙 外應群機 主於三才 王於萬法 蕩蕩乎其無比 巍巍乎其無倫 不曰神乎 昭昭於俯仰之間 隱隱於視聽之際 不曰玄乎 先天地而無其始 後天地而無其終 空耶 有耶 吾未知其所以 我迦文 得這一著子 普觀衆生 同稟而迷 歎曰奇哉 向生死海中 駕無底船 吹無孔笛 妙音 動地 法海 漫天 於是 聾騃盡醒 枯槁悉潤 大地含生 各得其所]."

무비 스님 직지 강설 ●

또 조선 중기의 서산휴정(西山休靜, 1520~1604) 스님은 유명한 저서 『선가귀감(禪家龜鑑)』에서 이렇게 말씀하였다.

"여기에 한 물건이 있으니 본래부터 밝고 신령스러워 일찍이 생기지도 않았으며 일찍이 소멸하지 않았다. 이름을 붙일 수도 없고 모양을 그릴 수도 없다[有一物於此 從本以來 昭昭靈靈 不曾生不曾滅 名不得狀不得]."라고 하였다.

또 옛사람이 이르기를 "옛 부처님 태어나기 전에 응연히 한 모양이 원만하였다. 석가모니도 오히려 알지 못하거니 가섭 존자가 어떻게 전할 수 있었겠는가[古佛未生前 凝然一相圓 釋迦猶未會 迦葉豈能傳]?"라고도 하였다.

진실로 여기에 한 물건이 있다. 한 물건이 있어서 이렇게 글을 읽고 쓰고, 말을 하고 듣기도 한다. 남이 부르면 대답하고 꼬집으면 아파한다. 배가 고프면 밥을 먹을 줄 알고 피곤하면 잠을 잘 줄도 안다. 정말 밝고 신령스럽다. 참으로 신기하고 불가사의하다. 넓을 때는 우주를 다 싸고도 남는다. 그러나 좁아지면 바늘 하나도 꽂을 수 없다. 그토록 사랑하다가도 죽일 것같이 미워하기도 한다. 울다가도 웃고 웃다가도 운다. 변화무쌍하다. 그렇게 활발발(活潑潑)하게 작용하여 단한 순간도 쉴 줄 모른다. 영원히 살아 있는 진실한 생명체다. 수많은 사람이 마음대로 이름을 지어 붙이지만, 사실 그 이름들이 온전한 표현이 못 된다. 모양을 그림으로 그린다 해도 그려지지지가 않는다.

그래서 혹자는 "이것이 있는 것인가? 이것이 없는 것인가?"라고도 하고, 혹자는 이것을 "이름 지을 수도 없고 모양을 그릴 수도 없다."라고 하였다. 한 물건의 그와 같은 사실을 진공묘유(眞空妙有)라 하고 쌍차쌍조(雙遮雙照)의 중도원리라 한다.

본래 한 물건도 없다

또 게송으로 말씀하였다.

보리란 본래 나무가 아니며
밝은 거울 또한 형상이 아니다.
본래 한 물건도 없는데
어느 곳에 먼지가 끼겠는가?

又偈云
菩提本非樹 明鏡亦非臺
本來無一物 何處惹塵埃.

【강설】　이 게송에는 깊은 연유가 있다. 혜능 스님이 5조 홍인 대사 회하에서 행자로 있을 때의 일이다. 5조 홍인 대사께서 하루는 문인들을 모두 불러오게 하셨다. 문인들이 모이자 말씀하셨다.

"내가 그대들에게 말하나니, 세상 사람의 나고 죽는 일이 크거늘 그대들은 종일토록 공양하며 다만 복 지을 일만 구할 뿐이구나. 나고 죽는 괴로움의 바다를 벗어나려고 하지 않는다. 그대들의 자성이 미혹하면 복의 문이 어찌 그대들을 구제할 수 있겠는가? 그대들은 모두 방으로 돌아가 스스로 잘 살펴보아라. 지혜가 있는 자는 본래의 성품인 반야의 지혜를 스스로 표현하여 각기 게송 한 수를 지어 나에게 가져오너라. 내가 그대들의 게송을 보고 만약 큰 뜻을 깨친 자가 있으면 그에게 가사와 법을 부촉하여 육대(六代)의 조사(祖師)가 되게 하리니,

어서 빨리 서둘도록 하라."

5조 홍인 대사의 회상에 교수사로 있던 신수(神秀) 상좌는 이렇게 게송을 지어 올렸다.

몸은 보리의 나무요,
마음은 밝은 거울과 같나니
때때로 부지런히 털고 닦아서
때와 먼지가 묻지 않게 하라.
[身是菩提樹 心如明鏡臺 時時勤拂拭 莫使有塵埃]

한 동자가 방앗간을 지나면서 이 게송을 외우고 있었다. 혜능 스님은 한 번 듣고도 이 게송이 견성(見性)을 하지도 못하였고 큰 뜻을 알지도 못한 것임을 알았다.

혜능 스님이 동자에게 묻기를,

"지금 외우는 것이 무슨 게송입니까?"

"행자는 모르는가? 큰스님께서 말씀하시기를, '나고 죽는 일이 크니 가사와 법을 전하고자 한다.' 하시고, 문인들로 하여금 각기 게송한 수씩 지어 와서 보이라 하시고는 큰 뜻을 깨쳤으면 곧 가사와 법을 전하여 제6대의 조사로 삼으리라 하셨다. 그런데 신수라고 하는 상좌가 문득 남쪽 복도 벽에 모양 없는 게송[無相偈] 한 수를 써 놓았는데, 5조 스님께서 모든 문인으로 하여금 다 외우게 하셨다."

이 말을 들은 노(盧)행자 혜능 스님이 앞에서 소개한 게송을 지어 올렸다. 이 게송 하나로 5조 홍인 대사의 법을 이어받아 천하의 6조 혜능 스님이 되었던 것이다. 두 스님의 게송은 불교의 두 줄기의 사상으로 크게 나뉘는 계기가 되었다. 소위 남돈(南頓)과 북점(北漸)이다. 불교 수행은 점점 닦아서 성불의 길로 나아간다고 보는 견해와, 본래로 부

혜능 대사 ●

처이기 때문에 달리 더 닦을 것이 없이 지금 이대로 완전무결한 부처라고 보는 견해이다.

이 두 가지의 입장은 부처님 당시에서부터 지금까지도 견해를 달리하면서 이어져 내려오는 사상이다. 마치 시작과 그 끝이 넓어지지도 않고 좁아지지도 않는 철길의 간격과 같다. 사람은 같은 사물을 보고도 견해와 안목 따라 다르게 본다. 하물며 높고도 심오한 불교의 진리에 대해서야 더 말할 것이 있겠는가? 사람은 예나 지금이나 똑같은 사람인데 다르게 본다고 한들 무엇이 달라지겠는가? 그러므로 사람이라는 존재의 실상을 제대로 파악하면 문제는 사라질 것이다.

혜능 스님은 "세상에는 오직 사람이 있을 뿐이다. 몸이니 마음이니 나눌 것도 없으며 보리니 마음 거울이니 하는 것도 나눌 일이 아니다. 그러므로 본래로 한 물건도 없어서 먼지나 번뇌가 낄 까닭이 없다."고 보았다. "한 물건도 없다."라는 말은 인간의 절대적 존귀성을 뜻한다. 무한 광명과 무한 청정을 뜻한다. 마음을 닦는 일이 따로 있다고 보아 늘 부지런히 닦아서 먼지가 끼지 않게 해야 한다는 신수 스님과는 전혀 다른 견해이다. 실은 마음을 닦는다는 주장은 영원히 끝이 없는 일이다. 오직 닦아야 하는 줄 알고 닦으면서 살아갈 뿐이다.

그 후에 혜능 스님은 5조 홍인 스님으로부터 다시 『금강경』 강의를 듣고 사람이 본래 위대한 존재라는 사실을 알았다. 모든 것이 자신의 자성을 떠나 있지 않다는 사실을 깨닫고 오도송을 읊었다.

자성이 본래 저절로 청정하다는 사실을 상상이나 했겠는가?
자성이 본래 불생불멸이라는 사실을 상상이나 했겠는가?
자성이 본래 모든 것을 갖추고 있다는 사실을 상상이나 했겠는가?
자성이 본래 아무런 동요가 없다는 사실을 상상이나 했겠는가?
자성이 능히 일체 만법을 만들어 낸다는 사실을 상상이나 했겠는가?

[何期自性本自清淨 何期自性本不生滅 何期自性本自具足

何期自性本無動搖 何期自性能生萬法].

이 말을 들은 5조 홍인 스님은 혜능이 자신의 본성을 깨달았음을 알고 "대장부이며, 인천의 스승이며, 부처님"이라고 명명하였다. 그리고는 가사와 발우를 전해주고 멀리 떠나보냈다.

조계종도는 모두 혜능 스님이 뒷날 조계산에서 그의 법을 선양한 사상과 정신을 계승한 무리라는 뜻이다. 그러므로 만약 조계종도로서 점점 수행하고 오랫동안 닦은 뒤에 무엇이 이루어진다고 생각한다면 큰 잘못이다. 그와 같은 사상은 실은 답이 없다. 매우 저급한 근기들을 위한 방편일 뿐이다. 진실한 법은 아니다. 만약 그렇게 생각한다면 신수 스님의 종도가 되고 만다.

선한 마음은 부처님의 마음이고 악한 마음은 중생의 마음이라고 생각하는 것도 조계종의 사상은 아니다. 마음이 선하든 악하든 그 마음 자체가 곧 사람이며, 사람이 곧 마음이기 때문에 마음이 있으면 곧 부처님이라고 하는 것이 조계종이다. 그러므로 혜능 스님의 불사선 불사악(不思善 不思惡)하라는 말이 그토록 유명한 것이다. 비유하자면 거울은 똥도 비추고 밥도 비춘다. 디리운 똥을 비춘다고 해서 거울이 아니라거나, 좋은 밥을 비춘다고 해서 거울이라고 하지 않는다. 거울의 본질은 무엇을 비추든 비추는 것에 있듯이 무엇이든 할 수 있는 그 사실이 사람의 본질이며 부처의 능력이다. 혜능 스님은 사람이 본래로 조금도 부족함이 없는 그대로 부처임을 설파하였다.

혜능 대사 ◉

또 게송으로 말씀하였다.

우두커니 있으면서 선행도 닦지 않고,
빈둥빈둥 놀면서 악행도 짓지 않네.
적적하여 보고 듣는 일이 없고
탕탕하여 마음에 집착이 없네.

又云
兀兀不修善 騰騰不造惡
寂寂絶見聞 蕩蕩心無着.

【강설】　이 게송은 혜능 스님께서 열반에 들기 직전에 마지막으로
설하신 것이다. 게송을 설하기 전에 매우 중요한 법어가 있어서 함께
살펴본다.

　　"그대들은 잘 있어라. 내가 열반에 든 뒤에 세상 사람들의 정으로
눈물을 흘리며 슬피 울지 마라. 그리고 조문도 받지 마라. 또 상복
을 입지도 마라. 만약 그렇게 하면 나의 제자가 아니다. 불교의 정
법도 아니다. 다만, 자신들의 근본 마음을 알라. 자신들의 근본 성
품이 동요도 없고, 고요함도 없고, 생멸도 없고, 거래도 없고, 시비
도 없고, 머무름도 없고, 왕래도 없음을 보라.
　　그대들이 마음의 이치를 모르고 나의 뜻을 알지 못할까 염려

되어 지금 다시 그대들에게 근본 성품 보기[見性]를 부촉한다. 내
가 열반에 든 뒤에 이것을 의지해서 수행하면 내가 세상에 있는
것과 같지만, 만약 나의 가르침을 어긴다면 비록 내가 세상에 있
을지라도 또한 이익이 없으리라.”

이렇게 설하시고 나서 위의 게송을 말씀하였다. 게송을 설하시고
나서 단정하게 앉아 삼경이 되어 문인들에게 “나는 간다.”라는 말씀을
남기고 조용히 열반에 들었다. 혜능 스님은 2천 7백 년이라는 불교의
길고 긴 역사의 산맥에서 우뚝하게 높이 솟은 큰 봉우리이다. 특히 대
한불교조계종의 입장에서 보면 더욱 위대하게 보인다. 스님께서 마지
막으로 남긴 긴요한 법어의 무게도 더욱 무겁게 다가온다.

혜능 스님은 처음 홍인 대사에게 법을 전해 받고 가사와 발우를
받아 대중이 모르게 황매산을 떠나는데, 대중 가운데 도명(道明)이라
는 스님이 가사와 발우를 빼앗으려고 쫓아왔다. 그때 도명 스님에게
일러준 말이 “선한 일도 생각하지 말고 악한 일도 생각하지 말라[不思
善 不思惡].”라는 것이었다. 이것이 혜능 스님의 첫 법문인 셈이다.

그런데 공교롭게도 스님의 마지막 말씀이 “선도 닦지 않고 악도
짓지 않는다.”라는 말이다. 아마 모든 사람은 선과 악이라는 살림살이에
서 갈등하면서 살기 때문이리라. 그리고 선과 악은 모든 상대적인 개
념의 대표적인 말이다. 만약 상대적인 개념에 집착하고 치우쳐 있으
면 초월적인 중도의 경지는 알지 못할 것이다. 본래 선과 악을 초월해
서 존재하는 위대한 인간의 본래적 성품을 알지 못하면 끝내 불교의
진리에 눈뜰 수 없기에 그토록 강조했을 것이다.

혜능 대사 ◉

혜능은 재주가 없다

또 게송으로 말하였다.

혜능은 재주가 없어서
온갖 생각을 끊지 못하네.
경계를 만날 때마다 마음이 자주 일어나니
보리가 어떻게 자랄 수 있겠는가?

又云
惠能沒伎倆 不斷百思想
對境心數起 菩提作麼長.

【강설】 이 게송은 어떤 승려가 와륜(臥輪) 선사의 게송을 혜능 스님에게 들려 드리니 혜능 스님이 그 게송에 대한 자신의 견해를 밝힌 내용이다. 와륜 선사의 게송은 다음과 같다.

와륜은 재주가 많아
온갖 생각들을 능히 다 끊었다.
경계를 대하더라도 생각이 일어나지 않으니
보리가 나날이 자라는구나.

[臥輪有伎倆 能斷百思想 對境心不起 菩提日日長].

라고 하였는데 혜능 스님은 "이 게송은 마음을 밝히지 못한 것이다.

무비 스님 직지 강설

만약 이것에 의지하여 수행하면 더욱더 얽히고 속박당하리라."라고
하시고, 위의 게송을 지었다. 내용은 와륜 선사의 게송과는 정반대의
내용이다. 일찍이 황매산에 출가하여 5조 홍인 스님 회하에서 신수 대
사가 지은 게송에 대해서 지었던 게송도 역시 정반대의 내용이었다.

　생각을 끊는다고 하지만 생각은 끊어지는 것이 아니다. 재주가 있
든 없든 누구도 생각을 끊을 수 없다. 또한, 경계를 대하면 누구나 생
각이 일어나기 마련이다. 심지어 자세히 관찰하면 목석도 경계를 만
나면 반응을 한다. 그런데 만물 중의 영장인 사람이야 더 말할 나위가
없다. 보통 사람도 성인도 부처도 중생도 모두가 경계를 대하면 움직
이며 또한 움직여야 사람이며 부처님이다. 보리란 깨달음인데 깨달음
은 본래 사람이 갖추고 있는 것이다. 보리는 태어나고 자라고 늙고 하
는 일이 없다. 태어나고 자라고 늙고 병들고 죽고 하는 그런 물건이 아
니다. 혜능 스님의 바른 견해를 마음에 깊이 새겨서 불교를 바로 알아
야 하리라.

유념과 무념

또 게송으로 말하였다.

생각이 있으면 그 생각이 삿되게 되고
생각이 없으면 그 생각이 바르게 된다.

又云 有念念成邪 無念念卽正.

혜능 대사

【강설】 이 게송은 많이 생략되었다. 온전히 인용하면 이렇다.

마음이 미혹하면 법화경이 나를 읽고,
마음이 깨어 있으면 내가 법화경을 읽는다.
경을 외운 지 오래 되었어도
마음을 밝히지 못하면 그 뜻과는 원수가 된다.
생각이 없으면 그 생각이 곧 바르게 되고
생각이 있으면 그 생각이 삿되게 된다.
생각이 있고 없음을 함께 헤아리지 않으면
흰 소가 끄는 수레를 항상 타게 되리라.
[心迷法華轉 心悟轉法華 誦經久不明 與義作讐家 無念念卽正 有念念成邪 有無
俱不計 長御白牛車]

이 게송에는 유래하는 이야기가 있어서 간단히 소개한다. 『육조단
경』에 의하면 법달(法達)이라는 스님은 일곱 살에 출가하여 평생 동안
『법화경』을 공부하였는데 3천 번을 독송하였다. 법달이 혜능 스님을
찾아와서 인사를 하는데 머리가 땅에 닿지 않았다. 이에 혜능 스님이
게송으로 말하였다.

절이란 본래 아만을 꺾자는 것인데
어찌하여 머리가 땅에 닿지 않는가?
나라는 것이 있으면 죄가 일어나고
자신의 공로를 잊으면 그 복이 비교할 수 없이 많으리라.
[禮本折慢幢 頭奚不至地 有我罪卽生 亡功福無比].

법달은 『법화경』을 3천 번이나 읽고 나서 불교를 잘 안다고 생각하

무비 스님 직지 강설

여 아만이 대단히 높았던 것이다. 혜능 스님이 법달을 위해서 일러준 법문이 위의 게송이다. 마음이 밝아야 경전을 읽는 것이지 마음이 캄캄하면 경전을 읽어도 오히려 경전에 사람이 읽히는 경우가 되고 만다.

게송에서 '흰 소가 끄는 수레를 항상 타게 되리라'라고 한 말은 일불승(一佛乘)을 깨달아 일불승의 삶, 즉 깨달음을 얻어 부처가 되리라는 뜻이다. 『법화경』에서 인간의 궁극적 차원을 일불승이라고 하며 성문승[양이 끄는 수레]과 연각승[염소가 끄는 수레]과 보살승[소가 끄는 수레]을 넘어 '크고 흰 소가 끄는 수레'라고 비유한 데서 온 말이다.

불교를 공부하는 데도 사람들의 수준과 성향에 따라서 받아들이는 것이 다르다. 혹자는 복을 비는 것이 불교라고 알고 있으며, 혹자는 세상에서 도피하여 한가하게 사는 것이 불교라고 알고 있으며, 또 혹자는 남을 위해 보살행을 한다든지, 아니면 열심히 정진하는 것이 불교라고 알고 있는 등 사람에 따라 불교를 다르게 받아들이는 점을 『법화경』에서 수레에 비유하여 밝히고 있다.

옛말에 "마음에 반조하지 않으면 경전을 읽어도 이익이 없다[心不返照 看經無益]."라고 하였다. 불교는 결국 마음의 이치를 밝히는 공부다. 마음을 떠나서 글자만 읽으면 아무리 많이 읽어도 아무런 이익이 없다. 미치 국을 뜨는 국지기 국을 오랫동안 떠 날리도 국 맛을 모르는 것과 같다. 또한, 경전을 출판하는 일에 종사하는 사람들은 그토록 훌륭한 경전을 읽고 또 읽으면서 수많은 경전을 만들어 내지만 아무런 감동도 없이 그냥 기계적으로 책을 만들어 내는 것과 같다. 경전을 아무리 읽어도 진정한 뜻을 모르는 사람도 그와 같다.

유념과 무념을 모두 벗어나서 유와 무에 구애되지 않으면서 유와 무를 모두 원융하게 조화롭게 수용하는 자세가 되어야 일불승(一佛乘)인 흰 소가 끄는 수레를 탈 수 있다. 곧 부처로서의 삶을 살 수 있다는 뜻이다.

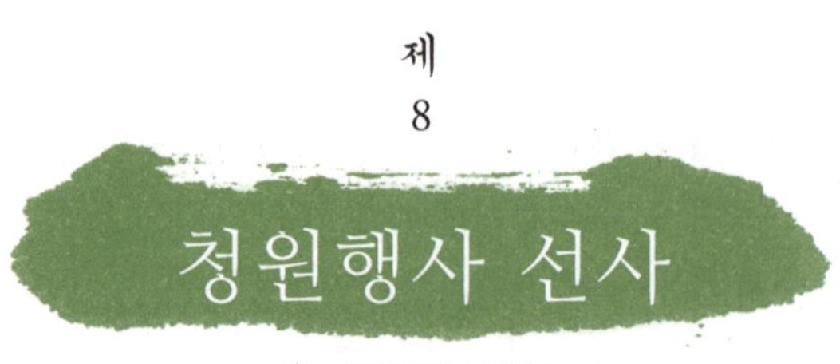

제 8

청원행사 선사

青原行思 禪師

수행에는 단계가 없다

청원행사 선사가 육조 대사에게 물었다.

"마땅히 무엇에 힘을 써야 곧 계급에 떨어지지 않겠습니까?"

육조 대사가 말하였다.

"그대는 일찍이 무엇을 하였는가?"

"성스러운 법도 또한 하지 않았습니다."

"어떤 계급에 떨어졌는가?"

"성스러운 법도 오히려 하지 않는데 무슨 계급이 있겠습니까?"

육조 대사가 깊이 그가 법의 그릇이 됨을 알았다.

靑原行思禪師 問六祖 當何所務 卽不落階級 祖曰汝曾作甚麽來 師云
聖諦 亦不爲 祖曰落何階級 師曰聖諦 尙不爲 何階級之有 祖深器之.

【강설】 　청원행사(靑原行思, ?~740) 스님은 남악회양 스님과 더불어 남종선의 양대 산맥으로 우뚝하게 높이 솟은 스님이다. 본래 길주(吉州)의 안성(安城) 사람으로 속성은 유(劉)씨였다. 어려서 출가하였는데, 여러 사람이 모여서 토론을 하면 스님만은 항상 잠자코 있었다. 나중에 6조 혜능 스님의 법석이 번성한다는 말을 듣고 가서 참례하고 위에 소개된 내용과 같이 물었다. 혜능 스님은 청원 스님을 매우 높이 보아서 회중(會衆)에 제자들이 아무리 많아도 언제나 스님을 상수(上首)로 삼았다. 하루는 혜능 스님이 스님에게 법을 전하면서 다음과 같이 말했다.

　"예로부터 스승과 제자 사이에 가사와 법을 함께 전했으니 가사는 믿음의 표시였고 법은 마음으로 인가한 것이다. 나는 이제 깨달은 사람을 얻었으니, 어찌 뒷사람이 믿지 않을까 걱정하겠는가. 내가 5조 스님께 가사를 전해 받은 뒤로 오늘까지 이렇듯 여러 번 환란을 당했는데 하물며 후대의 자손들이야 어떻겠는가. 반드시 많은 싸움이 일어나리라. 가사는 산문(山門)에 남겨두고 그대는 힘에 따라 한 지방을 교화하여 끊어지지 않게 하라."라고 하였다.

　청원 스님은 혜능 스님의 법을 얻은 뒤에 그 말씀을 따라 길주 청원산 정거사(靜居寺)에 머물면서 조계선의 현풍을 크게 드날렸다. 그러므로 호를 청원(靑原)이라 하고, 세상 사람들은 그의 문도를 청원하(靑原下)라 불렀다.

　혜능 스님으로부터 법의 그릇으로 인정을 받게 된 대화의 내용은 견성성불을 하는 것에 대해서 계급이 있고 없음의 문제였다. 계급이란 수행의 지위와 점차에 대한 문제다. 방편의 교설이 많은 경전에는 수다원, 사다함, 아나함, 아라한이라는 네 단계가 있다고 하며, 또한 어떤 경전에는 18주(住)라고 하여 열여덟 단계를 이야기하기도 하고, 어떤 경전에는 10신, 10주, 10행, 10회향, 10지, 등각, 묘각이라는 52단계의 수행 점차를 열거하기도 한다. 이러한 방편설이 난무하면서 선

　　　　　　　　　　　　　청원행사 선사 ◉

불교에까지 유입되어 점수(漸修)라는 점점 닦아서 어느 경지에 올라가는 것으로 생각하게 되었다.

선불교는 불교의 완성이다. 불교가 이제 더는 나아갈 수 없는 데까지 이르렀다고 볼 수 있다. 그렇다면 방편을 쓰지 않는 진실한 이치만 드러내야 한다. 그래서 혜능 스님은 청원 스님과 방편교설인 지위 점차의 문제를 가지고 검증하면서 불교의 궁극적 경지를 밝힌 것이다. 어떤 분야든지 그의 능력을 인증할 때는 그가 지닌 최고의 실력을 검증하고 나서 인증한다. 선불교에 있어서 그의 불교적 안목을 알아보고 나서 법을 인정하는 것은 마땅한 일이다.

그간의 모든 불교가 지위와 점차인 계급을 많이 말하는데 이 시험지의 답안은 본래로 부처이기 때문에 계급이란 처음부터 존재하지 않는다는 것이었다. 불교의 목표는 성불이며 그 성불이란 모든 사람이 한 걸음도 옮기지 않은 상태에서 본디부터 완전한 상태로 되어 있는 것이다. 그야말로 "가도 가도 본래의 그 자리요, 도착하고 도착해도 처음 떠난 그 자리[行行本處 至至發處]."라는 고인의 말씀 그대로다. 이와 같은 불교 최 궁극의 견해로 그동안 오해하고 있던 불교의 상식을 바로잡아서 어려운 불교에서 쉬운 불교로, 복잡한 불교에서 단순한 불교로 자신을 교화하고 다른 사람을 교화하여야 하리라.

남악회양 선사

南岳懷讓 禪師

한 물건도 아니다

남악회양 화상이 처음 육조 스님을 참례하였다.
　육조 스님이 물었다.
　"어느 곳에서 오는가?"
　"숭산에서 옵니다."
　"무슨 물건이 이렇게 왔는가?"
　"설사 한 물건이라고 하더라도 곧 맞지 않습니다."
　"증득하는 것을 필요로 하는가?"
　"증득하는 것은 있지만 더럽혀지지는 않습니다."
　"다만, 이 더럽혀지지 않는 그것이 모든 부처님의 아끼는 것이다.
　그대가 이미 이와 같으며 나도 또한 이와 같다."

讓和尙 初參六祖 祖問什麽處來 曰崇山來 祖曰甚麽物 伊麽來 曰說似
一物 卽不中 祖曰還假修證不 曰修證 卽不無 汚染卽不得 祖曰只這不
汚染底 是諸佛之所護念 汝旣如是 吾亦如是.

【강설】　남악회양(南岳懷讓, 677~744) 선사는 청원행사 선사와 함께 혜
능 스님의 족하에 양대 산맥을 이룬 큰 종장이다.『전등록』에 의하면
선사는 성이 두(杜)씨로서 금주 사람이었다. 15세에 형주 옥천사에 가
서 홍경(弘景) 율사에게 출가하였다.

　　구족계를 받은 뒤에 율장을 익혔는데 하루는 혼자 탄식하기를
'출가한 사람은 무위(無爲)의 법을 익혀야 한다.'라고 하였다. 이때에
동문수학하는 탄연(坦然) 스님이 혜안(慧眼) 화상을 소개하였다. 그리
고는 다시 혜능 스님을 찾아가게 되었다. 위의 대화는 모두가 혜능 스
님을 처음 만나서 나눈 것처럼 되어 있으나 "무슨 물건이 이렇게 왔는
가?"라는 질문을 받고는 8년 동안 그 문제를 해결하려고 끙끙대며 정
진을 하고 나서야 비로소 다음의 말씀인 "설사 한 물건이라고 하더라
도 곧 맞지 않습니다."라고 할 수 있었다고 한다.

　　남악 스님이 8년간 참구한 "무슨 물건이 이렇게 왔는가?"라는 말
은 간화선을 이야기하는 선가에서는 "이렇게 온 것은 무슨 물건인
가?" 또는 "이것이 무엇인가?"라는 시심마(是甚麽) 화두의 시초라고 한
다. 근세에는 경허 스님의 참선곡인 "앉고 서고, 보고 듣고, 착의끽반
(着衣喫飯) 대인접화(對人接話) 일체 처 일체 시에 소소영령(昭昭靈靈) 지
각(知覺)하는 이것이 무엇인고?"라는 글이 널리 알려지면서 우리나라
에는 이 화두로써 참선하는 사람들이 매우 많다. 멀리는 혜능 스님과
남악 스님의 영향이라고 할 수 있다.

　　다음으로 "증득하는 것을 필요로 하는가?"라는 질문에 "증득하는

것은 있지만 더럽혀지지는 않습니다."라고 하였는데, 이 말은 불교의 근본 종지를 이해하는 데 매우 중요한 내용이다. 좀 더 부연하자면 사람들이 무엇을 하고 살든 지금 이대로 완전한 부처이다. 그러나 그대로가 부처라는 사실을 알기는 해야 한다. 설사 그 사실을 모르더라도 부처가 아니라거나 달리 잘못되거나 하는 일은 없다는 뜻이다. 불교의 궁극적인 목적은 부처가 되고, 그 부처가 되는 일은 사람이 본래로 부처라는 사실을 아는 것뿐이다. 이 사실을 아는 데는 순간에 될 수도 있으며 하루에, 또는 삼 일 만에 될 수도 있다. 그러나 그 사실을 알기 위해서 10년, 20년, 또는 일평생을 정진하더라도 알지 못하는 사람도 많다. "더럽혀지지는 않는다."라고 하였듯이 사람들이 무엇을 하며 어떻게 살든 본래로 부처인 그 자리는 잘못되지 않는다.

이것이 진정한 불교다. 쉽고 빠른 불교다. 그 외의 장광설법들은 이 사실을 깨우쳐 주기 위해서 지름길은 제쳐두고 사람들의 수준과 근기에 따라 먼 길을 둘러가면서 이렇게 말하고 저렇게 가르친 것에 불과하다.

소를 때리랴, 수레를 때리랴

남악회양 스님이 제자 마조(馬祖)가 좌선만 하는 것을 보고는 하루는 기왓장을 가지고 가서 좌선을 하는 암자 앞에서 갈고 있었다. 마조가 물었다.
"기왓장을 갈아서 무엇을 하려고 하십니까?"
남악 스님이 대답하였다.
"기왓장을 갈아서 거울을 만든다네."
"기왓장을 간들 어찌 거울이 되겠습니까?"

　남악회양 선사

"기왓장을 갈아서 거울이 되지 못한다면 좌선을 한들 어찌 부처가 되겠는가?"

"그렇다면 어떻게 해야 합니까?"

"예컨대 소가 수레를 끌 때 만약 수레가 가지 않으면 소를 때려야 하는가? 수레를 때려야 하는가?"

師 因馬祖 多習坐禪 一日 將甎 於菴前磨 祖問 磨甎作甚麼 師曰磨作鏡 祖曰磨甎 豈得作鏡 師曰磨甎 旣不成鏡 坐禪 豈得成佛 祖曰如何卽是 師曰比牛駕車 車若不行 打牛卽是 打車卽是.

【강설】　남악회양 스님이 큰 제자 마조도일(馬祖道一, 709~788) 스님을 깨우치는 장면이다. 마조 스님의 성은 마(馬)씨다. 강서 지방에서 교화를 많이 펼쳤기 때문에 강서(江西)라고도 부른다. 용모가 기이하여 소와 같이 걸으면서 호랑이처럼 돌아본다고 하여 우행호시(牛行虎視)로 그의 특징을 표현하기도 한다. 어렸을 때 세속의 온갖 학문을 모두 연구하고 나서 근처의 나한사 자주처적(資州處寂) 스님에게 출가하였다. 뒤에 남악에서 육조 스님의 제자 회양(懷讓) 화상이 수도한다는 말을 듣고 그곳에 가서 좌선을 익히게 되었다.

　깨달음을 얻고 나서 천보 원년(742) 건양 불적암에서 처음 법을 전파하기 시작하여 대력 4년(769)에는 강서성 종릉 개원사에 머물면서 종풍을 선양하였다. 만년(晩年)에는 석문산 보봉사에 머물다가 정원 4년 2월에 입적하였다. 세수는 80세였다. 마조 스님의 가풍은 '평상심시도(平常心是道)'와 '즉심시불(卽心是佛)'로써 표방할 수 있는데 곧 인불사상(人佛思想)이다. 역대 선지식 중에서 가장 많은 사람을 교화하였다 하여 "말망아지가 천하 사람들을 다 밟아 죽였다."라고 칭송하기도 한다.

『직지』에 소개한 이 대화는 매우 유명하여 많은 사람의 입에 회자되고 있다. 『전등록』에서는 위에 소개한 대화의 다음에 이어지는 내용이 있다.

"마조 스님이 그 말을 듣고도 아무 말이 없으니 남악 스님이 다시 말했다. '그대는 좌선을 배우는가? 앉아 있는 부처를 배우는가? 만일 좌선을 배운다면 좌선은 앉는 데 있지 않다. 만일 앉아 있는 부처를 배운다면 부처는 일정한 형상이 아니다. 머무를 곳이 없는 법에 대하여 취하고 버리는 생각을 내지 마라. 그대가 만일 앉아 있는 부처가 된다면 그는 부처를 죽이는 일이다. 앉는 일에 집착한다면 참다운 이치를 통달하지 못한다.'라고 하였다.

마조 스님이 가르침을 받고는 마치 제호(醍醐)를 마신 것과 같아서 기뻐하여 절을 하고 다시 물었다.

'어떻게 마음을 써야 무상삼매(無相三昧)에 들어맞겠습니까?'

'그대가 심지법문(心地法門)을 듣는 것은 종자를 땅에 심는 것과 같고, 내가 법을 설하는 것은 하늘에서 비를 뿌리는 것과 같으니, 그대의 인연이 맞았으므로 도를 보게 될 것이다.'

'도는 빛이나 형상이 아니거늘 이렇게 보겠습니까?'

'심지법문을 보는 눈이라야 도를 보나니 무상삼매의 경우도 그러하니라.'

'이루어짐과 무너짐이 있습니까?'

'만일 이루어지고 무너지고 모이고 흩어짐으로 도를 본다면 도를 바로 보는 것이 아니다. 나의 게송을 들어라.'

마음의 땅이 모든 종자를 머금어
촉촉한 비를 만나면 모두 다 싹을 틔운다.

남악회양 선사

삼매의 꽃은 모습이 없는데
무엇이 무너지고 무엇이 이루어지랴.
[心地含諸種 遇澤悉皆萌 三昧花無相 何壞復何成]

마조 스님이 깨우쳐 줌을 받고는 마음이 활연히 열렸다. 그때부터
모시기를 십 년에 이르니 그의 경지가 점점 더 심오하여졌다."

소를 때려야 하는가? 수레를 때려야 하는가?
뜻은 매우 평범하다. 그러나 대단히 유명한 말씀이다. 평범한 진
리가 위대하다는 뜻이다. 차가 멈췄을 때 차를 매질하는 사람은 없을
것이다. 당연히 운전자에게 차를 몰기를 부탁한다. 그럼에도 인생을
가장 현명하고 지혜롭게 산다는 수행자들은 그 간단한 문제를 놓치고
근본이 아닌 지엽적인 일에 마음을 쓰는 경우가 많다. 아마 무엇이 근
본이고 무엇이 지엽인지를 몰라서일 것이다. 또는 알면서도 가치관에
아직은 확신이 없기 때문이리라.
일에서 선과 후를 알면 거의 도에 이르렀다고 한다. 또 마차를 말
앞에 두지 말라는 말도 있다. 당연히 말이 앞에서 마차를 끌어야 한다.
그런데도 몸을 조복(調伏) 받는다는 말을 선가에서 부끄러움도 없이
곧잘 한다. 어리석은 사람은 몸을 다스리고 지혜로운 사람은 마음을
다스린다. 어리석은 사람은 부처를 찾고 지혜로운 사람은 마음을 찾
는다. 수레를 때려야 하는가? 소를 때려야 하는가?

영가현각 선사

永嘉玄覺 禪師

◉

무상은 신속하다

영가현각 대사가 조계산에 이르러 석장을 흔들고는 우뚝 섰다. 혜능 스님이 말하였다.

"대저 사문이란 3천 가지의 위의와 8만 가지의 미세한 행동을 갖춰야 하는데 대덕은 어디서 왔기에 그토록 큰 아만을 부리는가?"

영가 대사가 말하였다.

"생사의 일이 크고 무상은 신속한데 어느 여가에 예의를 갖추겠습니까?"

"어찌하여 생사가 없는 이치를 깨닫지 못하며, 신속함이 없는 도리를 알지 못하는가?"

"깨달으면 생사가 없고, 알면 본래 신속함이 없습니다."

"그렇다. 그렇다."

영가 대사가 비로소 위의를 갖춰서 예배하고는 곧바로 떠날 것을 알렸다.

혜능 스님이 말하였다.

"너무 빠르지 않는가?"

"본래 스스로 움직임이 없는데 어찌 빠른 것이 있겠습니까?"

"누가 움직임이 없는 것을 아는가?"

"스님께서 스스로 분별하십니다."

"그대는 생사가 없는 마음을 잘 알도다."

"생사가 없는데 어찌 마음이 있겠습니까?"

"마음이 없으면 누가 마땅히 분별하는가?"

"분별도 또한 마음이 아닙니다."

혜능 스님이 "훌륭하다. 훌륭하다."라고 찬탄하였다.

永嘉玄覺大師 到曹溪 振錫而立 祖云 夫沙門者 具三千威儀 八萬細行
大德 自何方而來 生大我慢 師云 生死事大 無常迅速 何暇具禮儀在
祖曰何不體取無生 了無速乎 師云 體則無生 了本無速 祖曰如是如是
師 方具威儀 參禮 須臾 告辭 祖曰返大速乎 師云 本自非動 豈有速耶
祖曰誰知非動 曰仁者 自生分別 祖曰汝甚得無生之意 曰無生 豈有意
也 祖曰無意 誰當分別 曰分別 亦非意也 祖 歎曰善哉善哉.

【강설】   영가(永嘉, 665~713) 스님의 휘는 현각(玄覺)이요, 자는 도명(道
明)이며, 절강성 온주부 영가현 사람이다. 8세에 출가하여 안으로는
삼장을 두루 섭렵하고 밖으로는 외전에도 널리 통달하였다. 특히 천
태지관에 정통하여 천태학을 크게 일으킬 사람으로 기대되었던 사람
이다. 『유마경』을 읽다가 깨달은 바가 있었다. 영가 스님은 선천 3년(서
기 713) 10월 17일 입적하시니 세수가 49세이며 시호는 무상 대사(無相
大師)이고 탑호(塔號)는 정광(淨光)이다. 공교롭게도 영가 스님이 열반

에 드시던 해에 스승인 6조 혜능 스님도 돌아가시니 세수 76세였다. 영가 스님이 6조 혜능 스님을 찾아가서 자신이 법을 깨달은 것에 대하여 검증하여 인가를 받게 되는, 『직지』에 인용한 본문의 대화는 매우 유명하다.

영가 스님은 『유마경』을 읽다가 깨달음을 이루고 나서 스스로 깨달음에 안주하고 있었다. 그것을 본 도반 현책(玄策) 선사가 6조 혜능 스님에게 가서 인가받기를 권하자 그를 따라 조계산 6조 혜능 스님에게 와서 법거량(法擧揚)을 하게 되었다. 법거량이란 자신이 얻은 법을 검증하기도 하며, 타인이 알고 있는 법을 검증해 보는 일이다. 선어록에는 법거량의 내용과 장면들이 많이 소개되어 있다. 『직지』에 소개된 혜능 스님과의 대화가 큰 본보기라 할 수 있다.

자신의 법이 어느 정도인가를 인가받기 위해서 멀리서 찾아 온 사람으로서의 영가 스님의 태도가 매우 가관이다. 당연히 큰절로써 예배를 올려야 하지만, 일부러 아만을 부리면서 주장자를 흔들어 혜능 스님이 어떻게 나오는가를 시험해 본 것이다. 혜능 스님은 주인과 객이 처음 만났을 때의 예의를 들먹이면서 그를 꾸짖었다. 그랬더니 "생사의 일이 크고 무상은 신속한데 어느 여가에 예의를 갖추겠습니까?"리고 히였디. '옳거니 잘 걸렀디.'리고 생각히고 혜능 스님은 "어찌하여 생사가 없는 이치를 깨닫지 못하며, 신속함이 없는 도리를 알지 못하는가?"라고 하였더니, 곧바로 날아 온 영가 스님의 대답은 "깨달으면 생사가 없고, 알면 본래 신속함이 없습니다."라는 것이었다.

그렇다. 불교의 최대의 화두는 깨달음이다. 깨달음이란 본래로 생사가 없는 도리를 깨닫는 것이다. 그리고 깨달으면 모든 시간과 모든 공간까지 초월하는 경지이다. 서로가 깨달음의 경지를 논하는 마당에서 생사의 일도 없고 무상도 신속함이 없이 모두를 초월한 경지라는 뜻을 설파하였다. 그래서 혜능 스님은 "그렇다. 그렇다[如是如是]."라고

영가현각 선사

드디어 영가 스님을 인가하게 되었다.

영가 스님의 별명이 하나 있는데 일숙각(一宿覺)이다. 영가 스님은 선 채로 인가를 받았고, 인가를 받았으므로 곧장 조계산에서 내려가려고 하직인사를 하였다. 아무리 생각해도 너무하다는 생각이 든다. 한 생애를 걸고 깨달음을 이루었으며, 그 깨달음을 스승으로부터 인가를 받아 부처님의 정법안장의 맥을 이어가게 되는 이와 같은 역사적인 일이 성사되었는데 하룻밤도 머물지 않고 떠난다니 어이가 없는 일이다. 그래서 혜능 스님이 "너무 빠르지 않은가?"라고 하였다. 그 말이 떨어지자마자 영가 스님은 "본래 스스로 움직임이 없는데 어찌 빠른 것이 있겠습니까?"라고 되받았다. "그냥 이대로 떠나든, 아니면 10년을 묵든 우리는 본래부터 동요가 없는 존재인데 무슨 빠르고 더딘 것이 있겠는가?"라는 뜻이다.

"누가 움직임이 없는 것을 아는가?" "스님께서 스스로 분별하십니다." 움직임이 있고 없고는 분별하는 당사자의 일이다. 누구의 마음도 개입할 수 없는 경지이다. 그래서 혜능 스님은 또 한 번의 인가를 하게 된다. "그대는 생사가 없는 마음을 잘 알도다." "생사가 없는데 어찌 마음이 있겠습니까?" "마음이 없으면 누가 마땅히 분별하는가?" "분별도 또한 마음이 아닙니다." 혜능 스님이 "훌륭하다. 훌륭하다."라고 찬탄하였다.

이렇게 하여 선 자리에서 세 번의 인가를 받게 된다. 영가 스님의 깨달음은 의심의 여지가 없이 확실하다는 보증을 받은 것이다. 이러한 대화까지 나누고서야 겨우 조계산에서 하룻밤을 자고 내려오게 된다. 하룻밤을 자고 깨달음을 인가를 받았다 하여 일숙각(一宿覺)이라는 별명이 붙게 되었다.

증도가 1

영가 스님이 게송으로 말하였다.

마음은 근본이 되고 법은 대상이 된다.
마음인 근본과 대상인 법이
마치 거울과 거울에 묻은 때와 같아서
때가 다 없어지면 거울의 밝은 빛이 비로소 나타나고
마음과 법이 다 없어지면 그 성품이 곧 참되다.

師云
心是根法是塵 兩種猶如鏡上痕
痕垢盡除光始現 心法雙忘性卽眞.

【강설】 영가 스님은 혜능 스님에게 깨달음을 인가 받았다. 그리고는
곧바로 조계산을 내려오려고 하였으니 혜능 스님이 만류하는 바람에
선잠으로 하룻밤을 새고 날아갈 것 같은 마음으로 산에서 내려오면서
당신의 깨달음에 대한 소회를 「증도가(證道歌)」로 지어 표현하였다. 불
자라면 「증도가」를 읊조리지 않는 이가 없을 정도로 훌륭한 선시이다.
선원에서는 가끔 「증도가」를 외면서 도량석을 하기도 한다. 수선납자
들이 『천수경』보다 더 잘 외우는 것이 「증도가」이다. 그만큼 명언명구
가 많다. 『직지』에는 그 중에서 몇 구절만 이끌어 와서 소개하였다.
　　세상을 둘로 나누면 주관과 객관 즉 나와 남이다. 주관에 해당하
는 나라는 것은 눈·귀·코·혀·몸·의지이며, 객관에 해당하는 남이

영가현각 선사 ◉

라는 것은 물질·소리·향기·맛·감촉 그 외 무형의 것들이다. 이렇게 안과 밖으로 구성된 가운데서 사람의 생각이 끼어들어 온갖 현상들을 만들어 내는 것이 세상이다. 이것들이 모든 사람의 삶의 전 영역이다. 사람들은 이러한 온갖 영역에서 삶을 영위해 가면서 행복과 평화의 길을 모색한다. 따라서 불교에서 수행을 통하여 특별한 삶인 도의 경지를 모색하는 것도 이와 같은 삶의 전 영역을 떠나서는 생각할 수 없다.

불교에서 말하는 이상적 삶인 도의 경지란 참마음의 빛이 가장 밝게 나타난 상태이며, 변하거나 바뀌지 않는 참다운 정신세계가 온전할 때를 두고 이른다. 영가 스님의「증도가」에서는 참마음의 빛이 가장 밝게 나타나려면 마음으로부터 나도 남도 주관도 객관도 모두가 사라져야 한다고 하였다. 또한, 변하거나 바뀌지 않는 참다운 정신세계가 온전하려면 역시 나도 남도, 그리고 주관도 객관도 마음에서 다 없어져야 한다고 하였다. 마치 거울의 때가 깨끗이 사라졌을 때 거울의 밝은 빛이 드러나는 것과 같다는 뜻이다.

◉

증도가 2

또 게송으로 말하였다.

한 물건도 없음을 분명하게 꿰뚫어 보니
사람도 없고 부처도 없네.
온 세상이 바다의 물거품과 같고
일체 성현이 번갯불과 같다.

　　　　　무비 스님 직지 강설 ◉

又 了了見無一物 亦無人亦無佛
大千沙界海中漚 一切聖賢如電拂.

【강설】 「증도가」는 일찍이 수많은 선시 중의 백미라고 일컫는다. 그 사상과 견해도 뛰어나거니와 불교의 여러 가지 주제를 많이 열거하여 자신의 소신을 유감없이 드러내었기 때문이다. 여기에 소개한 구절은 모든 존재가 철저하게 공이며 무라는 견해를 드러내고 있다.

처음 한 물건도 없음을 꿰뚫어 보면 사람도 없고 그 위대한 부처도 없다. 한 물건도 없는데 부처인들 있겠는가. 부처가 없다면 저 드넓은 우주 공간도 있을 수 없으며, 따라서 모든 성현까지 철저하게 없다는 내용이다. 설사 잠깐 존재한다 하더라도 그것은 모두가 물결을 따라 한순간 떠 있다가 사라지는 허망한 물거품과 같은 것이다. 또한, 아주 짧은 순간에 번쩍하다가 사라지고 마는 번갯불같이 순간적이며 허망한 것이다.

이 세계도 성현들도 진실로 그와 같다면 우리 인생에서 무엇을 그렇게 집착하여 안달복달할 것인가. 저 드넓은 허공처럼 마음 놓고 툭 트이게 살라는 뜻이리라.

영가현각 선사

또 게송으로 말하였다.

참다움도 구하지 않고 허망함도 없애지 아니하여
참다움과 허망함이 공하여 형상이 없음을 안다.
형상도 없고 공함도 없고 공하지 아니함도 없음이
곧 여래의 진실한 모습이로다.

又 不求眞 不斷妄　了知二法空無相
無相無空無不空　卽是如來眞實相.

【강설】 「증도가」의 첫 구절에 "배우기를 끊어버리고 아무 것도 하는 일이 없는 한가한 도인[絕學無爲閑道人]은 이러이러하게 인생을 살며 생각한다."라고 시작하였다. 그러므로 구절마다 그 첫 구절을 생각하여 읽으면 뜻이 잘 드러난다.

　여기에서도 "배우기를 끊어버리고 아무것도 하는 일이 없는 한가한 도인은 참다움도 구하지 않고 허망함도 없애지 아니하여 참다움과 허망함이 공하여 형상이 없음을 안다."라는 뜻을 잘 나타내고 있다. 참다움과 허망함 중에 어느 것은 구하고 어느 것은 없앤다면 그는 이미 도인이라고 할 수 없다.

　참다움과 허망함, 선과 악을 모두 초월하였으며, 성인과 범부를 초월하였기 때문이다. 시시비비로부터 멀리 벗어나서 탕탕하게 사는 것이 도인의 길이다. '여래의 진실한 모습'인 부처의 삶이다. 이 구절에는 이처럼 삶의 길을 말하였다.

또 게송으로 말하였다.

제행이 무상하여 일체가 공한 것이
곧 여래의 크고 원만한 깨달음이다.

又 諸行無常一切空 卽是如來大圓覺.

【강설】　보통 사람들은 모든 것이 무상하여 시시각각으로 변하거나 없어지는 것을 수시로 경험하면서도 그 사실에 대해서 알지 못한다. 그런데 '배우기를 끊어버리고 아무것도 하는 일 없는 한가한 도인'의 다른 점은, 모든 것이 무상하여 일체가 공하다는 사실을 여실히 알고 그것에 맞게 삶을 영위할 줄 안다는 점이다. 부처님 여래도 무슨 특별한 것이 아니라 이 무상한 사실을 제대로 알고 살아가는 것뿐이다. 그 무상의 도리가 곧 여래의 크고 원만한 깨달음의 경지라고 하였다.

　　부처님과 조사님들 즉 깨달은 분들의 모든 교설을 집대성하여 한 곳에 모아둔 곳을 팔만대장경각이라 한다. 해인사의 팔만대장경각이 바로 그런 곳이다. 그곳에 들어가는 장경각의 대문에는 팔만대장경의 가르침을 대표하는 말씀이 주련으로 새겨져 걸려 있다.

　　깨달은 분들의 말씀이므로 깨달음의 내용이라고 할 수 있는데, "원만하게 깨달으신 그 도량이 어느 곳인가? 지금 모든 사람이 살아가는 그 사실이라네[圓覺道場何處 現今生死卽是]."라고 되어 있다.

　　즉 사람들이 어떻게 살든 지금도 중간도 또한 마지막에도 변화무상하고 허망하고 공적한 이 삶이 그대로 깨달음의 실체라고 한 것이다.

또 게송으로 말하였다.

헐뜯을 수도 없고 칭찬할 수도 없으니
본체는 허공과 같아서 한계가 없다.
그 자리를 떠나지 아니하고 항상 맑고 밝으나
그대가 볼 수 없다는 사실을 찾아보면 알리라.

又 不可毁不可讚　體若虛空勿涯岸
不離當處常湛然　覓卽知君不可見.

【강설】　진리를 깨달아서 배울 것도 없고 할 일도 없는 한가한 도인은 칭찬하거나 헐뜯는 일에 동요가 없다. 그의 마음은 마치 드넓은 저 허공과 같아서 한계가 없기 때문이다.

영가 스님은 「증도가」에서 비방하는 문제에 대해서 몇 번 언급하고 있는데 영가 스님이 본래는 천태학을 깊이 공부하여 천태종의 촉망받는 인물이었다. 그러다가 혜능 스님의 제자가 되면서 선종으로 돌아섰기 때문에 천태종의 사람들로부터 수많은 비난의 화살을 받으면서 살았다.

그러나 비난의 화살은 이제 영가 스님에게는 아무런 소용이 없는 일이었다. 신령스런 깨달음의 경지에 이르러 마음이 텅 빈 허공과 같이 된 사람으로서 헐뜯거나 칭찬하는 것이 해당하지 않기 때문이다.

깨달은 사람이나 도인들을 검증하는 데 가장 기본이 되는 것이 팔

풍부동(八風不動)이다. 깨달은 사람의 삶이 소박하고 간결하고 고고하고 탈속하고 자연스럽고 유현하고 청정한 것은 당연하지만, 특히 여덟 가지 일에 흔들리지 말아야 도인이라고 할 수 있다.

즉 이익과 손해와 헐뜯음과 칭찬과 찬사와 비방과 고통과 즐거움에 동요하지 않아야 한다는 것이다. 만약 명예나 이익을 위해서 무엇엔가 마음이 동요된다면 도인은 고사하고 세속의 군자도 되지 못한다. 뜨거운 자비심으로 세상을 보살피는 보살행이 없다면 간결하고 소박하고 고고하여 팔풍에 동요하지 않는 사람이라도 되어야 감동을 줄 수 있다.

◉

증도가 6

또 게송으로 말하였다.

실상을 깨달아서 사람도 법도 다 없어지니
찰나에 아비지옥에 들어갈 업장이 소멸하였다.
만약 거짓말로써 중생을 속인다면
발설지옥에 들어가서 무한한 세월을 지내게 됨을 자초하리라.

又 證實相無人法 刹那滅却阿鼻業
若將妄語誑衆生 自招拔舌塵沙劫.

 영가현각 선사 ◉

【강설】 배울 것이 다 끊어지고 할 것이 없는 한가한 도인은 모든 존재의 진실한 모습을 꿰뚫어 보아 알고 있다. 그 진실한 모습이란 나도 없고 너도 없고 사람도 사람의 대상도 텅 비어 없음이다. 일체 존재가 본래로 다 없음을 아는 경지이다.

이 같은 경지가 되면 복덕도 없고 죄업도 없다. 천상에 태어나고 극락에 태어날 공덕을 쌓음도 없고 그 공덕으로 받을 복덕도 없다. 그뿐만 아니라 죄업도 없으며 죄업을 지어 지옥이나 아귀나 축생에 떨어지는 일도 또한 없다. 텅 비고 텅 비어 나도 없고 삼천대천세계도 없다. 이것은 진실이다. 만약 이와 같은 어마어마한 사실에 대해서 거짓말을 한다면 나는 나 스스로 혀를 뽑아 보습으로 삼아 밭을 가는 발설지옥에 떨어져서 수억 만 년을 지내게 되리라.

위에서 말한 이치를 모르는 사람들은 참으로 놀라운 일이라고 여기겠지만, 영가 스님과 같이 이치를 아는 사람은 이렇게 당당하게 큰 소리칠 수 있다는 사실을 알아야 하리라.

◉

증도가 7

또 게송으로 말하였다.

두 비구스님이 음행계와 살생계를 범하였는데
우바리 존자의 반딧불 같은 소견은 죄의 결박만 더하고
유마 대사가 의혹을 한꺼번에 제거한 것은
마치 뜨거운 태양이 서리와 눈을 녹이는 것과 같네.

[예컨대 "다만 전도로부터 생긴 것이다. 일정한 주처가 없다."라고 한 것과 같으며, 또 "생각의 본체는 본래 공하거늘 변하는 것인들 무엇이 실답겠는가?"라고 한 것과 같다.]

又
有二比丘犯婬殺 波離螢光增罪決
維摩大士頓除疑 猶如赫日消霜雪.
[如云 但從顚倒生 無有住處 又如念體本空 所變何實]

【강설】　『유마경 소(疏)』에 이런 이야기가 있다. 옛날 부처님 당시 두 비구가 숲 속에서 수행하고 있었다. 한 비구가 피곤하여 잠깐 누웠다 잠이 들었는데 나무를 하러 이 숲 속에 왔던 한 여인이 잠든 비구를 보고 성욕이 발동하여 가만히 몸 위에 올라가서 비행을 저질렀다. 비구는 모르는 사이에 부정한 것이 흘러나와 잠을 깨고 나서야 사실을 알게 되었다. 뒤에 한 비구가 그 사실을 알고 함께 수행하는 비구를 파계시킨 것이 화가 나서 그 여인을 꾸짖고 구타하려고 하자, 여인이 놀라서 도망가다가 그만 낭떠러지에 떨어져서 죽고 말았다.

　　두 비구는 대승의 제1계인 살인계와 비구의 제1계인 음행계를 깨뜨린 것이 두렵고 부끄러워 감히 부처님에게는 말하지 못하고 지계 제일인 우바리 존자에게 참회시켜 줄 것을 청하였는데 우바리 존자는 지계 제일의 모범 수행자로서 원리 원칙대로 불통참회(不通懺悔)를 선언하여 두 비구의 죄를 더욱 무겁게 만들었다.

　　이 사실을 접한 유마 거사가 이렇게 말하였다.

　　"우바리 존자여, 두 비구의 죄를 더욱 무겁게 하지 말고 마땅히 죄를 소멸해 주고 그들의 마음이 흔들리지 않게 하라. 왜냐하면, 그들의

영가현각 선사 ●

죄의 본성은 안에도 있지 않고 밖에도 있지 않으며 중간에도 있지 않다. 부처님의 말씀과 같이 마음이 더러워지면 중생이 더럽고 마음이 청정하면 중생이 청정하다. 마음도 또한 안에도 있지 않고 밖에도 있지 않으며 중간에도 있지 않으니 그 마음이 그러하듯이 죄도 또한 그러하니라."라고 하였다.

이 가르침을 듣고 두 비구는 그토록 자신들을 짓누르던 죄업의 덩어리가 한순간에 사라지고 말았다. 『천수경』에는 이와 같은 가르침이 있다. "죄업이란 자체의 성품이 없다. 사람의 마음으로부터 생긴 것이다. 마음이 만약 소멸하면 죄업도 또한 소멸한다. 죄업도 없어지고 마음도 소멸하고 나면 이것이야말로 진정한 참회다[罪無自性從心起 心若滅時罪亦亡 罪亡心滅兩俱空 是卽名爲眞懺悔]."

불교는 안목이며 지혜이다. 지계 제일인 우바리 존자는 계율이 사람을 위해서 존재하는 것이 아니라 계율을 위해서 사람이 존재하는 것으로 잘못 알고 있었다. 우바리 존자의 견해가 반딧불과 같다면 유마 거사의 지혜는 이글거리는 태양과 같다. 불교에서는 지혜를 가장 중요하게 생각한다. 지혜가 있어야 자비를 바르게 실천할 수 있기 때문이다.

이 몸은 허망하여 자성이 없다

영가 스님이 말씀하였다.

"몸이 허망하여 자성이 없음을 알면 물질이 곧 공이니 무엇이 나인가? 일체 모든 법이 다만 거짓 이름뿐이요, 한 가지도 고정된 실체가 없다. 나의 몸이라는 것은 4대와 5온인데 그것이 낱낱이 내가 아니요, 화합이라는 것도 또한 없다. 안팎으로 추구하여 보면 모여 있는 물거품과 같고, 떠다니는 물거품과 같고, 아지랑이와 같아서 결국 사람이라 할 것이 없다.

무명으로 말미암아 그 사실을 알지 못하고 잘못 집착하여 나라고 여겨서 실재하지 않는 가운데서 그릇되게 탐착하는 마음을 내어서 살생도 하고 도둑질도 하고 음행도 하여 거칠고 미혹하여 밤낮으로 부지런히 업만 짓는다. 그 업이 비록 진실로 존재하는 것은 아니지만, 선악의 과보가 따르는 것이 마치 그림자가 형체를 따르는 것과 같다. 응당히 스스로 몸의 진실한 모습을 관찰하듯이 부처님을 관찰하는 것도 또한 그렇게 하라. 그러므로 '도란 목전에 있다.'라고 하였으며, '마음과 부처와 중생이 세 가지가 차별이 없다.'라고 하였다.”

師云 知身虛幻 無有自性 色卽是空 誰是我者 一切諸法 但有假名 無一定實 是我身者 四大五陰 一一非我 和合亦無 內外推求 如水聚沫 浮泡陽燄 畢竟無人 無明不了 妄執爲我 於非實中 橫生貪着 殺生偸盜 婬穢荒迷 竟夜終朝 矻矻造業 雖非眞實 善惡報應 如影隨形 應自觀身實相 觀佛亦然 故云 道在目前 心佛衆生 三無差別.

【강설】　　영가 스님의 이 말씀은『영가집』이라는 책의 몸과 말과 생각의 업[三業]을 경계하는 글에서 인용한 것이다. 영가 스님은 혜능 스님의 제자로서 우리나라 선불교에 끼친 영향이 매우 크신 분이다. 앞에서 소개하였던『영가 증도가』와 여기에서 인용한『영가집』이라는 책이 일찍이 우리나라에 전해 내려와 널리 읽혔기 때문이다.

불교에서 업을 이야기할 때 사람들의 이익과 행복을 위한 부처님의 업이나 보살의 업을 논하지 않고 대개 중생의 미혹 때문에 짓는 악업을 말하게 된다.『영가집』에서는 중생은 왜 악업을 짓게 되는가를 살펴보았다. 악업은 모든 사람이 이 몸뚱이가 허망한 것이 아니라 오랫동안 나의 것으로 있어주는 지극히 사랑스러운 것이라고 착각하는 데서부터 짓게 된다. 이 몸을 허망한 것이며 공한 것이며 물거품과 같은 것이며 아지랑이와 같은 것으로 관찰하는 지혜가 있다면 굳이 그렇게 불필요한 악업을 짓지 않게 되리라는 것이다. 다시 말하면, 꿈을 깨고 나면 꿈속에서 있던 내가 없는데 달리 무슨 업을 짓겠느냐는 것이다.

사람들이 자신의 분이 아니며, 인연도 아니며, 능력이 아님에도 아등바등 부귀공명을 위해서 부당하게 온갖 비리를 저지르는 것은 이 허망한 몸뚱이가 꿈이 아니고 실재하는 것이며, 따라서 상당한 기간 있어 주리라는 본능적인 데서부터 오는 깊은 믿음 때문이다.

예컨대 따뜻한 봄날에 어쩌다가 날씨가 추워져서 눈이 많이 내렸다. 어떤 어리석은 사람이 눈을 뭉쳐서 눈사람을 만드는데 한편에서는 계속 녹아내리고 있는 경우와 똑같다. 설사 한겨울에 내린 눈이라 하더라도 그것이 얼마나 가겠는가? 모든 것을 인연에 맡기고 자연에 맡기고 자신의 분에 맡겨서 순리대로 산다면, 억울한 일도 없을 것이며, 남을 억울하게 만들지도 않을 것이다.

눈앞에 펼쳐지는 모든 현상은 일체가 인연으로 생기고 소멸한다. 즉 인연소기(因緣所起)다. 그 사실이 비록 고정된 실체는 없다 하더라도 고통을 받는 것은 악업을 지음으로 일어난다. 복을 누리는 것은 선업을 지은 결과이다. 마치 그림자가 형체를 따르는 것과 같다. 이처럼 육신의 진실한 모습은 텅 비어 없듯이 부처라는 것도 끝내는 텅 비어 없는 것으로 관찰하는 일이 모든 존재의 실상을 바르게 관찰하는 것이라고 『영가집』은 가르치고 있다.

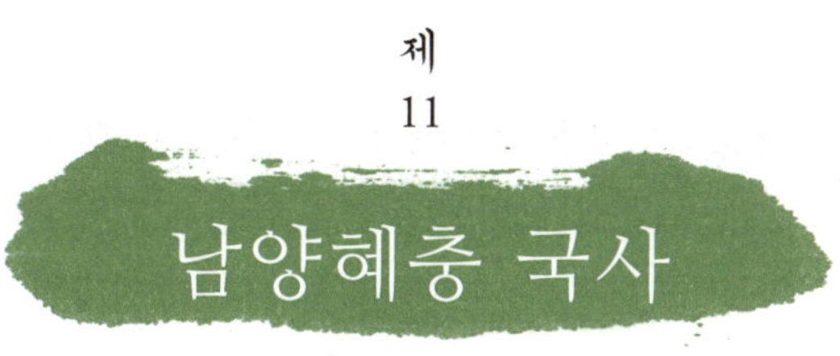

남양혜충 국사

南陽慧忠 國師

세 번 부르니 세 번 대답하다

남양혜충 국사가 하루는 시자를 부르니 시자가 대답하였다. 이처럼 세
번 부르고 시자는 세 번 대답하였다. 혜충 국사가 말씀하였다.

"장차 내가 그대를 저버린다고 생각하였는데 도리어 그대가 나를 저버
리는구나."

忠國師 一日 喚侍者 侍者 應喏 如是三喚 侍者 三應 師曰將謂吾辜負
汝 却是汝辜負吾.

【 강설 】　남양혜충(南陽慧忠, ?~775) 국사는 당나라 때의 스님이다. 어려서부터 6조 혜능 스님을 따라 배우고 그의 법을 이었다. 6조 혜능 스님이 입적하신 후 여러 산에 머물렀는데 오령(五嶺)의 나부산(羅浮山)과 사명(四明)의 천목산(天目山)을 거쳐서 남양(南陽)의 백애산(白崖山) 당자곡(黨子谷)에 들어가 40여 년을 산문 밖으로 나가지 않았다.

상원 2년(761)에 숙종 임금이 그의 명성을 듣고 조칙을 내려 서울로 불러 스승의 예로 맞이하려 하였으나 끝내 가지 않았다. 그 일로 인하여 당나라의 현종(玄宗)과 숙종(肅宗)과 대종(代宗)의 세 임금에게 더욱 두터운 귀의를 받았으나 항상 담박한 본성 그대로 천진 자연을 즐겼다.

오랜 훗날에까지 수행자로서의 고고한 모범을 보인 분으로는 혜충 국사를 능가하는 사람이 없다 해도 과언이 아니다.

혜충 국사는 청원행사 선사와 남악회양 선사와 하택신회 선사와 영가현각 선사 등과 함께 혜능 스님 문하의 오대종장(五大宗匠)으로 추앙받았다.

혜충 국사의 법어 중에서 『직지』에서 인용한 내용을 보면 스승이 부르니 시자는 대답을 할 수밖에 없는 아주 평범한 일이다. 세 번 부르므로 세 번 대답하였다. 아마 백 번을 불렀다면 시자는 백 번을 대답하였을 것이다. 그런데 스승은 "내가 너를 배반하였다고 생각했는데 네가 나를 배반하였구나."라고 하였다. 이 말을 달리 표현하면, '내가 너를 가르친다고 생각하였는데 네가 나를 가르치는구나.'라는 뜻이 될 수도 있다.

아무튼, 이 문답은 예부터 지극히 간결하면서도 멋진 선문답이라고 하여 여러 종장이 부연하고 평을 하며 착어를 붙인 글이 많다. 몇 가지 소개하여 이해하고 음미하는 데 참고하려 한다.

투자청(投子靑) 선사가 게송으로 말하였다. "국사가 시자를 부르니 중요한 말씀을 무시하지 못하리라. 그의 귀가 먹지도 않았고 자기 또한 망신을 씻을 길 없네[國師喚侍者 重言不當吃 他耳又不聾 自又無處雪]."

보녕수(保寧秀) 선사가 게송으로 말하였다. "국사가 세 번 부르고 시자가 세 번 대답하였네. 두 개의 구멍 없는 무쇠 망치라서 곁에서 보기에도 질식하겠다. 피차에 불편한 관계거늘 고금을 통해 뉘라서 믿을 것인가[國師三喚 侍者三應 兩箇無孔鐵鎚 傍觀也須氣悶 彼此無便宜 古今誰相信]?"

황룡남(黃龍南) 선사가 게송으로 말하였다. "국사가 세 번 시자를 부르니 풀밭을 치는 뜻은 뱀을 놀라게 함일세. 시냇가 푸른 소나무 밑에 천 년 묵은 복령(茯苓)이 있는 줄 뉘라서 알리[國師三喚侍者 打草只要蛇驚 誰知澗底靑松下 有千年茯苓]."

해인신(海印信) 선사가 게송으로 말하였다. "늙으신 남양의 큰 선지식이 한가로이 강가에서 낚시를 드리웠네. 밤은 깊고 물은 차가워서 고기가 물지 않으니 빈 배에 달빛만 기득히 싣고 돌아가네[老倒南陽大古錐 等閑垂釣泛江湄 夜靜水寒魚不食 滿船空載月明歸]."

법진일(法眞一) 선사가 게송으로 말하였다. "봉황새가 새끼를 부르면 새끼가 대꾸하니 맑은 소리 역력하여 저절로 어울리네. 어디가 서로 저버린 곳이란 말인가? 평지에서 공연히 파도를 일으켰네[丹鳳喚雛雛復應 淸音歷歷自和鳴 不知何處成辜負 平地須敎波浪生]."

불인청(佛印淸) 선사가 게송으로 말하였다. "국사가 세 번 시자를

남양혜충 국사 ◉

부르고 시자가 세 번 대답했다. 그리고는 너와 내가 배반했다 하시니 참으로 예법을 아시는 분이구나 [國師三喚侍者 侍者三廻應喏 更言負汝負吾 眞箇可知禮也]."

불안원(佛眼遠) 선사가 게송으로 말하였다. "늙을 무렵 강호에 나가서 낚시질하기란 재미있는 일. 첫 번에는 찌가 움직이고 다음엔 낚시 끝에 물려 나온다 [老倒江湖上 竿頭事可咍 一廻浮子動 又是上鉤來]."

열재(悅齋) 거사가 게송으로 말하였다. "세 번 불러도 아무도 그를 몰라서 지금껏 천 년 동안 바보가 되었네. 꽃 지고 물 흐르니 내가 그대를 저버리고 달 밝고 바람 맑으니 그대가 나를 저버렸네 [三喚無人會得渠 至今千載被塗糊 落花流水吾辜汝 明月淸風汝負吾]."

선문답에도 격식이 있다. 제대로 된 선문답이라면 언제나 이처럼 알 듯 말 듯하고 보일 듯 말 듯하게 표현되어 긴 여운을 남긴다. 수천 명의 평창과 착어를 인용하더라도 눈 밝은 사람들의 말씀은 늘 비슷비슷하다. 이 정도의 표현에서 미소 짓고 점두를 하고, 또는 박장대소를 하며 선기(禪機) 선미(禪味) 선향(禪香)에 깊이 젖어서 선천(禪天) 선지(禪地)의 복락을 누리는 것이 선인(禪人)들의 인생이라고 할 수 있을 것이다.

어찌 생각하면 부르고 대답하는 일은 세상 사람들이 모두 다 하는 지극히 평범한 일이다. 그냥 때가 되어 식사하는 일이며 피곤하면 잠을 자는 일이다.

물병을 가져 오너라

혜충 국사에게 어떤 스님이 물었다.

"무엇이 근본신인 노사나불입니까?"

혜충 국사가 말하였다.

"나에게 물병을 가져오너라."

그 스님이 물병을 가져오니 혜충 국사가 말하였다.

"다시 본래 있던 곳에 갖다 두어라."

그 스님이 또다시 물었다.

"무엇이 근본신인 노사나불입니까?"

"옛 부처님이 지나 가신 지 오래 되었다."

忠國師 因僧 問如何是本身盧舍那 師云 與我過淨瓶來 僧 將淨瓶到 師
云 却安舊處着 僧 復問如何是本身盧舍那 師云 古佛過去 久矣.

【강설】 남양혜충 국사의 행적과 법어를 기록한 책에는 매우 빼어난
선문답이 많다. 『직지』에서도 중요한 몇 가지를 골라 실었다. 경전에
서는 모든 부처님에게 세 가지의 몸이 있다고 언급하였다. 법신과 보
신과 화신이다. 그중에서 법신이 근본신이다. 법신을 『범망경』에서는
노사나불이라 한다. 그래서 여기에서 근본신인 노사나불에 대해 물었
다. 갖가지 부처님의 몸 중에서 근본이 되는 몸은 무엇일까?

부처님의 근본신이라면 모든 존재의 근본이며 사람의 근본이 되
기도 한다. 좀 빗나가는 강설이 될지라도 이해를 돕기 위해 부연 설명
을 한다면, 부처님의 근본신이란 그 스님이 궁금하여 묻는 바로 그 일
이다. 그리고 혜충 국사가 공연한 심부름이라도 시키는 그 일이다. 심

남양혜충 국사 ◉

부름을 시키므로 말을 따라 물병을 들고 오는 바로 그 사실이다.

그러나 그 스님은 알지 못한다. 그래서 다시 물병을 제자리에 갖다 두라고 하고, 그 스님은 말씀을 따라 물병을 제자리에 갖다 둔다. 이처럼 근본신은 명명백백하게 움직이고 명명백백하게 작용한다. 근본신은 곳곳에 널렸건만 질문을 한 스님은 알 길이 없어서 다시 물은 것이다. 혜충 국사는 그때야 "옛 부처님이 지나가신 지가 오래 되었다."라고 하였다. 참으로 국사답다. 과격하지도 않고 충격적이지도 않게 너무나 친절하게 노파심으로 가르치고 있다.

이 대화에 대해서 대각련(大覺璉) 선사는 게송으로 말하였다. "어떤 이가 노사나불을 물어서 의심을 풀려고 하였는데 물병을 가져오라 해도 참뜻을 몰랐네. 보낸 뒤에 여전히 한 구절을 구하니 열반산 뒤에 아득히 찾을 길 없네[有咨盧舍決疑心 缾子持來莫辨音 送了依前求一句 涅槃山後杳難尋]."

또 천동각(天童覺) 선사가 게송으로 말하였다. "새는 하늘을 날고 고기는 물에서 노닌다. 강호에서 소식을 잊고 구름 위에서 뜻을 이뤘다. 실 한 오리만큼이라도 마음을 망설이면 얼굴을 마주해도 천리를 어긋난다. 은혜를 알아 은혜에 보답하는 이가 인간 세상에 몇이나 되는가[鳥之行空 魚之在水 江湖相忘 雲天得志 擬心一絲 對面千里 知恩報恩 人間幾幾]?"

또 법진일(法眞一) 선사가 게송으로 말하였다. "남양의 노 선지식이 미혹한 무리에게 보이니 그 자취는 한 점 티끌도 없네. 스님이 정병을 가져다 제자리에 놓아두니 그것이 원래부터 노사나불임을 모르네[南陽老作示迷津 朕迹全無一點塵 僧過淨瓶安舊處 不知元是舍那身]."라고 하였다.

     무비 스님 직지 강설 ●

없음이 곧 부처다

혜충 국사에게 어떤 스님이 물었다.

"무엇이 한 생각으로 상응하는 것입니까?"

"기억하는 것과 지혜를 함께 잊는 것이 곧 한 생각으로 상응하는 것이다."

"기억하는 것과 지혜를 함께 잊으면 누가 부처를 보는 것입니까?"

"잊어버리면 없고, 없는 것이 곧 부처이다."

"없으면 곧 없다고 말하는데 어찌 부처가 된다고 말합니까?"

"없는 것은 또한 텅 빈 것이요, 부처도 또한 텅 빈 것이다. 그러므로 말하기를 '없는 것이 곧 부처요, 부처는 곧 없는 것이다.'라고 하였다."

忠國師 因僧問 如何是一念相應 師曰憶智俱忘 卽是相應 僧曰憶智俱忘 誰見諸佛 師曰忘却無 無卽佛 僧曰無卽言無 何得喚作佛 師曰無亦空 佛亦空 故曰 無卽佛 佛卽無.

【강설】　불교의 수많은 이론 중에서 텅 비어 공하다는 말과 없다는 말이 아마 가장 많은 양을 차지하고 있을 것이다. 왜 없으며 무엇이 없다는 것인가 하는 다소 복잡한 이론은 다음에 이야기하기로 하고 여기에 소개한 내용만 살펴보겠다. 혜충 국사의 법문은 "없음이 곧 부처다."라는 주제로 되어 있다. 불교의 없음[無]의 발견에 의한 무의 철학은 어느 종교나 철학에서 볼 수 없는 매우 뛰어난 사상이다.

　어떤 수행자가 "무엇이 한 생각으로 상응하는 것[一念相應]입니까?"라고 물었는데 "없는 것이 곧 부처요, 부처는 곧 없는 것이다."라는 데까지 이르렀다. "한 생각으로 상응한다고 하는 것"은 그 어떤 기억도 남아 있으면 안 된다는 것이다. 선재동자가 53명의 선지식을 찾아다니면서 얻어들은 훌륭한 법문에 대한 기억도 용납하지 않는다. 하물며 중생의 온갖 악지악각(惡知惡覺)이야 발붙일 수도 없다. 또한, 지혜도 용납하지 않는다. 세속적인 지혜든 깨달음이라는 아주 뛰어난 지혜든 이곳에는 접근을 허락하지 않는다.

수행자는 또 묻는다.

"그렇다면 불교의 이상인 부처를 본다는 사실마저 없어야 합니까?"

"물론이다. 앞에서 말한 모든 기억과 지혜를 망각할 때는 모든 것이 없다. 그리하여 모두가 없는 그것이 곧 부처다. 따라서 없음이란 텅 비어 공한 것이고 부처도 또한 텅 비어 공한 것이다. 그래서 '없음이 곧 부처요, 부처는 곧 없음이다.'라고 말하고 있다."

마음 가운데 아무런 일이 없다면 부처니 중생이니, 성인이니 보통 사람이니, 선이니 악이니, 옳으니 그르니 하는 문제가 있을 수 없다. 어떤 의미에서 보면 부처란 그와 같은 문제가 다 사라진 사람이라고 할 수 있다.

영가 스님의 「증도가」에는 "온 우주에 한 물건도 없다는 사실을 환하게 꿰뚫어 보니 사람도 없고 부처도 없네. 항하강의 모래 수처럼 많고 많은 드넓은 우주세계도 마치 바다에 떠 있는 물거품이며, 오랜 역사 속에 명멸해 간 모든 성인이니 현인이니 하는 이들도 마치 번갯불이 번쩍하고 지나가는 것과 같네[了了見無一物 亦無人亦無佛 大千沙界海中漚 一切聖賢如電拂]."라고 하였다.

사람의 안목과 견해가 이쯤 되면 다시 무슨 문제가 있겠는가. 동체대비와 무연대자의 보살정신이 모자란다 하더라도 선불교의 빼어난 한 봉우리는 보통 사람의 발길을 허락하지 않는 삼십삼천을 지나가는 높고 높은 경지라고 할 만하지 않은가?

무비 스님 직지 강설 ●

무슨 마음으로 구경하는가?

남양혜충 국사에게 숙종 임금이 희극을 같이 보자고 청하였다.

혜충 국사가 말하였다.

"어떤 몸과 어떤 마음이 있어서 희극을 보십니까?"

숙종 임금이 다시 청하였다.

혜충 국사가 말하였다.

"희극 보시기를 몹시 좋아하시는군요."

忠國師 因肅宗帝 請看戲 師云 有甚麽身心看戲 帝 再請 師云 幸自好戲.

【 강설 】　숙종 임금은 희극 보기를 좋아하였던 모양이다. 그렇지 않
으면 큰스님이 세상의 궁중에 오셨으니 희극이라도 보시면서 인간다
운 즐거움을 조금이나마 누리시고 산으로 올라가시라는 뜻이었을 것
이다.

　　임금은 재차 권하였지만 혜충 국사의 마음에는 이미 희극도 비극
도 사라진 지 오래다. 몸도 마음도 텅 비어 공하다. 그런 스님의 마음
에 무슨 세상의 희극이 있으며, 희극이 설사 있다 한들 그것을 볼 사람
마저 없어진 터에 무엇으로 본단 말인가?

　　앞에서, "없음이 곧 부처요, 부처는 곧 없음이다."라고 한 내용과
관련이 있어서『혜충국사어록』에서 인용하였다.

남양혜충 국사가 어떤 스님에게 물었다.

"요즘 어느 곳을 떠나왔는가?"

"남방입니다."

"남방의 선지식들은 무슨 법으로써 사람들을 가르치는가?"

"남방의 선지식들은 다만 '하루아침에 바람 기운과 불기운이 흩어지고 나면 마치 뱀이 허물을 벗는 것과 같으며, 용이 뼈를 바꾸는 것과 같아서 본래의 참 성품은 완연하여 흩어지지 않는다.'라고 말할 뿐입니다."

"안 됐다, 안 됐다. 남방의 선지식들 설법은 반은 생기고 반은 멸하며 반은 불생멸이로다."

忠國師 問僧 近離甚處云 南方 師云 南方知識 以何法 示人云 南方知識 只道 一朝 風火散後 如蛇退皮 如龍換骨 本爾眞性 宛然不壞 師云 苦哉苦哉 南方知識 說法 半生半滅 半不生滅.

【강설】　남방에서 온 어떤 스님이 혜충 국사를 뵙고 나눈 대화다. 스님들은 해제를 하면 행각(行脚)을 다니다가 사찰의 객실에서 서로 만나 각자가 살던 곳에 대해서 묻는다. 같이 수행한 대중의 숫자와 그 사찰의 가풍과 공부에 관한 일들을 자세히 듣게 된다. 하루 이틀 이야기를 나누다가 의기가 투합하면 또 새로운 도반이 되어 다른 사찰을 찾아 함께 만행을 하게 된다. 여기에 등장하는 내용은 한 스님이 혜충 국사를 찾아 법에 대한 안목과 지견을 논하게 된 광경이다.

　찾아 온 스님이 남방의 선지식들은 "사람이 죽은 뒤 지수화풍(地

水火風)으로 이루어진 육신이 뿔뿔이 흩어지고 나면 본래 있는 참 성품만은 흩어지거나 무너지지 않고 영원히 존재한다.”고 가르친다고 하였다. 혜충 국사는 그것은 크게 잘못된 소견이라고 하시면서 “남방의 선지식들 견해는 반은 생멸하고 반은 생멸하지 않는다.”라고 평하였다.

불교를 공부한 사람들은 대부분 남방의 선지식들처럼 육신은 죽은 뒤에 소멸하지만, 마음자리는 불생불멸하는 것이어서 영원히 존재한다고 알고 있다. 불교의 경전이나 어록에도 그와 같은 내용이 대단히 많다. 그런데 육신은 과연 소멸하고 마는 것인가? 마음은 과연 영원히 없어지지 않고 존재하는 것인가? 혜충 국사는 그것은 잘못된 견해라고 하였다. 불교를 이해하고 마음과 육신과 그리고 모든 존재의 실상을 바로 이해하는 데 매우 중요한 문제를 설파하고 있는 내용이다.

◉

생멸과 불생멸 2

스님이 혜충 국사에게 다시 물었다.

“그렇다면 남방의 선지식들은 곧 그렇다고 하거니와 화상은 여기에서 무슨 법을 설합니까?”

“나는 여기에서 몸과 마음이 한결같으니 몸밖에 다른 것이 없다.”

“화상은 어찌하여 물거품과 같고 환영과 같은 육신을 가지고 법신과 같이 여기십니까?”

“그대는 무엇 때문에 삿된 도에 들어갔는가?”

“어떤 것이 제가 삿된 도에 들어간 것입니까?”

“그대는 보지 못하였는가. 교학 가운데 말하기를 ‘만약 육신으로써 나

남양혜충 국사 ◉

를 보거나 음성으로써 나를 구하면 이 사람은 삿된 도를 행하여 능히 여래를 보지 못한다.'라고 하지 않았던가?"

僧云 南方知識 卽如是 未審和尙 此間 說何法 師云 我此間 身心 一如身外 無餘云 和尙 何得將泡幻之身 同於法體 師云 儞爲什麼入於邪道云 甚麼處 是某甲 入於邪道處 師云 不見 敎中 道 若以色見我 以音聲求我 是人行邪道 不能見如來.

【 강설 】　육신은 소멸하지만, 마음은 소멸하지 않는다는 그 스님의 견해에 대해서 혜충 국사는 "몸과 마음은 한결같다."라고 하였다. 즉 몸도 불생불멸이며 마음도 불생불멸이라는 뜻이다. 실로 모든 존재는 무엇이든 다 불생불멸이다. 그래서 『화엄경』에도 "일체법불생 일체법불멸 약능여시해 제불상현전(一切法不生 一切法不滅 若能如是解 諸佛常現前), 모든 존재는 생기지도 않으며 또한 소멸하지도 않는다. 만약 이러한 이치를 알면 모든 부처님이 항상 앞에 나타나 있음을 보리라."라고 하였다.

사람이 태어날 때 몸도 마음도 모두가 새롭게 생긴 것처럼 보이나 실은 새로 생긴 것도 아니며, 사람이 죽은 뒤에 몸도 마음도 모두가 소멸하는 것처럼 보이나 실은 소멸하는 것이 아니다. 이는 일찍이 현대 물리학에서도 규명한 이론이다. 허망하게 보이는 비눗방울 하나도 아예 없던 것을 새롭게 만들어 낼 수도 없고, 아주 없애지도 못한다는 사실을 잘 알고 있다. 어디에선가 또 다른 형태로 변하여 존재하고 있는 것이다. 즉 형태는 변하더라도 그 질량은 없어지지 않는 것이다.

『반야심경』의 불생불멸(不生不滅)은 익히 아는 사실이고, 『법화경』에도 세간상상주(世間相常住)라고 하였다. 세상에 존재하는 유형무형

 　　　　무비 스님 직지 강설 　◉

의 모든 것은 늘 그대로 있다, 새롭게 생기지도 않으며 또한 존재하던 것이 없어지지도 않는다는 뜻이다. 존재의 실상을 지혜의 눈으로 꿰뚫어 보면 진실로 그렇게 여여한데 다만 존재를 보는 사람의 견해가 그것에 미치지 못할 뿐이다. 그러므로 몸도 마음도 그렇게 없으면서 있고, 있으면서 없는 것이라고 표현할 수밖에 없다. 진공묘유(眞空妙有)이며 묘유진공(妙有眞空)이다.

◉

시방국토가 모두 법신불

혜충 국사에게 어떤 스님이 물었다.

"교학 가운데는 다만 유정이 성불한다는 것은 보이지만 무정이 수기를 받는다는 것은 보이지 않습니다. 또한, 현겁천불 가운데 누가 무정불입니까?"

혜충 국사가 대답하였다.

"예컨대 황태자가 아직 왕위를 받기 전에는 오직 일신뿐이었으나 왕위를 받은 뒤에는 전 국토가 모두 왕에게 귀속된다. 어찌 국토가 따로 왕위를 받는 일이 있어서이겠는가? 지금 다만 유정이 수기를 받고 성불할 때에 시방의 국토가 모두 비로자나 법신불이 된다. 어찌 다시 무정들이 수기를 받는 일이 있어서이겠는가?"

忠國師 因僧問 敎中 但見有情作佛 不見無情受記 且賢劫千佛 孰是無情佛耶 師云 如皇太子 未受位時 唯一身耳 受位之後 國土 盡屬於王 寧有國土 別受位乎 今但有情 受記作佛之時 十方國土 悉是遮那佛身 那得更有無情受記耶.

남양혜충 국사 ◉

【 강설 】　짧은 대화이지만 불교의 높은 견해가 표현되어 있다. 불교인들의 상식으로는 성불은 사람이 하는 일이라고 생각한다. 좀 더 넓게 생각한다 하더라도 보고 듣고 느낄 수 있는 유정들만 할 수 있다고 생각하는 것이 통례이다. 혜충 국사에게 질문한 그 스님의 생각 역시 지극히 상식적인 것이다. 그러나 불교의 궁극적 이치는 상식을 넘어서 격외(格外)의 일이다. 불교가 상식적으로 이해할 수 있는 차원이라면 석가세존이 굳이 부모와 처자를 버리고, 심지어 왕위까지 버리고 출가하여 피나는 고행을 하고 성도하는 수고로움을 감수하지 않았을 것이다. 그러므로 불교의 참모습을 이해하는 데는 비상한 견해와 안목을 갖춰야 한다.

유정과 무정이 모두 청정법신 비로자나불이라는 내용을 혜충 국사가 비유를 들어 설명하신 것은 매우 명쾌하다. 다른 표현을 빌리자면, 사람이 꿈을 꿀 때 꿈속에 나타난 산천초목과 일체 산하대지들은 모두 꿈속의 현상이다. 왕이 되고 거지가 되어도 모두 꿈속의 일이다. 옛말에 "꿈속 삼공(三公)의 벼슬보다 생시의 막걸리 한잔이 더 낫다."라는 말이 있다. 생시의 것은 모두가 진실하고 꿈속의 것은 일체가 허망하기 때문이다.

불교에서는 일체가 오직 마음으로 되었다고 한다. 깨달은 사람의 마음에는 사람도 동물도 산천초목도 모두가 깨달은 사람의 영역이다. 모두가 부처님 세계이며 모두가 부처님이다. 깨닫지 못한 사람의 마음에는 보통 사람과 동물들은 말할 것도 없고 심지어 부처님까지도 생멸하고 변화하는 무상한 존재인 중생의 미혹한 세계다. 마치 기차를 타고 빨리 달릴 때는 건물도 움직이고 산도 움직이는 것으로 보이는 것과 같다. 생멸하는 사람의 눈에는 생멸하지 않는 것도 생멸하는 것으로 보이지만 생멸하지 않는 사람의 안목으로 보면 생멸하는 것도 생멸하지 않는 것으로 보인다. 깨달은 사람의 안목과 그렇지 못한 사람의 안목은 이처럼 다르다.

◉

무심(無心)

혜충 국사에게 영각이라는 스님이 물었다.

"발심하여 출가하는 것은 본래 부처가 되기 위한 것입니다. 어떻게 마음을 써야 성불할 수가 있겠습니까?"

"마음 쓸 것 없는 것이 곧 성불이다."

"마음 쓸 것이 없으면 누가 성불합니까?"

"마음 쓸 것이 없으면 저절로 성불이니 부처도 또한 무심이다."

"부처님은 대단히 불가사의한 분이라 능히 중생을 제도하시니 만약 무심하다면 누가 중생을 제도하겠습니까?"

"무심이 참으로 중생을 제도하는 것이다. 만약 제도할 중생이 있다고 보면 곧 이것은 유심이니 완연한 생멸이다."

忠國師 因靈覺僧 問發心出家 本爲求佛 未審如何用心 卽得 師云 無心可用 卽得成佛 曰無心可用 阿誰 成佛 師云 無心自成 佛亦無心 曰佛有大不可思議 爲能度衆生 若也無心 阿誰 度衆生 師曰無心 是眞度衆生 若見有生可度者 卽是有心 宛然生滅.

【강설】 불교수행의 목적은 성불이다. 모든 불자는 승속을 막론하고 성불을 제일 큰 과제로 생각한다. 불자들은 자나 깨나 성불을 꿈꾸기 때문에 인사도 성불하라고 한다. 아주 작은 공덕을 지어도 고맙다는 인사가 "성불하십시오."라고 할 정도다. 여기에 등장하는 영각 스님도 혜충 국사에게 성불하는 길을 물었다. 혜충 국사는 무심(無心)이 성불이며 중생제도라고 하였다. 중생이 제도 된 경지가 곧 무심의 경지이며, 무심이 곧 부처이기 때문이라고 하였다.

남양혜충 국사 ◉

마음 가운데 아무런 일이 없어서 무심하다면 세상사가 아무리 시끄러워도 그 시끄러움에 끌려가지 않는다. 그렇다면 그 상태가 곧 성불이며 제도가 된 경지라고 할 수 있다. 그 외에는 모두가 유심이 되며, 유심이 되면 생멸 변화하기 때문에 온갖 고통과 문제가 분연히 일어난다. 그렇다면 무심의 경지나 부처의 경지와는 거리가 멀다. 불교에서 무심의 경지가 최상은 아니지만, 무심의 경지만 터득하더라도 자기 자신은 제도하였다고 할 수 있다.

◉

선악을 생각하지 말라

혜충 국사에게 어떤 스님이 물었다.
 "어떻게 하여야 상응할 수 있습니까?"
 "선과 악을 생각하지 않으면 저절로 불성을 보게 된다. 또한, 부처와 중생을 일시에 내려놓으면 그 자리가 곧 해탈이다."

忠國師 因僧問 作麽生相應去 師云 善惡不思 自見佛性 又佛與衆生 一時放下 當處解脫.

【강설】 어떤 스님의 "어떻게 하여야 상응할 수 있습니까?"라는 질문은 "진정한 깨달음의 경지와 상응하려면 어떻게 하여야 하는가?" "참다운 진리에 상응하려면 어떻게 하여야 하는가?"라고 표현할 수도 있다. 깨달음의 경지라는 것도 결국은 참다운 진리를 깨달았다는 것이다. 그것을 '불성을 본다.'라고 하고, 또는 '해탈'이라고 한다. 혜

충 국사는 "불성을 보는 것이나 해탈하는 것이나 모두가 선과 악을 생각하지 마라. 부처니 중생이니 하는 생각을 일시에 다 놓아버려라."라고 하였다. '선이다 악이다'라고 하는 상대적인 관념에 머물러 있거나 부처니 중생이니 하는 차별의식에 매여 있으면 그것은 깨달음도 아니며, 해탈도 아니라는 것이다.

불교의 목적을 깨달음과 해탈에 두는 사람들이 적지 않다. 아무튼, 그 성스러운 목적지에 도달하려면 선과 악을 분별하여 선은 부처이고 악은 중생이며, 옳은 것은 부처이고 틀린 것은 중생이며, 또 부처는 해탈이고 중생은 속박이라고 생각하면 안 된다. 분별하는 순간 진정한 해탈과는 십만 팔 천 리 멀어진다. 진정한 진리의 경지는 선을 행하든 악을 행하든 그것을 행하는 그 자체가 곧 참다운 성품이므로 그것에 눈을 뜨면 진리와 상응한 것이라고 할 수 있다.

또 진정한 해탈은 부처니 중생이니 하는 차별에 얽매이지 않을 때 참다운 해탈이다. 왜냐하면, 본래 선과 악의 차별이나 부처와 중생의 차별이 없는데 그 사실을 깨달은 이들이 임시방편으로 가설하여 가르친 것에 집착하여 실제로 그와 같은 것이 있다고 착각한 것에 불과하기 때문이다.

6조 혜능(六祖慧能) 대사기 한밤중에 5조 홍인(五祖弘忍) 대사로부터 깨달음을 인가받고 가사와 발우를 들고 멀리 도망치는데 장군 출신인 도명 스님이 뒤쫓아 와서는 가사와 발우를 빼앗으려 할 적에 하신 법문, "불사선 불사악(不思善不思惡), 선도 생각하지 말고 악도 생각하지 마라."는 만고에 빛나는 명언이다. 이는 "선과 악이라는 상대적 편견에 집착하면 참다운 이치는 꿈에도 보지 못한다. 선을 행하든 악을 행하든 할 줄 아는 그 자체가 위대한 불성의 현현이다. 그것 외에 달리 다른 것에 마음 쓰지 마라."라고 곁들여 설명할 수 있을 것이다. 해탈이라는 것도 바로 그 자리이다.

남양혜충 국사

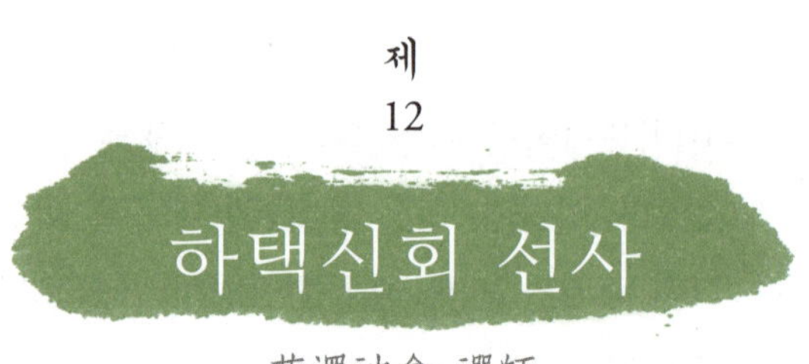

하택신회 선사

荷澤神會 禪師

무념이 가장 높은 법이다

하택신회 선사가 대중에게 설법하였다.

"하나의 사물도 생각하지 않는 것이 곧 자신의 마음이다. 이것은 지혜로써 알 수 있는 것이 아니며 달리 별다른 수행도 없다. 이 이치를 깨달은 사람이 참다운 삼매에 든 것이다. 법에는 가고 옴이 없으며 앞과 뒤가 끊어졌다. 그러므로 알라. 무념이 가장 높은 법이다. 여러 공부하는 대중에게 알리노니, 밖으로 구하지 마라. 만약 가장 높은 선(禪)이라면 응당히 지음이 없어야 한다."

荷澤神會禪師 示衆云 不思一物 卽是自心 非智所知 更無別行 悟入此者眞三摩提 法無去來 而前後際斷 故知無念 爲最上乘 告諸學衆 無外馳求 若最上乘禪 應當無作.

【강설】　하택신회(荷澤神會, 684~758) 선사는 속성이 고(高)씨이며 양양(襄陽) 사람이다. 일찍이 유가의 오경(五經)에 능통하고 노장학(老莊學)에도 조예가 깊었다. 이마가 보통 사람들과 다르고 골격과 기상이 매우 뛰어났다. 그의 총명과 변재는 측량하기 어려웠으며 성인의 골상을 타고난 이인(異人)이었다.

『후한서』를 읽고 불교에 귀의하였다. 고향의 국창사(國昌寺) 호원(顥元) 선사에게 귀의하여 출가하였으며, 불가에 들어온 후 제방을 두루 돌아다니며 많은 선지식을 참례하였다.

뒤에는 옥천사의 신수(神秀) 선사에게서 3년 동안 가르침을 받았다. 신수 선사가 국사가 되어 옥천사를 떠나 낙양으로 옮긴 다음에는 다시 조계산의 6조 혜능 선사의 문하에 들어 가르침을 받았다.

신수 선사가 국왕의 힘과 중앙의 이로운 점에 힘입어서 북종선을 선양하자 하택신회 선사는 무차대회(無遮大會)를 열어 남종선인 혜능 선사의 돈오선을 크게 선양하였다. 혜능 선사의 법을 이은 하택신회 선사의 노력으로 조계 6조의 법이 천하에 퍼져 오늘에 이른 것이다.

『직지』에 인용한 하택신회 선사의 설법은 사람들의 진정한 참 마음은 아무런 망상도 없어서 아무것도 생각하지 않는 경지라고 하였다. 그 경지는 지혜로도 알 수 없는 경지이며, 또한 어떠한 수행을 동원하여 얻어지는 경지도 아니라고 하였다.

이러한 무심의 이치는 깨달음으로써만 가능하며, 이러한 이치를 깨달은 사람이야말로 참다운 삼매를 수용하는 사람이라고 하였다. 스스로 무념이 될 때 가장 높은 법[最上乘法]이며 선[最上乘禪]이니, 결코 밖을 향해 구하지 말고, 응당 조작이 없어야 한다는 내용이다.

하택 선사가 또 말씀하였다.

"무념으로 으뜸을 삼고 조작이 없음을 근본으로 삼아야 한다. 무릇 진여는 무념이라. 생각으로 능히 알 수 있는 것이 아니다. 실상은 생겨남이 없음이니 어찌 몸과 마음으로 능히 볼 수 있겠는가. 무념으로 생각하는 것은 곧 진여를 생각하고, 생겨남이 없으므로 생겨남은 곧 실상을 냄이다. 머무름이 없이 머무는 것은 항상 머무는 열반이요, 행함이 없이 행함은 곧 저 언덕에, 초월함이다. 생각 생각에 구함이 없으며 구하여도 본래 무념이다."

又云無念 爲宗 無作 爲本 夫眞如 無念 非想念而能知 實相 無生 豈色心而能見 無念念者 卽念眞如 無生生者 卽生實相 無住而住 常住涅槃 無行而行 卽超彼岸 念念無求 求本無念.

【강설】 하택신회 선사의 법문은 무념(無念), 무작(無作), 무생(無生), 무주(無住), 무구(無求), 무행(無行) 등이 위주로 되어 있다. 즉 생각이 없고, 조작이 없고, 생겨남이 없고, 머무름이 없고, 안팎으로 구함이 없고, 별다른 수행이 없다는 것이다. 사람 사람에게 본래로 고유한 천진자성 그대로가 진여이며, 실상이며, 열반이며, 저 언덕이라는 것이다. 그와 같은 이치가 바른 길이며 근본이며 으뜸이라 하였다.

◉

소리와 사물이 텅 비었다

하택신회 선사에게 광보 스님이 물었다.

"눈과 귀가 소리와 사물을 만났을 때에 근(根)과 경계가 각자 자기의 위치를 굳게 지킵니까[抗行]? 아니면 서로 어울려 뒤엉킵니까[迴互]?"

"각자 자기의 위치를 굳게 지키거나 서로 어울려 뒤엉키는 것은 그만두고, 그대는 무슨 법을 지적하여 소리와 사물의 실체를 삼는가?"

"화상께서 말씀하신 것과 같이 소리나 사물이라 할 것이 없습니다."

"만약 소리와 사물의 실체가 공함을 안다면 또한 눈과 귀 등의 모든 육근과 그리고 범부와 성인이 평등하게 환영과 같다는 사실을 믿을 것이며, 따라서 근과 경계가 각자 자기의 위치를 굳게 지키는 항행(抗行)이나 아니면 서로 뒤엉키는 회호(回互)도 그 이치가 분명해질 것이다."

광보 스님이 이에 그 종지를 알았다.

師 因光寶問眼耳 緣聲色時 爲復抗行 爲有迴互 師曰抗互 且置 汝指何法 爲聲色之體 寶云 如和尙所說 卽無有聲色可得 師云 若了聲色體空 亦信 眼耳諸根 及與凡聖 平等如幻 抗行 回互 其理 昭然 光寶 於是 領旨.

【강설】　사람이 살아가는 전체의 영역을 6근(六根)과 6경(六境)과 6식(六識)이라 한다. 6근과 6경이 서로 만나면서 그 가운데 6식이 여러 작용을 하면서 사람의 삶이 형성되어 간다. 질문하는 광보 스님은 이것들이 서로 독립되어 자신의 위치를 지키는 것인지 아니면 서로 뒤엉키면서 관계를 형성하여 이뤄지는 일인지를 물었다. 하택 선사는 6근과 6경이 본래로 텅 비어 없으므로 그 사실에 대해서 굳이 질문하는

　　　　　　　　　　　　하택신회 선사 ◉

자체가 잘못되었다는 뜻으로 말하였다. 즉 본래로 없는데 무엇이 그
것들의 실체라 할 수 있겠느냐는 뜻이다. 나아가서 6근·6경뿐만 아
니라 범부와 성인조차도 환영과 같은 존재이므로, 따로 독립하여 존
재하거나 서로 관계를 맺으며 어울리거나 하는 이치는 처음부터 해당
하지 않는다는 사실이 분명하여졌다. 그러므로 광보 스님이 그 취지
를 충분히 이해하게 되었다는 내용이다.

　불교에서 가장 많이 독송하는 반야심경의 내용에도 안·이·비·설
·신·의(眼耳鼻舌身意)는 없으며, 색·성·향·미·촉·법(色聲香味觸法)도
없으며, 그 관계에서 일어나는 여섯 가지의 의식 작용도 없다고 한다.
그뿐인가. 고통과 고통의 원인, 고통의 소멸과 고통을 소멸하는 방법
도 없다고 한다. 12인연도 없으며 나아가서 지혜와 지혜의 얻음마저도
없다고 하였다. 모든 사람이 존재한다고 알고 있는 그 모든 것들이 텅
비어 없다고 보는 견해가 곧 깨달은 사람들의 한결같은 안목이다.

　"만약 소리와 사물의 실체가 공함을 안다면 눈과 귀 등의 모든 6근
과 범부와 성인이 평등하게 환영과 같다는 사실을 믿을 것이며, 따라
서 근과 경계가 각자 자기의 위치를 굳게 지키는 항행(抗行)이나, 서로
뒤엉키는 회호(回互)도 그 이치가 분명해질 것이다."라고 법문하신 하
택신회 선사의 말씀에 광보 스님은 깨달은 바가 있었던 것이다.

　불교의 최종목표는 보살행을 통하여 자신의 모든 삶을 만 중생에
게 회향하는 것이다. 그런데 보살행으로 자신을 만 중생에게 회향하
려면 먼저 모든 존재와 삶의 전 영역을, 앞에서 가르친 대로 텅 비어
공하다는 실체를 확실하게 깨달아야 한다. 존재의 공성(空性)에 대한
깊은 이해가 선행되지 않으면 보살행으로 회향하기가 너무 어렵다.
그래서 『반야심경』도 『금강경』도 600부나 되는 반야부의 모든 경전도
존재의 공성을 깨우치기 위해서 그와 같이 거듭 밝혀둔 것이다.

제
13

장폐 마왕 · 금강제 보살

障蔽 魔王 · 金剛齊 菩薩

머무름 없이 머무르다

장폐 마왕이 여러 권속을 거느리고 일천 년을 금강제 보살을 따라다니면서도 보살이 머무르는 곳을 찾지 못하다가 홀연히 어느 날 그곳을 보게 되었다. 그래서 물었다.

"보살은 마땅히 무엇을 의지하여 머물렀기에 제가 일천 년 동안 보살이 있는 곳을 찾았어도 찾지 못한 것입니까?"

보살이 말하였다. "나는 머무름이 있는 데를 의지하여 머물지 아니하며 머무름이 없는 데를 의지하여 머물지도 않는다. 이와 같이 머문다."

障蔽魔王 領諸眷屬 一千年 隨金剛齊菩薩 覓起處不得 忽因一日 得見 乃問 汝當依何住 我一千年 覓汝起處不得 菩薩云 我不依有住而住 不依無住而住 如是而住.

【강설】　　　이 글은『경덕전등록』과 기타 어록 등에서 많이 인용하였으나 경전의 출처는 알 길이 없다. 머무름의 문제를 제기하여 모든 존재의 실상과 본질을 깊이 이해하게 하였다. 머문다는 것은 곧 산다는 뜻이다. 사람이 어디에 살든 사는 곳이 있게 마련이다. 장폐 마왕은 그의 권속들과 금강제 보살이 사는 곳을 찾아 따라다니다가 보살이 머무는 곳에 대하여 물었다. 금강제 보살은 "머무름이 있는 것도 아니며 머무름이 없는 것도 아닌 그와 같은 머무름."이라 하였다. 이것은 금강제 보살만의 머무르는 방식은 아니다. 실은 모든 존재가 다 그와 같이 머무른다.

　　　법안(法眼) 선사는 이 내용을 거량하면서 "장폐 마왕은 금강제 보살을 보지 못했다고 하나 금강제 보살은 장폐 마왕을 보았는가?"라고 되물었다. 즉 누구든 또는 무엇이든 있는 것은 무엇이며 없는 것은 무엇인가? 무엇을 있다고 한다면 과연 그것은 있는 것인가? 무엇을 없다고 한다면 과연 그것은 없는 것인가? 결론은 모든 존재는 있는 것도 아니며 없는 것도 아니다. 그러므로 있기도 하고 없기도 한 것이다. 이렇게 표현할 수 있을 것이다.

　　　모든 존재의 실상이 이러한 이치에 알맞게 사는 삶은 아름다운 삶이며, 아름다운 삶은 어디에도 머무르지 않는다[妙行無住].

　　　『화엄경』에서는 "한순간에 한량없는 시간과 한량없는 공간을 관찰해 보니 가는 것도 없으며 오는 것도 없으며 머무르는 것도 없다. 이처럼 과거와 현재와 미래의 일을 알고 보니 온갖 방편을 모두 초월하여 부처를 이루었네[一念普觀無量劫 無去無來亦無住 如是了知三世事 超諸方便成十力]."라고 하였다.

　　　과거의 일이나 현재의 일이나 미래의 일이나 그 무엇도 고정되어 존재하는 것은 없다. 또한, 성인의 일이나 범부의 일이나 지옥이나 축생이나 천상이나 그 무엇도 고정되어 있으면서 존재하는 것은 하나도

　　　　　　무비 스님 직지 강설　◉

없다. 그래서 공이라 하고 무(無)라 한다. 이러한 존재의 실상을 꿰뚫어 아는 사람을 굳이 이름을 붙이자면 그것을 일러 부처라 한다.

불교는 깨달음의 가르침이다. 모든 존재가 공이며 무라는 사실을 깨달아서 나와 너가 있다고 착각하는 데서 일어나는 온갖 갈등과 선악과 시비를 벗어난 삶을 지향한다. 이 사실을 깨달은 사람에게는 너무나 당연한 사실이지만 깨닫지 못한 사람에게는 영원한 비밀이다. 마치 꿈을 꾸는 사람은 꿈을 깬 사람의 삶을 이해하지 못하여 영원히 비밀인 것과 같다. 꿈을 꾸는 사람에게는 아무리 꿈을 깬 세상 이야기를 해도 그것 역시 꿈속의 이야기일 뿐이다.

불교가 어려운 이유가 여기에 있다. 불교는 길몽이든 흉몽이든 꿈을 꾸지 말고 꿈에서 깨어나라고 가르친다. 불교에서 선한 일을 하여 좋은 과보 받기를 가르치거나, 또는 모든 사람이 마음에 바라는 바를 다 성취하기를 바라는 기도를 하는 것은 흉몽을 꾸지 않고 길몽을 꾸게 해 달라고 기도하는 일이다. 꿈을 깨라는 깨달음의 가르침인 불교와는 길이 다르다. 다만, 방편으로 가르치는 것은 제외한다.

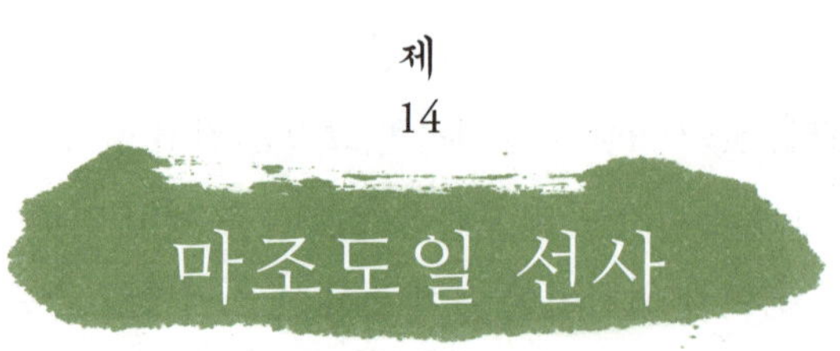

마조도일 선사

馬祖道一 禪師

마음이 부처이다

마조 선사에게 어떤 스님이 물었다.

"무엇이 부처입니까?"

"마음이 부처이다."

또 물었다. "무엇이 도입니까?"

"무심이 도다."

또 물었다.

"부처와 도의 거리가 얼마입니까?"

"도는 손을 펴는 것과 같고 부처는 주먹을 쥐는 것과 같다."

馬祖 因僧問 如何是佛 答曰卽心 是佛 又問 如何是道 答曰無心 是道
又問 佛與道 相去多少 答曰道如展手 佛似握拳.

【강설】　　마조도일(馬祖道一, 709~788) 선사는 한주(漢洲) 시방현(什方縣) 사람이다. 속성은 마(馬)씨이며 고향의 나한사(羅漢寺)에서 출가하였다. 생김새가 특이하고 걸음걸이는 소걸음 같고 바라보는 눈빛이 호랑이처럼 예리하였다 하여 우행호시(牛行虎視)라고 스님을 묘사하기도 한다. 또 혀가 코를 덮을 만큼 길었으며, 발바닥에는 법륜의 문신 두 개가 있었다. 어려서 덕순사(德純寺)의 자주처적(資州處寂) 스님에게 머리를 깎았다. 다시 유주의 원 율사(圓律師)에게 구족계를 받았으며, 선 수행을 시작하면서부터는 신라 출신의 선승이었던 무상(無相) 대사의 가르침을 받기도 하였다. 높은 절개와 지극한 구도심으로 여러 곳을 다니며 두타행과 좌선을 하였다. 당나라 개원(713~742) 연중에 형악(衡嶽)의 전법원(傳法院)에서 선정을 닦던 중 남악회양(南嶽懷讓, 677~744) 스님을 만나 지도를 받고 눈을 떴다.

불교의 선종은 달마 스님으로부터 시작하여 6조 혜능 스님에 이르러 그 뿌리를 내리기 시작하여 남악회양 선사와 마조도일 선사로 이어진다. 그러나 사상적으로나 교단적으로 중국 선종의 실질적인 형성은 남악회양 선사의 선법을 계승한 강서(江西)의 마조도일 선사에 의하여 시작되었다고 본다.

스님은 문하에 800명, 때로는 1000여 명이 넘는 큰 회상(會上)을 이끌면서도 제자들의 개성을 있는 그대로 인정하고 깨달음으로 이끈 큰 스승이었다. 스님의 제자 가운데에서 세상에 널리 이름이 알려진 선사는 88명이다. 그중에서도 특히 백장회해(百丈懷海, 749~841), 서당지장(西堂智藏, 738~817), 남전보원(南泉普願, 748~835), 단하천연(丹霞天然, 739~824) 등과 같은 스님들은 선불교의 황금시대로 불리는 당대 선종의 화려한 막을 올린 선의 거장들로 지금까지도 회자(膾炙)되고 있다.

또한, 중국 강서성에 위치한 홍주 개원사에서 선법을 편 스님으로부터 유래된 홍주종(洪州宗)은 이후 백장회해 선사와 황벽희운(黃檗希

마조도일 선사 ●

雲, ?~850) 선사와 임제의현(臨濟義玄, ?~867) 선사로 이어지면서 중국선의 사상적 표준으로 확립되게 되었다.

마조 스님의 선법은 '자신의 마음이 곧 부처'라는 언구와 '평상심이 도'라는 표현을 통해서 잘 알 수 있다. 위에서 인용한 법어도 부처와 도에 대한 대화이다. 부처는 마음이라고 하였으며 도는 무심이라고 하였다. 즉 유심과 무심으로 이야기하는 법어를 듣고 수행자가 유심과 무심의 거리를 따졌다. 부처인 유심과 도인 무심의 거리를 물었다. 마조 선사의 대답은 하나의 손을 가지고 손바닥을 펴면 도이고 주먹을 쥐면 부처라고 하였다. 하나의 손이기 때문에 주먹을 쥐나 손을 펴나 아무런 차이가 없다. 단지 이름일 뿐이다.

부처든 도든 결국은 같은 것이다. 유심도 무심도 역시 같은 도이며 부처이다. 모든 존재의 실상은 있음과 없음의 양면을 가지고 있기 때문이다. 그것을 때로는 살(殺)이라 하고 때로는 활(活)이라고 한다. 이처럼 마조 선사의 선법은 간단명료하다.

◉

도는 닦는 것이 아니다

마조 선사가 말하였다.

"도란 닦는 것에 속해 있지 않다. 만약 닦아서 이루는 것이라면 닦아서 이룬 뒤에 다시 파괴된다. 곧 성문들의 법과 같다. 만약 닦는 것이 아니라고 말하면 곧 범부와 같다."

어떤 스님이 물었다.

"어떤 견해를 지어야 도를 통달할 수 있습니까?"

"자신의 성품에 본래 갖추고 있으니 선과 악에 막히지 아니하면 도를 닦는다고 말할 수 있다."

馬祖曰道不屬修 若言修成 修成 還壞 卽同聲聞 若言不修 卽同凡夫 問
作何見解 卽得達道 師曰自性 本來具足 但於善惡上 不滯 喚作修道.

【강설】　도란 무엇인가? 도란 인생 최고의 가치다. 인생 최고의 가치
이기 때문에 공자는 "아침에 도를 들으면 저녁에 죽어도 좋다[朝聞道
夕死可矣]."라고 하였다.

　　그와 같은 인생 최고의 가치를 어떻게 하면 얻을 수 있겠는가? 흔
히 오랜 세월 동안 수행을 하고 고행을 해야 비로소 얻어진다고 알고
있다.

　　그러나 마조 선사의 밝은 안목으로 말씀하신 내용은 도는 그와 같
이 닦아서 얻는 것이 아니라고 하였다. 닦아서 얻은 것은 결국은 파괴
되기 마련이어서 진실한 도가 아니라는 것이다. 무엇과도 바꿀 수 없
는 인생 최고의 가치인 이 도는 어디서 얻은 것이 아니라 본래로 가지
고 있는 것이다. 다만, 사람들이 그것을 알지 못할 뿐이다.

　　6조 혜능 스님은 5조 홍인 스님에게 『금강경』의 가르침을 듣고는
본래로 자신이 지니고 있는 도를 깨달았다. 도를 깨닫고는 그 도에 대
한 내용을 이렇게 말하였다.

　　자성은 본래 청정하거늘 무엇을 더 바랍니까?
　　자성은 본래부터 생멸이 없거늘 무엇을 더 바랍니까?
　　자성은 본래부터 모든 것을 다 갖추고 있거늘 무엇을 더 바랍니까?
　　자성은 본래 아무런 동요가 없거늘 무엇을 더 바랍니까?
　　자성은 능히 일체 만법을 만들어 내거늘 무엇을 더 바랍니까?
　　[何期自性本自淸淨 何期自性本不生滅 何期自性本自具足 何期自性本無動搖
　　何期自性能生萬法]

　　　　　　　　　　　　　　　　　　　마조도일 선사 ●

『직지』의 본문에도 "자신의 성품에 모든 것을 본래 갖추고 있다."
라고 하였다. 이처럼 사람마다 본래부터 이미 다 갖추고 있는 것이 곧
인생 최고의 가치인 도(道)이다. 시비와 선악에도 관계되지 않는다. 도
를 시비와 선악에 관련하여 이해하려고 하면 그것은 잘못된 견해이
다. '시'는 '도'고 '비'는 '도'가 아니라 하고, '선'은 '도'고 '악'은 '도'
가 아니라 하면 그와 같은 견해는 도를 꿈에도 보지 못한 사람이다.
『제법무행경(諸法無行經)』에 이르기를, "탐욕이 곧 도요, 성내고 어리석
음도 역시 그러하다. 이와 같은 세 가지 법 가운데 일체의 불법이 모두
갖추었다[貪慾卽是道 瞋恚亦復然 如是三法中 具一切佛法]."라고 하였다.

불교를 좀 더 깊이 있게 이해하려는 사람들은 이와 같은 최상승의
견해에 눈을 떠야 할 것이다. 본문에서 말했듯이 자신의 성품 안에 모
두 갖추었다고 하지 않았는가. 일체의 선악 시비도 자신의 성품에서
나온다. 우리들의 자성은 그와 같이 위대한 존재이다. 만약 선만 행할
줄 알고 악을 행할 줄 모르거나 옳은 것만 행할 줄 알고 그른 것은 행
할 줄 모른다면, 그것은 반쪽짜리 불완전한 자성일 것이다. 그와 같은
자성은 도라 할 수 없다.

사람의 자성은 무엇이든 할 수 있다. 할 수 있는 그 사실과 능력이
곧 자성의 위대한 점이며, 그것을 일러 도라 한다. 결코, 어떤 한 사회
가 정의한 도덕적 견해로써 도를 운위해서는 도는 꿈에도 볼 수 없으
리라.

선악을 취하고 버리는 것은 모두 조작이다

마조 선사가 말하였다.

"사람이 선을 취하고 악을 버리며, 공을 관하고 선정에 들어가는 것은 곧 조작에 속한다. 더는 밖을 향해서 구하면 더욱 성글어지고 더욱 멀어지리라. 다만, 삼계의 마음을 다할 뿐이다. 일념의 망상이 곧 삼계 생사의 근본이니 다만 일념 망상만 없으면 곧 생사 근본이 없다."

祖曰 人 取善捨惡 觀空入定 卽屬造作 更若向外馳求 轉疎轉遠 但盡三界心量 一念妄想 卽是三界生死根本 但無一念妄想 卽無生死根本.

【강설】 마조 선사가 말씀하신 "선을 취하고 악을 버리며, 공을 관하고 선정에 들어가는 것은 곧 조작에 속한다."라는 가르침을 마음에 깊이 새겨야 한다. 일생 동안 불교공부를 하면서 선악의 문제에 매여 있다면 너무나도 진척이 없는 일이다. 선을 권하고 악을 멀리 하라는 가르침은 유치원 선생들의 전공이다. 이웃집 어른들이 동네 아이들에게 늘 이르는 말이다. 멀리 거슬러 올라가면 불교와 아무런 상관도 없는 『명심보감(明心寶鑑)』의 전매특허다.

공자가 말씀하시기를 "착한 일을 하는 사람에게는 하늘이 복을 주시고 악한 일을 하는 사람에게는 하늘이 재앙을 주신다[子曰 爲善者 天報之以福 爲不善者 天報之以禍.]."고 하였다.

한나라의 소열 황제가 죽을 때 후주에게 조칙을 내려서 말하기를, "선이 작다고 해서 아니 하지 말며, 악이 작다고 해도 하지 말라[漢昭烈 將終 勅後主曰勿以善小而不爲 勿以惡小而爲之].”라고 하였다.

장자가 말하기를, "하루라도 착한 일을 생각지 않으면 모든 악한 것이 저절로 일어난다[莊子曰 一日不念善 諸惡皆自起]."라고 하였다.

태공이 말하기를, "착한 일을 보거든 목마를 때 물을 본 듯 주저하지 말며, 악한 것을 듣거든 청각장애인같이 하라."고 하였고, "착한 일은 모름지기 탐내야 하며, 악한 일은 즐기지 마라[太公曰 見善如渴 聞惡如聾. 又曰 善事 須貪 惡事 莫樂]."고 하였다.

마원이 말하기를, "한평생 착한 일을 행하여도 착한 것은 오히려 부족하고, 단 하루를 악한 일을 행하여도 악은 스스로 남음이 있느니라[馬援曰 終身行善 善猶不足 一日行惡 惡自猶餘]."라고 하였다. 유교나 도교나 기타 선조의 문집에서 이와 같은 가르침을 찾기로 하면 불교의 대장경에 버금갈 것이다. 물론 초기 불교경전에는 "모든 악한 일은 하지 말고 온갖 선한 일을 하라[諸惡莫作 衆善奉行]."는 가르침을 위시하여 온갖 권선징악(勸善懲惡)의 가르침들로 채워져 있는 것이 사실이다. 그러나 그런 것들은 사람들의 의식이 조금 발달했을 때의 가르침들이다. 밖으로는 현상세계도 날로 발전하고 인간의 의식도 부단히 발전하여 감에 따라 불교의 경전도 놀라운 발전을 거듭하였다.

흔히 사람들은 경전이 오래 되면 오래 될수록 진리이고 차원이 높은 것으로 생각한다. 특히 학자들은 자신이 공부한 경전이 부처님의 말씀에 가장 가깝다고 주장한다. 그러나 그들은 단순한 사실을 이해하지 못하고 있다. 그것은 오래된 경전일수록 더 원시적이고 차원이 낮은 것인 줄 모른다. 왜냐하면, 인간의 의식은 끊임없이 성장을 계속하고 있기 때문이다. 객관적으로는 과학이 그렇고, 주관적으로는 대승불교와 선불교가 그렇다. 참으로 끊임없는 성장이 일어났다. 이러한 말은 일부 수행자들이나 불교학자들에게 큰 충격을 줄 것이다. 그러나 그것은 절대적으로 진실이다. 여래선(如來禪)보다 조사선(祖師禪)을 우위에 두는 이유가 여기에 있다.

 무비 스님 직지 강설

"공을 관하고 선정에 들어가는 것은 곧 조작에 속한다."라고 하였다. 조작은 변하고 파괴되기 마련이다. 조작은 영원한 것이 아니며 진실한 것이 아니다. 부처는 조작이 아니다. 도는 조작이 아니다. 진리는 조작이 아니다. 그래서 조사스님들이 걸핏하면 무차제불(無次第佛)이며 무점차불(無漸次佛)이라는 말을 쏟아놓는 것이다. 아무튼, 자신의 중심을 외면하고 주변을 향하는 수행이나 공부는 본질과 더욱 성글어지고 더욱 멀어질 뿐이다. 여러 가지 방편으로 펼쳐놓은 수행방법들은 탈속하고 고고하고 간결 소박한 아름다운 삶의 한 모습들이다.

◉

평상심이 도다

마조 선사가 말씀하였다.

"도는 수행을 사용하지 않는다. 다만 염오되지 않으면 된다. 무엇을 더러워짐이라 하는가? 다만, 생사심이 있어서 조작하여 나아가는 것이 모두 염오다. 만약 곧바로 도를 알고자 한다면 평상심이 도이다. 무엇을 평상심이라 하는가? 조작이 없고 시비가 없고 취사이 없고 단상이 없고 범부와 성인이 없다. 그러므로 경전에서 말하기를 '보통 사람의 행동도 아니며 성현의 행동도 아닌 것이 보살의 행이니라.'라고 한 것이다."

祖云 道不用修 但莫染汚 何爲染汚 但有生死心 造作趣向 皆是染汚 若欲直會其道 平常心 是道 何謂平常心 無造作 無是非 無取捨 無斷常 無凡聖 故經云 非凡夫行 非聖賢行 是菩薩行.

          마조도일 선사 ◉

【강설】 마조 선사의 그 유명한 "평상심이 도이다."라는 말에 대해 사람마다 해석이 구구하다. 평상심이 도라는 말의 뜻을 마조 선사가 스스로 해석한 내용이 여기에 소개되었다. "조작이 없고 시비가 없고 취사가 없고 단견과 상견이 없고 범부와 성인이 없다."라고 하였다. 즉 성인이니 범부니 옳은 것이니 그른 것이니 하는 양변에 치우치지 않고 그 양변으로부터 멀리 벗어난 것이 곧 평상심이라는 뜻이다. 양변을 벗어나면 양변에 집착하지 않고 양변을 자유자재로 잘 활용할 수 있게 된다. 그와 같은 평상심은 곧 중도(中道)이다.

그러므로 평상심은 중도요, 중도는 곧 평상심이다. 중도라는 말도 표현을 하자니 부득이 중도라고 할 뿐이다. 실은 이름이 없다. 모두가 거짓 이름이다. 그러므로 경전에서 "범부의 행동도 아니며 성현의 행동도 아닌 것이 보살의 행이다."라고 하였다. 참다운 보살의 행이란 이름도 없고 형상도 없어서 일체의 명상을 초월하여 일체에 걸리지 않고 일체를 자유자재로 활용하는 삶이다.

유위에도 무위에도 머물지 말라

마조 선사가 말하였다.

"유위를 다하지 말고 무위에 머무르지도 마라. 유위는 무위의 작용이며 무위는 유위의 의지할 곳이니 의지할 곳에 머무르지 마라. 그러므로 경전에서 말하기를, '허공은 의지하는 바가 없다.'라고 하였다.

마음의 생멸하는 이치[心生滅義]와 마음의 참되고 여여한 이치[心眞如義]에 대하여, 마음의 참되고 여여함이란, 비유하자면 마치 밝은 거울이 어떤 형상을 비추는 것과 같다. 거울은 마음에 비유하고 형상은 법에 비유한다. 만약 마음이 법을 취해서 곧 바깥 인연에 젖어들면 곧 이것은 생멸하는 이치이다. 법을 취하지 아니하면 곧 이것은 참되고 여여한 이치이다."

祖曰不盡有爲 不住無爲 有爲 是無爲之用 無爲 是有爲之依 不住於依 故 經 云 虛空 無所依 心生滅義 心眞如義 心眞如者 喩如明鏡照像 鏡喩 於心 像喩於法 若心取法 卽涉外緣 卽是生滅義 不取於法 卽是眞如義.

【강설】　이 단락에서는 유위와 무위의 문제와 마음의 생멸함과 참되고 여여함에 대한 문제를 거론하였다. 유위(有爲)란 불교교리에서 말하는 인연에 따라 발생하고 형성되는 모든 현상이다. 즉 원인과 조건과의 결합을 통하여 현실로 나타나는 여러 현상을 말하는데, 유위는 현상이므로 원인과 조건 등의 변화에 따라 끊임없이 변화한다. 그러나 아비달마와 같은 소승불교에서는 그것이 인간사회, 인간생활의 실제 모습이라고 보기 때문에 이것을 '유위무상(有爲無常)' 또는 '유위전변(有爲轉變)'이라고 말한다.

　또 무위(無爲)란 불교에서 여러 가지 원인과 인연에 의해 생성되는 것이 아닌 존재, 즉 시간적인 생멸변화(生滅變化)를 초월하여 상주(常住)하는 절대의 진실로, 열반의 다른 이름으로도 사용된다. 『구사론(俱舍論)』에는 허공(虛空), 택멸(擇滅), 비택멸(非擇滅)의 3무위를 말하나 그 분류방법은 경전에 따라 다양하다.

　그러나 선불교에서 사용되는 유위와 무위의 의미는 일체 행위에 집착이 있고 조작이 있어서 자연스럽지 못한 것을 유위라 하고, 일체 행위에 아무런 집착이나 조작이 없어서 저절로 그러함을 무위라 한다. 비유하자면 무위는 물고기가 물속을 노닐듯이, 새가 창공을 날듯

　마조도일 선사 ◉

이 걸림이 없고 흔적이 없는 행동을 말한다.

마음의 생멸[心生滅]하는 이치란 눈으로 사물을 대하거나 귀로 소리를 듣거나 코로 냄새를 맡거나 할 때 그 사물과 소리와 냄새가 무엇인가를 알아내고 좋고 나쁨을 분별하여 취사선택하는 일체 심리적 작용과 현상들을 말한다. 그 특징은 수시로 변화하는 것이다. 그리고 마음의 참되고 여여[心眞如]한 이치란 그와 같은 작용과 현상들의 본체, 본원을 뜻하는데 우주의 진실한 본체이며 일체 만유의 근원이다. 다른 이름으로는 여여(如如), 여실(如實), 법계(法界), 법성(法性), 실제(實際), 실상(實相), 여래장(如來藏), 법신(法身), 불성(佛性), 자성청정신(自性淸淨身), 일심(一心), 부사의계(不思議界) 등등으로 표현하는데 일체 심리 작용의 본원이며 본체이기 때문에 어떤 상황에서도 변하지 않는 것이 그 특징이다.

살펴본 바와 같이 유위와 무위가 상대이며 생멸과 진여가 상대이다. 상대이기 때문에 서로 의지한다. 의지하는 것은 완전한 것이 못 된다. 경전에서 말하기를, "허공은 어디에도 의지하는 바가 없다."라고 하였다. 어디에도 의지하지 말고 저 허공처럼 살라는 뜻이다.

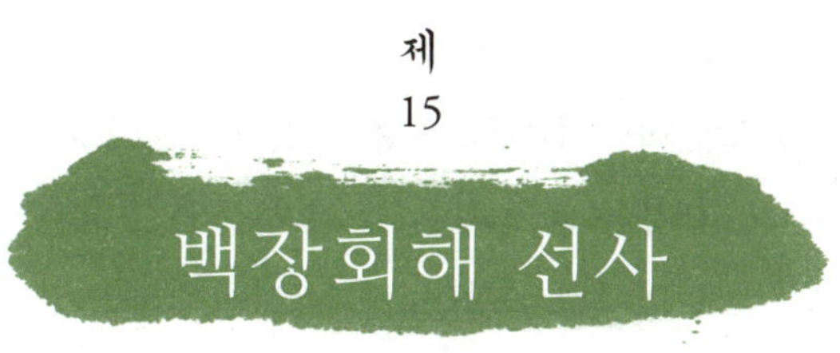

여여한 부처로다

백장회해 선사가 법상에 올라 말하였다.

신령스러운 광명이 홀로 빛나서 육근과 육진을 멀리 벗어나고
본체가 참되고 항상함을 드러내어 문지에 구애됨이 없도다.
심성은 오염됨이 없어서 본래 저절로 원만하게 이루어졌으니
다만 허망한 인연만 떠나면 곧 여여한 부처라네.

百丈海禪師 上堂云 靈光獨耀 逈脫根塵 體露眞常 不拘文字 心性無染
本自圓成 但離妄緣 卽如如佛.

【강설】　백장회해(百丈懷海, 720~814) 선사는 중국 당나라 중기의 스님으로 백장사를 창건하여 선풍(禪風)을 크게 일으켰다. 복건성 출생으로 속성은 왕(王)씨이며, 휘는 회해다. 시호는 대지(大智)이다. 백장산(百丈山)에 오래 머물러 백장 선사라는 호칭을 얻었다. 각조(覺照) 또는 홍종묘행(弘宗妙行)이라는 별칭도 있다.

20세 때 서산(西山) 혜조(慧照) 선사를 따라 출가하고 뒤에 남종선(南宗禪)의 마조도일 선사에게 배워 깨달음을 얻었다. 선원 생활의 규범인 백장청규(百丈淸規)를 제정하여 교단의 조직과 수행 생활의 청규 등을 성문화하여 선원을 총림의 중심으로 삼게 하여 선불교가 뿌리내릴 수 있도록 하였다.

선사의 수행 생활은 매우 준엄하여 "일일부작 일일불식(一日不作 一日不食), 하루 일하지 않으면 하루 먹지 않는다."는 유명한 말을 남기기도 하였다. 많은 제자가 그에게 모여들었는데 그중에서도 황벽희운(黃蘗希雲, ?~850)과 위산영우(潙山靈祐, 771~853)는 뛰어난 선승으로서 뒷날 이들의 계통에서 임제종(臨濟宗)과 위앙종(潙仰宗)이 나와 그 선풍이 오늘에까지 전해지고 있다.

또한, 백장 선사는 전백장 후백장이라는 말과 함께 백장야호(百丈野狐), 또는 불매인과 불락인과(不昧因果 不落因果)라는 천고에 빛날 가르침을 남겨서 인과에 대한 명백한 견해를 가질 수 있게 하였으며, 이는 후세에까지 널리 전해졌다.

옛날 백장 선사가 많은 수행자를 데리고 백장산에서 살 때였다. 백장 선사가 설법할 때마다 한 낯선 노인이 청중들 뒤에서 열심히 설법을 듣고 있다가 대중이 물러나면 노인도 물러나곤 하였다. 어느 날 설법이 끝나고 수행자들이 다 물러났는데도 노인은 그대로 서 있었다.

백장 선사가 이상히 여겨 "바로 앞에 서 있는 사람은 누구냐?"라고 묻자 노인이 대답했다.

"저는 사람이 아닙니다. 가섭 존자가 있던 시절, 이 사찰의 주지였는데 그때 어느 학인이 '공부를 많이 하면 인과에 떨어집니까? 떨어지지 않습니까?' 하고 묻기에 '불락인과(不落因果), 즉 인과에 떨어지지 않는다.'라고 답했는데, 바르게 대답을 하였는지, 아니면 잘못 대답하였는지 늘 궁금하게 여겨서 그 때문에 5백 생 동안 여우의 몸이 되고 말았습니다. 청컨대, 스님께서 바른 이치를 설하여 이 여우의 몸을 벗게 해 주십시오."라고 하였다. 백장 선사는 "그렇다면 그때 학인이 물은 것과 같이 다시 물어보라."라고 하였다. 노인은 그 학인과 같이 백장 선사에게 물었다.

백장 선사가 "불매인과(不昧因果), 인과에 어둡지 않느니라."라고 대답하자, 그 순간 노인이 홀연히 깨닫고 인사하며 말하기를 "저는 이미 여우의 몸을 벗어나서 뒷산에 있으니 바라건대 스님께서 죽은 승려들과 같이 다비식을 치러 주십시오." 하고 사라졌다.

백장 선사가 대중에게 말했다.

"아침 공양 후에 승려가 한 사람 입적하였으니 다비를 하러 가자."라고 하여 대중이 뒷산에 올라가서 여우의 몸을 벗은 노인의 다비를 치러주었다.

『직지』에서 인용한 게송은 백장 선사의 법어 중에서 백미라고 할 만하다. 이 법어를 듣고 깨달은 스님이 있어서 소개한다.

백장 선사에게 신찬(神贊)이라는 제자가 있었다. 그는 일찍이 계현(戒賢) 스님의 제자가 되어 계현 스님을 모시고 살았다. 어느 날 생각하는 바가 있어서 백장 선사 회하에 가서 공부를 하여 크게 깨닫고, 다시 은사인 계현 스님 밑으로 돌아와서 예전처럼 시중을 들며 살았다. 그

   백장회해 선사 ●

러다가 어느 날 계현 스님의 등을 밀어 드리게 되었다. 등을 밀면서 계현 스님을 위해 한 마디 던졌다. "법당이 참 좋구나. 그런데 부처님이 영험이 없구나[好好法堂 佛無靈驗]."라고 하였다. 이 말을 듣고 계현 스님이 뒤를 돌아보았다. 그러자 또 "부처님이 영험은 없는데 방광은 할 줄 아는구나[佛無靈驗 也能放光]."라고 하였다.

그리고 다시 어느 날 계현 스님이 창문을 열어놓고 경을 열심히 읽고 있는데 벌이 한 마리 들어와서 열려 있는 문으로 나가지 않고 창문에만 가서 부딪치는 광경을 보고 상좌인 신찬 스님이 또다시 한 게송을 읊었다.

열려 있는 문으로는 나가려 하지 않고
창문만을 두드리니 참으로 어리석구나.
백 년 동안 옛 종이만 뚫은들
어느 날에나 나갈 수 있겠는가?

[空門不肯出 投窓也大痴 百年鑽古紙 何日出頭期]

이 게송을 들은 계현 스님은 제자의 경지를 예사롭지 않게 여기고 자초지종을 물었다. 그때서야 신찬 스님은 백장 선사 밑에서 법문을 듣고 깨달음을 얻었노라고 말씀드렸다. 계현 스님은 곧바로 종을 쳐서 대중을 법당에 모아놓고 자신은 밑에 앉고 제자를 법상에 모셔서 법문을 청했다. 그때 신찬 스님이 들려준 법어가 여기에 기록되어 있는 내용이다.

위의 법어를 들은 은사인 계현 스님은 곧 깨달음을 얻고 다시 절을 하고 눈물을 흘리며 말하였다.

"내가 이렇게 늙어서 상좌에게 극치의 법문을 들을 줄 어찌 알았겠는가? 모두가 부처님의 은혜로구나."라고 하였다.

  무비 스님 직지 강설 ●

"신령스러운 광명이 홀로 빛나서 육근과 육진을 멀리 벗어나고 본체가 참되고 항상함을 드러내어 문자에 구애됨이 없도다. 심성은 오염됨이 없어서 본래 저절로 원만하게 이루어졌으니 다만 허망한 인연만 떠나면 곧 여여한 부처라네."

육근 육진과는 아무런 상관이 없으며 문자나 이론에도 구애됨이 없이 참되고 항상한 본체는 곧 사람 사람이 본래로 가지고 있는 심성이다. 본래부터 저절로 원만한 부처다. 인간의 내면에 이미 갖추고 있는 것이다. 그런데 모두 그 중심에는 관심을 두지 않고 밖의 모습과 주변에만 눈을 돌리고 있기 때문에 알지 못할 뿐이다.

◉

마음을 허공같이 비워라

백장 선사에게 어떤 스님이 물었다.

"무엇이 대승의 도에 들어가는 것이며, 법의 요점을 한꺼번에 깨닫는 것입니까?"

"그대는 먼저 모든 인연을 쉬고 만사를 다 쉬어라. 선과 선하지 않은 것과 세간과 출세간과 일체 모든 법을 아울러 다 놓아버려서 기억하지 말고 반연하거나 생각하지 마라. 몸과 마음을 놓아버려서 온전히 자재하게 하면 마음은 목석과 같고 입으로는 말하는 바가 없어서 마음이 행할 바가 없으리라. 마음 땅이 허공과 같으면 지혜의 태양이 저절로 드러나는 것이 마치 구름이 걷히고 해가 나타나는 것과 같으리라."

백장회해 선사 ◉

百丈 因僧問 如何是大乘入道 頓悟法要 師云 你先歇諸緣 休息萬事 善
與不善 世出世間 一切諸法 並皆放却 莫記莫憶 莫緣莫念 放捨身心 全
令自在 心如木石 口無所辨 心無所行 心地如空 惠日自現 如雲開日出.

【강설】　　　어떤 수행자가 도에 들어가는 방법과 법요(法要)를 깨닫는
길을 물었다. 출세간의 도를 깨닫는 방법이나 세간의 예술을 깨닫는
방법이나 모두가 어떤 한 경지에 도달하려면 자기 자신에 대한 절대
부정, 완전부정의 경지를 경험해야 조금이나마 입문하였다고 할 수
있다. 자고로 여기저기를 기웃거리고 사람 노릇 다하면서 경지에 오
른 사람은 거의 없다. 예술이나 도를 깨닫는 일은 말할 것도 없으려니
와 심지어 돈을 버는 일도 역시 마찬가지이다. 큰 부자들치고 사람 노
릇을 다해 가면서 부자가 된 사람은 아무도 없다. 출세간의 도인이나
선지식은 더욱 그렇다.

　　백장 선사가 수행자에게 내린 법어는 실법은 아니며 방편의 말씀
이다. 그러나 내용의 가르침대로 모든 인연과 만사를 다 쉬며, 선한 일
도 악한 일도 세간사도 출세간사도 일체를 다 놓아버려서 아무것도
기억하지 않는 경지가 되어서 사람이 목석같이 된다면 그는 틀림없이
어떤 큰 깨달음에 이를 것이다. 물론 목석같이 된 경지가 깨달음은 아
니지만, 그에게 이제 남은 것은 깨달음밖에 아무것도 없다.

　　백장 선사의 비유처럼 구름이 다 걷히고 나면 태양은 저절로 나타
나기 때문이다. 근래의 수행자들은 목석이 되기도 전에 목석은 도가
아니며 진리가 아니라고 그와 같은 경지를 부정하고 있다. 마치 배가
전복되기도 전에 먼저 물속으로 뛰어드는 어리석은 사람과 같다.

　　황벽(黃檗, ?~850) 선사의 유명한 시가 있다.

　　　　　　　　　　　　무비 스님 직지 강설　●

번뇌를 멀리 벗어나는 것이 예삿일이 아니니
고삐를 단단히 잡고 한바탕 공부를 지을지어다.
한 차례 추위가 뼈에 사무치지 않는다면
어찌 매화가 코를 찌르는 향기를 얻으리오.

[塵勞迥脫事非常 緊把繩頭做一場 不是一飜寒徹骨 爭得梅花撲鼻香].

백장 선사의 법어와 같이 모든 인연을 버리고, 선한 일도 악한 일도 마음에 두지 말고, 즉 인간으로서의 삶을 다 포기하고 일입청산갱불환(一入靑山更不還)의 심정이 되어 이 일에 인생을 다 바쳐 몰입하여야 한다.

달마(達磨, ?~528) 스님께서도 이렇게 말씀하셨다.

밖으로 모든 인연을 쉬고
안으로 헐떡거림이 없어서
마음이 장벽과 같아야
가히 도에 들어갈 수 있다.

[外息諸緣 內心無喘 心如墻壁 可以入道]

옛 성인들은 모두가 한결같이 이와 같은 가르침을 내렸는데 어찌하여 오늘날 수행자들은 그 근처에도 가지 아니하고 도가 아니라느니, 법이 아니라느니, 진리가 아니라느니 하는 소리만 하는가. 대사각활(大死却活), 한번 크게 죽은 뒤에 다시 살아나는 이치가 여기에 있다.

백장회해 선사 ●

때는 본래 옷이 아니다

백장 선사가 대중에게 말씀하였다.

"공부란 마치 때가 물은 옷을 세탁하는 것과 같다. 옷은 본래 있는 것이고 때는 밖에서 물은 것이다. 일체의 소리와 사물이 있다고 말함을 들은 것이 마치 때와 같으니 모든 것에 마음을 가져 집착하지 마라."

百丈 示衆云 學似浣垢衣 衣是本有 垢是外來 聞說一切有無聲色 如似垢膩 都莫將心湊泊.

【강설】　불교에서는 법문을 설할 때에도 때에 따라서 그 격식과 내용의 차원을 달리하게 되어 있다. 법상에 올라 최상승법을 거량하게 되면 그것을 상당(上堂)법문이라 한다. 따라서 법문의 내용도 논리적으로 자세하게 설명하거나 강설하듯이 하지 않고 불법의 여러 차원 중에서 가장 높은 법을 설해야 한다. 대중이 알아듣든지 못하든지 그것은 청중의 몫이다. 법사는 청중의 수준에 연연하지 않고 최상승법을 거량한다. 그러므로 평생 법상에 오르지 않은 큰스님도 많다. 그것은 자신이 최상승법을 깨닫지 못했다는 의미에서다.

그러나 여기에서 소개한 시중(示衆) 법문은 그렇지 않다. 법상에 오르지 않고 강의하듯이 하는 형식이다. 내용도 다소 자유로우므로 교리상으로 풀어가면서 청중의 수준에 맞춰서 알아듣도록 친절하게 설명하는 것이다. 이와 같은 옛 법도를 잘 알고 법도에 맞춰서 법을 설한 분이 근세에는 국민 선사로 칭송받는 성철(性徹) 스님뿐이다. 법상에 올라가지 않는 분도 계시지만, 대부분 높은 법상에 올라가서도 전설의 고향 같은 이야기를 늘어놓는 분도 적지 않다. 격식은 상당법문이지만 그 내용은 지대방 수준에도 미치지 못하는 경우가 있다.

『직지』에 인용한 백장 선사의 시중 법문은 수행을 옷을 세탁하는 것에 비유하였다. 참으로 누구나 알아듣기 쉬운 말씀이다. 옷은 처음 입었을 때는 깨끗하다. 그러나 시간이 지날수록 차츰차츰 때가 묻는다. 갓 태어난 어린아이들은 천진하다. 성장하면서 보고 듣고 하는 과정에서 세상의 때가 묻는다.

그러므로 수행이란 세상사의 그 어떤 것을 보지도 말고 듣지도 말아야 한다. 혹 부득이하여 보고 듣고 하더라도 그것에 집착하거나 물이 들지 않도록 주의를 게을리 하지 말아야 하는 것이 곧 공부요, 수행이라고 가르치고 있다. 그래서 불교에는 동진(童眞)이라는 말이 있고, 동진출가(童眞出家)를 귀하게 여긴다. 또한, 도인의 행동 중에서도 유아행(幼兒行)이 제일의 행이라고 한다. 그만큼 순수하기 때문이다.

◉

마음은 없으나 불성은 있다

백장 선사가 말하였다.

"사람으로부터 부처에 이르는 것은 성인이 되려는 감정에 집착한 것이며, 사람으로부터 지옥에 이르는 것은 범부의 정에 집착한 것이다. 지금은 다만 범부와 성인이라는 두 가지 경계에 물들고 애착하는 마음이 있으면 이것은 유정이 불성은 없다고 이름 한다. 오로지 범부와 성인이라는 두 가지 경계와 일체의 있고 없음의 여러 가지 법에 모두 취하고 버리는 마음이 없으며 또한 취하고 버리는 마음이 없다는 생각조차 없으면, 무정이 불성은 있다고 이름 한다. 다만, 그 정에 속박됨이 없어서 정이 없다고 이름 할지언정 목석이나 허공이나 꽃이나 대나무처럼 정이 없는 것

    백장회해 선사 ◉

괴는 같지 않다.

불성이 있는 것을 가지고 만약 있다고 말한다면, 경전 중에서 수기를 받고 성불하는 것을 볼 수 없어야 하리라. 지금 알고 느끼는 것이 다만 유정이 변하지 않는 것이 마치 대나무와 같다고 비유한 것이며, 모든 것을 알고 모든 기틀에 응하는 것을 마치 꽃과 같다고 비유한 것이니라.”

또 이르기를,

“오로지 부처가 되는 단계를 밟아 올라가면 무정이 불성이 있는 것이 되고, 부처가 되는 단계를 밟아 올라가지 않으면 유정이 불성이 없느니라.”

百丈云 從人至佛 是聖情執 從人至地獄 是凡情執 只如今 但於凡聖二境 有染愛心 是名有情無佛性只如今 但於凡聖二境 及一切有無諸法 都無取捨心 亦無無取捨心知解 是名無情有佛性 只是無其情繫 故名無情 不同木石 太虛 黃花 翠竹之無情 將爲有佛性 若言有者 經中 不見受記而得成佛 只如今 鑑覺 但不被有情改變 喻如翠竹 無不知時 無不應機 喻如黃花 又云 若踏佛階梯 無情 有佛性 未踏佛階梯 有情 無佛性.

【강설】　이 단락에서는 보통 사람이 가지고 있는 감정과 모든 존재를 차별 없이 보는 평등의 지혜를 가진 성인이 감정이 없는 것과의 차이점을 설파한 내용이다. 성인의 완전한 지혜에 이르면 그때는 성인이니 보통 사람이니 하는 감정이 없다. 그러나 그때의 감정이 없는 것은 나무나 돌과는 다르다는 것이다. 나무나 돌은 아예 감정이 없는 존재이지만 무차별의 경지에 이른 성자의 마음에 감정이 없는 것은 모든 존재의 차별을 잘 알되 차별하여 대하는 보통 사람들의 마음과는

　무비 스님 직지 강설 ●

다르다는 말이다.

모든 존재의 차별을 세세하게 잘 아는 지혜를 차별지(差別智)라 하고, 차별을 잘 알면서 모든 존재의 평등성을 알아 평등하게 바라보는 것을 무차별지(無差別智)라 한다. 성인의 경지에 이른 이는 일체 존재에 대해서도 차별 없이 대해야 한다. 특히 사람에 대해서는 더욱 차별 없이 대해야 한다. 만약 진정한 불자라면, 그리고 수행하는 사람이라면 사람을 차별해서는 안 된다. 하물며 선지식이거나 도인이거나 대종사라고 한다면 더욱 사람을 차별해서는 안 된다. 참으로 어려운 문제이지만 이 문제가 사람을 알 수 있는 가장 쉬운 척도이다.

자제공덕회라는 세계 최대의 구호단체를 이끌고 있는 대만의 증엄(證嚴) 스님은 어려서 『법화경』을 깊이 공부하여 불교의 사상을 바르게 몸에 담은 분이다. 사람을 차별하지 않고 모두 부처님으로 생각하여 구호하고 돌보고 받드는 분이다. 기독교인들이 예배를 볼 만한 교회당이 없는 것을 보고 안타까운 마음에 교회를 지어주기도 했고, 회교 국가인 인도네시아에 텔레비전 방송국을 세워주기도 했다.

불교에서는 늘 너와 내가 없는 평등한 이치를 말하지만, 이처럼 몸소 실천하는 성인은 드물다. 그는 진정으로 너와 내가 없고, 불교인이니 기독교인이니 하는 차별심을 떠난 참다운 불자다. 불자의 마음과 자비행은 궁극적으로 여기에까지 이르러야 하리라.

세 가지 나쁜 욕망

백장 선사가 지적하는 세 가지 나쁜 욕망이란, 하나는 사부대중이 존경하며 에워쌈을 얻고자 하며, 둘은 일체 사람이 자신의 문도가 됨을 얻고자 하며, 셋은 일체 사람이 자신을 성인이나 큰스님이라고 알아주기를 얻고자 하는 것이다.

百丈 三種惡欲 一 欲得四衆圍繞 二 欲得一切人爲我門徒 三 欲得一切人知我是聖人 及阿羅漢.

【강설】　백장 선사가 지적한 세 가지 욕망을 요즘 사람들의 표현을 빌려서 말하자면, 첫째는 인기에 대한 욕망이다. 대부분의 사람들은 그와 같은 허망한 기대를 해 본다. 모든 사람이 나를 좋아하고 나에게 존경과 칭찬을 하고 가는 곳마다 나를 알아주고 대접해 주기를 바라는 마음이다. 둘째는 상좌나 제자나 신도나 따르는 사람이 많았으면 하는 망상이다. 세상 사람들이 모두가 자신의 신도가 되고 모든 승려가 전부 자신의 제자가 되어 자신을 추종하였으면 하는 참으로 어처구니없는 생각을 한다. 셋째는 자신의 공부가 대단하다는 것으로 착각하여 도인이나 선지식의 경지에 오른 것으로 사람들이 알아주었으면 하는 바람이다.

　　모두가 나쁜 욕망이다. 삼가고 또 삼가야 할 일이다. 살피고 또 살펴서 자신이 세상에서 제일 부족한 사람이라 생각하며 하심(下心)하고 또 하심하며, 겸손하고 사양하며 살아야 한다.

　　자신의 수행과 덕화가 크면 클수록 마치 뾰족한 송곳을 주머니 속

 　　　　　　　　　　　　무비 스님 직지 강설 ◉

에 넣어두면 그 끝이 저절로 밖을 향해 나오는 것과 같아서 남이 먼저 알아주고 고개를 숙인다. 존경하고 따르게 된다. 남이 알아주지 아니함을 왜 염려하겠는가. 남이 나를 알아주지 아니함을 염려하지 말고 내가 남을 알지 못할까 염려하여야 하리라.

공자(孔子)님도 『논어』에서 "남이 나의 공부를 알아주지 않더라도 섭섭해 하지 않으면 또한 군자가 아닌가[人不知而不慍 不亦君子乎]."라고 하였다. 그리고 또 "남이 나를 알아주어 기뻐하거나 그렇지 못하여 화가 나더라도 그것을 얼굴에 나타내지 말라."고도 하였다. 하물며 출세 간의 공부를 하여 만 중생들을 제도하겠다는 크나큰 원력을 세운 불제자로서 어찌 남이 나의 수행을 알아주지 않는다고 섭섭해 하거나 질투를 하겠는가.

총림을 세우고 '백장청규'라는 수행규칙을 만든 백장 스님은 일일부작(一日不作)이면 일일불식(一日不食), 하루 일하지 아니하면 하루 먹지 않는다는 가르침을 실천하였다. 수행 말년에 노구를 이끌고도 스스로 일하지 않는 날에는 드시지 않았던 일화는 아주 유명하다. 한 총림의 최고 책임자인 방장으로서 일생 그 규칙을 철저히 지키며 살았다는 것은 예사일이 아니다. 그와 같은 정신의 소유자가 어찌 자신을 큰스님이나 성인이라고 알아주기를 바랐겠는가. 또한, 사부대중이 에워싸며 존경하기를 바랐겠는가. 세상 사람들이 모두 자신을 따르는 제자가 되거나 신도가 되기를 바랐겠는가. 이러한 삶의 자세야말로 진정으로 존경하고 따를 만하며, 스스로 제자가 되고 싶어진다.

간혹 명예를 얻기 위해서 그 무서운 시줏돈을 써가며 운동을 벌이는 소위 큰스님이라는 이들도 종종 있다. 그렇게 해서 얻은 명예와 이름이 자신의 삶에 무슨 의미가 있겠는가. 적막하고 잠 못 이루는 그 밤에 자신과는 무슨 대화를 나누는가. 깊이 사유할 일이다.

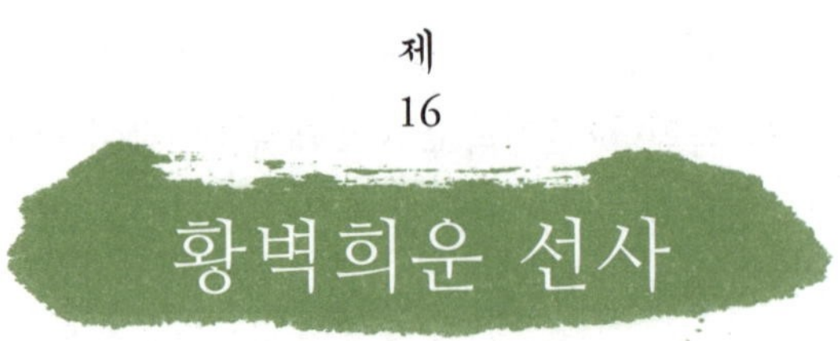

황벽희운 선사

黃蘗希運 禪師

고승은 어디 갔는가

황벽희운 선사가 일찍이 대중을 흩어 보내고 홍주 개원사에서 살았는데 배휴 상국이 하루는 절에 들어와서 벽에 그려져 있는 그림을 보고 원주에게 물었다.

"벽에 그려져 있는 것이 무엇인가?"

원주가 말하였다. "고승입니다."

"형상은 볼 수 있으나 고승은 어디를 갔는가?"

원주가 아무 말을 못 하였다.

배휴가 말하였다. "여기에 선사는 없는가?"

"희운 상좌라는 이가 있는데 아마도 선사 같습니다."

배휴가 드디어 황벽 선사를 불러서 앞에서 원주와 같이 하던 이야기를 들려주었다.

황벽 선사가 말하였다.

"다만, 묻기만 하라."

배휴가 말하였다.

"형상은 볼 수 있는데 고승은 어디에 갔습니까?"

황벽 선사가 "배 상공!" 하고 부르니 배 상공이 대답하였다.

황벽 선사가 말하기를, "고승이 여기에 있네."

배 상공이 그 말에 크게 깨달았다.

黃蘗運禪師 曾散衆 在洪州開元寺 裵休相國 一日 入寺 見壁間畵相 問
院主云 壁間 是什麼 主云 高僧 休云 形儀 可見 高僧 向甚麼處去 主
無語 休云 這裏 莫有禪和麼 主云 有希運上座 頗似禪和休 遂召師 擧
前話似之 師曰但請問來 休云 形儀可見 高僧 向甚麼處去 師召相公 公
應諾 師曰高僧 在者裏 公 於言下 領旨.

【강설】　황벽희운(黃蘗希運, ?~850) 선사는 당나라 때 스님으로 백장
(百丈) 선사의 지도를 받고 현지(玄旨)를 통달하였다. 시호는 단제(斷際)
이다. 흔히 황벽단제 선사로 알려졌다. 복건성(福建省)에서 출생하였는
데 어려서 홍주 황벽산에 들어가 승려가 되었는데 어릴 때부터 지기
(志氣)가 왕성하였다. 이마에 작은 혹이 있었고, 음성이 우렁찼으며 7
척이나 되는 거구였다고 한다.

　　농사꾼의 셋째 아들로 태어난 그는 10살이 되던 해 어머니를 따라
고향 근처의 황벽산에 있는 절을 처음으로 방문하였다. 이때 어떤 큰
스님으로부터 법문을 듣고 발심하게 되었다. 집으로 돌아온 소년 희
운은 앉으나 서나, 밤이나 낮이나 골똘히 생각에 잠기다가 마침내 열
흘째 되는 날 집을 나와 절을 찾아가 비로소 출가하게 되었다고 한다.

　　나중에 종릉(鍾陵)의 용흥사(龍興寺)와 848년에는 배상국(裵相國,

　　　　　　　황벽희운 선사　◉

791~870)의 청으로 완릉(宛陵)의 개원사(開元寺)에도 머물면서 찾아드는 학인들을 제접하였고, 황벽산에서 열반에 들었다. 문하에 중국 임제종(臨濟宗)의 개조(開祖)인 임제의현(臨濟義玄) 선사가 있고, 그의 법어는 배휴(裴休)가 집대성하여 황벽산 단제 선사『전심법요(傳心法要)』한 권과『완릉록(宛陵錄)』한 권을 남겼다.

또한 배휴(裴休, 791~870)라는 거사는 불교사에서 중요한 위치를 차지하고 있으므로 참고가 될까 하여 좀 자세히 부연한다. 그는 중국 당나라의 관리로 선불교에 관심이 많았다. 규봉종밀 선사와 황벽희운 선사에게 사사하였고 그들의 저술에 서문을 썼다. 회창 연간 폐불(廢佛)사건 때는 위앙종을 만든 위산영우 선사를 동경사에 모시기도 하였다. 그가 황벽희운 선사를 만난 역사적인 사건인, 즉 위에서 소개한 일화는 '황벽형의(黃蘗形儀)'라는 화두가 되어 여러 화두집에 수록되어 있다.

신당서(新唐書) 107권에 실린 전기에 따르면, 맹주(孟州) 제원(濟源)에서 출생하였고, 자는 공미(公美)이다. 진사시험을 치러 현량방정(賢良方正)에 뽑힌 뒤 여러 관직을 거쳐 병부시랑 영제도염 철전운사, 중서문하 평장사, 선무군 절도사 등을 역임하였으며, 소의(昭義)와 하동(河東) 등 여러 곳의 절도사로 일하였다. 74세에 입적하고 태위(太尉)에 봉해졌다. 문장이 뛰어났고 글씨를 잘 썼는데 특히 해서체에 능하였다고 한다. 교양이 깊고 성품이 온화하며, 특히 불교를 공부하여 술과 고기를 멀리하고 책을 편찬하며 어록과 서문을 많이 썼다.

이처럼 배휴는 학문과 행정능력을 두루 갖춘 인물이면서 독실한 불교 신자였다. 특히 선종에 귀의한 분으로 유명하여 여러 선사의 어록에 일화를 남겼다. 규봉종밀(圭峰宗密, 780~841) 선사와 황벽희운 선사에게 사사하여 두 고승의 저서에 서문을 쓰기도 하였다. 당나라 무종(武宗)이 일으킨 회창(會昌, 841~846)의 폐불 사건 때는 속세에 숨어

사는 위앙종의 개조 위산영우(潙山靈祐, 771~853) 선사를 찾아내 위산 동경사(同慶寺)에 모시기도 하였다.

『직지』에 인용한 배휴와 황벽 선사의 대화는 대단히 유명하여 많은 사람의 입에 회자된다. 상국(相國)이라는 벼슬은 고구려의 대막리지, 신라의 태대각간처럼 당시 중국에서는 최고의 관직이었다. 상국은 일반 관리가 오를 수 있는 최고 지위인 승상보다 한 단계 더 높은 지위였고, 주로 개국공신이나 황제를 옹립한 신하에게 이 작위를 수여했다. 전한 때는 고조 유방이 자신의 개국공신인 승상 소하에게 이 직위를 신설하여 승진시켰고, 이후 조참에게도 제수하였다. 그 후 360년 동안 폐지됐다가 후한 말, 동탁이 헌제를 옹립한 다음 스스로 상국이 되어 이 직위를 부활시켰던 특별한 벼슬이다.

아무튼, 천자 다음가는 높은 벼슬자리에 있는 사람이 사찰을 탐방하였다. 절을 관리하는 원주로서는 당연히 사찰의 이곳저곳을 안내하였을 것이다. 배휴는 크고 작은 법당을 다 돌아보고 나서 아마 마지막으로 조사각(祖師閣)에 들렀다가 위와 같은 불교사에 길이 빛나는 명언을 남겼던 것이다.

사람을 대신해서 영정이나 사진을 모셔두는 일은 예나 지금이나 같다. 그런데 만약 어떤 사람이 "사신은 여기에 있는데 그 사신의 사람은 어디에 있는가?"라고 묻는다면 어떻게 대답할 것인가? 시장에나 이웃에 갔다고 대답할 것인가? 또는 직장이나 외국에 갔다고 대답할 것인가? 진정 존재하는 것은 무엇인가? 사진의 그 사람은 누구이며, 그를 묻는 사람은 누구이며, 무엇이라고 대답하는 사람은 누구이며, 대답하지 못하는 사람은 또한 누구인가? 이 글을 쓰는 나는 누구이며, 읽는 나는 또 누구인가?

어떤 대답을 해도 그것은 주변을 헤매는 일이다. 중심의 일은 아니다. 글을 읽고 글을 쓰는 나를 주시하라. 묻고 대답하는 나 자신을 주시하라. 일체 사물의 소리를 듣는 나 자신을 주시하라. 그곳에 답이 있다. 황벽 선사가 배휴를 부르자 배휴가 "예" 하고 대답하자 황벽 선사가 말하였다. "수백 년 전에 돌아가신 고승이 여기 있어 대답하네." 존재하는 것은 절대 현재인 지금 이 순간의 나 자신일 뿐이다. 그도 나고 너도 나고 나도 나다. 지옥도 극락도 지금 여기 나다. 시방세계와 과거·현재·미래가 지금 여기 나다. 지옥·아귀·축생·인도·천도·아수라·성문·연각·보살·불 4성(聖) 6범(凡) 모두가 지금 여기 나다.

◉

청정한 마음은 스스로 원만하다

황벽 선사가 또 말씀하였다.

"이 본원이며 청정한 마음이 항상 스스로 원만하고 밝게 두루 비추건만 세상 사람들이 깨닫지 못하고 있다. 다만, 보고 듣고 느끼고 아는 것만을 오인하여 마음으로 삼아서 보고 듣고 느끼고 아는 것의 덮인 바가 되었다. 그러므로 뛰어나게 밝은 본체를 보지 못한다. 다만, 당장에 무심하면 본체가 저절로 나타나는 것이 마치 큰 태양이 허공에 떠올라서 시방을 두루 비추어서 다시는 장애가 없는 것과 같다."

師 又曰此本源淸淨心體 常自圓明徧照 世人不悟 只認見聞覺知爲心 爲見聞覺知所覆 所以 不覩精明本體 但直下無心 本體自現 如大日輪 昇於虛空 徧照十方 更無障碍.

【강설】　　불교의 근본은 일심(一心)이다. 일심을 잘 이해하면 불교의 근본 종지를 다 안다고 할 수 있다. 일심은 만유의 본원이다. 이것은 누가 만든 것이 아니고 스스로 원만하고 밝아서 세상을 다 비춘다. 그 본체는 텅 비어 없지만 작용은 변화무쌍하고 자유자재하다. 그것의 작용인 보고 듣고 느끼고 아는 것만을 일심의 전부라고 집착하면 안 된다. 모든 작용의 근본이 있다. 작용을 통해서 근본을 알아야 한다.

이러한 마음의 사실을 태양에 비유하여 더욱 분명하게 설명하였다. 불교는 밖에 나타난 현상을 설명하는 것이 아니고 보이지 않는 마음의 이치를 이해시키려는 가르침이다. 그렇기 때문에 태양이니 구름이니, 파도니 물이니, 허공이니 바람이니 하는 등등 비유가 많다.

여기에서는 마음의 무심한 경지에서 본래의 마음이 저절로 나타나는 것이 마치 태양 같다고 하였다. 태양은 구름이 있든 없든 관계없다. 구름이 끼고 비가 오고 눈이 내리는 일은 모두가 태양의 입장이 아니다. 태양은 항상 스스로 밝게 비치고 있건만 한순간 기후의 변화로 그와 같은 일이 잠깐 일어났다 사라질 뿐이다. 그 사실도 구름의 영향을 받는 지역의 사람들만의 문제다. 이처럼 우리 본래의 마음은 모두가 태양과 같다는 것이다.

황벽희운 선사 ●

공은 본래 없다

황벽 선사가 또 말씀하였다.

"범부는 경계를 취하고 도인은 마음을 취한다. 마음과 경계를 둘 다 잊어야 참다운 법이다. 경계를 잊기는 오히려 쉬우나 마음을 잊는 것은 지극히 어렵다. 사람들이 감히 마음을 잊어버리지 못하는 것은 공에 떨어져서 찾을 곳이 없을까 두려워하기 때문이다. 공한 것은 본래 공함이 없고 하나의 진실한 법계뿐임을 알지 못한다."

師 又云 凡夫取境 道人取心 心境雙忘 乃是眞法 忘境猶易 忘心至難 人不敢忘心 恐落空無撈摸處殊不知空本無空唯 一眞法界耳.

【강설】　세상만사를 둘로 나누면 마음과 경계이다. 보통 범부들은 눈에 보이고 귀에 들리는 경계를 취한다. 그러나 도를 깨달은 사람들은 일체 존재의 주체인 마음을 취한다. 하지만, 마음도 잊어버리고 경계도 잊어버려야 그것이 진실한 법이다. 공부를 어느 정도 한 사람들은 경계를 잊어버리기는 쉽다. 그러나 마음마저 잊어버리기는 매우 어렵다. 그 이유는 혹시라도 공한 데 떨어져서 아무것도 없는 것이 아닌가 하여 두려워하기 때문이다. 공은 본래 공이 아니라 신령스럽고 원만하며 밝고 맑은 앎의 경지이다. 그것을 소소영령(昭昭靈靈)한 즉, 밝고 또 밝으며 신령스럽고 또 신령스럽다고 하였다. 그리고 신령스럽게 환히 알고 있어서 어느 한 순간도 어두운 적이 없는 능력[靈知不昧]이라고 하였다.

무심이 곧 법이다

황벽 선사가 또 말씀하였다.

"세상 사람들이 '모든 부처님은 다 마음의 법을 전했다.'라는 말을 듣고는 곧 말하기를 '마음 위에 별달리 한 법이 있어서 증득할 수 있고 취할 수 있다.'라고 하여 드디어 마음을 가져서 법을 찾으면서 그 찾는 마음이 곧 법이며 법이 곧 마음인 줄을 알지 못한다. 실로 마음을 가지고 다시 마음을 구할 수는 없는 것이다. 천만 겁을 수행한다 해도 마침내 그것을 얻을 날이 없다. 당장에 무심함이 곧 본래의 법인 것만 같지 못하다."

師 又云 世人 聞道諸佛 皆傳心法 將謂心上 別有一法 可證可取 遂將心覓法 不知心卽是法 法卽是心 不可將心 更求於心 歷千萬劫修 終無得日 不如當下 無心 便是本法.

【강설】　불교에서 가장 많이 거론되는 말이 '마음'일 것이다. 실로 마음은 그 무엇보다도 중요하다. 마음의 문제만 잘 이해하면 불교 공부는 다 되었다 해도 과언이 아니다. 수행도 다 마친 것이다. 그래서 "모든 부처님이 다 마음의 법을 전했다."라고 하였으며, 달마 스님께서도『관심론』에서 "마음이라는 이 한 가지의 법만 잘 관찰하면 그것에 모든 수행이 다 포함되어 있다[觀心一法 摠攝諸行]."고 하였다. 그리고 역시『혈맥론』에서는 "마음, 마음, 마음이여, 가히 찾기 어렵구나[心心心 難可尋]."라고 하였다. 마음이라는 실체를 달마 스님께서도 알기 어렵다는 말씀이다.

또한, 고인의 말씀에, "마음 밖에는 어떤 물건도 없다[心外無物]."라고 하였다. 즉 눈에 보이는 모든 사물이 다 마음이라는 뜻이다. 그렇다면 마음처럼 알기 쉽고 찾기 쉬운 것이 또 없다.

왜냐하면, 아침 잠자리에서도 눈뜨자마자 사물과 만나고, 가는 곳마다 온종일 사물과 부대끼다가 다시 사물을 이용하여 사물의 세상으로 돌아와서 사물을 이용하여 잠자리에 든다. 이처럼 우리는 사물을 피하려 하여도 피할 길이 없다. "마음 밖에는 어떤 물건도 없다."라고 한다면 그 모든 사물이 마음이 아니고 무엇인가. 산천초목을 보는 것도 내 마음을 보는 일이며 사람을 보는 것도 내 마음을 보는 일이며, 온갖 소리를 듣는 것도 내 마음을 듣는 일이다. 마음은 곧 모든 것이며 모든 것은 곧 마음이다.

그런데 마음을 가지고 마음을 따로 찾는 것은 물을 가지고 물을 씻는 일과 같다. 황벽 선사는 위의 법어에서 마음을 이해하는 데 매우 중요한 말씀을 하셨다. 이 말씀은 마음을 이해하는 데 하나의 요령이기도 하고 묘안이기도 하다.

"세상 사람들이 흔히 '모든 부처님은 다 마음의 법을 전했다.'라는 말을 듣고는 그들은 말하기를 '마음 위에 별달리 한 법이 있어서 깨달아 얻을 수 있고 취할 수 있다.'라고 여기면서 그 찾는 마음이 곧 법이며 법이 곧 마음인 줄을 알지 못한다. 실로 마음을 가지고 마음을 구할 수는 없다. 천만 겁을 수행한다 해도 마침내 그것을 얻을 날이 없다. 당장에 무심함이 곧 본래의 법인 것만 같지 못하다."라고 하여 차라리 무심(無心), 즉 아무런 마음도 없는 상태만 같지 못하다고 하였다.

불교에서 마음의 문제를 그토록 중요하게 여기면서 이와 같은 묘책을 모르고 엉뚱한 길을 찾아 헤맨다면 일생을 헛되게 보내게 될 것이다. 어찌 세상사뿐이겠는가. 공부에도 묘책이 있고 지름길이 있고 요령이 있다.

불생불멸이 부처이다

황벽 선사가 또 말씀하였다.

"도를 배우는 사람이 만약 부처가 되고자 한다면 일체 불법을 모두 다 배우지 말고 오직 구함이 없고 집착이 없음을 배우라. 구함이 없는 것이 곧 마음이 생기지 않음이요, 집착이 없는 것이 곧 마음이 소멸하지 않음이요, 나지 않고 소멸하지 않음이 곧 부처이니라. 도를 배우는 사람은 다만 한 생각이 있음을 두려워할지니, 곧 도로 더불어 멀다. 생각 생각이 형상이 없음과 생각 생각을 함이 없음이 곧 부처이니라."

師 又云 學道人 若欲得成佛 一切佛法 總不用學 唯學無求無着 無求 卽心不生 無着 卽心不滅 不生不滅 卽是佛 學道人 只怕一念有 卽與道 遠矣 念念無相 念念無爲 卽是佛.

【강설】 흔히 불교의 목적은 부처가 되는 일이라고 한다. 불자들끼리 인사를 하더라도 "성불(成佛)하십시오."라고 하는 이유가 그것이다. 한국불교는 성불이 최상의 목표처럼 되어 있어서 인사법이 그와 같다. 중국 불교에서 정토신앙이 널리 유행했을 때는 모든 불자가 "아미타불"이라는 말로 인사를 하였는데, 아직도 그 인사법을 그대로 사용하고 있다. "안녕하세요?"라는 말보다는 훨씬 좋은 인사다.

백장 선사의 말씀처럼 부처가 되는 일이란 아무것도 필요로 하지 않는 것이다. 아무것도 필요로 하지 않으면 구할 것도 없고 집착할 것도 없다. 구할 것도 없고 집착할 것도 없는 것이 곧 불생불멸이며 불생불멸이 곧 성불이라는 것이다.

그런데 사실은 불교의 목적은 부처가 되는 일이 아니라 요익중생
(饒益衆生)이다. 부처가 되는 일도 사람들의 이익과 행복을 위해서다.
설사 부처가 되더라도 사람들에게 보탬이 되지 않는다면 아무 필요가
없다.

그러므로 "부처님 되십시오."라는 말보다는 "돕겠습니다." 또는
"도울게요."라는 인사가 불교의 목적에 더 들어맞고 더 필요한 말이
다. 지금 이 순간에 가장 가까이 있는 사람에게 시급한 문제를 살펴서
도움을 주는 일이 더 중요하다. 불교가 먼저 해야 할 일이다. 감히 부
처가 되는 일이 제일 목적이 아니라 사람들을 돕는 일이 불교의 첫 번
째 목적이며 불자들의 사명이라고 말하고 싶다.

황벽 선사에게는 이런 이야기가 전해진다. 황벽 선사가 수천 명의
대중을 거느리고 황벽산에 주석하였다. 그때 노모가 의지할 곳이 없
어서 아들을 찾아갔다. 황벽 선사가 그 말을 듣고는 노모에게 물 한 모
금도 주지 못하게 하였다. 노모는 하도 기가 막혀 아무 말도 못 하고
돌아가다가 강가에서 배가 고파 엎어져 죽었다. 그리고 그날 밤 황벽
선사에게 현몽하였다.

"내가 너에게서 물 한 모금이라도 얻어먹었던들 헤아릴 수 없이
많은 생으로 내려오던 어머니와 아들의 정을 끊지 못해서 지옥에 떨
어졌을 것이다. 그러나 너에게 쫓겨나올 때 어머니와 아들의 깊은 애
정이 다 끊어져서 그 공덕으로 죽어서 천상으로 가게 되니 너의 은혜
가 말할 수 없이 크다."라고 하며 절을 하고 갔다고 한다.

사람들의 이익과 행복에 도움이 되는 일이라 하더라도 진정으로
그 일이 무엇인지는 개인적인 정으로 판단할 것이 아니라 현명한 지
혜가 있어야 함을 깨우쳐주는 이야기이다.

 무비 스님 직지 강설 ◉

◉

무심이 도를 행함이다

황벽 선사가 말씀하였다.

"무심이 곧 도를 행하는 것이니 다시 무슨 얻고 얻지 못함을 말하는가? 문득 한 생각이 일어나면 곧 경계요, 만약 한 생각이 없어도 곧 경계니라. 망령된 마음이 저절로 소멸하면 더 이상 찾을 것이 없느니라."

師云 無心 卽便是行此道 更說什麼得與不得 且如瞥起一念 便是境 若無一念 便是境 忘心自滅 無復可追尋.

【강설】　무심이 곧 도라는 것은 탐·진·치 삼독과 팔만사천의 온갖 번뇌가 사라져서 아무런 생각이 없는 것을 뜻한다. 마음 가운데 한 생각도 일어나지 않는 무심의 경지라면 다시 무엇이 필요하며, 다시 무엇을 구할 것인가. 필요한 것도 없고 구할 것도 없다면 그 자리가 사람이 이르러 갈 수 있는 최고의 경지이리라. 황벽 선사께서는 그 자리를 일러 도라고 하는 것이다.

있고 없음이 다 망상이다

황벽 선사가 말씀하였다.

"법은 본래 있는 것이 아니니 없다는 견해도 내지 말고, 법은 본래 없는 것도 아니니 있다는 견해도 내지 마라. 있음과 없음이 다 정으로 난 견해이니라."

【강설】　법이란 진리, 즉 참다운 이치다. 만물의 영장인 사람이 사람답게 사는 길은 무엇일까? 그것은 참되고 바른 길이라고 할 것이다. 참되고 바른 길이란 있음과 없음의 그 어느 쪽에도 치우치지 않고, 있음과 없음의 두 쪽을 다 수용하는 것이다.

예컨대 배가 강물을 따라 바르게 항해하려면 오른쪽과 왼쪽 어디에도 기울지 않아야 앞으로 나아갈 수 있다. 만약, 양쪽 언덕 때문에 강물이 흐른다고 하여 어느 한 쪽에라도 치우쳐 닿게 되면 그 순간부터 더는 앞으로 나아가지 못하는 것과 같다.

바르고 참된 삶이란 일체 만물을 다 수용하면서, 그 어느 것에도 치우치지 않고 사는 일이다. 그것을 백장 선사는 법이라고 하였다. 정으로 난 견해란 치우쳐 기울어진 삶을 말한다.

마음에는 망상이 없다

황벽 선사가 또 말씀하였다.

"망상은 본래 실체가 없고 곧 그대의 마음에서 일어난 바다. 그대가 만약 마음이 부처인 줄 안다면 마음은 본래 망상이 없는 것이니, 어찌 마음을 일으켜서 다시 망상을 오인하겠는가."

又云 妄本無體 卽是汝心所起 汝若識心是佛 心本無妄 那得起心 更認於妄.

【강설】　일반적인 불교의 가르침에서는 번뇌와 망상이 분명히 존재하므로 그것을 어떻게 하든 소멸시켜 번뇌가 다 사라진 뒤에 성불에 이른다고 한다. 그러나 백장 선사는 번뇌 망상은 본래 없는데 사람들이 공연히 스스로 번뇌가 있다는 생각을 한 뒤에 다시 없애야 한다고 가르치고 있다고 일깨운다. 사람들의 마음은 본래 망상이 없는데 어찌하여 스스로 망상이 있다는 마음을 일으켜서 다시 망상이라고 오인하느냐고 되묻는다.

　필자도 한때는 망상이 본래부터 존재하는 것으로 알았다. 망상이 있다고 가르치는 방편상의 경전이나 어록도 적지 않기 때문이다. 어느 날 송광사 문수전에서 정진할 때였다.

　새벽 3시에 예불을 하려고 문수전 옆의 관음전 법당으로 가는데 캄캄하여 천지를 분간할 수 없었다. 그러나 매일 하던 예불이라서 눈을 감고도 충분히 할 수 있을 정도로 익숙한 길이며 익숙한 일이었다. 법당 문을 열고 탁자 앞으로 걸어가서 성냥을 그어 초에 불을 붙이는 순간 법당이 순식간에 환하게 밝았다.

　　법당은 그 많은 어둠이 새어나갈 틈이 없었다. 그러나 한순간에
어둠은 사라졌다. 어둠이란 본래 존재하지 않는 것이었는데 착각하여
본래 어둠이 있는 것으로 잘못 알고 있었던 것이다. 사람들의 번뇌 망
상도 그와 같음을 깨달았다. 본래 존재하지 않는 것을 다만 있다고 착
각하였을 뿐이다. 세상은 온통 광명 천지뿐인데 맹인이 스스로 세상
이 어둡다고 하는 것과 같다.

◉

머리 위에 머리를 더하다

황벽 선사가 또 말씀하였다.

　“묻는 것은 어디에서 왔으며 깨달음은 어디에서 생겼는가? 말을 하고
침묵하고 움직이고 고요한 것과 일체 소리와 사물이 모두 다 부처의 일이
거니와 어느 곳에서 부처를 따로 찾으리오. 머리 위에다 머리를 다시 올
려놓을 수 없는 일이니라. 다만, 별다른 견해만 일으키지 않으면 삼천대
천세계가 모두 다 자신이니 어느 곳에 허다한 것들이 있으랴.”

又云 問從何來 覺從何起 語默動靜 一切聲色 盡是佛事 何處 覓佛 不
可更頭上 安頭也 但莫生異見 三千世界 都來是个自己 何處有許多般.

【강설】　　예컨대 어떤 사람이 “불교가 무엇인가?”라고 물었다고 하
자. 불교는 무엇이며, 불교가 궁금한 사람은 누구이며, 불교에 대해 묻
는 사람은 누구인가? 또 질문에 불교를 답하는 사람이 있다면 그 사람

은 누구이며, 그 사람이 답하는 불교는 무엇이며, 그 답을 듣는 사람은 누구인가? 말을 하고 침묵하고 움직이고 고요한 것과 일체 소리와 사물이 모두 다 부처의 일이다. 다만, 한 사람이다. 온전히 자기이다. 만약 불교는 이런 것이며, 불교를 묻는 사람은 이 사람이며, 묻는 말에 답을 하는 사람은 또 이 사람이라고 한다면, 그것은 마치 머리가 온전히 있는 정상적인 사람의 머리 위에 머리를 하나 더 올려놓는 것과 같다. 요괴도 그와 같은 요괴는 상상도 할 수 없다.

사람은 본래로 아무런 부족함이 없는 부처님이고 하느님인데 그 것을 모르고 다시 부처가 되고자 하는 모든 불교도의 수행이라는 것이 꼭 그와 같은 일이다. 이 세상 모든 것이 온전히 자기이며, 온전히 부처다. 완전무결하다. 그래서 사람이 그대로 부처라 한다. 그것을 인불사상(人佛思想)이라고 정의한다.

사람으로 세상에 태어나서 살아가는 일이나 불교를 공부하는 일에 가장 중요한 것이 참되고 바른 견해이다. 참되고 바른 견해란 무엇인가? 사람이라면 누구나 똑같이 눈과 귀와 코와 혀와 몸 등을 통해서 자유자재하게 작용하고 있는 이 사실에서 부족한 것이 무엇인가? 아무런 문제가 없다. 부족한 것은 아무것도 없다. 그대로 완전하다. 이 사실 외에 딜리 무엇을 더 구할 것인가? 이와 같은 사실을 알고 사는 것을 참되고 바른 견해라고 한다.

대개 종교를 믿는다고 하는 사람들이 종교를 믿지 않는 사람들보다 더 세상과 사람을 거꾸로 바라보는 경우가 많다. 오히려 인생을 곡해하는 것이다. 만약 멀쩡한 인생을 곡해한다면 종교를 믿지 않는 것만 못하다. 예를 들면 등산하는 사람은 산 어디까지 올라갔든 다시 내려와서 본래의 자리로 돌아오는 것이 정상이다. 그와 같이 종교는 인간으로서 지극히 정상적인 삶을 영위하자는 것인데 종교에 귀의하여 오히려 비정상적인 삶을 산다면 그것은 크게 잘못된 일이다. 산에 올

황벽희운 선사 ◉

라가서 내려오지 않고 산에 머물러 있는 것과 같다.

그래서 처음에는 산은 산이었으나 다시 산은 산이 아닌 경지를 거쳐서 다시 산은 다만 산일뿐인 입장으로 되돌아오는 것이다. 인간으로 출발해서 더 높은 안목을 터득하고는 다시 본래의 정상적인 인간으로 돌아와야 인생을 제대로 관조하며 살 수 있게 되는 이치이다.

승려가 된 초기에는 승려의 물이 들도록 노력하지만, 어느 정도 시간이 지난 뒤에는 승려의 물을 빼려고 노력한다. 그래서 승려들 사이에서 "아직도 중물이 들지 않았느냐?"라고 하다가 연륜이 쌓인 다음에는 "아직도 중물이 빠지지 않았느냐?"라는 말을 하는 경우가 바로 그 때문이다. 황벽 선사의 법문처럼 정상적인 머리 위에 괴이하게 또 다른 머리를 올려놓는 일은 없어야 하리라.

◉

삼계는 없다

황벽 선사가 또 말씀하였다.

"선과 악을 모두 생각하지 마라. 그 자리가 곧 삼계를 벗어난 곳이다. 여래가 세상에 나오신 것은 삼계를 깨트리기 위함이다. 만약 일체의 마음이 없다면 삼계도 또한 존재하는 것이 아니다."

又云 善惡 都莫思量 當處 便出三界 如來出世 爲破三有 若無一切心 三界亦非有.

【강설】　6조 혜능 선사가 5조 홍인 선사에게 법을 인가받고 그 신표로 발우와 가사를 받아서 대중이 모르게 한밤중에 5조 홍인 선사의 회상을 떠났다. 다음날 아침 법의 상징인 발우와 가사가 없어진 것을 알고 소동이 났다. 대중 가운데 보이지 않는 사람은 오직 방아를 찧던 노 행자뿐이었다. 평소 심상치 않게 여기던 사람이었는데 결국은 5조 홍인 선사에게 법을 인가받고 가사와 발우를 가지고 도망간 것을 알았다. 모든 대중이 뒤쫓아 가서 빼앗아 오기로 하고 찾아 나섰는데 마침 도명(道明)이라는 스님이 혜능 스님의 뒤를 쫓아왔다. 혜능 스님은 가사와 발우를 바위 위에 올려놓고 나서 법을 설하였다.

“가져가려면 가져가라. 법은 가사와 발우에 있는 것이 아니다.”라고 하는 노 행자의 위엄과 덕화가 도명 스님을 압도하였다. 도명 스님은 그 분위기에 눌려 도저히 가사와 발우에 손을 댈 수가 없었다. 그래서 문득 “저는 가사와 발우에 마음이 있는 것이 아닙니다. 오직 깨달음의 법을 듣고자 합니다.”라고 하였다. 그러자 혜능 스님이 “불사선 불사악(不思善 不思惡)하라. 즉 선도 생각하지 말고 악도 생각하지 마라.”라고 하였다. 이 말씀은 혜능 스님이 태어나서 처음으로 남에게 설한 법문이다.

세상의 모든 사람은 매일 생각하는 것이 선과 악이며, 나와 너며, 좋고 나쁨이며, 옳고 그름이다. 항상 상대적인 편견과 치우친 생각뿐이다. 상대적인 편견과 치우친 생각으로는 일체 사물과 사건을 올바르게 알지 못하며 훌륭한 판단을 할 수 없다. 그렇게 되면 참되고 바른 이치, 즉 진리의 삶을 실천할 수 없다. 진리의 삶을 실천할 수 없으면 욕망의 경계와 물질의 경계와 그 이외의 일체의 경계들을 벗어날 수가 없다. 항상 그 속에서 허우적거리면서 헤매고 살아갈 수밖에 없다.

그러므로 황벽 선사도 혜능 선사도 그리고 그 밖의 모든 진리를 아는 분들은 한결같이 선과 악, 나와 너라는 상대적인 편견을 벗어나라고 가르친다.

　　　　　　　　　　　　　황벽희운 선사 ●

무심하면 경계가 없다

황벽 선사가 또 말씀하였다.

"범부들이 모두 경계를 좇아 마음을 내서 마음이 드디어 기뻐하기도 하고 싫어하기도 한다. 만약 경계를 없애고자 한다면 마땅히 그 마음을 잊어라. 마음을 잊으면 곧 경계가 텅 빈다. 경계가 텅 비면 곧 마음이 소멸한다. 만약 마음을 잊지 못하고 그 경계만 제거하면 경계를 제거할 수 없어서 다만 더욱 어지러울 뿐이다. 그러므로 만법이 오직 마음이요, 마음도 또한 얻을 수 없으니 다시 무엇을 구하겠는가?"

又云 凡夫皆逐境生心 心遂忻厭 若欲無境 當忘其心 心忘卽境空 境空卽心滅 若不忘心 但除其境 境不可除 只益紛擾 故 萬法唯心 心亦不可得 復何求哉.

【강설】　사람들의 기쁨과 슬픔은 어디에서 오는가? 경계가 마음에 들면 기뻐하고 경계가 마음에 들지 않으면 슬퍼도 하고 화도 낸다. 오로지 경계의 좋고 나쁨을 따라서 희로애락이 교차한다. 그러므로 죄는 경계에 있고 마음에 있는 것이 아니라고 한다.

　그런데 좋고 나쁜 경계를 없애려면 경계를 없애는 것이 아니라 마음을 없애야 한다. 만약 마음만 없애면 경계는 저절로 없어진다. 경계가 없어지면 마음도 또한 없어진다. 마음을 없애지 아니하고 다만 그 경계만 없앤다면 경계는 결코 없어지지 않고 더욱 어지럽고 시끄러울 뿐이다. 온갖 존재는 오직 마음이며 그 마음이라는 것도 실은 찾을 길이 없다. 그런데 더는 무엇을 구할 것인가?

본성은 오고 감이 없다

황벽 선사가 또 말씀하였다.

"무릇 사람들이 목숨을 마치고자 할 때에 다만 5온이 모두 공하고 4대가 무아인 것을 관찰하라. 진실한 마음은 형상이 없어서 가는 것도 아니고 오는 것도 아니다. 태어날 때에도 본성은 오지 않으며 죽을 때에도 본성은 역시 가지 않는다. 지극히 맑으면서 매우 고요하여 마음과 경계가 하나이다. 다만, 능히 이렇게만 되면 곧바로 다 마쳐서 삼계에 속박한 바가 되지 않으니 곧 세상을 벗어난 사람이다. 결코, 조금이라도 나아갈 수 있는 것이 아니니 만약 훌륭한 모습과 여러 부처님이 와서 맞이함과 같은 여러 가지가 앞에 나타나더라도 또한 마음이 따라가지 않는다. 만약 나쁜 모습이 여러 가지 앞에 나타나더라도 또한 마음에는 두려움이 없다. 다만, 스스로 마음을 잊으면 법계와 같아서 곧 자재함을 얻나니 이것이 가장 중요한 부분이다."

又云 凡人 臨欲終時 但觀五蘊 皆空 四大無我 眞心 無相 不去不來 生時 性不曾來 死時 性亦不曾去 湛然圓寂 心境一如 但能如是 直下頓了 不爲三界所拘繫 便是出世人也 切不得有分毫趣向 若見善相 諸佛 來迎 及種種現前 亦無心隨去 若見惡相 種種現前 亦無心怖畏 但自忘心 同於法界 便得自在 此是要節也.

【강설】　사람의 진실한 마음은 영원히 존재하여 육신의 생명이 죽고 살고 하는 문제에는 관계가 없다는 사실을 알라는 내용이다. 사람의 진심이 참 생명이다. 이 참 생명은 육신이 태어날 때 같이 태어난 것도

황벽희운 선사 ◉

아니며, 이 육신이 죽을 때에 같이 죽는 것도 아니다. 그래서 본성인 참 생명에는 생사거래가 없다. 그러한 이치를 모르는 사람은 태어날 때 모든 존재가 다 태어나고 죽을 때 모든 존재가 다 같이 죽는 것으로 안다. 그러한 어리석음을 깨우치기 위해서 이렇게 가르친다.

"태어남이란 어디서부터 오는가? 죽음이란 어디로 가는가? 태어남이란 한 조각 구름이 저 푸른 하늘에서 문득 생기는 것과 같고, 죽음이란 일어난 구름이 흩어짐과 같다. 뜬구름은 그 자체가 본래 실체가 없듯이, 태어나고 죽고 오고 감도 또한 그와 같다. 그러나 홀로 한 물건이 항상 드러나 있어서, 지극히 맑아 태어나고 죽음을 따라가지 않네[生從何處來 死向何處去 生也一片浮雲起 死也一片浮雲滅 浮雲自體本無實 生死去來亦如然 獨有一物常獨露 湛然不隨於生死]."라고 하였다.

이 글은 생사가 없는 가운데 생사를 거듭하는 사람들이 한 생을 마치고 다음 생으로 건너갈 때 꼭 들려 드려서 불교적 관점에서 생사가 없는 이치를 깨닫도록 하는 법문이다. 다비를 하면서, 또는 천도재를 올리면서, 그리고 법어를 내리면서 반드시 불생불멸의 눈을 뜨도록 하는 가르침이다.

황벽 선사가 내린 법어는 곧 불교의 생명이며 모든 존재의 참 생명이다. 그래서 "내 생명 부처님 무량공덕 생명"이라고도 한다. 일심의 실체는 분명하게 눈앞에 나타나 있지만, 육안으로 보는 것이 아니다. 그 실체는 있으면서 없는 것이다. 또한, 없으면서 분명히 존재하는 것이다.

이처럼 살아 있을 때나 죽었을 때 일체 선과 악의 경계에 따라 흔들리지 않으면서 활발발하게 자유자재로 작용하는 삶을 세상을 벗어난 삶이라 하며 해탈의 삶이라 하며 대 자유의 삶이라 한다.

 무비 스님 직지 강설 ●

마음이 법이다

황벽 선사가 또 말씀하였다.

 "도를 배우는 사람이 흔히 교법 위에서 깨닫고 마음의 법에서 깨닫지 못하면 비록 겁을 지나면서 수행한다 하더라도 마침내 본래의 부처는 아니다. 만약 마음에서 깨닫지 못하고 교법에서 깨달으면 곧 마음을 가벼이 여기고 교를 중하게 여겨서 드디어 흙덩이를 쫓아가는 격이 되나니 본심을 망각한 까닭이다. 다만 본심에 계합하면 법을 구하지 않아도 마음이 곧 법이니라."

又云 學道人 多於敎法上悟 不於心法上悟 雖歷劫修行 終不是本佛 若不於心悟 乃至於敎法上 悟卽輕心重敎 遂成逐塊 忘於本心故 但契本心 不用求法 心卽法也.

【강설】 선불교는 마음을 가장 중요하게 여긴다. 마음을 깨닫기만 하면 모든 공부와 수행을 마친다고 한다. 경전을 보더라도 경전의 글줄만 알고 경전이 곧 마음의 이치를 깨우치는 것으로 알지 못하면 마치 흙덩이를 사자에게 던지면 흙덩이를 던지는 사람을 물지만, 똥개에게 흙덩이를 던지면 그 흙덩이를 먹을 것으로 생각하고 쫓아가는 것과 같이 되고 만다. 경전도 그 낙처(落處)가 있다. 청매(靑梅) 조사의 가르침에 심불반조 간경무익(心不返照 看經無益)이라는 말이 있다. 모든 경전의 가르침을 마음에 반조하여 이해하여야지 그렇지 아니하면 경을 읽어도 아무런 이익이 없다는 것이다. 다만, 본심에만 계합하면 더는 법을 구할 것이 없다. 마음이 모든 것이며 마음이 곧 법이기 때문이다.

황벽희운 선사 ◉

◉

마음이 공하면 경계는 절로 공하다.

황벽 선사가 또 말씀하였다.

　"무릇 사람들은 흔히 경계가 마음에 걸리고 사상이 이치에 걸리기 때문에 항상 경계에서 도망하여 마음을 두려고 하며, 사상을 물리쳐서 이치를 보존하고자 한다. 실은 마음이 경계에 걸리고 이치가 사상에 걸리는 사실을 알지 못한다. 다만, 마음을 공하게 하면 경계는 저절로 공하며, 이치가 고요하면 사상은 저절로 고요하여진다. 거꾸로 쓰지 마라."

又云　凡人多爲境旱心事旱理　常欲逃境以安心　倂事以存理　不知乃是心旱境理旱事　但令心空　境自空　理寂　事自寂　勿倒用也.

【강설】　많은 사람이 착각하고 있는 문제, 즉 마음과 경계(境界), 이치와 사상(事相) 중에 무엇이 주인인가 하는 문제를 지적하였다. 무슨 일이든 주인 격인 것과 나그네 격인 것이 있다. 그것을 잘 살펴 판단하고 나면 그 다음 일을 처리하는 데 어려움이 없다. 온 세상의 주인은 각자의 마음이다. 그 외엔 모두가 대상이며 경계이며 나그네이다. 대상인 경계가 어떤 모습을 하든지 내 마음이 그것에 흔들리지 않으면 그 경계는 나에게 상관이 없다.

　그런데 사람들은 경계를 탓한다. 경계를 피하여 마음이 편안하려 한다. 이치와 사상도 그와 같다. 이치를 따르는 것이 사상이다. 그런데 사람들은 사상을 바르게 하여 이치를 바르게 하려고 한다. 이치가 바르면 사상은 어떤 모습으로 있든 상관 없이 다 바르게 된다. 마음에 한 가지 일도 없으면 온갖 경계는 나를 어찌하지 못한다. 마음은 일체를 만드는 주인이다. 모든 일의 선후를 알면 곧 도에 가깝다는 옛말이 있다.

당장에 무심하라

황벽 선사가 또 말씀하였다.

"도를 배우는 사람이 만약 당장에 무심하지 못하면 비록 무한한 세월을 지나더라도 성스러운 도를 이루지 못한다. 만약 능히 당장에 무심하면 곧 이것이 지극한 경지이다."

又云 學道人 若不直下 無心 縱經塵劫 不成聖道 若能直下 無心 便是究竟.

【강설】　일체 사건과 사물들은 모두 마음으로부터 존재한다. 기쁨도 슬픔도 또한 사람들의 마음으로부터 존재한다. 고통과 즐거움도 역시 우리들의 마음으로부터 존재한다. 지금 이 순간 당장에 무심하면 사건도 사물도 없다. 따라서 기쁨도 슬픔도 고통도 즐거움도 없다. 도를 깨달아 부처에 이르는 것도 모두가 마음이 있으므로 존재하는 문제들이다. 만약 당장에 무심하다면 도를 깨달아 부처에 이르는 일도 없다. 그러므로 무심이 구경이다. 무심이 가장 지극한 경지다. 무심 이상 가는 법은 없다.

남전보원 선사

南泉普願 禪師

음성은 조각하지 못 한다

남전 선사가 원주를 부르니 원주가 대답하였다.

남전 선사가 말씀하였다.

"부처님이 90일 동안 도리천에 계시면서 어머니를 위하여 설법하셨다. 그때에 우전왕이 부처님을 사모하였다. 목련 존자를 청하여 신통으로 세 번이나 조각가를 포섭하여 그 곳에 가게 하여 부처님의 형상을 조성하였는데 다만 31상만 조성하고 오직 범음의 상은 조각하지 못하였다."

원주가 물었다.

"어떤 것이 범음의 상입니까?"

남전 선사가 말씀하였다.

"사람을 속이도다."

南泉 喚院主 主 應喏 師云 佛 九十日 在忉利天 爲母說法 時 優闐王 思
佛 請目連 以神通 三度攝諸匠人 往彼 彫佛形相 只彫得三十一相 唯有
梵音相 彫不得 院主 乃問 如何是梵音相 師云 賺殺人.

【강설】　남전보원(南泉普願, 748~835) 선사는 마조도일 선사의 전법 제
자로서 속성은 왕(王)씨이며 하남성 정주(鄭州) 신정(新鄭) 사람이다. 당
나라 지덕 2년, 757년에 대외산의 대혜(大慧) 스님에게 수업(受業)하다
가 30세에 숭악산에 가서 계를 받았다. 뒷날 마조 선사에게 입문하여
법을 전해 받고 정원(貞元) 11년(795)에 지양(池陽)의 남전(南泉)에 선원
을 짓고 30년 동안 산에서 내려가지 않으면서 조주종심(趙州從諗) 선사
와 장사경잠(長沙景岑) 선사 등 수많은 제자를 길러 냈다. 태화 8년(835)
12월 87세로 입적하였다. 선사는 특히 학인을 제접하는 데 방편의 언
구가 뛰어나서 남전참묘(南泉斬猫), 남전수고우(南泉水牯牛), 남전모란
(南泉牧丹) 등의 공안이 전해진다.

　　여기 『직지』에 소개된 이야기는 불상이 맨 처음 만들어진 연기에
대한 내용을 들어 선의 이치로 법을 거량한 것이다. 싯다르타 태자의
어머니 마야 부인은 7일 만에 돌아가셨다. 그 후 태자는 출가하여 깨
달음을 성취하고 어머니를 위하여 도리천에 올라가 90일 동안 설법하
셨다. 우전국의 왕이 도리천에 올라간 부처님을 그리워한 나머지 부
처님과 똑같은 불상을 전단향 나무로 조성하게 하여 항상 부처님 대
신으로 참배하며 뵙고 싶은 마음을 달랬다고 한다. 이것이 최초의 불
상이라고 전한다.

　　그리고 32상 중에 범음심원상(梵音深遠相)이라는 것이 있다. 맑고
청아한 음성이 깊고 멀리까지 들린다는 것이다. 형상을 아무리 잘 조
각한다 하더라도 음성은 조각할 수가 없다. 남전 선사가 그것을 새삼

331　　　　　　　　　　　　　　　　　　　　　　　　

조각하지 못하였다고 거론한 뜻이 무엇이었을까? 원주스님이 "어떤 것이 범음의 상입니까?"라고 물었는데 남전 선사는 "사람을 속이도다."라고 하였다. 부처님의 음성이란 부처님의 설법을 의미한다. 부처님의 평생 설법이란 곧 진리의 가르침이다. 그런데 진리를 과연 음성으로 표현할 수 있는 것일까? 남전 선사의 말씀에 짐작이 가는 바가 있으리라.

『금강경』에 "수보리야, 설법이란 법을 가히 설할 수 없는 것이다. 그 이름이 설법이다[須菩提 說法者 無法可說 是名說法]."라고 하였다.

그리고 이 내용에 대하여 착어를 하였다.

옛 사람이 말씀하시기를,

"49년간 수많은 공을 쌓은 것이여, 거북의 털과 토끼의 뿔이 허공에 가득 찼구나. 한겨울에 눈이 펑펑 쏟아져서 시뻘건 화로의 뜨거운 열기 속에 떨어졌구나[四十九年積累功 龜毛兎角滿虛空 一冬臘雪垂垂下 落在烘爐烈焰中]."라고 하였다.

모습이나 설법이나 역사적인 사실을 떠나서 부처님을 이해할 길은 없다. 그러나 그와 같은 현상에만 부처님이 존재한다고 알면 그 또한 삿된 도를 행하는 것이다. 죽은 부처만 이해한 것이다. 생명이 없는 형해뿐인 부처를 보는 것이다. 부처님은 이와 같은 사실을 이해시키려고 이 땅에 오신 것이 아니다. 그토록 고생스럽게 인도의 뜨거운 길을 걷고 또 걸으면서 49년간 설법을 하신 것이 아니다. 사람들의 진실한 생명의 부처를 이해시키려고 이 땅에 와서 그 많은 설법으로 우리들의 눈을 열게 하신 것이다.

귀신이 엿보다

남전 선사가 장원에 갔다. 장원의 주인이 미리 준비해 놓고 스님을 영접하여 맞이하였다. 남전 선사가 말씀하였다.

"노승은 평소에 출입할 때면 다른 사람들이 알지 못하도록 하였는데 어찌하여 이렇게 일찍이 준비한 것이 이와 같은가?"

장원의 주인이 말하였다. "지난밤에 토지신이 와서 알려주었습니다."

"왕 노사가 수행력이 부족하여 귀신들이 엿보게 되었구나."

시자가 곧 물었다.

"이미 큰 선지식인데 어찌하여 도리어 귀신이 엿보게 되었습니까?"

남전 선사가 말하였다.

"토지신 앞에 밥 한 그릇을 더 놓아라."

南泉 因至莊 偶莊主 預備迎奉 師云 老僧 居常出入 不與人知 何夙排辦 至於如此 主云 昨夜 土地神 來報 師云 王老師 修行 無力 被鬼神覷見 侍者 便問 旣是大善知識 爲什麼 却被鬼神覷見 師曰土地前 更添一分飯着.

【강설】　옛말에 "낭중지추(囊中之錐)라는 말이 있다. 주머니 속의 송곳은 아무리 깊이 넣어도 삐져나오게 마련이며, 또한 사향은 겹겹이 싸도 그 향기가 풍기어 옆 사람이 알게 된다. 수행이 깊고 깨달음이 뛰어나서 그 깨달음을 실천하는 수행자는 사람은 물론이거니와 귀신들도 안다. 남전 선사는 자신의 수행력이 부족한 탓으로 귀신의 눈에 띄었다고 하지만 귀신이 스님의 높은 덕을 알아차리고 사람들에게 현몽

해 줄 정도라면 정말 훌륭한 선지식이다.

사람들은 스스로 공부를 많이 하고 덕을 쌓을 것은 생각하지 않고 남이 나를 알아주지 않는 것만을 불평한다. 설사 진실로 수행을 많이 하였으나 남이 나를 알아주지 않더라도 섭섭해 하지 않는 사람이야말로 진정한 수행자이다. 공부한 것을 항상 반복하여 익히면 그것이 진정한 즐거움이며 삶의 보람이다. 그러다가 혹 공부에 뜻을 같이하는 도반이 있어 먼 길을 마다치 않고 찾아와 각자의 공부에 대해서 밤새워 담론할 수 있다면 그것은 환희요, 법열이다. 자신의 공부나 공로나 능력을 남이 알아주지 않고 써주지 않는다고 세상을 원망하거나 또는, 외로워하거나 섭섭해 한다면 그는 진정한 수행자가 아니다. 군자가 아니다.

◉

마음도 부처도 물건도 아니다

남전 선사에게 어떤 스님이 물었다.
"화상께서는 무슨 법으로써 사람들을 가르칩니까?"
남전 선사가 말씀하였다.
"마음도 아니고 부처도 아니고 물건도 아니다."

南泉 因僧 問 和尙 以何法 示人 師曰不是心 不是佛 不是物

 무비 스님 직지 강설 ◉

【강설】 　 남전 선사는 "마음도 아니고 부처도 아니고 물건도 아니다."
라고 하였으나 그것은 마음이며 부처이며 물건이다. 또한 '나'이며
'너'이고 삼라만상이며 천지 만물이다. 법문의 한 줄만을 이끌어 오면
이렇게 의문이 많지만 참으로 명쾌한 법문이다.

"마음도 아니고 부처도 아니고 물건도 아니다."

"그렇다면 무엇인가? 스스로 일러 보라."

죽은 후 검은 소가 되다

남전 선사가 세상을 떠날 때에 제1좌에 있는 이가 물었다.

"화상께서는 백 년 후에 어느 곳을 향해 가십니까?"

남전 선사가 말씀하였다.

"산 밑에 가서 한 마리의 암소가 되리라."

어떤 스님이 물었다.

"제가 화상을 따라가도 되겠습니까?"

남전 선사가 말씀하였다.

"만약 나를 따를진댄 모름지기 한 줄기의 풀을 먹어야 된다."

南泉 將順世 第一座 問 和尙 百年後 向甚麽處去 師曰山下 作一頭水

牯牛去 僧云 某甲 隨和尙去得麽 師曰汝若隨我 須含一莖草 始得.

남전보원 선사

【강설】　남전 선사가 돌아가신 후에 "한 마리의 암소가 되리라."라고 하신 말씀의 뜻이 무엇일까? 남전 선사는 이와 같은 말씀을 자주 하셨다. 또한 위산(潙山) 스님도 그와 같은 말씀을 하신 기록이 있다. 수행을 많이 하셔서 안목이 높고 지혜가 깊은 사람이 죽은 뒤에 한 마리의 암소가 된다는 것은 이 한 몸을 다 바쳐 내생에도 또한 이 세상과 같이 요익유정(饒益有情)하리라는 원력의 표현이다.

암소는 새끼를 낳아 종족을 번식시키는 일을 한다. 또한, 논과 밭을 갈아 곡식을 거두는 데도 큰 몫을 한다. 성질은 얼마나 온순하고 후덕한가. 또한 죽으면 몸을 통째로 사람에게 돌려준다. 살아 있을 때는 거친 풀만 뜯어 먹고 살다가 죽어서는 뼛속까지 사람들의 영양공급원이 된다. 삶을 온통 사람들을 위해 바친 암소야말로 보살행의 표본이다. 만약 사람이 암소의 정신으로 산다면 세상에는 일찍이 평화가 왔으리라. 결코, 남을 해치고 빼앗고 침략하고 살상하는 일은 없었으리라. 금생에 암소처럼 살았듯이 다음 생에도 역시 암소처럼 살리라는 위대한 서원의 말씀이다. 뛰어난 선지식이 아니면 어찌 이와 같은 말을 할 수 있겠는가.

참고로 남전 선사와 그의 상족(上足) 조주(趙州) 스님과의 대화에 나오는 암소에 대한 또 다른 이야기를 소개한다.

남전 선사에게 조주(趙州) 스님이 물었다.
"있음[有]을 아는 사람은 어디를 향해 갑니까?"
남전 선사가 말씀하였다.
"산 밑 단월(檀越) 댁의 한 마리 암소가 된다."
조주 스님이 말하였다.
"스님의 지시에 감사합니다."
남전 선사가 말하였다.

무비 스님 직지 강설 ●

"지난밤 3경에는 달빛이 창에 비쳤었다."

[南泉 因趙州問 知有底人 向甚麽處去 師云 山下檀越家 作一頭水牯牛去 州云 謝

師指示 師云 昨夜三更月到窓]

　　법을 깨달은 사람의 안목에 비치는 모든 존재의 가치는 깨닫지 못
한 사람들이 생각하는 가치와 전혀 다르다. 암소가 쓰임새가 많으므
로 위에서 설명한 것과 같이 그렇게 대답한 것도 아니다. 소면 어떻고
사람이면 어떻고 부처면 어떠냐. 돌이면 어떻고 나무면 어떻고 물이
면 어떠냐. 우주만유 두두물물이 다 화장세계요, 청정법신 비로자나
인 것을.

반산보적 선사

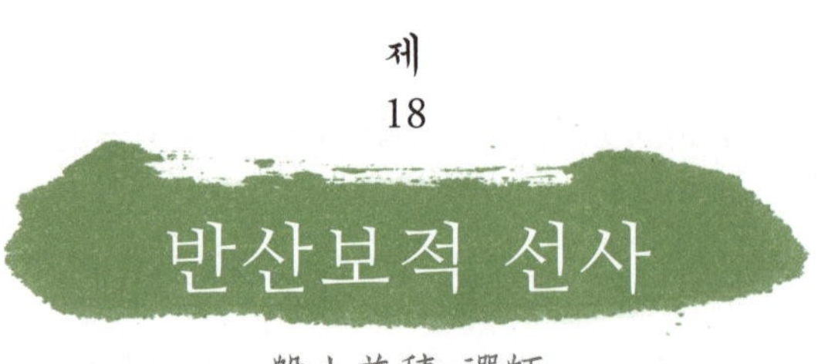

盤山普積 禪師

좋은 고기를 주오

어떤 사람이 고깃간에 들어가서 고기 파는 사람에게 말하기를,
"좋은 고기를 한 조각 잘라주시오."
고기 파는 사람이 고기 써는 칼을 놓고 차수하고 말하였다.
"선생님, 어떤 것이 좋지 않은 것입니까?" 하였다.
반산보적 선사가 이 광경을 보고 깨달음이 있었다.

盤山普積禪師 因見人買肉 語屠者曰精底割一片來 屠者 放下屠刀 叉
手云 長史 那个不精底 師於此有省.

【강설】　반산보적(盤山普積) 선사는 마조도일 선사의 제자로 유주 반산에서 교화 활동을 하였고, 시호는 응적(凝寂)이라 한다. 이 이상의 행적은 자세하지 않다.

보적 선사가 어느 날 행각을 하다가 번잡한 시내를 지나는데, 고기 파는 좌판대 근처를 막 지나다가 고기를 사러 온 사람과 고기를 파는 사람의 대화를 우연히 엿듣게 되었다. 수행하는 청정한 승려는 푸줏간 앞을 지나게 되면 왠지 죄 지은 듯한 기분이 든다. 남의 살을 팔아서 먹고 살겠다는 광경을 보면 모두가 자신의 수행과 교화의 덕이 부족해서 그런 것이라는 생각이 들기 때문이다.

그러면서 한편으로는 피해 가야 하는데 길을 잘못 들어섰다는 생각과 함께 부정하다는 생각마저 하게 된다. 보적 선사는 마침 고기를 사고파는 광경까지 보았으니 약간 얼굴을 찌푸렸을지도 모른다. 그러나 뜻밖에도 두 사람의 대화에서 평생의 짐을 내려놓게 된다. 고기를 사는 사람은 좋은 고기를 달라고 하는데 파는 사람은 "좋지 않은 고기가 어디에 있는가?"라고 하는 것이다.

좋다는 것과 좋지 않다는 차별심, 선과 악이라는 분별심, 나와 너라는 상대적 관념, 범부와 성인, 중생과 부처라는 이 모든 차별이 한순간에 무너지는 대화였다. 이처럼 안목을 열어주는 것은 결코 많은 말과 긴 법문, 장황한 경전 말씀에 있는 것이 아니다. 짧은 한마디, 손가락 하나, 한 송이 꽃에서도 얼마든지 눈을 뜰 수 있다. 그리고 그 말을 누구를 위해서 했든 듣고 깨닫는 사람이 있으면 곧 그 사람의 것이다.

아마도 고기를 사러 갔던 그 사람은 아직도 오리무중 헤매고 있을 것이다. 참으로 기이하다 하겠다. 돈을 번다고 해서 벌어지는 것도 아니다. 때가 되면 일확천금도 쉽다. 불법에 대한 깨달음도 그와 같이 예정에도 없이 우연히 다가오는 일이다.

　　　　　　　반산보적 선사

◉

장송가를 듣고 깨치다

반산보적 선사가 어느 날 산문 밖을 나갔다가 상여꾼을 보았다. 그는 요령을 흔들면서 노래를 불렀다.

"붉은 해는 반드시 서쪽으로 넘어가는데, 이 혼령은 어느 곳으로 가는지 알 수 없구나."라고 하였다.

장막 아래에서 효자가 곡을 하였다.

"아이고, 아이고."

반산 선사가 몸과 마음이 뛸 듯이 기뻐하여 돌아오니 마조 선사가 인가하였다.

師 一日 出門 見挽歌 卽振鈴云 紅輪 決定沉西去 未委魂靈 往那方 幕下 孝子 哭云 哀哀 師 身心踊悅歸來 馬大師 印可.

【강설】　반산보적 선사가 눈을 뜨고 마음이 열리는 계기가 참으로 남다르다. 앞에서는 고기를 사고팔면서 주고받는 대화에서 눈을 뜨더니, 이 단락에서는 상여꾼의 장송곡에 상주가 "아이고, 아이고."라고 하는 광경을 보고 마음이 환하게 밝아져서 뛸 듯이 기뻐하여 스승으로부터 인가를 받았다.

"죽어서 가는 저승길은 어디인가?" 상주가 "아이고, 아이고."라고 하는 바로 그 소식이다. 그렇다. 저승길은 곧 여기 이 순간이다. 이 외에 달리 무엇이 따로 있겠는가? 저 드넓은 시방세계와 무한한 과거·현재·미래가 바로 여기 지금 이 순간인 것을.

마음 달이 환하다

반산보적 선사가 대중에게 말씀하였다.

"마음달이 홀로 둥글어 그 빛이 온 세상을 다 삼켰네. 빛은 경계를 비추는 것이 아니며 경계도 또한 존재하지 않네. 빛과 경계가 함께 없어지고 나니 다시 무슨 물건인가?"

동산 스님이 말하였다.

"빛과 경계가 아직 없어지지 아니하면 다시 무슨 물건인가?"

師 示衆云 心月 孤圓 光呑萬相 光非照境 境亦非存 光境 俱忘 復是何物 洞山 云 光境 未亡 復是何物.

【강설】   반산보적 선사는 이 멋진 시를 남긴 후 수많은 사람의 칭송을 받는다. 예로부터 사람들의 마음을 태양에다 비유하기도 하고 허공에다 비유하기도 하지만 달에다 비유한 것이 가장 운치가 있다. 시적이다. 높다란 금선대 직은 임자에 만월이 홀로 높이 떠서 온 천지를 교교히 비치는데 세상은 죽은 듯 고요하고 벗도 없이 혼자서 보고 느끼는 그 광경을 깊이 상상해 본다면 어느 정도는 이해하리라.

그 달은 곧 내 마음이다. 내 마음의 빛은 산하대지를 온통 다 삼키고 만다. 마음의 빛뿐이다. 달리 무엇이 있겠는가. 그렇게 되면 비치는 빛도 경계도 사라진 지 오래다. 그것은 곧 너도 없고 나도 없고, 성인도 없고 범부도 없고, 중생도 없고 부처도 없고, 동서남북도 없는 오로지 이 한마음뿐인 정경을 그렇게 외로운 달이 온 천지를 비추는 모습으로 표현하였다.

동산 스님은 따진다.

"빛과 경계가 함께 다 사라지면 아무 것도 없다고 하지만, 빛과 경계가 아직 사라지지 않았다 한들 또한 도대체 무엇이 존재한단 말인가?"라고 하여 반산 선사의 뜻을 부정하는 것이 아니라 더욱 확실하게 밝히고 있다.

◉

이것이 참 출가이다

반산보적 선사가 대중에게 말씀하였다.

"땅이 산을 들어 받치고 있으나 산의 높음을 알지 못하는 것과 같이 하고, 돌이 옥을 머금고 있으나 옥에 티가 없는 것을 알지 못하는 것과 같아야 한다. 만약 능히 이와 같으면 이것이 참다운 출가니라."

師 示衆云 似地擎山 不知山之高峻 如石含玉 不知玉之無瑕 若能如是 是眞出家.

【강설】　출가인의 정신세계를 말씀한 내용이다. 산이 아무리 높다 해도 땅이 받쳐주기 때문에 높은 것이다. 그러나 땅은 산을 그토록 높게 한 공을 아예 모른다. 무심할 뿐이다. 옥이 아무리 티가 없는 명옥(名玉)이라 하더라도 옥이 빛나는 것은 돌이 옥을 머금고 있기 때문이다. 하지만 돌은 그 공을 모른다. 이와 같이 출가하여 수행하는 사람도 아무리 큰 공덕이 있고 수행을 많이 쌓았더라도 자신이 한 일에 대해서 생각이 없어야 한다. 공부를 많이 하고 계행을 청정하게 지키고 대

중을 위한 공이 아무리 크더라도 저 땅과 돌처럼 무심하여야 한다. 이것이 진정한 출가인의 마음이다.

◉

마음을 구할 데가 없다

반산보적 선사가 말씀하였다.

"삼계가 법이 없는데 어느 곳에서 마음을 구하며, 사대가 본래 공한데 부처가 무엇에 의지하여 머물겠는가?"

법진일 선사가 게송으로 말하였다.

"삼계가 본래 마음을 말미암아 나타난 것인데 마음이 없으니 삼계가 저절로 없어지도다."

師 垂語云 三界無法 何處求心 四大本空 佛依何住 法眞一 頌云 三界本因心所現 無心 三界自平沉.

【강설】　세상이 온통 텅 비었는데 마음인들 어디 있으랴. 마음이라는 것도 실제로는 마음이 표현될 만한 경계가 있어야 비로소 작용하는 것이다. 우리는 그 작용을 마음이라고 한다. 마음, 마음, 마음이라해도 그 마음은 어디에 어떤 모습으로 고정된 존재가 아니다. 부처님, 부처님, 부처님이라고 하지만 그것 또한 이 사대육신으로 만들어진 사람의 모습을 두고 하는 말이다. 만약, 사대육신이 본래로 텅 비어 공한 것이라면 부처님인들 어디에 있으랴.

　　이 말에 대해서 법진일(法眞一)이라는 스님이 게송으로 거들었다.

“그래, 삼계라는 것도 결국은 마음을 말미암아 나타난 바다. 이 마음이 없다면 삼계는 저절로 사라지리라.”라고 하였다.

한 사람은 “삼계가 없는데 마음이 어디에 있겠는가?”라고 하였고,

한 사람은 “마음이 없는데 삼계가 어디에 있겠는가?”라고 하였다.

즉 “닭이 없는데 달걀이 어디에 있겠는가?”

“달걀이 없는데 닭이 어디에 있겠는가?”

“닭이 없는데 달걀이 어디에 있겠는가?”

“달걀이 없는데 닭이 어디에 있겠는가?”

“?????????”

무엇보다 “이 사대육신이 없는데 부처님인들 어디에 있겠는가?”라고 한 사실에 착안하여야 하리라.

 무비 스님 직지 강설

귀종지상 선사

歸宗智常 禪師

솥뚜껑을 세 번 치다

귀종 선사에게 어떤 스님이 물었다.

"초심자가 어떻게 해야 깨달아 들어가는 곳을 얻을 수 있겠습니까?"

귀종 선사가 부젓가락으로 솥뚜껑을 세 번 두드리고 물었다.

"듣는가?"

"예, 듣습니다."

"나는 왜 듣지 못하는가?"

또 솥뚜껑을 세 번 두드리고 묻기를,

"듣는가?"

"듣지 못합니다."

"나는 어찌하여 듣는가?"

그 스님이 아무 말이 없으니, 귀종 선사가 말하였다.

"관음보살의 미묘한 지혜의 힘으로 능히 세간의 고통을 구제하느니라."

歸宗 因僧 問 初心 如何得个入處 師 以火筯 敲鼎盖三下 問 還聞麼 僧
云 聞 師云 我何不聞 又敲鼎盖三下 問 還聞麼 僧云 不聞 師云 我何以
聞 僧 無語 師云 觀音妙智力 能救世間苦.

【강설】　귀종지상(歸宗智常) 선사는 여산(廬山) 귀종사(歸宗寺)에 주석
한 지진지상(至眞智常) 선사다. 마조 선사의 제자로서 빨간 눈[赤眼]의
귀종이라고도 한다. 귀종 선사의 문하에는 고안대우(高安大愚) 선사가
있다. 대우 선사는 임제 스님이 황벽 선사를 하직하고 찾아와서 두어
마디의 대화 끝에 크게 깨닫게 하여준 분이다. 임제 선사는 깨닫고 나
서 "황벽 스님의 불법이 별것 아니구나[黃蘗佛法無多子]."라는 유명한
말을 남기기도 했다.

　　선승들이 사람들을 제접하여 깨우침을 열어주는 데는 각자의 가
풍이 있다. 어떤 스님이 귀종 선사에게 "초심자가 어떻게 해야 깨달아
들어가는 곳을 얻을 수 있겠습니까?"라고 물었는데 귀종 선사의 방편
은 좀 특이하다. 부젓가락으로 솥뚜껑을 세 번 두드렸다. 마침 밥을 짓
고 있었거나 물을 끓이고 있었을 것이다. 불을 때면서 손에 들고 있던
부젓가락으로 세 번 두드린 것은 그 순간의 상황으로 보아서 너무나
손쉬운 일이며 일상사일 뿐이다. 아무런 억지나 조작이 없다. 그대로
물이 흐르듯 표현했다.

　　솥뚜껑을 두드리는 소리는 누구나 다 들을 수 있는 소리다. 그런
데 상대가 듣는다고 하면 자신은 못 듣는다고 대답하고, 상대가 못 듣
는다고 하면 자신은 듣는다고 대답한다. 그 소리나 소리를 듣는 일이
나 중심에서 보면 모두가 주변의 일일 뿐이다. 설사 중심의 일이라고
하더라도 실재하는 것은 아니다. 초심자는 모름지기 실재하지 않는
소리를 관찰하듯이 들어가야 한다.

　아마도 귀종 선사는 무엇보다 관음보살의 미묘한 지혜의 힘으로 온갖 세간의 고통을 구제하는 것이 중요한 일이라고 여겼을 것이다. 그래서 「관세음보살보문품」의 "관음보살의 미묘한 지혜의 힘으로 능히 세간의 고통을 구제하느니라."라는 말씀을 인용한 것이다. 세간의 고뇌를 듣고자 하는 자비심이 있으면 소리가 있든 없든 언제나 들을 수 있다.

　그리고 『능엄경』에 의하면 관음보살의 수행은 반문문자성(返聞聞自性)이라고 한다. 즉 사람이 어떤 소리를 들을 때 그 듣는 것을 되돌려 듣는 그 본체인 자성을 살펴[들음]보는 것이다. 달리 표현하면 "무엇이 소리를 듣는가?"라고 관조하는 방법이다. 관음보살은 25명의 부처님 제자들이 각자 자신들의 공부 방법을 이야기할 때 이런 방법으로 깨달음을 얻었노라고 하였다. 초심자가 이와 같은 방법으로 깨달아 들어가라는 의미로도 살펴볼 수 있을 것이다.

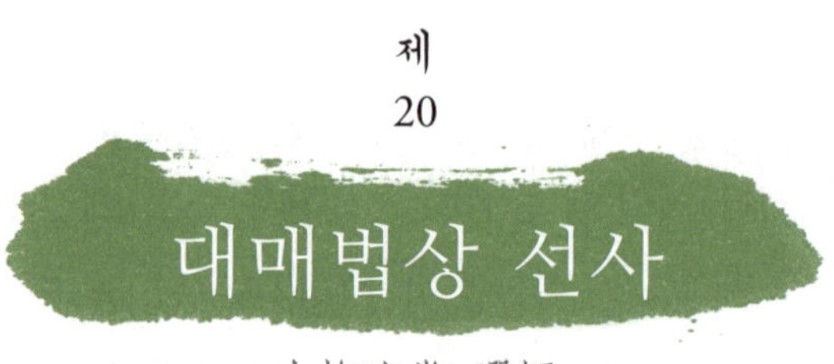

대매법상 선사

大梅法常 禪師

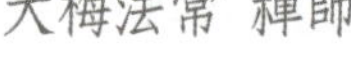

홀로 왔다 가는 길

대매 선사가 열반에 드실 때 대중에게 말씀하였다.

"오는 것을 막을 수 없고 가는 것을 따를 수 없다."

다람쥐 소리를 듣고 조용히 말씀하였다.

"곧 이 물건이요, 다른 물건이 아니니 그대들은 잘 보호하여 가지라. 나는 마땅히 가리라."

大梅 臨遷化 示徒云 來莫可抑 往莫可追 從容聞鼯鼠聲乃云 卽此物 非他物 汝善護持 吾當逝矣.

【 강설 】　　대매법상(大梅法常, 752~839) 선사는 『전등록』에 의하면 명주(明州) 대매산(大梅山) 법상(法常) 선사다. 선사는 양양(襄陽) 사람이다. 성은 정(鄭)씨였다. 어릴 때 형주(荊州) 옥천사(玉泉寺)에서 스님이 되었는데, 처음으로 마조(馬祖) 선사를 찾아뵙고 물었다.

　　"무엇이 부처입니까?"

　　"마음이 곧 부처이다."

　　법상 선사는 즉석에서 크게 깨달았다. 그 후 당나라 정원(貞元) 연간에 천태산(天台山) 여요(餘姚)의 남쪽으로 칠십 리에 있는 매자진(梅子眞)이 옛적에 은거하던 자리에 살았다.

　　이때에 염관제안(鹽官齊安, ?~842) 선사 밑에 있던 어떤 스님이 와서 주장자를 만들 나무를 베다가 길을 잃고 암자가 있는 곳까지 와서 물었다.

　　"화상께서는 얼마 동안 여기에 계셨습니까?"

　　"사방의 산이 푸르렀다가 누렇게 되는 것을 보았을 뿐이다."

　　"산을 벗어나는 길은 어느 쪽에 있습니까?"

　　"냇물이 흐르는 곳을 따르라."

　　그 스님이 돌아와서 염관 선사에게 말하니, 염관 선사가 말했다.

　　"내가 강서(江西)에 있을 때에 어떤 스님을 만났는데 그 후로 소식을 몰랐는데 그 스님이 아닐까?"

　　그리하여 스님을 보내서 대사를 나오라 하니 대매법상 선사가 게송으로 대답했다.

　　앙상한 고목이 묵은 숲에 섰으니
　　몇 차례 봄이 와도 변할 줄 몰랐네.
　　나무꾼이 보고도 본체만체하거늘
　　눈 높은 목수[郢人]는 무엇 때문에 애써서 찾는가?

마조 선사가 이 말을 전해 듣고 한 스님을 보내서 이렇게 묻게 하였다.

"화상께서 마조를 뵙고 얻은 것이 무엇이기에 여기에 사십니까?"

선사가 대답하였다.

"마조 선사께서 나에게 이르시기를 마음이 곧 부처[心卽是佛]라 하시기에 여기에 와서 산다네."

그 스님이 말했다.

"요사이에는 다시 마음도 아니고 부처도 아니라고[非心非佛] 하십니다."

선사가 말했다.

"그 늙은이가 사람 속이기를 그칠 날이 없구나. 자기 멋대로 마음도 아니고 부처도 아니라 하지만 나는 마음이 곧 부처라 하리라."

그 스님이 돌아가 마조 선사에게 전하니 마조 선사가 듣고 말했다.

"대중이여, 매실[梅子]이 잘 익었구나."

이로부터 학자들이 차츰 늘어서 선사의 도가 더욱 드러났다. 어느 날 대사가 상당하여 대중에게 말했다.

"그대들 모두가 제각기 마음을 돌이켜서 근본을 통달하려 할지언정 끝을 쫓지 마라. 근본을 얻기만 하면 끝은 저절로 이른다. 만일 근본을 알고자 하면 오직 자신의 마음을 아는 일뿐이다. 이 마음은 원래 온갖 세간과 세간 밖의 법의 근본이다. 그러므로 마음이 나면 온갖 법이 나고 마음이 멸하면 온갖 법이 멸한다. 마음에는 온갖 선악이 붙지 않지만, 만법을 내되 본래부터 여여하다."

어떤 스님이 물었다.

"무엇이 불법의 대의입니까?"

"장포 꽃, 버들 솜, 대 바늘, 삼 껍질에서 뽑아낸 실이다."

어느 날 홀연히 대중에게 위에서 소개한 내용의 말씀을 하시고 열반에 들었다.

법상 선사의 수명은 88세요, 법랍은 69세였다.

대매지상 선사가 열반에 들면서 하신 "오는 것을 막을 수 없고 가는 것을 따를 수 없다."라는 말은 인생을 달관한 매우 빼어난 말씀이다. 인생을 살다 보면 모든 것이 자연의 섭리에 의하여 순환하며 생주이멸(生住離滅)한다는 사실을 절감하게 된다. 세상사가 그렇고 태어나고 죽는 일이 또한 그렇다. 오는 것을 아무리 막으려 해도 막을 수 있는 것이 아니다. 재앙이든 복이든 오는 것은 오게 되어 있는 것이 인생사이며 또한 세상사이다. 없는 복은 아무리 원해도 오지 않는다. 사람이든 명예든 재산이든 목숨이든 떠날 인연이면 붙잡는다고 되지 않는 것이 또한 세상사이다. 이 사실을 철저히 체득하면 인생을 달관한 사람이라고 할 것이다.

대매지상 선사가 조용히 다람쥐 소리를 듣고 "곧 이 물건이요, 다른 물건이 아니니 그대들은 잘 보호하여 가지리."는 가르침은 침으로 간단하면서 선불교의 핵심을 드러낸 말씀이다. 소리를 듣는 그 사실, 그 능력, 이것뿐이다. 이것이 모든 것이다. 이것이 선불교의 생명이다. 보는 것도 느끼는 것도 무엇을 아는 것도 역시 그렇다.

대주혜해 선사

大珠慧海 禪師

자기가 보배이다

대주혜해 선사가 처음 마조 선사를 참례하였을 때 마조 선사가 물었다.

"어디에서 오는가?"

"월주 대운사에서 옵니다."

"이곳에 와서 무슨 일을 하려는가?"

"불법을 구하려고 합니다."

"자기 집의 보물은 돌아보지 않고 집을 버리고 돌아다니면서 무엇을 하자는 것인가. 나에게는 아무것도 없다. 무슨 불법을 구하겠는가?"

대주혜해 선사가 드디어 예배하고 물었다.

"무엇이 혜해 자신의 보물입니까?"

"지금 나에게 묻는 것이 그대의 보물이다. 모든 것이 구족하여 조금도 부족함이 없으며 사용하는 데 자유자재하다. 그런데 왜 밖을 향해서 찾는가?"

혜해 선사가 그 말에서 스스로 본심을 알았다. 그러나 앎을 말미암지 않고 깨달아서 뛸 듯이 기뻐하며 감사의 예를 드렸다.

大珠慧海禪師 初參馬祖 祖問曰從何處來 曰越州大雲寺來 祖曰來此 擬須何事 曰來求佛法 祖曰自家寶藏 不顧 抛家散走 作什麽 我這裏 一 物也無 求甚麽佛法 師 遂禮拜問曰阿那个 是惠海 自家寶藏 祖曰卽今 問我者 是汝寶藏 一切具足 更無欠少 使用自在 何假向外求覓 師於言 下 自識本心 不由知覺 踊躍禮謝.

【강설】　대주혜해(大珠慧海) 선사는 중국 당나라 스님이다. 성은 주(朱)씨다. 처음에는 월주(越州) 대운사(大雲寺)의 도지(道智) 법사에게 수업하였다. 뒤에 강서(江西)의 마조도일(馬祖道一) 선사를 참례하고 크게 깨달았다. 다시 월주에 돌아와서『돈오입도요문론(頓悟入道要門論)』한 권을 찬술하였다. 마조 선사가 책을 보고 평하기를, "큰 구슬이 훤하게 밝구나[大珠圓明]."라고 하였다. 마조 선사와의 문답 기연은 너무나도 유명하여 선불교의 핵심을 이해하는 데 표준이 되고 있으며『돈오입도요문론』은 선불교의 돈오(頓悟)사상을 세우는 기준이 되고 있다.

　이 세상 모든 사람은 매 순간 자신이 알고 있는 것 중에서 가장 중요한 일이며 가장 가치가 있는 일이라고 여겨서 행동한다. 대주 선사가 처음 수업을 하던 스님을 떠나 마조 선사를 찾아간 것도 인생에서 가장 값진 일이라고 판단하여 행해진 일이다. 그리고 가장 가치가 있다고 생각하는 불법을 구하려고 찾아 나섰다. 그것이 행복이든 평화든 깨달음이든 눈뜸이든 마음 열림이든 불법이든 아무튼 그에게는 인생 최고의 가치였다. 그러나 그것은 찾아 간 그곳의 마조 선사에게 있지 않고 이미 자신에게 본래부터 갖춰져 있는 것이었다. 알고 보면 멀리까지 찾아올 필요가 없는 문제였다.

그것은 비단 대주 스님에게만 해당되는 일은 아니다. 설사 그것이 불법이 아니라 하더라도 마찬가지이다. 모든 문제의 답은 질문하는 자신에게 있듯이 그 어떤 보물도 모두 자신에게 이미 존재하고 있는 것이다.

"지금 나에게 묻는 것이 그대의 보물이다. 모든 것이 구족하여 조금도 부족함이 없으며 사용하는 데 자유자재하다."라고 하였듯이, 질문하고 대답하는 일이며, 보고 듣고 생각하고 느끼는 그 당체, 그 사실이 사람마다 본래로 갖추고 있는 무한대의 보물이며 모든 문제를 해결하는 만능열쇠이다. 손오공의 여의봉이다. 용의 턱 밑에 감추고 있는 여의주이다. 그저 그런 줄 알기만 하면 되는 것이다. 이러한 이치가 선불교의 안목이다.

◉

몸·말·생각이 청정하면

대주 선사가 말씀하였다.

"몸과 말과 생각이 청정하면 이것이 부처님이 세상에 나오심이라 이름하고, 몸과 말과 생각이 청정하지 못하면 이것이 부처님이 열반에 드심이라 이름한다."

大珠 云 身口意 清淨 是名佛出世 身口意 不清淨 是名佛滅度.

      무비 스님 직지 강설 ◉

【강설】　대주혜해 선사가 매우 명쾌하고 특별하게 부처님의 출현을 설명하였다. 부처님은 사람의 마음이 청정하든 청정하지 않든 언제나 이렇게 출현하여 글을 읽고 말을 하고 낮잠도 자지만, 선사는 몸과 말과 생각이 텅 비어 청정하면 부처님이 세상에 출현한 것이고, 청정하지 못하면 부처님이 열반에 드신 것이라고 하였다.

　사람의 마음이 청정하기를 기다린다면 부처님이 언제 세상에 출현하겠는가. 기다리는 그것이 곧 부처님이 출현하여 작용하고 있는 것이다. 하지만 이와 같은 차원의 부처님만을 이야기하면 불교 신자가 우수수 떨어질 것이다. 그 수준에 맞는 근기가 몇이나 되겠는가.

　경전이나 어록에는 부처님을 이해하는 차원이 사람에 따라 다르다는 것을 견불차별(見佛差別)이라 하여 설명하고 있다. 사람의 수준에 따라 여러 가지 부처님을 보는 견해가 있을 수 있음을 설하고 있는 것이다.

　세속의 상식적인 입장에서는 역사적인 부처님, 즉 석가세존을 부처님이라고 이해하는 경우도 있고, 모든 존재가 존재하게 된 원리를 부처님이라고 설명하는 경우도 있고, 지극하고 순수한 믿음으로 부처님은 우리들의 믿는 마음이 있는 한 언제나 나타나서 가피를 내리고 자비를 베풀어서 중생들의 소원을 들어주는 부처님도 계시다.

대주혜해 선사 ◉

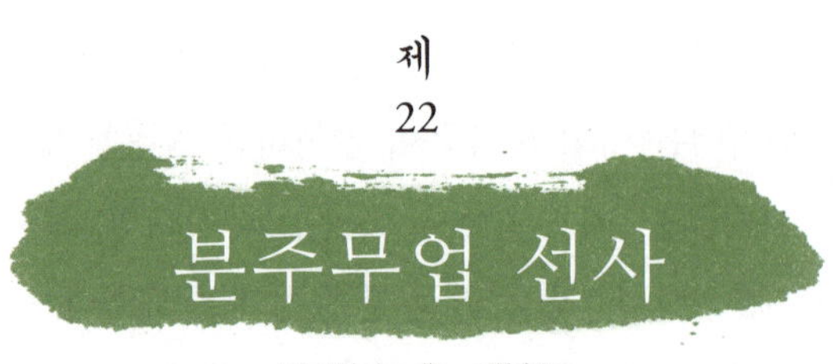

분주무업 선사

汾州無業 禪師

◉

당나귀 태에 들어가다

분주 선사가 말씀하였다.

"만약 털끝만치라도 범부와 성인의 생각을 다 없애지 못하면 당나귀 뱃속이나 말의 뱃속에 들어가는 것을 면치 못하리라."

백운수단 선사가 말씀하였다.

"설사 털끝만치라도 범부와 성인의 생각을 깨끗이 다 없앤다 하더라도 또한 당나귀의 뱃속과 말의 뱃속에 들어감을 면치 못하리라."

汾州 云 若一毫頭 凡聖情念 未盡 未免入驢胎馬腹裏去 白雲端曰 設使 一毫頭 凡聖情念 淨盡亦未免入驢胎馬腹裏去.

【강설】　분주무업(汾州無業, 760~821) 선사는 마조 선사의 제자로서 상주 사람이다. 성은 두(杜)씨다. 호는 분양(汾陽), 또는 분주(汾州)이고 시호는 대달 국사다. 선사가 말씀하길, 성인이니 범부니 하는 생각이 조금이라도 있으면 그는 축생을 면하지 못한다고 하였다. 즉 '분별심이 조금이라도 있으면 그는 곧 축생으로 살것'이라는 뜻이다.

　　그 말을 받아서 백운수단(白雲守端, 1025~1072) 선사는 범부니 성인이니 하는 생각을 조금 없앤다 해도 그 또한 축생을 면할 수 없다고 하였다. 살아 있는 사람이 아무런 분별심이 없다면 축생과 같다는 뜻이다.

　　멀쩡한 사람을 두고 왜 범부니 성인이니 하는가? 분주 선사도 백운 선사도 사람에게서 사람을 못 보고 범부의 옷을 입고 성인의 옷을 입은 사실에만 눈이 멀었는가? 또한, 성인이니 범부니 하는 옷은 무엇인가? 개개가 원만한 존재이며 사람이란 본래부터 완벽하게 갖춘 천상천하에 유아독존이거늘 다시 무슨 성인을 찾고 범부를 찾는가. 처음도 끝도 오직 사람이 있을 뿐이다.

분주무업 선사 ◉

귀종지상 선사

歸宗智象 禪師

당신은 부처님

귀종 선사에게 어떤 스님이 물었다.

"무엇이 부처입니까?"

귀종 선사가 말씀하였다.

"내가 지금 그대에게 일러주는 것은 사양하지 않겠으나 혹 그대가 믿지 못할까 염려된다."

"화상의 진실한 말씀을 어찌 감히 믿지 않겠습니까?"

"부처는 곧 그대이다."

"어떻게 보림(保任)해야 합니까?"

"조그마한 눈병이라도 눈에 있으면 허공에서 꽃이 어지럽게 떨어진다."

그 스님이 이 말에 크게 깨달았다.

歸宗 因僧 問 如何是佛 師云 我今不辭向汝道 恐汝不信 僧云 和尙誠
言 焉敢不信 師云 卽汝是 僧云 如何保任 師曰一翳 在眼 空花亂墜 僧
於此 大悟.

【강설】　불자들의 영원한 화두는 부처가 무엇이며, 어떻게 해야 부
처가 될 수 있는가 하는 문제이다. 이에 대해서 귀종지상(歸宗智象) 선
사는 가장 간단명료하고 정확하게 대답하였다.

　"부처란 곧 그대이다."

　달리 표현하면 '당신은 부처님'이다. 존재의 실상을 바르게 깨닫고
사람의 실상을 정확하게 깨달은 모든 성인의 한결같은 말이다. 만약 사
람을 이처럼 보지 못하고 어떤 존재의 종이라거나, 죄업이 많은 중생이
라거나, 하찮은 존재로 본다면 그것은 그 어떤 죄악보다도 큰 죄악이다.
"천지 만물 가운데 사람이 가장 존귀하다."라는 말이 있다. 지혜의 눈을
크게 뜨고 사람을 바로 본다면 반드시 이렇게 보아야 한다.

　그런데도 미혹한 사람들은 부처님이며, 하나님이며, 신(神)인 이
렇듯 존귀한 사람을 아직도 누구의 종이며 죄인이라고 잘못 가르치고
있다. "종은 주인이 시키는 대로만 하면 밥도 주고, 옷도 주고, 짐을 질
곳도 주고, 돈도 주고, 가끔 휴가도 준다. 그러므로 달리 자기주장을
하거나 딴생각을 하면 안 된다. 이 사실은 큰 행운이다."라고 큰 소리
로 가르치고 종이 된 것이 큰 행운이라고 한다. 그것도 전 세계에 퍼져
나가는 전파 매체를 통하여 외치고 있으니 참으로 통탄할 일이다.

　이와 같은 가르침을 배운 사람들은 사람을 종으로 팔아넘기는 것
을 물건 팔아넘기듯 한다. 영화 '뿌리'에서 도망가는 노예의 발목을
자르고도 서재에 들어와서 편안한 마음으로 성경을 읽고 있는 모습은
많은 것을 시사한다.

귀종지상 선사 ◉

하루빨리 사람이 부처님이며, 하나님이며, 신이라는 인불사상(人佛思想)과 인내천사상(人乃天思想)과 인신사상(人神思想)이 널리 전파되어 사람을 보호하고 사람을 존중하여 모든 문명과 산업이 사람의 생명을 보호하고 돌보는 일에 매진해야 할 것이다.

이와 같은 견해에서 조금이라도 틈이 생기거나 의혹이 생기면 그것은 일파만파로 문제를 일으켜 또다시 자신과 세상을 어지럽게 만든다. 그래서 질문을 한 스님은 "어떻게 이 사실을 잘 보호하고 지켜야[保任] 합니까?"라고 물었는데 귀종 선사는 "조그마한 눈병이라도 눈에 있으면 허공에서 꽃이 어지럽게 떨어진다."라고 의미심장한 답을 하였다. 사람이 부처님이며, 하나님이며, 신이라는 사실에 한 점의 의혹도 품지 말고, 받들어 섬기고 잘 지켜 보호하여야 한다. 우리 모두 그렇게 살면 그도 행복하고 나도 행복하고 인류 모두가 행복할 것이다.

세상에는 훌륭한 가르침이 대단히 많다. 또한 그것을 따르고 몸소 익혀서 자신의 생명처럼 소중히 여기며 생활신조로 삼는 경우가 많다. 특히 평생 불교를 공부하고 수행에 전념한 사람이라면 자신이 믿고 의지하는 바로써 인류에게 바치는 지극한 한마디 말이 있을 것이다. 예컨대 연기, 공, 무아, 인과, 관세음보살, 아미타불, 지장보살 등등 각자의 소신에 따라 무수히 많으리라. 필자는 인불사상(人佛思想)에 근거하여 가장 친근한 표현으로 '당신은 부처님'이라는 말을 소개하고 싶다. 나의 소신으로는 이보다 더 값지고 훌륭한 말이 또 있을까 싶다.

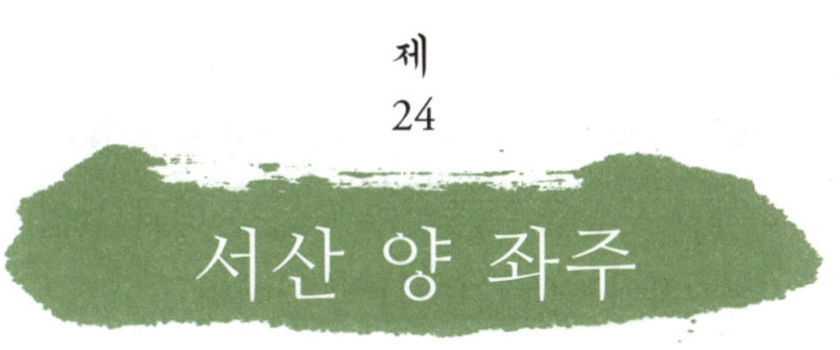

서산 양 좌주

西山 亮 座主

무엇인가?

서산 양 좌주가 24본의 경론을 강의하였는데 어느 날 마조 선사를 방문하였더니 마조 선사가 물었다.

"듣자 하니 대덕이 경론을 매우 잘 강의한다고 하는데 사실인가?"

"예, 그렇습니다."

"무엇을 가지고 강의하는가?"

"마음을 가지고 강의합니다."

"마음은 연극을 하는 사람[工伎兒]과 같고 생각은 연극에 화답하는 사람[和伎者]과 같은데 어찌하여 경론을 강의할 줄 아는가?"

"마음이 이미 강의할 수 없다면 허공이 강의한다는 것이 아닙니까?"

"그래, 허공이 강의한다."

좌주가 옷을 휘날리며 나가버리거늘 마조 선사가 좌주를 부르니 좌주가 돌아보았다.

마조 선사가 "무엇인가?"라고 하였다.

좌주가 이에 크게 깨닫고 곧바로 감사의 예배를 올렸다. 마조 선사가 말씀하였다.

"이 둔한 중이여, 예배는 왜 하는가?"

좌주의 몸에서 금세 땀이 흘러넘쳤다. 절에 돌아와서 대중에게 말하였다.

"내가 일생 공부한 것을 누구도 지나가는 사람이 없다고 생각하였는데 오늘 마조 선사의 질문을 받고 평생 공부가 얼음이 녹듯 녹아버렸다."

그 후로는 강의하는 것을 그만두고 바로 서산에 들어가서 묘연히 소식이 없었다.

西山亮座主 講得二十四經論 一日 去訪馬祖 祖問曰聞說 大德 甚講得經論 是否 主云 不敢 祖曰將甚麼講 主云 將心講 祖曰心如工伎兒 意如和伎者 爭解講他經論 主云 心旣講不得 莫是虛空講得麼 祖曰却是虛空 講得 主 拂袖而出 祖 召座主 主 回首 祖曰是什麼 主 於是 大悟 便伸禮謝 祖曰禮者鈍根阿師禮拜作甚麼 主 直得遍體通身汗流 歸寺 謂衆曰我一生功夫 將謂無人過得 今日 被馬祖 一問 平生功夫 氷釋而已 後乃罷講 直入西山 杳無消息.

【강설】 　온갖 경론을 강의하는 강사와 마조 선사와의 대화이다. 무슨 경론을 어떻게 강의하더라도 그것은 모두 심의식(心意識)의 장난일 뿐이다. 심의식의 장난이란 중심의 표현이 아니고 표면과 주변의 놀이이다. 진정으로 경론을 강의한다면 중심의 울림이라야 한다. 심의식으로 왈가왈부한다면 마조 선사의 안목에서 볼 때 그것은 아무것도 아니다. 그래서 "마음이 이미 강의할 수 없다면 허공이 강의한다는 것

　　　　무비 스님 직지 강설 ◉

이 아닙니까?"라고 하니, "그래, 허공이 강의한다."라고 하여 뒤틀린 말을 건넨 것이다. 그러자 강사는 화가 나서 옷깃을 휘날리며 나가버린다. 마조 선사는 바로 이때를 놓치지 않고 강사를 불러 일침을 가하여 눈을 열어준다. 즉 부르면 돌아볼 줄 아는 그 사실, "이것이 무엇이겠는가?"라는 것이다. 강사는 그동안 온갖 경론과 숱한 경계에 팔려 다니다가 비로소 집으로 돌아오는 소식을 만난 것이다.

강사의 안목을 더욱 확실하게 한 것은 강사가 깨닫고 나서 감사의 예를 올리니까 "그대의 깨달음은 본래부터 그대의 것이지 나와는 아무런 관계가 없는 것일세. 그런데 예배는 무엇 때문에 한단 말인가?"라고 한 뜻이다. 강사는 곧바로 서산에 들어가서 종적을 감췄다고 한다.

"마음은 연극을 하는 사람[工伎兒]과 같고 생각은 연극에 화답하는 사람[和伎者]과 같다."라는 말은 『능가경』의 글이다. 연극을 하는 사람이란 모든 연기자이고 연극에 화답하는 사람이란 연극을 할 수 있게 무대를 꾸미고 의상을 준비하는 사람들을 말한다. 참고로 경전의 글을 인용하면 다음과 같다.

"마음은 연극을 하는 사람과 같고 생각은 연극에 화답하는 사람과 같네. 전오식은 벗이 되고 망상은 연극을 보는 관중이다[心如工伎兒 意如和伎者 五識爲伴侶 妄想看伎衆]."라고 되어 있다.

오설영묵 선사

五洩靈默 禪師

다만 이것뿐이다

영묵 선사가 석두 선사에게 가서 말하였다.

"한마디에 서로 맞으면 머무를 것이고 한마디에 맞지 않으면 곧 떠나
리라."

석두 선사가 문득 앉으니 영묵 선사가 옷깃을 휘날리며 나가버렸다.

석두 선사가 불렀다.

"상좌여."

영묵 선사가 머리를 돌리니 석두 선사가 말하였다.

"태어나서부터 죽음에 이르도록 다만 이것뿐이거늘 머리를 돌리고 뇌
를 굴려서 무엇을 하자는 것인가?"

영묵 선사가 그 말을 듣고 크게 깨달았다.

靈黙禪師 到石頭 云 一言 相契 卽住 一言 不相契 卽行 頭據坐 師 拂
袖出去 頭 呼云 上座 師 迴首 頭云 從生至死 只是者漢 回頭轉腦 作甚
麽 師 於言下 大悟.

【강설】　　석두희천(石頭希遷, 700~790) 선사는 청원행사 선사의 제자다.
영묵 선사는 오설영묵(五洩靈黙, 747~818) 선사이다. 두 선사의 대화와
몸짓이 그토록 간단명료하지만 영묵 선사는 일생의 할 일을 다 마쳤다.

　　선불교의 핵심은 아주 간단하다. 누가 부르면 부르는 소리를 듣고
돌아볼 줄 아는 그 사실뿐이다. 그것이 전부다. 좀 더 부연한다 하더라
도 보고 듣고 하는 사실뿐이다. 그것이 나와 너와 부처와 중생과 성인과
범부와 태어남과 죽음, 그 모든 것의 핵심이며 중심이다. 이 사실을 체
득하는 것이 선불교의 목적이다. 이것을 알면 일을 다 마쳤다고 한다.

　　이처럼 영묵 선사는 대장부의 할 일을 다 마쳤다. 그야말로 백년
삼만육천조 반복원래시자한(百年三萬六千朝 反覆元來是者漢)이다. 한 생
애를 1백 년이라 하고, 1백 년 3만 6천일을 매일매일 반복하는 것이
바로 그것이다.

오설영묵 선사 ◉

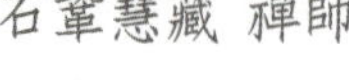

석공혜장 선사

石鞏慧藏 禪師

너 자신을 쏴라

석공 화상은 옛날에 사냥꾼이었는데 사슴을 뒤쫓아 가다가 마조 선사의
암자 앞을 지나게 되었다. 마조 선사에게 물었다.

"사슴이 지나가는 것을 보았습니까?"

"그대는 무엇을 하는 사람인가?"

"사냥꾼입니다."

"그대는 화살 하나로 몇 마리나 쏘는가?"

"화살 하나로 한 마리를 쏩니다."

"그대는 훌륭한 사냥꾼이 못 되는구나."

"화상께서는 활을 쏠 줄 압니까?"

"쏠 줄 알지."

"화상께서는 화살 하나로 몇 마리나 쏩니까?"

"나는 화살 하나로 한 무리를 다 쏜다네."

"피차가 다 생명인데 어찌하여 한 무리를 다 쏩니까?"

"그대가 그와 같은 것을 안다면 어찌 자신을 쏘지 않는가?"

"만약 저로 하여금 자신을 쏘게 한다면 곧 손을 쓸 수가 없습니다."

"이 사람이 오랜 세월의 무명이 오늘에 이르러 한꺼번에 쉬어버렸도다."

석공 화상이 그때에 활과 화살을 던지고 마조 선사에게 출가하였다.

石鞏和尙 昔 爲獵人 趁鹿 從馬祖菴前過 問祖曰還見鹿過不 祖曰汝是 何人 曰射獵人 祖曰汝一箭 射幾箇 曰一箭 射一箇 祖曰汝不善射 云 和尙 解射不 祖曰解射 曰和尙 一箭 射幾箇 祖云 我 一箭 射一羣 曰彼 此生命 何得射一羣 祖曰汝知如此 何不自射 曰若敎某甲 自射 直是無 下手處 祖曰這漢 廣劫無明 今日 頓息 石鞏 當時 擲下弓箭 投祖出家.

【강설】　　석공혜장(石鞏慧藏) 선사는 마조 선사의 제자이다. 마조 선사가 석공 화상을 교화한 이야기는 매우 유명하다. 사냥에도 자신이 아닌 남을 쏘면 하나하나 쏘아야 하지만 자신을 쏘면 한 번에 자신과 아울러 남을 다 쏘아 죽인다. 온 천하를 다 쏘는 것이 된다. 그러므로 마조 선사는 하나의 화살로 한 무리를 다 쏜다고 하였다.

　　순진무구한 사냥꾼 석공 화상은 "나와 남이 모두가 생명인데 어찌하여 무자비하게도 한꺼번에 한 무리를 다 쏘아 죽인다고 하십니까?"라고 하였다.

　　이에 마조 선사는 "이왕에 피차가 다 생명이어서 무자비하게 한 무리를 쏠 수 없다면 차라리 자기 자신을 쏘는 것이 옳지 않겠는가?"라고 하였다. 화살로써 과연 자신을 쏠 수 있을까? 만약 쏜다면 그것은 어떤 의미일까?

석공혜장 선사 ●

⊙

소를 잘 기르다

그 뒤에 암두 선사의 회하에 살았는데 하루는 암두 선사가 물었다.

"그대는 여기에서 무엇을 하는가?"

"저는 여기에서 소를 기르고 있습니다."

"어떻게 기르는가?"

"한 번 풀 속에 떨어지면 코뚜레를 잡고 끌고 돌아옵니다."

"소를 참 잘 기르는구나."

後在嵒頭會下 一日 頭 問曰汝在者裏 作甚麽 答云 我在者裏 牧牛 頭
曰汝作麽生牧 曰一迴落草去 驀鼻曳將回 頭曰善牧善牧.

【강설】 불교에서는 자신의 마음 다스리는 일을 소를 기르는 데 비
유하여 설명하는 예가 많다. 석공혜장(石鞏慧藏) 선사는 한때 암두전활
(嵒頭全豁) 선사의 회하에서 살았는데 암두 선사가 예의 마음 다스리는
일을 물었고, 석공 선사는 흔히 표현하는 대로 소를 기르는 일로써 대
답한 것이다.

즉 "소가 한 번 풀 속에 떨어지면[落草] 코뚜레를 잡고 끌고 돌아옵
니다."라고 하여 소를 잘 기른다는 인증을 받았다. 풀 속에 떨어진다
는 것은 무엇인가? 낙초위구(落草爲寇)라는 말이 있는데, 말하자면 양
민(良民)이 산으로 들어가 도적 패거리가 된다는 뜻이며 가서는 안 될
잘못된 길에 들어선 것을 말한다. 수행자로서 만약 법답지 못하거나
수행자답지 못한 행동을 하거나 생각이 움직이면 곧바로 마음가짐을
바로잡아 여법한 길을 가도록 철저하게 관리한다는 뜻이다.

심우도(尋牛圖)에는 처음으로 잃어버린 소를 찾아서 풀을 뜯어 먹이는데 소는 마음대로 날뛰고 사람은 애써 말을 잘 듣는 고분고분한 소로 길들여가는 과정이 그려져 있다. 심우도나 십우도(十牛圖)가 모두 마음을 찾아 여법한 인격자로 만들어가는 과정을 그린 것이다. 하지만, 소가 풀을 뜯든 곡식을 먹든 소는 자기의 본성대로 살뿐이다.

석공혜장 선사 ●

약산유엄 선사

藥山惟儼 禪師

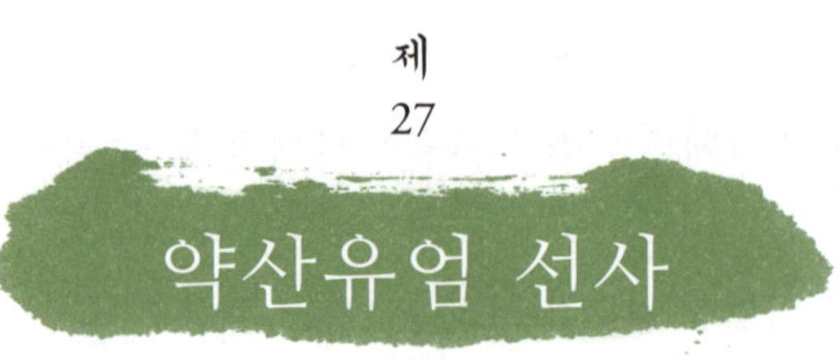

아무 것도 하지 않는다

약산 선사가 어느 날 좌선을 하는데 석두 선사가 보고 물었다.

"그대는 여기에서 무엇을 하는가?"

"아무것도 하지 않습니다."

"그렇다면 한가하게 앉아 있는 것이로구나."

"만약 한가하게 앉아 있다면 그것은 곧 하는 것입니다."

"그대가 아무것도 하지 않는다고 하는데 하지 않는다는 것은 무엇인가?"

"일천 성인들도 모르는 일입니다."

석두 선사가 게송으로 찬탄하였다.

그동안 함께 살아도 이름도 알지 못하였는데
마음대로 가지고 이렇게 작용하는구나.

자고로 성현들도 오히려 알지 못하였는데
경솔하게도 범부의 무리가 어찌 쉬이 밝히겠는가?

藥山 一日坐次 石頭見之 問曰汝在者裏 作甚麽 師曰一切不爲 頭曰伊
麽則閑坐也 師曰若閑坐 則爲也 頭曰汝道不爲 且不爲个甚麽 師曰千
聖亦不識 頭 以偈讚曰 從來共住不知名 任運相將只麽行 自古聖賢猶
不識 造次凡流豈易明.

【강설】　　약산유엄(藥山惟儼, 751~834) 선사는 여의주를 가지고 있었다.
어느 날 그 여의주를 감상하면서 조용히 앉아 있는데 귀찮게도 석두
선사가 무엇을 하느냐고 물었다. 여의주 놀이를 어떻게 설명하겠는
가. 아무리 따져 물어야 일천 성인도 모르는 경지인 것을. 그로 말미암
아 절창의 게송이 탄생하였다.

오랜 세월 이전부터 지금까지 함께 살아왔으나
그 이름을 모르네.
그런데도 자유 자재하게 보고 듣고 울고 웃으며 작용했다.
이 도리는 옛 성인들도 모르는데 어찌 범부가 쉽게 알 수 있으랴.

그야말로 무어라 이름할 수 없고 그릴 수도 없다는 말이다. 또한
"실로 옛 부처님이 태어나기 전에 당연히 한 모양이 원만하였다. 석가
도 오히려 모르는데 가섭 존자가 어찌 전해 받겠는가[古佛未生前 凝然一
相圓 釋迦猶未會 迦葉豈能傳]?"라는 말과 같다.
성인도 범부도 오직 모를 뿐이다.

 약산유엄 선사 ●

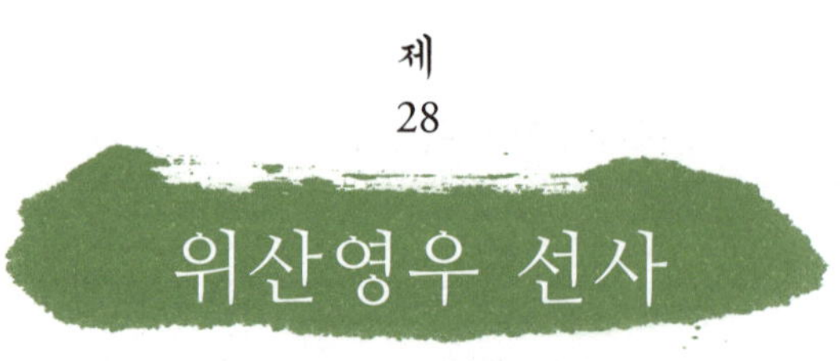 위산영우 선사

潙山靈祐 禪師

정병을 차버리다

위산 선사가 백장 선사의 회상에서 전좌라는 소임을 맡고 있었다. 백장 선사가 대위산의 주인을 선발할 적에 수좌를 청하여 대중에게 말을 하게 하였는데, "출격자에게 마땅히 주지를 주겠다."라고 하였다. 그리고 곧 정병을 가리키며 말하였다.

"이것은 정병이라고 부를 수 없으니 그대들은 무엇이라고 부르겠는 가?"

수좌가 말하였다. "나무덩어리라고 부를 수도 없습니다."

백장 선사가 수긍하지 않고 이에 위산 선사에게 물었다. 위산 선사가 정병을 발로 차서 넘어뜨렸다. 백장 선사가 웃으면서 말하였다.

"제일좌가 대위산을 부수어버렸다."

潙山 在百丈 爲典坐 百丈 將選大潙主人 乃請首座 對衆下語 出格者
當與住持 卽指淨甁云 不得喚作淨甁 汝喚作什麽 首座曰 不可喚作木
楔也 丈 不肯 乃問師 師 踢倒淨甁 丈 笑曰 第一座 輸却山子了也.

【 강설 】　　　위산영우(潙山靈祐, 771~853) 선사는 황벽 선사와 함께 백장
선사의 제자로서 선종의 5종 중에서 위앙종(潙仰宗)을 창시한 조사다.
위산(潙山)은 중국 호남성 장사부 영향현에 있는 산 이름이다. 소(小)위
산과 구별하여 대(大)위산이라고도 한다. 선사는 이곳에 주석하였으
므로 호가 되었다. 대원(大圓)은 당나라 대종(代宗)이 내린 시호다. 이름
은 영우(靈祐)라고 하며 복주 장계 조씨(趙氏)의 아들이다.

　　15세에 출가하여 본군(本郡) 건선사(建善寺)의 법상(法常)에게 중
이 되고, 23세에 백장회해 선사의 제자가 되었다. 원화(元和) 말년
(806~820)에 백장 선사의 명을 받아 장사로 가던 도중에 대위산을 지
나다가 잠깐 머무르니 군민이 다투어 모여들었다. 드디어 절을 짓고
선과 교를 40여 년 동안 설하다가 대중(大中) 7년(853) 정월에 아무런
병도 없이 앉아서 입적하니 세수가 83세였다. 뒤에 그의 제자 혜적(慧
寂) 선사는 앙산(仰山)에서 선을 선양하여 위산영우와 앙산혜적의 파
(派)를 위앙종(潙仰宗)이라 부르게 되었다.

　　수월관음도의 정병(淨甁)은 관음보살의 자비심과 감로의 법(法)의
비를 상징한다. 진리의 목이 마른 사람들에게 법의 비로써 적셔준다는
뜻이다. 선사들에게 정병은 늘 곁에 두고 사용하는 물병이다. 스승의 정
병을 제자가 발로 차서 넘어뜨린 것은 스승도 부정하고 스승이 낸 문제
까지도 부정한다는 뜻이다. 스승의 법을 계승하여서 한 산중의 주인이
되려면 스승의 법을 능가해야 한다. 청출어람(靑出於藍)이라 하여 제자
가 스승보다 뛰어났을 때 희망이 있고 날로 번성하는 것이다.

위산영우 선사 ●

위산 선사에게 앙산 스님이 물었다.

"무엇이 참 부처가 머무는 곳입니까?"

위산 선사가 말씀하였다.

"생각하되 생각함이 없는 묘로써 신령한 불꽃의 무궁함을 돌이켜 생각하여, 생각이 다하고 근원에 돌아가면 성품과 형상이 항상 머물며, 이치와 현상이 둘이 아니며 참 부처가 여여하니라."

앙산 스님이 그 말을 듣고 몰록 깨달았다.

潙山 因仰山 問 如何是眞佛住處 師云 以思無思之妙 返思靈焰之無窮
思盡還源 性相 常住 理事不二 眞佛如如 仰山 言下 頓悟.

【강설】 참 부처가 사는 곳은 어떤 곳인가. 위산 선사는 생각하되 생각함이 없는 미묘한 작용을 먼저 말하였다. 우리의 생각이란 한순간도 멈추지 아니하고 끊임없이 작용한다. 그러나 그렇게 많은 생각을 하되 조금도 흔적이 없다. 만일 사람들이 생각하는 것이 흔적이 있고 형상이 있다면 하루 동안 생각한 것만으로도 이 세상을 가득히 채우고 남을 것이다. 이 얼마나 다행인지 모른다. 사람에게는 온갖 좋고 나쁜 생각이 얼마나 많은가. 그래도 아무런 흔적이 없다. 그러므로 생각하되 생각함이 없다는 표현을 할 수 있다.

신령스럽게도 끊임없이 올라오는 무궁무진한 생각의 근본자리를 돌이켜 보면 참으로 아무것도 없다. 참으로 신묘한 도리다. 생각의 근본 뿌리는 그 누구도 찾을 수 없는 자리다. 찾을 수 없으므로 그 자리는 텅 비어 없다. 없는 것이 근본이며 성품과 형상은 언제나 그대로이다. 설령 끝없이 변화를 거듭하더라도 상주불변하는 그 자리이다. 이치도 사상도 또한 두 가지가 아닌 하나의 도리이다. 그러한 본래의 자리를 참 부처가 여여하다고 한다. 현상이 아무리 복잡다단하게 펼쳐져 있더라도 근본이며 본체인 경지를 이해한다면 무엇에도 동요가 없을 것이며 그것을 일러 여여라 한다.

◉

미묘하고 청정한 마음

위산 선사가 앙산 스님에게 물었다.
  "미묘하고 청정하고 밝은 마음을 그대는 어떻게 이해하는가?"
  앙산 스님이 말하였다.
  "산하대지와 일월성신입니다."
  위산 선사가 말하였다.
  "그대는 다만 현상만 알았도다."
  앙산 스님이 말하였다.
  "화상께서는 방금 무엇을 물었습니까?"
  위산 선사가 말하였다.
  "미묘하고 청정하고 밝은 마음이다."
  앙산 스님이 말하였다.
  "그것을 현상이라고 말해도 됩니까?"
  위산 선사가 말하였다.
  "그렇고 그렇다."

위산영우 선사 ◉

潙山 問仰山 妙淨明心 汝作麼生會 仰山云 山河大地 日月星辰 師云
汝只得其事 仰云 和尙 適來 問甚麼 師云 妙淨明心 仰云 喚作事得麼
師云 如是如是.

【강설】　미묘하고 청정하고 밝은 마음[妙淨明心]이란 무엇인가? 선불
교의 영원한 숙제이다. 선불교는 시종일관 이 마음자리를 밝히는 가
르침이기 때문이다. 그래서 불교를 혹자는 마음을 찾는 공부라고 한
다. 불교에서 말하는 깨달음이라는 것도 곧 이 마음을 깨닫는 것이라
고 한다. 이 문제만 제대로 알고 있으면 곧 불교공부를 다 마친 것이
된다. 그래서 위산 선사는 제자인 앙산 스님에게 마음의 문제를 잘 알
고 있는지 물은 것이다. 참으로 알기 어렵고 찾기 어려운 마음이라는
이 물건을 앙산 스님은 산하대지(山河大地)와 일월성신(日月星辰)이라고
대답하였다.

　　달마 대사께서도 "마음, 마음, 마음이여 참으로 찾기 어렵구나. 너
그러울 때는 온 법계에 두루 하고 좁아지면 바늘 끝도 용납하지 못하
도다. 나는 본래 마음을 구할 뿐 부처를 구하지 않는다."라고 하였던
그 마음을 앙산 스님은 지천으로 널려 있는, 흔하디 흔한 산이요, 강물
이요, 땅덩이요, 해요, 달이요, 무수한 별이라고 하였다.

　　그렇다. 그것들 외에 달리 또 마음이라 할 것은 없다. 그래서 "만
법이 오직 마음뿐이요[萬法唯心], 눈앞에 가득한 청산이 그대로 마음이
로다[滿目靑山]."라고 하였다.

조주종심 선사

趙州從諗 禪師

⊙

평상심이 도다

조주 선사가 남전 선사에게 물었다.

"무엇이 도입니까?"

"평상심이 도이다."

"또한, 향하여 나아가는 것을 필요로 합니까?"

"향하여 나아가고자 하면 곧 어긋난다."

"향하여 나아가고자 하지 아니하면 어떻게 도를 압니까?"

"도란 알고 알지 못하는 것에 속해 있지 아니하니 안다는 것은 잘못된 깨달음이요, 알지 못하는 것은 아무것도 없다. 만약 향하여 나아가지 않는 도를 참으로 통달하면 마치 저 허공과 같아서 시원하게 텅 비었나니 어찌 가히 구태여 시비하겠는가?"

조주 선사가 그 말을 듣자 크게 깨달았다.

趙州 問南泉 如何是道 泉云 平常心 是道 師云 還假趣向不 泉云 擬向
卽乖師云 不擬 如何知是道泉云 道不屬知不知 知是妄覺 不知 是無記
若是眞達不擬之道 猶如太虛 廓然虛豁 豈可强是非耶 師 於言下大悟.

【강설】　　조주종심(趙州從諗, 778~897) 선사는 778년 산동성 임치현에
서 태어났다. 고향의 용흥사에서 어릴 적에 출가하였으며, 숭산 소림
사의 유리 계단에서 구족계를 받았다. 안휘성 귀지현 남전산의 남전
보원(南泉普願, 748~835) 선사의 문하에 입문하여 법을 이었다. 평소에
검소한 생활을 하며 시주하기를 권하는 일이 없어 고불(古佛)이라는
칭송을 들었다. 선사의 법어는 후대 선종에 큰 영향을 끼쳤으며, 특히
화두를 많이 남겨 후대 선승들의 수행 과제가 되었다. 무자(無字) 화두
와 정전백수자(庭前栢樹子) 등이 유명하다.

　　호는 조주이며 시호는 진제이고 법명은 종심이다. 60세까지 스승
을 섬기다가 비로소 행각에 나서서 20년 동안 수많은 선지식을 두루
찾아뵙고 80세 때부터 조주성(趙州城) 동쪽 관음원에 머물러 호를 조
주라 하게 되었다. 897년 120세로 입적하였으며 제자들에게 사리를
거두지 말 것을 유언으로 남겼다. 탑호는 진제선사광조지탑(眞際禪師光
祖之塔)이다.

　　『직지』에 소개되고 있는 이 단락은 조주 선사가 스승 남전 선사에
게서 깨달음을 얻은 내용이다. 조주 선사가 도를 물었는데 '평상심이
도'라는 남전 선사의 대답은 매우 유명하나 그 해석은 분분하여 일정
하지가 않다.

　　필자의 견해를 덧붙여 말하자면, 평상심이란 사람들의 평소의 마
음 씀씀이다. 평소의 마음 씀씀이란 보고 듣고 알고 느끼고 사랑하고
미워하고 기뻐하고 슬퍼하고 때로는 탐욕도 부리고 화도 내고 어리석

　　　　　　　　　무비 스님 직지 강설　●

기도 한 그 마음이다. 그것이 평상심이다. 다른 조건은 없다. 그와 같은 마음 그대로가 도이며 진리이며 불법이라는 뜻이다. 마치 저 『제법무행경』에서 말하는 '탐욕이 즉시 도(道)'라는 가르침 그대로다.

이런 마음에서 달리 어디로 나아갈 것은 없다. 나아가려 한다면 벌써 어긋난다. 즉 지금 이대로, 여여한 모습 이대로인데, 달리 알려고 하거나 그곳에 나아가려고 하는 것은 공연히 살을 긁어 부스럼을 내는 일과 같다. 조주 선사는 남전 선사의 이러한 가르침을 듣고 크게 깨달았다. 그래서 '평상심이 도'라는 말이 더욱 유명해졌다.

◉

뜰 앞의 잣나무

조주 선사에게 어떤 스님이 물었다.

"무엇이 조사가 서쪽에서 오신 뜻입니까?"

"뜰 앞의 잣나무이다."

"화상께서는 경계를 가져서 사람에게 보이지 마십시오."

"나는 경계를 가지고 사람에게 보이지 않는다."

"무엇이 조사가 서쪽에서 오신 뜻입니까?"

"뜰 앞의 잣나무이다."

趙州 因僧 問 如何是祖師西來意 師云 庭前栢樹子 僧云 和尙 莫將境示人 師云 我不將境示人 僧云 如何是祖師西來意 師云 庭前栢樹子.

 조주종심 선사 ◉

【강설】　　조주 선사의 가르침은 당시로서는 매우 독특하였다. 즉 선문답의 특별하고 빼어난 점을 가장 잘 드러내는 것으로서 조주 선사의 말씀은 거의 모두가 뒷날 화두로 기록되었다. 120세라는 오랜 세월을 사시기도 하였지만, 법어가 화두로 기록된 것도 선사들 중에서 가장 많다. 여기에 소개된 '뜰 앞의 잣나무', 즉 정전백수자(庭前栢樹子)라는 말도 조사, 즉 달마 대사가 인도로부터 중국에 건너온 뜻을 조주 선사가 그대로 드러낸 대답이건만 질문을 한 그 스님은 자기 나름대로 경계와 주인을 사량하고 분별하여 달리 생각함으로써 뒷날 풀지 못할 화두로 기록되게 되었다.

정전백수자(庭前栢樹子)를 혹자는 잣나무가 아니라 측백나무라고 주장하면서 조주 선사가 주석하던 도량에 아직도 측백나무가 그대로 많이 남아 있다는 증거를 대기도 한다. 세월이 흘러서인지 아니면 생각이 많아서인지 이렇게까지 어긋나고 있다. 조주 선사가 이런 말을 들었다면 아마도 한밤중에 그 나무들을 다 베어버렸을 것이다.

발우나 씻어라

조주 선사에게 어떤 스님이 물었다.

"학인은 이제 막 총림에 들어왔습니다. 스승님의 지도를 부탁드립니다."

"죽은 먹었는가?"

"죽은 먹었습니다."

"발우나 씻어라."

그 스님이 크게 깨달았다.

趙州 因僧 問 學人 乍入叢林 乞師指示 師曰喫粥了也未 僧云 喫粥了
師云 洗鉢盂去 其僧 大悟.

【강설】　어떤 스님이 조주 선사에게 수행의 길을 물었다. 수행의 길
이란 견성성불의 방법이기도 하다. 또한, 진리에 입각한 삶의 길이기
도 하다. 조주 선사의 대답은 참으로 간단하고 쉬우며 누구에게나 당
연한 일상사다. 가르치지 않아도 언제나 잘하는 바로 그런 일이다. 구
태여 배울 것도 없고 닦을 것도 없는 아주 하찮은 일이다. 밥 먹고 그
릇을 씻는 일이다. 선가에서는 아침에 죽을 먹었다. 아마 아침 공양을
마치고 곧바로 가서 물었던 것이리라.

　“아침 죽을 먹었느냐? 먹었으면 죽 먹은 그릇을 씻어야지.”

　그것이 무엇인가. 그저 숨 쉬는 일이다. 오줌 싸고 똥 누는 일이다.
배고프면 먹고 피곤하면 잠자는 일이다. 수행자는 수행이라는 것이
무슨 특별한 것이나 되는 줄 알았다. 진리에 입각한 위대한 삶이 아주
기이하고 기상천외한 일인 줄 알았다.

　아니다. 그가 조주 선사를 만나기 전부터 그동안 늘 해 오던 일상사
가 진리이다. 그렇다. 일상사가 진리의 삶이며, 불법이며, 도이며, 수행
이다. 구태여 일상사 밖을 향해 찾아 나설 필요가 없다. 불교가 이와 같
은데 착각하여 다른 것에 기웃거리며 쓸데없는 일에 열심이다. 그저 열
심히 하는 모습이 아름다울 뿐 꼭 그것이라야 된다는 법은 아니다.

　　　　　　　　　　　　조주종심 선사 ●

방하착하라

조주 선사에게 엄양 존자가 물었다.

"한 물건도 가져오지 않았을 때에 어떻게 해야 합니까?"

"내려놓아라."

"한 물건도 가져오지 않았는데 내려놓으라니 무엇을 말입니까?"

"그렇다면 곧 짊어지고 가거라."

엄양 존자가 크게 깨달았다.

趙州 因嚴陽尊者 問 一物不將來時 如何 師云 放下着 尊者曰一物 不將來 放下个什麽 師云 伊麽卽擔取去 尊者 大悟.

【강설】 불교의 수많은 말씀 중에 특별히 손꼽는 말씀이 여기에 소개한 '방하착(放下着)', '내려놓아라'이다. 이 말은 일찍이 세존과 어떤 외도와의 대화 내용이기도 한데, 조주 선사가 재차 거론함으로써 더욱 유명한 말이 되었다.

사람들이 겪는 일체의 문제와 고통과 아픔과 괴로움들을 모두가 내려놓지 못하기 때문이다. 재산과 사람과 명예와 자존심과 과거의 기억과 체면에 대한 집착을 내려놓지 못하기 때문에 온갖 고통과 문제가 따라온다. 설사 병고에 시달리더라도 그 병고에 대한 생각을 내려놓지 못해서 그 고통을 가중시킨다. 집착도 생각도 추억도 모두 내려놓기만 하면 실은 모든 문제가 다 해결된다. 병고마저도 아주 가벼워진다. 만고의 명언이 이 방하착이다.

그렇다면 어떻게 내려놓을 것인가?

다른 물건을 잡아라. 성인의 가르침을 마음에 두거나 읽거나 사경을 하거나 사유하거나 하여 다른 차원의 일에 마음을 쓰고 자신을 끌어올리면 사소한 일련의 일들은 저절로 내려놓게 되리라. 달리 다른 특별한 처방은 없다.

◉

대장경을 읽다

조주 선사에게 한 노파가 재물을 시주하고 대장경을 읽기를 청하였다. 조주 선사가 선상에서 내려와서 한 바퀴를 돌고 말씀하였다.

"대장경을 다 읽어 마쳤다."

어떤 사람이 노파에게 돌아가서 그것을 들려주었다.

노파가 말하였다.

"어제는 대장경을 읽기를 청하였는데 어찌하여 화상께서는 다만 반장경만을 읽으셨습니까?"라고 하였다.

趙州 因有一婆子 施財請轉大藏經 師 下禪床 繞一帀云 轉藏已了 人回擧似婆子 婆云 比來 請轉大藏 如何和尙 只轉半藏.

【강설】　 대선사의 주변에는 언제나 혜안이 뛰어난 노파가 많다. 일찍이 떡을 팔던 노파가 용담(龍潭) 선사를 찾아가는 덕산(德山) 스님을 시험한 일은 너무나 유명하다. 여기에 등장하는 노파도 조주 선사를 시험하기 위해서 시주를 하고 대장경을 읽어달라고 청했던 것이리라.

대장경이 무엇인가. 지금 현재 그 자신을 버리고 달리 무슨 대장경이 있겠는가. 조주 선사가 자신을 간단명료하게 표현하여 대장경을 읽어 보였다. 그 소식을 들은 노파는 "대장경을 읽어달라고 하였는데 반장경을 읽었느냐?"고 하였다. 참 근사한 법거량이다.

사찰에서 49재가 있거나 중요한 의식이 있을 때 반드시 경전을 읽는다. 어떻게 해야 경전을 제대로 읽는 것인가. 종이와 먹으로 된 문자 경전을 읽는 것이 경전을 읽는 것일까? 여기에서 죽은 경전과 살아 있는 경전이라는 말로 그 이해를 돕고자 한다. 문자로 된 책을 읽는 것은 죽은 경전이요, 조주 선사가 그 법신을 한 번 나타내 보이신 것은 살아 있는 경전을 읽은 것이다. 노파도 그것을 알아듣고는 "왜 다만 반장경만을 읽으셨습니까?"라고 하여 법거량의 여운을 남겼다.

◉

왕교는 하늘로 올라갔다

세속의 어떤 수행자가 스님을 점검하여 말하기를,

"나에게 열 관의 돈이 있는데 만약 어떤 사람이 한마디 말을 한다면 곧 이 돈을 주겠다."라고 하는 소리를 듣고 조주 선사가 삿갓을 쓰고 곧 가 버렸다.

어떤 이가 그것을 들어 [拈] 말하였다.

"무제는 신선이 되고자 하였으나 되지 못하고 왕교는 단정히 앉아서 하늘로 올라갔다."라고 하였다.

趙州 聞俗行者 勘僧云 我有十貫錢 若有人 下得一轉語 即捨此錢 師
戴笠子便行 拈云 武帝 求仙不得仙 王喬 端坐却升天.

 무비 스님 직지 강설 ◉

【강설】　문제를 낸 사람이 세속의 수행자이므로 세속의 관례에 맞는 가치관 그대로 돈으로써 도의 경지를 시험하였다. 깨달음의 경지, 즉 도의 경지를 한마디로 말할 수 있으면 큰돈을 주겠다는 것이다. 이 문제에 대해서 조주 선사가 삿갓을 쓰고 곧 가버렸다는 뜻은 무엇인가? 조주 선사가 이미 그 상금을 가지고 가버렸다는 것인가? 아무튼, 그 뜻은 아직 그만두고 나도 그 자리를 떠나버렸을 것이다.

그리고 뒷사람이 그 문제를 들어[拈] 고사로써 답하였다.

"한나라 무제는 수십 년 동안 신선이 되려고 하였으나 신선이 되지 못하였는데, 중국 후한(後漢) 때 왕교(王喬)라는 사람은 섭현(葉縣)의 현령(縣令)이 되어 매달 초하루와 보름으로 신묘한 술수를 부려 두 마리의 오리로 신을 삼아[鳧舃] 타고 날아가서 황제에게 조현(朝見)하였다."고 하였다. "돈[錢]은 돈이고 도[道]는 도다."라는 뜻인가.

◉

물의 깊이를 탐색하다

조주 선사가 수유 화상의 처소에 이르러서 주장자를 잡고 법당 위에서 동쪽에서 서쪽으로 지나가거늘 수유 화상이 곧 물었다.

"무엇을 하는 것입니까?"

"물의 깊이를 탐색하노라."

"나에게는 한 방울도 없는데 무엇을 탐색합니까?"

조주 선사가 주장자를 짚고 곧 나가버렸다.

師 到茱萸和尙處 執杖子 於法堂上 從東邊過西邊 萸便問 作甚麽 州云 探水 萸云 我者裏 一滴也無 探个甚麽 州 靠却杖子便出.

　　　　　　　　　　조주종심 선사 ◉

【 강설 】　조주 선사가 수유 화상을 점검한 내용이다. 선사들의 어록에는 사람들의 공부한 정도를 점검한 내용이 많이 기록되어 있다. 그것을 혹은 감변(勘辨)이라 한다. 공부의 정도를 헤아려 보고 분별해 본다는 뜻이다. 또는 법거량(法擧揚)이라고도 한다. 상대의 공부를 점검하려면 먼저 낚싯밥을 던져보아야 한다. 조주 선사가 법당에서 이리저리 왔다 갔다 하는 것이 곧 낚싯밥이다. 수유 화상도 그것을 잘 알고 있다. 우정 그 낚싯밥을 물어본 것이다. 그것이 또한 선지식에 대한 대접이며 예의이다.

“무엇을 하는 것입니까?”라고 하니, 조주 선사는 솔직하게 “자네의 공부 깊이가 얼마나 되는지 탐색해 본다네.”라고 하였다.

“본래 무일물이어서 아무것도 없는데 무슨 공부니 탐색이니 할 것이 있겠습니까?”라고 하였다. 그러자 조주 선사는 곧바로 주장자를 짚고 법당을 나가버렸다.

남양혜충 국사

南陽惠忠 國師

타심통이 어디에 있는가?

남양혜충 국사가 인도의 대이 삼장이 중국의 서울에 와서 말하기를, "나는 타심통을 얻었노라."라고 함을 인하여 숙종 황제가 혜충 국사를 청하여 시험하게 하였다.

혜충 국사가 물었다.

"그대는 타심통을 얻었는가?"

"예, 그렇습니다."

"그대는 말하라. 노승이 지금 어느 곳에 있는가?"

"화상께서는 일국의 스승으로 어찌 서쪽 냇가에 가서 배 젓는 경기를 하는 것을 구경하십니까?"

혜충 국사가 잠깐 있다가 또 물었다.

"그대는 말하라. 노승이 지금은 어느 곳에 있는가?"

"화상께서는 일국의 스승으로서 어찌 천진교 위에서 원숭이 장난하는 것을 보고 계십니까?"

혜충 국사가 세 번째 물음에 삼장이 국사의 간 곳을 알지 못하였다. 혜충 국사가 그를 꾸짖으며 말씀하였다.

"이 여우 귀신이여, 타심통이 어디에 있는가?"

삼장이 대답이 없었다.

[예컨대 자기에게 처해 있을 때는 마음의 자취가 드러나지 않으니 천신들이 꽃을 바치려 하여도 방법이 없으며 마군들과 외도가 몰래 엿보려 하여도 보지 못한다. 내지 부처의 눈으로도 또한 엿볼 수 없다. 또한, 세존의 삼매를 가섭 존자가 알지 못하고 가섭 존자의 삼매를 세존이 알지 못하며 세존의 삼매를 세존이 또한 알지 못한다.]

忠國師 因西天大耳三藏 到京云 我得他心通 肅宗帝 請國師試驗 師 問 汝得他心通耶 曰不敢 師云 汝道 老僧 即今 在甚麼處 曰和尙 是一國 之師 何得去西川 看競渡船 師 良久 又問 汝道 老僧 即今 在甚麼處 曰 和尙 是一國之師 何得向天津橋上 看弄猢猻 師 第三問 三藏 罔知去處 師 叱之云 這野狐精 他心通 在什麼處 三藏 無對.
[如云 自處之際 不露心跡 諸天捧花無路 魔外 潛覰不見 乃至佛眼也覰不見 又世尊三昧 迦葉不知 迦葉三昧 世尊不知 世尊三昧 世尊 亦不知也]

【 강설 】　남양혜충(南陽惠忠, ?~775) 국사와 대이삼장(大耳三藏)의 이 대화는 오랫동안 수행자들 사이에 회자되고 있다. 혜충 국사가 두 번까지는 자신의 마음을 경계에 두었다. 그래서 대이삼장이 그 마음의 자취를 알아볼 수 있었으나 세 번째는 그 마음을 자신에게 두었다. 그것을 자수용신삼매(自受用身三昧)라 한다. 진정한 자신은 어떤 경계가 아니다. 텅 비어 공적한 자리이다. 이처럼 텅 비어 공적한 자리에 안주하

 　　　　　무비 스님 직지 강설 ●

면 누구도 찾을 길이 없다. 설사 삼세제불이라 하더라도 찾을 길이 없다. 석가 달마도 찾을 길이 없다. 다만, 그 마음이 작용하고 있을 때는 그 작용의 자취를 알아볼 수가 있다. 이것이 마음의 불가사의한 이치이다.

아무리 타심통을 얻어 남의 마음을 훤하게 알아볼 수 있는 신통을 가졌다 하더라도 자수용신삼매에 안주해 버리면 볼 수 없다. 공적하면서 신령스럽게 아는 영지(靈知)의 경지라서 이 경지에 오른 사람들만이 서로 묵묵히 통할 뿐이다. 그래서 『직지』를 편찬한 백운 선사가 착어를 하기를, "부처의 눈으로도 또한 엿볼 수 없다. 또한 세존의 삼매를 가섭 존자가 알지 못하고 가섭 존자의 삼매를 세존이 알지 못하며 세존의 삼매를 세존이 또한 알지 못한다."라고 하였다. 실로 불불불상견(佛佛不相見)이다.

◉

<h1 style="text-align:center">옛 부처</h1>

남양혜충 국사에게 어떤 스님이 물었다.
"무엇이 옛 부처의 마음입니까?"
혜충 국사가 말씀하였다.
"담장의 기왓장과 조약돌이다."

[예컨대 담장의 기왓장과 자갈이 모두 불성이 있다고 한 것이다.]

忠國師 因僧問 如何是古佛心 師曰墻壁瓦礫.
[如云 墻壁瓦礫 皆有佛性]

남양혜충 국사 ◉

【 강설 】　　고불심(古佛心), 선불교의 용어 중에 어쩌면 가장 고준하고 순수하고 빼어난 말이리라. 그래서 어지간한 선지식은 쉬이 넘보지 못하는 세계이다. 그런데 남양혜충 국사는 그것을 질문한 사람에게 가장 흔하고 천해서 발길에 차이는 물건을 들어서 그것이 옛 부처의 마음, 즉 고불심(古佛心)이라고 하였다. 숨이 막혀 기절할 것 같은 만고의 명언이며, 촌철살인(寸鐵殺人)의 비수다. 이와 같은 말씀에 죽었던 사람이 살아나서 눈을 뜨거나, 살아 있는 사람이 숨이 막혀 기절하거나 할 것이다. 그도 저도 아니라면 담장의 기왓장과 조약돌이다.

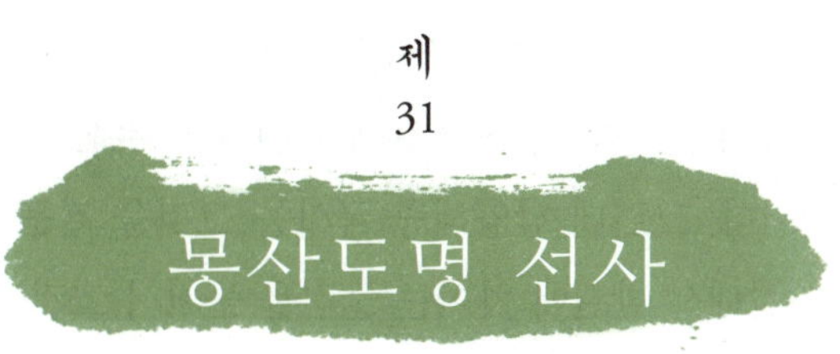

몽산도명 선사

蒙山道明 禪師

본래면목

도명 화상이 황매산으로부터 노 행자를 쫓아가서 대유령에 이르렀다. 행자가 가사와 발우를 돌 위에 던져 두고 말하였다.

"이 가사는 믿음을 표하는 것이다. 힘으로 다툴 수가 있겠는가? 그대가 가져가려거든 가져가거라."

도명 화상이 들어도 움직이지 않거늘 이에 말하였다.

"나는 법을 위해서 온 것이요, 가사와 발우를 위해서 온 것이 아닙니다. 바라건대 행자는 법을 가르쳐 주소서."

행자가 이에 돌 위에 앉아 마음을 고요하게 하고 말씀하였다.

"그대는 선도 생각하지 말고 악도 생각하지 마라. 바로 이러한 때에 어느 것이 도명 상좌의 본래면목인가?"

도명 상좌가 그 말을 듣고 크게 깨달아서 온몸에서 땀이 흐르고 울면서 예배하고 떠나갔다.

道明和尙 自黃梅 趁逐盧行者 至大庾嶺 及行者 擲衣鉢於石上 曰此衣
表信 可力爭耶 任公將去 明 擧之不動 乃曰我 爲法來 非爲衣鉢 願行
者 開示 行者 乃令坐石上冥心 因語之曰汝不思善不思惡 正當伊麼時
那个是明上座 本來面目 明 於言下 大悟 通身汗流 泣禮而去.

【강설】 『육조단경』을 통해서 널리 알려진 이야기이다. 노 행자는 일
찍이 노모를 모시고 살면서 나무를 해다 팔아서 어렵게 살아가는 처
지였다. 어느 날 어떤 여관집에 나무를 가져다주고 나오다가 어떤 나
그네의『금강경』읽는 소리를 듣고 깨달았다. 그리고 나그네의 안내로
황매산의 5조 홍인 선사의 회상에 가서 출가하였다. 8개월의 행자 생
활을 마치고 한밤중에 남몰래 홍인 선사의 법과 가사와 발우를 전수
받아서 떠나왔다. 아침에 그 사실을 알게 된 황매산의 대중은 노 행자
가 가지고 간 가사와 발우를 빼앗으려고 모두 찾아 나섰는데 장군 출
신인 도명 화상이 제일 먼저 쫓아와서 노 행자를 만나 주고받은 대화
이다.

　노 행자는 가사와 발우를 바위 위에 올려놓았지만, 진실한 법을
위해 출가하여 수행하다가 이러한 일을 겪게 된 도명 화상은 차마 힘
으로 빼앗아 갈 마음이 나지 않았다. 그래서 그 자리에서 법을 청하게
되었다. 노 행자는 도를 깨닫고 나서 처음으로 한 사람을 위해 최상승
법을 설하게 되었다.

　"그대는 선도 생각하지 말고 악도 생각하지 마라. 바로 이러한 때
에 어느 것이 도명 상좌의 본래면목인가?"라는 유명한 법문이다.

　이 한마디의 말이 선불교의 근본사상이 무엇인가를 결정짓는 법
어이다. 법이란 선악을 초월한 것이며 선악과는 전혀 관계가 없는 경
지라는 의미이다.

　무비 스님 직지 강설　●

　세상사 모든 것은 너와 나, 선과 악, 옳고 그름, 부처와 중생, 성인과 범부 등등의 상대적 관계로 이뤄져 있다. 그러나 궁극의 법은 그와 같은 상대적 관계가 아니다. 상대적 관계를 초월한 것이며 상반되는 상대들을 다 수용하는 경지이다. 거기에 진정한 사람 사람의 참 생명이 존재하고 활발발하게 살아 있는 것이다. 그 사실에 눈을 뜬 도명 화상은 곧바로 크게 깨달았던 것이다.

흥선유관 선사

興善惟寬 禪師

금가루도 눈에 들어가면 눈병이 된다

유관 화상에게 백거이가 물었다.

"이미 분별이 없다면 어떻게 마음을 닦습니까?"

"마음은 본래 손상이 없거니 어떻게 닦을 필요가 있겠는가? 더럽고 깨끗한 것을 논하지 말고 일체 생각을 일으키지 마라."

또 물었다.

"더러운 것은 생각하지 않는다지만 깨끗한 것을 생각하지 않는 것이 옳겠습니까?"

유관 화상이 말씀하였다.

"예컨대 사람의 눈동자에는 아무것도 둘 수 없다. 금가루가 비록 진귀한 보물이지만 눈동자에 들어가면 또한 병이 된다."

또 물었다.

"수행도 없고 생각도 없으면 또한 범부와 무엇이 다르겠습니까?"

"범부는 밝음이 없고 성문과 연각은 집착하니 이 두 가지의 병을 떠나면 이것이 참다운 수행이다. 참다운 수행이란 부지런해도 아니 되고 잊어버리고 있어도 아니 되나니 부지런하면 집착에 가까워지고 잊어버리고 있으면 무명에 떨어진다. 이것이 마음의 요긴한 점이다."

惟寬和尙 因白居易 問 旣無分別 何以修心 師云 心本無損傷 云何要修理 無論垢與淨 一切勿起念 又問 垢則不可念 淨無念 可乎 師曰如人眼睛上 一物不可住 金屑 雖珍寶 在眼 亦爲病 又問 無修無念 又何異凡夫 師曰凡夫 無明 二乘 執着 離此二病 是爲眞修 眞修者 不得勤 不得忘 勤則近執着 忘則落於無明 此爲心要.

【강설】 흥선유관(興善惟寬, 755~817) 선사는 중국 당나라 때 스님이다. 남악 선사 문하로서 13세에 출가하여 승숭(僧崇) 스님에게 구족계를 받고 승여(僧如) 스님으로부터 율을 배웠다. 마조도일 선사에게 참학하여 도를 이루었으며 원화(元和) 12년(817)에 입적하였다. 유관 선사에게 마음 닦는 일을 물은 백거이(白居易, 772~846)는 낙천(樂天)이라는 호로 더 잘 알려진 당나라 중기의 대표적인 시인이다. 불광여만 선사, 흥선유관 선사, 귀종지상 선사, 조과도림 선사 등 많은 선사에게 참학하였다.

백거이가 마음 닦는 일을 물으니 마음은 본래로 손상된 바가 없으므로 닦을 필요가 없다고 하였다. 그리고 흔히 생각할 수 있는 더러운 것과 청정한 것의 문제도 거론하였다. 이것은 선과 악의 문제와 같다. 일반적인 불교 상식으로 '더러운 것은 잊는다고 하지만 청정한 것까지 잊어서는 안 되지 않는가?'라는 의문에 대하여 명쾌한 비유를 들어서 깨우쳐 주었다.

우리들의 마음은 사람의 눈과 같아서 마음에 선하고 악한 것이나

홍선유관 선사 ◉

더럽고 청정한 것을 분별하여 취사선택하는 것은, 금가루가 귀한 것이라고 하여 눈 속에 넣을 수는 없는 것과 같다. 먼지나 금가루나 모두 눈에는 해로운 것이듯이 진정한 마음자리에는 선한 일이나 악한 일이나 더러운 것이나 청정한 것이나 집착하여 붙들어 둘 수 없다. 선하고 청정한 것도 마음에는 번뇌가 되고 분별이 되며 집착이 되기 때문에 마음에 해로운 것은 악하고 더러운 것과 조금도 다르지 않은 것이다. 그러므로 6조 혜능 대사가 도명 화상에게 내린 첫 법문이 불사선 불사악(不思善 不思惡), 즉 선도 생각하지 말고 악도 생각하지 말라는 것이었다.

염관제안 국사

鹽官齊安 國師

저승사자도 못 찾다

염관 화상 회하에 사중의 일을 맡은 어떤 주사승(主事僧)이 있었다. 그가 임종하려 할 때 저승사자가 와서 데려가려고 하자 그 스님이 말하기를, "내가 사중의 일만 맡아서 하느라고 수행을 하지 못하였다. 7일간만 기다려 줄 수 있겠는가?"

저승사자가 말하였다. "기다리시오. 저승의 왕에게 여쭈어 보겠습니다. 왕이 만약 허락하신다면 7일 후에 다시 올 것이고 허락하지 않으면 순식간에 곧 돌아오리라."

그 말을 마치고 돌아가서 7일 후에 비로소 돌아왔다. 그 스님을 찾아보았으나 찾을 수가 없었다.

[예를 들자면, 우두 선사가 4조 도신 선사를 친견한 뒤에는 온갖 새들이 꽃을 물고 선사를 찾았으나 찾을 수 없다는 이야기와 같다.]

鹽官和尙 會下 有一主事僧 將死 鬼使 來取 僧 告云 某甲 身爲主事 未暇修行 乞容七日得不 鬼使曰待爲白王 王 若許之 則七日後來 不許則須臾便來 言訖 去 至七日後 方來 覓其僧 不得見.

[如云 牛頭 見四祖後 百鳥 含花覓不得 一般]

【 강설 】　염라대왕이나 저승사자가 사람을 잡아간다는 이야기를 경전에서는 볼 수 없지만, 중국이나 한국에는 가끔 등장하는 이야기이다. 평소에 선한 일을 하지 않거나 열심히 수행하지 않는 사람들을 경계하는 데는 매우 좋은 방편이 된다.

　출가 승려로서 본분사인 수행은 하지 않고 사찰을 운영하는 주지나 원주 등의 소임을 맡아서 관리하는 일만 하다가 세월이 흘러 죽음이 당도하면 여기에서 예로 든 이야기와 같은 일이 있을 수 있다. 다행히도 이레 동안 정진을 열심히 하였기에 저승사자가 다시 데리러 왔지만, 그 사이 공부가 깊어져서 저승사자의 눈으로는 찾을 수 없는 경지가 되어서 끝내 끌려가지 않게 되었다는 이야기이다.

　수행을 위해서 출가를 하였으나 출가인의 본분인 공부는 하지 않고 잡다한 일로 세월을 보낸다면 당연히 염라대왕에게 끌려갈 수밖에 없는 일이다. 경계하고 또 경계하여야 하리라.

　염라대왕이나 저승사자에게 끌려간다는 뜻은 자기가 자신의 주인이면서 자신의 뜻대로 당당하게 살지 못하고 온갖 경계인 재산이나 명예나 벼슬이나 사람의 노예가 되어 그와 같은 경계만을 받들고 산다면 그것이 곧 산 채로 저승사자에게 끌려가는 일이다. 어디 죽은 뒤에만 저승사자에게 끌려가겠는가? 살펴야 할 일이다.

　무비 스님 직지 강설　◉

형악혜사 선사

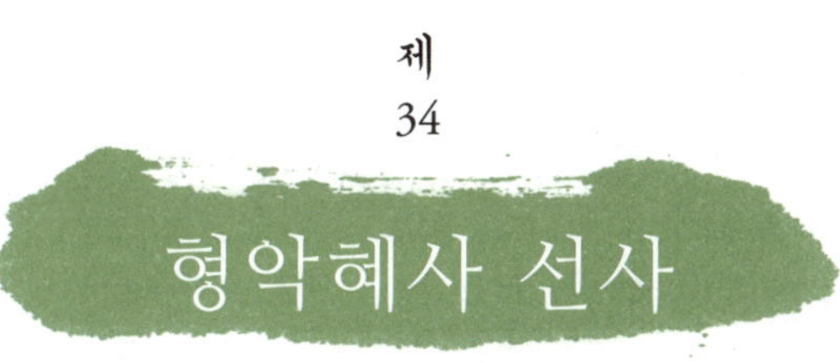

衡岳惠思 禪師

병은 업에서 생긴다

형악혜사 선사는 항상 좌선하면서 하루에 한 번만 식사를 하고 법화경 등을 외우더니 드디어 도에 대한 마음이 나서 이에 혜문 선사의 처소에 갔다. 법을 받고는 주야로 마음을 거두어 들이다가 여름 안거 중 21일이 지나서 숙지통(宿智通)을 얻고 더욱 정진을 열심히 하였다. 그러다가 장애가 일어나서 사지가 늘어져서 걸을 수가 없었다.

스스로 생각하기를,

'병이란 업으로부터 생기고 업은 마음으로 말미암아 일어난다. 마음의 근원은 일어난 곳이 없는데 바깥 경계가 무슨 상관이겠는가. 병과 업과 이 몸이 모두 구름의 그림자와 같다.'

이렇게 관찰하고 나니 전도된 생각이 소멸하여 가뿐하고 편안하기가 옛날과 같았다. 여름 안거를 채우고 나니 오히려 얻은 바가 없어서 깊이 마음에 부끄러웠다. 몸을 놓아 벽을 의지하려다가 등이 채 닿지 않은 사이에 법화삼매의 최상승선을 활연히 깨달아서 한순간에 밝게 통달하였다.

衡岳惠思禪師 常習坐 日唯一食 誦法華等經 遂發道心 乃往惠聞禪師
處 受法 晝夜攝心 坐夏經三七日 獲宿智通 倍加精進 尋有障起 四支
緩弱 不能行步 自念曰病從業生 業由心起 心源 無起 外境 何狀 病 業
與身 都如雲影 如是觀已 顚倒想滅 輕安如古 夏滿 猶無所得 深心慚愧
放身倚壁 背未至間 豁尒大悟法華三昧最上乘禪 一念明達.

【 강설 】　　형악혜사(衡岳惠思, 515~577) 선사는 『법화경』을 연구하여 깊
이 깨닫고 그 깊은 뜻을 천태(天台, 538~597) 대사에게 전해 주었고 천
태 대사는 법화사상을 더욱 발전시켜 천태학을 성립하였다.

　육신을 가지고 살아가는 사람은 누구나 몸에 병이 있기 마련이다.
가볍게 잠깐 지나가는 병도 있지만 죽음의 문턱을 넘나들 정도의 심
한 병고도 적지 않다. 그러다가 결국은 그 병고로 인하여 목숨을 마치
는 것이 사람의 삶이다. 일생을 통해서 수많은 병고를 앓을 때 그 마음
가짐을 어떻게 가지는가에 따라 병을 물리칠 수도 있고, 또는 병을 매
우 가볍게 느낄 수도 있다. 때로는 마음가짐을 잘못하여 스스로 죽음
을 재촉하여 목숨을 앞당기는 예도 없지 않다.

　혜사 선사는 사지가 늘어져서 걸음을 걸을 수 없는 병에 걸렸으나
불교에서 배운 바대로 '병이란 따지고 보면 업으로부터 생기고, 업은
각자의 마음으로 말미암아 일어나는 것이다. 그리고 마음의 근원은
추궁해 보면 일어난 곳이 없다. 그러니 바깥 경계가 무슨 상관이겠는
가. 바깥 경계가 상관이 없다면 병과 업과 이 몸이 모두 구름의 그림자
와 같은 것이다.'라고 생각하고, 그 생각이 진실로 깊어져서 혼연일체
가 되니 병이 씻은 듯이 물러갔다는 사실을 기록하고 있다.

　　　　　　　　　　　　　　　　무비 스님 직지 강설 ◉

이처럼 깊은 명상을 통해서 병을 물리치려면 선정의 힘이 있어야 한다. 선정의 힘이란 평소 기도, 참선, 간경, 사경, 주력 등 수행 정진으로 기른 정신적 힘을 말한다. 이러한 힘이 조금이라도 있는 사람이라면 위에서 혜사 선사가 언급한 관찰방법으로 큰 힘을 발휘하여 병을 물리치기도 하고 병을 다소 가벼워지게도 한다.

어떤 때에는 병은 병대로 둔 채 병을 극복하여 자신이 하고자 하는 일을 장애 받지 않고 거뜬히 해내는 경우도 있다. 오히려 병마와 싸우면서 더 큰 성공을 거두어 자신의 삶을 더욱 빛나게 하는 경우도 적지 않다. 요컨대 병을 어떻게 생각하고 활용하는가에 따라서 병고의 패배자가 되기도 하고 병고의 승리자가 되기도 한다.

혜사 선사가 마지막에 크게 깨달은 법화삼매의 최상승선이란 일불승(一佛乘)의 이치인 사람이 그대로 부처님이라는 확신이며 그것의 체화(體化), 곧 자기화가 이루어진 경지이다. 사람은 누구나 역사적인 현상은 무상하고 변하거나 없어지고 온갖 문제들로 이루어져 있는 것처럼 보이지만 근본적이고 궁극적인 차원에서는 조금도 부족함이 없는 온전한 부처님이다. 그와 같은 차원이 자신의 인격화가 되었다는 뜻이다.

조과도림 선사

鳥窠道林 禪師

불법이라면 나에게도 조금 있다

조과 화상에게 시자가 있었다. 그의 이름은 회통이었다. 시자가 하루는 떠나가기를 청하니 선사가 물었다.

"그대는 지금 왜 떠나려고 하는가?"

"저는 법을 위해서 출가를 하였는데 아직도 화상의 자비로운 가르침을 입지 못하였습니다. 그래서 지금 여러 곳으로 다니면서 불법을 배우려고 합니다."

"만약 불법이라면 나에게도 조금은 있다."

"무엇이 화상의 불법입니까?"

조과 화상이 입고 있던 누더기에서 실오라기를 조금 뜯어 입으로 불었다. 시자가 이로 말미암아 크게 깨달았다.

鳥窠和尙 因侍者會通 一日辭去 師乃問 汝今何往 曰某甲 爲法出家 不
蒙和尙 垂慈示誨 今往諸方 學佛法去 師云 若是佛法 吾此間 亦有小許
云如何是和尙 此間佛法 師於身上 拈起布毛吹之 侍者 因此 大悟.

【강설】　　조과도림(鳥窠道林, 741~824) 선사는 달리 작소도림(鵲巢道林)
선사라고도 부른다. 당대의 경산도흠(徑山道欽) 선사의 법을 이었다.
성은 번(藩)씨이며 항주 부양 사람이다.

　어머니가 일광(日光)이 입으로 들어오는 태몽을 꾼 뒤에 태어나니
방에 향기와 빛이 가득하여 이름을 향광(香光)이라 하였다. 9세에 출가
하고 21세에 형주(荊州) 과원사(果願寺)에 가서 구족계를 받았다. 장안
의 서명사(西明寺) 복례(復禮)에게『화엄경』과『기신론』을 배우면서 선을
닦고, 뒤에 경산의 도흠 선사를 찾아가 심요(心要)를 깨달았다.

　그 후 남쪽 전당고산(錢塘孤山)의 영복사(永福寺)에 가는 도중에 서
호의 진망산에 나뭇가지가 무성하여 마치 큰 일산과 같은 장송을 보
고 그 나무 위에 새집과 같이 만들어 놓고 올라가서 정진하였다. 그래
서 호를 조과(鳥窠) 또는 작소(鵲巢)라 하였다.

　원화(元和) 연간에 백거이(白居易, 772~846)가 그 고을의 태수로 부
임하여 선사를 찾아와서 나눈 대화는 너무도 유명하다. 백거이가 나
무 위에 올라가 있는 조과 선사를 보고 말했다.

　"계신 곳이 심히 위험합니다."

　선사가 답하였다.

　"태수가 더 위험하오."

　"선사는 나무 위에 있고, 저는 땅에 안전하게 있거늘 어찌하여 더
위험합니까?"

　"왜냐하면 번뇌의 불이 서로 교차하고 식성(識性)이 멈추지 않으

니 위험할 수밖에 없지 않소.”라고 하였다.

백거이가 다시 물었다.

“무엇이 불법의 대의입니까[如何是佛法大意]?”

“모든 악을 짓지 말고 온갖 선을 잘 봉행하는 것입니다[諸惡莫作 衆善奉行].”

“세 살 먹은 아이도 그렇게 말할 수 있습니다[三歲孩兒也解恁麽道].”

“세 살 먹은 아이도 비록 말할 수는 있지만 80세를 먹은 노인도 실천하기는 어렵다네[三歲孩兒雖得道 八十老人行不得].”라고 하였다.

백거이는 그 말에 크게 깨닫고 조과 선사를 받들어 모시게 되었다는 이야기이다. 조과 선사는 당나라 장경 4년 2월 84세로 입적하였다. 시호는 원수(圓修)이다.

조과 선사가 회통이라는 시자에게 법을 가르쳐 준 일이 참으로 특이하고 아름답다. 불법이야 나에게도 조금은 있다고 하시면서 입고 있던 누더기에 나풀거리는 실오라기 하나를 뜯어서 입으로 불어 시자에게 날려 보내는 정경이 참으로 간결하다. 신선하고 통쾌하다. 선문답이라면 이쯤은 되어야 한다. 불법이 삼라만상과 천지만물과 일체처 일체 시를 벗어나서 어디에 따로 있겠는가. 지금 현재 이대로인 것을. 회통 시자는 그 이치를 비로소 알게 된 것이다.

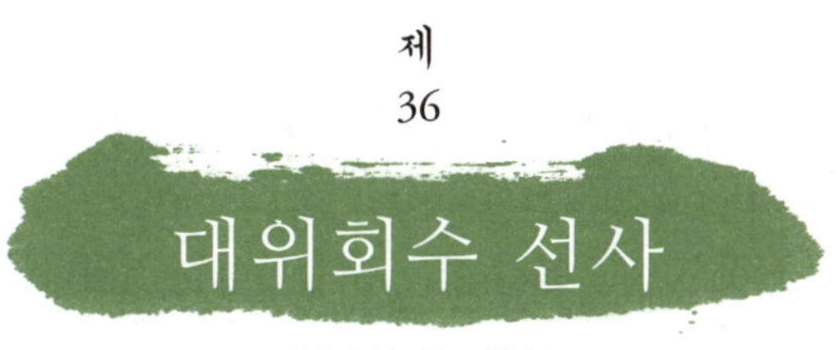

대위회수 선사

大潙懷秀 禪師

하늘을 덮고 땅을 덮네

대위 선사가 말하였다.

"가히 애석하구나. 이 중이 저 입에서 나오는 소리와 사물을 오인해서 평생을 다 써 버리고는 자기의 광명이 온 천지를 덮어서 만나는 곳마다 나타나 있는 것을 알지 못하는구나."

大潙 云 可惜 者僧 認他口頭聲色 以當平生 不知自己光明 盖天盖地 觸處現成.

【강설】 대위회수(大潙懷秀) 선사가 "가히 애석하구나. 이 중이 저 입에서 나오는 소리와 사물을 오인해서 평생을 다 써 버리고는 자기의 광명이 온 천지를 덮어서 만나는 곳마다 나타나 있는 것을 알지 못하

는구나."라고 한 것은 앞에서 회통 시자가 조과 선사의 실오라기 하나를 뜯어 보이는 것을 보고 깨달은 데 대하여 한 말씀 비평을 한 것이다. "불법이라면 나에게도 조금은 있다."라는 말이나 실오라기를 불어 보인 것은 모두가 소리요, 사물이다. 그것이 아니라도 이미 자신에게 자신의 광명이 천지를 덮고도 남음이 있는데 구태여 물을 것은 무엇이며 일러줄 것은 무엇인가라는 뜻이다.

"소리와 사물에 이끌려 일생을 다 써버리다니."

대위 선사야 그렇지만 회통 시자는 그렇지 못한데 어찌겠는가.

나안원지 선사

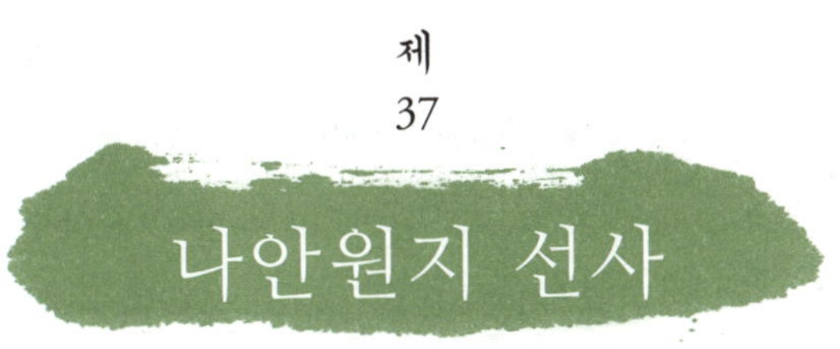

懶安圓智 禪師

그대가 부처다

나안 화상이 대중에게 말씀하였다.

"그대들 여러 사람이 모두 이곳에 와서 나안에게 무엇을 구하는가? 만약 부처를 짓고자 한다면 그대 자신이 부처인데 도리어 옆집으로 바쁘게 내달리는 것이 마치 목마른 사슴이 아지랑이를 쫓아가는 것과 같구나. 어느 때에 상응하겠는가?

너희가 부처를 짓고자 할진댄 다만 허다한 전도와 반연과 망상과 나쁜 이해와 부정한 욕심들을 모두 없애라. 중생의 마음이 곧 너의 초발심 때에 바로 깨달은 부처이다. 다시 어느 곳을 향하여 달리 찾는가?

그대들 모든 사람은 각각 값으로 치를 수 없는 큰 보배가 있어서 눈으로부터 광명을 놓아서 산하대지를 비추며 귀가 광명을 놓아서 일체의 선과 악의 음성을 듣는다. 여섯 개의 문이 주야로 항상 광명을 놓으니 또한 이름을 방광삼매라 한다. 그대들이 스스로 알지 못해서 그림자만 취하는구나."

懶安和尙 示衆云 汝等諸人 總來者裏 就安求覓个什麼 若欲作佛 汝自
是佛 而却傍家門走忽忽 如渴鹿 趂陽焰 何時 得相應去 阿你 欲作佛
但無如許顚倒攀緣 妄想惡覺 垢欲不淨 衆生之心 卽汝便是初心正覺
佛 更向何處 別討 汝等諸人 各自有無價大寶 從眼門放光 照山河大地
耳門放光 領采一切善惡音聲 六門晝夜 常放光明 亦名放光三昧 汝自
不識 取影在.

【강설】　나안원지(懶安圓智) 선사가 대중을 상대로 한 법문이다. 여러
분이 이곳까지 찾아와 무엇을 구하느냐고 반문한다. 불자라면 두말할
여지가 없이 부처가 되고자 한 것이리라. 부처가 되는 것은 불자의 지
상 최대의 목표이며 불교 최대의 화두이다. 그런데 신기하게도 그 목
표인 부처의 경지는 이미 자기 자신이다. 조금도 다듬거나 수행하거
나 손댈 필요가 없는 그대로다. 그런데도 부처인 자기 자신은 제쳐놓
은 채 옆집으로 바쁘게 찾아 헤맨다. 마치 목이 타들어가는 사슴이 아
지랑이를 보고 물인 양 착각하여 그것을 찾아 쫓아가는 것과 흡사하
다. 이 얼마나 딱하고 애석한 일인가. 그렇게 해서야 언제 제자리로 찾
아들어 가겠는가. 부처가 부처를 찾으니 될 말인가.

　　그대들에게는 각각 값을 매길 수 없는 무진장의 큰 보물이 있다.
이를테면 그 보물이 눈으로 광명을 놓아 산천초목과 산하대지를 환하
게 비추고 있다. 또 그 보물이 귀로는 모든 좋고 나쁜 소리를 다 듣고
있다. 이처럼 코로도 혀로도 몸으로도 생각으로도 주야로 쉼 없이 항
상 광명을 놓고 있다. 이름하여 방광삼매라 한다. 이것이 부처가 아니
고 무엇인가. 여러분이 스스로 알지 못하고 다만 그 광명의 그림자만
을 취하고 있을 뿐이다.

　　　　　　　　　　　　무비 스님 직지 강설　●

◉

찾을 길 없다

"지수화풍 사대로 된 몸 가운데서 안과 밖으로 부지하여 기울어지지 않게 하는 것이 마치 사람이 무거운 짐을 짊어지고 외나무다리 위를 건너더라도 또한 넘어지지 않게 되는 것과 같다. 일러보아라. 무슨 물건이 이렇게 부지하여 곧 이처럼 기울어지지 않게 하는가? 그대가 만약 찾아본다면 털끝만큼도 보지 못하리라. 그러므로 지공 화상이 이르기를, '경계 위에서 펼치고 작용하여 크게 있지만, 안과 밖과 중간에 찾아보아도 모두 다 없다.'라고 하였느니라."

四大身中 內外扶持 不教傾側 如人負重擔 從獨木橋上過 亦不教失脚 且道 是什麼物 怎麼扶持 便得如是不傾不側 汝若覓見 毫髮卽不見 故 志公 云 境上施爲渾大有 內外中間 覓總無.

【강설】 나안원지 선사가 이어서 말씀하였다.

"흙과 물과 불과 바람으로 이루어진 이 육신을 안과 밖으로 잘 붙들어서 균형을 잡아 기울거나 넘어지지 않게 하는 것이 마치 어떤 사람이 무거운 짐을 짊어지고 외나무다리를 건너는 데 몸의 균형을 잘 잡아서 넘어지지 않게 하는 것과 같다."

한번 생각해 보자. 무슨 물건이 있어서 이렇게도 교묘하게 잘 붙들어 지탱하여 기울지도 않고 넘어지지도 않게 하는가. 이것이 모두가 그렇게 찾고자 하는 부처가 하는 일이다.

옛날 양나라 무제 때 지공(志公) 화상이라는 분이 계셨다. 법이 매우 높아 관세음보살의 후신이라고도 하였던 분으로 달마 대사와도 같

　　　　　　　　　　　　나안원지 선사 ◉

은 시대를 살았던 도인이었다. 그분의 유명한 게송이 있다. 앞에서 말한 모든 내용을 잘 요약한 명언이다.

사물과 소리와 향기와 맛과 감촉과 그 외의 모든 현상 속에서
낱낱이 간섭하고 일일이 참여하니 그 존재는 참으로 크고 크다.
그렇게 크건마는 그것을 찾으려고
안과 밖과 중간 곳곳을 누벼 봐도 어디에도 없더라.

그렇다. 그것은 그렇게 존재하지만 있다고도 할 수가 없으며 없다고도 할 수가 없다. 있으면서 없고 없으면서 있다. 세상의 논리로는 결코 표현할 수 없는 존재다. 그러므로 설명을 듣고 알려고 하지 말고 그냥 묵묵히 있으라. 그러나 묵묵한 것에도 집착하면 그것 역시 잘못된 일이다.
있는 것인가?
없는 것인가?
참으로 그 까닭을 알지 못하겠다.

무비 스님 직지 강설 ●

양산연관 선사

梁山緣觀 禪師

형상 없는 도량

양산연관 선사에게 대양연이 물었다.

"무엇이 형상 없는 도량입니까?"

선사가 관음상을 가리키면서 말씀하였다.

"이것은 오 처사가 그린 그림이다."

대양연이 무슨 말을 하려고 하거늘 연관 선사가 급히 다그쳐 말씀하시기를,

"이것은 형상이 있는 것이니 어떤 것이 형상이 없는가?"

대양연이 그 말에 뜻을 알아차리고 예배한 뒤 본래의 자리에 돌아가 서 있었다.

연관 선사가 말씀하였다.

"왜 한마디도 하지 않는가?"

"말을 하는 것은 사양하지 않겠습니다만, 혹 기록으로 남을까 염려됩

니다."

연관 선사가 껄껄 웃으면서 말씀하기를,

"이 말이 돌에 새겨지겠구나."라고 하였는데 과연 뒷날 비석에 올라 있었다.

梁山緣觀禪師 因大陽延問 如何是無相道場 師指觀音像云 此是吳處
士畵 延 擬進語 師 急索云 這个 是有相底 如何是無相底 延 扵言下 有
省禮拜 乃歸本位立 師云 何不道取一句子 延云 道則不辭 恐上紙墨 師
呵呵云 此語 上石去 在後果上碑.

【강설】　형상이 없는 것을 물었는데 형상이 있는 것으로써 답을 하
였다. 실로 형상이 있는 것과 형상이 없는 것은 궁극적으로 같은 것이
다. 눈앞에 존재하는 것만을 보고 단순하게 판단하면 없는 것과 있는
것이 다를지 모르나 실제로는 없는 것과 있는 것은 한 몸이다.

그리고 있는 것과 있는 것들끼리도 모양은 달라도 그것도 역시 같
은 한 몸이다. 없는 것과 없는 것들끼리도 역시 한 몸이다. 역사적 현
실의 차원에서는 각각 다를지 모르나 본질적 궁극의 차원에서는 오직
하나이다. 천지는 여아동근(與我同根)이요, 만물은 여아일체(與我一體)
이다. 즉 하늘과 땅은 나와 더불어 같은 근본이며 만물은 나와 더불어
한 몸이다.

온갖 만물은 있던 것이 없는 것이 되고 없던 것이 있는 것이 된다.
사람이 천지 만물도 되고 천지 만물이 사람도 된다. 나무와 사람이 한
몸이며 흙과 사람이 한 몸이다. 그뿐만 아니라 구름과 바람과 비와 사
람이 또한 한 몸이다.

나무가 뿜어낸 공기를 사람이 마시고 살며, 사람이 뿜어낸 공기를

 무비 스님 직지 강설 ●

나무가 마시고 산다. 또 사람이 내놓은 모든 것이 구름과 바람 그리고 비가 된다. 그리고 구름과 바람 비 또한 사람이 되었다. 이렇게 만물은 나와 더불어 혼연일체이며 없음과 있음 또한 혼연일체이다.

형상이 없음을 물었는데 당시에 유명한 화가인 오도자(吳道子)의 그림, 즉 형상이 있으면서 형상이 없는 그림으로 대답하였는데 참으로 간단명료한 답이었다. 그림이란 형상이 있으면서 형상이 없는 것이다.

예를 들자면, 종이에 산을 그렸다고 하자. 그것은 분명히 산이로되 또한 산이 아니고 종이와 먹일 따름이다. 종이와 먹이지만 한편으로는 산이 아니라고 할 수 없다.

그림의 예와 같이 실은 모든 존재가 다 그와 같이 있으면서 없고 없으면서 있다. 이러한 존재 원리를 일러 중도적 존재라고 한다. 다른 말로 하면 진공이며 묘유이고, 묘유이면서 진공인 것이다.

양산연관 선사 ●

무업 국사

無業 國師

성품은 허공과 수명이 같다

무업 국사가 제자 혜음 등에게 말씀하였다.

"그대들의 보고 듣고 느끼고 알고 하는 그 성품은 저 큰 허공과 더불어 수명이 같아서 생기지도 않으며 없어지지도 않는다.

일체 경계는 본래부터 저절로 공적하여 한 법도 얻을 수가 없다. 미혹한 사람은 그것을 몰라서 곧 경계의 미혹을 당하게 된다. 한번 경계의 미혹을 당하게 되면 끝없이 유전하게 된다.

그대들은 마땅히 알아라. 심성은 본래부터 저절로 있는 것이지 인연으로 조작하는 것이 아니다. 마치 다이아몬드를 부수어 없애지 못하는 것과 같다.

일체 모든 법이 그림자와 같고 꿈과 같아서 진실함이 없다. 그러므로 법화경에서 말씀하시기를 '오직 하나의 사실이 있을 뿐이요, 그 밖의 둘은 곧 진실이 아니다.'라고 하였다. 일체가 공함을 깨달아서 한 가지 법도 생각에 두지 않는 것, 이것이 모든 부처님의 마음을 쓰는 곳이니라.
그대들은 부지런히 수행하라."
　말씀을 마치고 곧 열반에 들었다.

無業國師 謂弟子惠愔等曰汝等 見聞覺知之性 與太虛同壽 不生不滅
一切境界 本自空寂 無一法可得 迷者不了 卽爲境惑 一爲境惑 流轉無
窮 汝等 當知 心性 本自有之 非因造作 猶如金剛 不可沮壞 一切諸法
如影如夢 無有眞實 故經云 唯有一事實 餘二 卽非眞常 了一切空 無一
法當情 是諸佛用心處 汝等 勤而行之 言訖 歸寂.

【강설】　무업(無業) 국사가 열반에 들기 직전에 제자들에게 마지막으
로 일러주신 주옥같은 법문이다.

　　첫째 사람이 보고 듣고 느끼고 알고 하는 성품은 생사를 초월하여
영원한 시간과 무한한 공간을 누린다고 말씀하였다. 인간의 현상적이
며 역사적 차원에서 보면 백 년을 살지 못하고 죽을 수밖에 없는 유한
한 존재이다. 그러나 한편 궁극적이며 본래인(本來人)의 차원에서 보면
모든 사람은 영원하고 무한한 존재이며, 생사를 초월한 존재이다. 한
량없는 복덕과 한량없는 신통 묘용을 마음껏 누리고 사는 존재이다.

　　이는 불교가 다른 종교와 확연하게 다른 점이다. 또한, 사람의 진
정한 생명도 바로 이 사실에 있다. 불교의 수많은 가르침 중에서 이 사
실이 핵심이다. 무업 국사는 열반에 드시는 순간에도 불교의 가르침
에서 가장 중요한 점을 제자들에게 다시 한 번 들려준 것이다.

　　다음은 일체 경계의 현실은 그 본질이 공적하여 실체가 없음을 말
씀하시고 공적한 경계에 미혹 당하지 말라는 말씀을 해 주셨다. 경계
에 한번 미혹 당하여 끌려 다니기 시작하면 영원히 흘러 다니게 된다

415　　　　　　　　　　　　　　　　　　　　　　　무업 국사 ●

고 하셨는데 이것이 바로 윤회이다.

또한, 선불교에서 가장 많이 거론되는 심성의 문제를 언급하였다. 심성은 저절로 있는 것이요, 누가 만들어서 존재하는 것이 아니다. 예를 들자면, 다이아몬드는 부수어 없앨 수 없으며, 설사 똥 속으로, 혹은 거름무더기 속에 파묻힌다 하더라도 결코 변하는 것도 아니고 닳지도 않는다. 오랜 시간이 흐른 후 사람의 눈에 발견되면 다시 다이아몬드로서의 가치를 한껏 발휘할 수 있는 것처럼 인간의 심성도 마찬가지이다. 아무리 죄업을 많이 지어 지옥으로 축생으로 돌아다니더라도 그 심성은 변하거나 축소되지 않고 언젠가 인연이 되면 꽃을 피워 당당한 성인(聖人)으로 세상에 회향하게 된다는 것이다.

무업 국사는 부지런히 수행하라는 당부를 하시고는 열반에 들었다. 흔히 큰스님들의 열반에 즈음하여 알듯 말듯 아리송한 열반송을 남겨 세상 사람들의 의혹을 사게 하는 것과는 확연히 다르다. 참으로 긴요한 법문이다.

무비 스님 직지 강설 ●

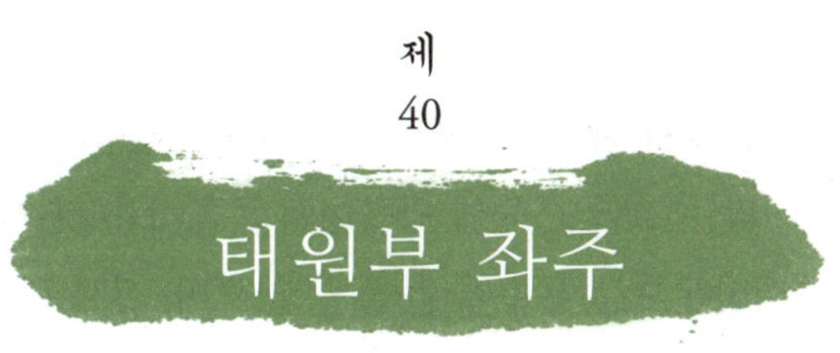

태원부 좌주

大原孚 座主

법신을 모르고 법신을 강의하다

태원부 상좌가 양주 광효사에서 열반경을 강의하고 있었는데 선객 한 사람이 눈에 갇혀 그 절에 머물고 있었다. 강의하는 곳에 가서 청강하다가 법신의 현묘한 이치를 널리 설명하는 데 이르러 선객이 불각 중에 그만 실소를 하고 말았다. 태원부 상좌가 강의를 끝내고 그 선객을 청하여 차를 마시면서 말하였다.

"제가 본디 생각이 짧아서 다만 글자만 의지하여 뜻을 해석하였는데 마침 이렇게 웃음을 사게 되었습니다. 바라노니 부디 가르쳐 주시기 바랍니다."

선객이 말하였다.

"실로 제가 웃은 것은 좌주가 법신을 잘 몰라서였습니다."

태원부가 말하였다.

"어떤 것이 옳지 못합니까?"

선객이 말하였다.

"좌주가 말하는 것이 옳지 않다는 것이 아니라 다만 법신의 변두리만 말하고 사실은 아직 법신을 깨닫지 못한 것을 보고 웃었습니다."

태원부가 말하였다.

"이미 그렇다면 선객은 마땅히 저를 위하여 설명하여 주십시오."

선객이 말하였다.

"제가 설명해드리는 것은 사양하지 않겠습니다만, 믿으시겠습니까?"

"어찌 감히 믿지 않겠습니까?"

"만약 그렇다면 좌주는 잠깐 강의하는 일을 거두시고 열흘 동안 방 안에 단정하게 앉아 고요히 생각하고 마음을 거두어들이고 생각을 굳게 지키어 선과 악의 온갖 인연을 일시에 놓아버리십시오."

태원부 좌주가 가르친 대로 한결같이 하여 초저녁에서부터 새벽에 이르러 북 치는 소리를 듣고는 홀연히 크게 깨달았다.

[사사로이 말하건대, 이것은 원오극근 화상이 닭이 난간에 날아올라 홰를 치면서 우는 것을 보고 홀연히 크게 깨달은 것과 일반이다.]

太原孚上座 在楊州光孝寺 講涅槃經 有一禪客 阻雪在寺 因往聽講 至廣談法身妙理 禪客 不覺失笑 孚 講罷 請禪客喫茶次 白曰某甲 素志狹劣 但依文解義 適蒙見笑 且望見教 禪客曰實笑 座主 不識法身 孚曰何處 不是 禪客曰不道座主說不是 只是个說得法身量邊事 實未證法身在 孚曰旣然如是 禪客 當爲我說 禪客曰我不辭說 還信不 孚曰焉敢不信 曰若如是 座主 暫輟講 旬日 於室中 端坐靜慮 收心攝念 善惡諸緣 一時放下 孚 一依所教 從初夜至五更 聞鼓角聲 忽然大悟.
[私曰 此與圓悟勤和尙 見雞飛上欄干鼓翼而鳴 忽然大悟 一般]

【강설】　　　태원부 상좌라는 스님이 광효사에서『열반경』을 강설한 인연으로 어떤 선지식을 만나 확연히 깨닫게 된 이야기이다. 강의하던 일을 멈추고 열흘 동안 방 안에서 조용히 좌선하다가 새벽예불을 할 때 북을 치는 소리를 듣고 법신의 진정한 의미를 확연히 깨달았다. 경전을 보면서 항상 마음은 문자를 따라다녔지만, 강의하던 일을 멈추고 조용히 좌선에 드니 경전의 내용을 마음으로 반조하게 되었다. 반조하는 일이 지극하여진 뒤에 들리는 북소리가 그대로 청정 법신의 소식이라는 사실을 알게 된 것이다.

마치 소동파(蘇東坡) 거사가 깨달은 사례와 비슷하다. 그는 송나라 신종 원풍 7년(1084)에 황제의 명을 받고 황주를 떠나 새 부임지인 여주로 가는 도중에 여산 동림의 흥룡사 상총조각(常總照覺) 선사를 만나서 법문을 청해 들었다. 상총 선사에게 "왜 유정설법(有情說法)만을 들으려고 하는가? 무정설법(無情說法)을 들을 줄 알아야 한다."라는 말을 듣고 다음 날 길을 가면서 무정설법이 무엇인가를 골똘히 생각하였다. 그러다가 큰 폭포수가 굉음으로 쏟아지는 것을 듣고는 비로소 무정설법의 이치를 깨달았다. 그리고 다음과 같은 오도송을 지었다.

"개울 물 소리는 곧 부처님의 장광설인데 산 빛이 어찌 청정한 법신이 아니겠는가? 밤이 되니 그 설법 8만 4천 게송이나 되는데 뒷날 다른 사람에게 어떻게 일러 줄 수 있을까[溪聲便是廣長舌 山色豈非淸淨身 夜來八萬四千偈 他日如何擧似人]?"

알고 보면 천지 만물과 산천초목과 두두 물물이 모두가 그대로 완전무결한 진리 그 자체인데 그 사실을 알지 못하고 달리 다른 곳에 진리가 있다고 여기며 찾으려는 그 생각 때문에 착각하고 있을 뿐이다. 태원부 상좌도 그동안『열반경』을 강의하면서 법신불이 따로 존재하는 것이라고 생각 하였던 것이다. 다른 방법은 없다. 오직 눈앞에 펼쳐진 실상에 눈을 뜨는 일밖에… .

　　　　　　　태원부 좌주 ●

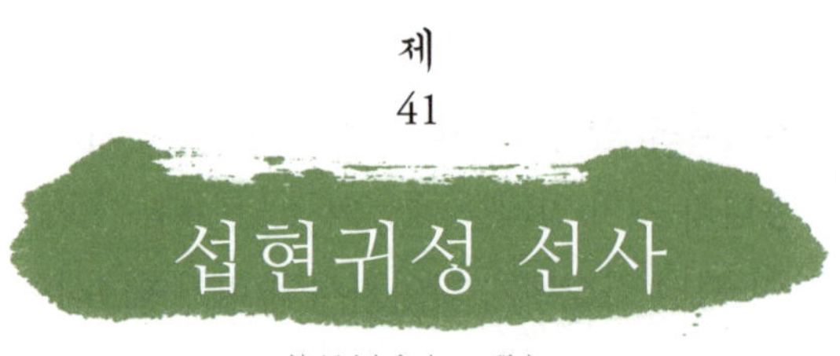

섭현귀성 선사

葉縣歸省 禪師

◉

죽비라고 하여도 어긋난다

섭현귀성 화상에게 어느 날 성염 화상이 물었다.

"이것을 죽비라고 부르면 저촉되고 죽비라고 부르지 아니하면 어긋난다. 한번 말해 보아라. 무엇이라고 불러야 하겠는가?"

귀성 화상이 이 말에 크게 깨닫고 드디어 손으로 죽비를 가져다가 꺾어서 계단 밑에다 던져버리고 도리어 물었다.

"이것은 무엇입니까?"

葉縣省和尙 一日 念和尙 問曰喚作竹篦子則觸 不喚作竹篦子則背 且道 合喚作甚麽物 卽得 省於此 大悟 遂於手中 製得竹篦子 拗折擲于階下 却云是甚麽.

【강설】　섭현귀성(葉縣歸省) 화상은 중국 송나라 때의 스님으로 남악 화상의 문하이다. 그리고 염(念) 화상은 수산성념(首山省念, 926~993) 화상이며, 중국 송나라 초기 임제종 계통의 스님이다.

귀성 화상이 성념 화상에게 찾아가서 죽비에 대한 이야기를 나누다가 크게 깨달은 내용이다. 죽비라는 하나의 사물을 두고 무어라 이름을 지어 붙이면 그 사물에 대한 바른 이해와 바른 표현과는 멀어진다. 그렇다고 지어진 이름을 사용하지 않으면 그것도 역시 그 사물을 어떤 방법으로든 지적할 수 없으므로 그 사물의 존재가치가 사라진다.

어떻게 불러야 가장 적합한 표현이 될까? 사람이 그 사물을 가장 정확하게 표현하려면 그 사물을 깊이 느껴 하나가 되면 내가 곧 그 사물이요, 그 사물이 곧 나이다. 즉 죽비가 나이고 내가 죽비이다. 그 자리가 곧 만물과 서로 상응하는 자리이며 달리 말하면 깨달음의 자리이다. 그렇게 되면 달리 무어라고 표현할 길이 없다. 또한, 아무렇게나 표현하더라도 다 맞는 표현이 된다. 섭현귀성 화상은 자신이 우주 만물과 혼연히 하나가 되어 자신도 없고 우주 만물도 사라진 경지를 그렇게 보여주었다. 즉 손으로 죽비를 가져다가 꺾어서 계단 밑에다 던져버리고 도리어 물었다.

"이것은 무엇입니까?"라고.

죽비는 이미 사라지고 한낱 대나무토막일 뿐이다. 본래도 대나무토막이었다.

섭현귀성 선사 ◉

낙숫물 소리가 들리느냐

귀성 화상에게 어떤 스님이 조주 선사의 '정전백수자'라는 화두를 들어서 가르침을 청하였다. 귀성 화상이 말씀하였다.

"내가 그대에게 말해 주는 것은 사양하지 않겠으나 그대가 과연 믿겠는가?"

스님이 말하였다.

"화상의 소중한 말씀을 어찌 감히 믿지 않겠습니까?"

귀성 화상이 말씀하였다.

"그대는 처마 끝에서 떨어지는 빗방울 소리를 듣는가?"

그 스님이 활연히 크게 깨닫고 예배하였다. 귀성 화상이 말씀하였다.
"그대는 무슨 도리를 보았기에 예배를 하는가?"

그 스님이 다시 게송으로써 대답하였다.

처마 끝의 빗방울 소리가
분명하고 역력하니
하늘과 땅을 타파하여
당장에 마음을 쉬었네.

귀성 화상이 크게 기뻐하고 말하였다. "그대는 조사선을 깨달았도다."

省和尙 因僧請益 擧趙州庭前栢樹子話 省云 我不辭與汝說 汝還信不 僧云 和尙重言 爭敢不信 省曰汝還聞簷頭雨滴聲麽 其僧 豁然大悟 禮拜 省曰汝見个甚麽道理禮拜 其僧 便以頌 對曰 簷頭雨滴 分明歷歷 打破乾坤 當下心息 省 大忻然曰汝會得祖師禪也.

 무비 스님 직지 강설

【강설】   어떤 스님이 조주종심 선사에게 물었다.

"어떤 것이 조사[達磨]가 서쪽에서 온 뜻입니까?"

조주 스님께서 말씀하셨다.

"뜰 앞의 잣나무니라."

"스님은 경계로써 남에게 보이지 마십시오."

"나는 경계로써 남에게 보이지 않는다."

"어떤 것이 조사가 서쪽에서 온 뜻입니까?" "뜰 앞의 잣나무니라."

위와 같은 내용에 대하여 그 뜻을 어떤 스님이 섭현귀성 화상에게 물었다. 귀성 화상은 찾아온 스님이 철저하게 믿기를 약속받고 나서 일러준 법문이다.

"그대는 처마 끝에서 떨어지는 빗방울 소리를 듣는가?"라고 하였다.

마침 그때에 비가 주룩주룩 오고 있었나 보다. 눈으로 사람을 보고 귀로 소리를 듣는 이 엄청난 사실이 곧 모든 것이다. 조사가 서쪽에서 온 뜻이거나 부처가 동쪽에서 온 뜻이거나 중요한 것은 지금 여기에서 낙숫물 떨어지는 소리를 듣고 있는 이 순간 이 사실이다. 그것 외에 달리 무엇이 있겠는가. 그 스님은 그것을 지적해 보인 것에서 '뜰 앞의 잣나무'라는 화두를 확연하게 타파하였다.

귀성 화상은 크게 기뻐하고 그가 조사선을 깨달았다고 인가하였다.

섭현귀성 선사 ●

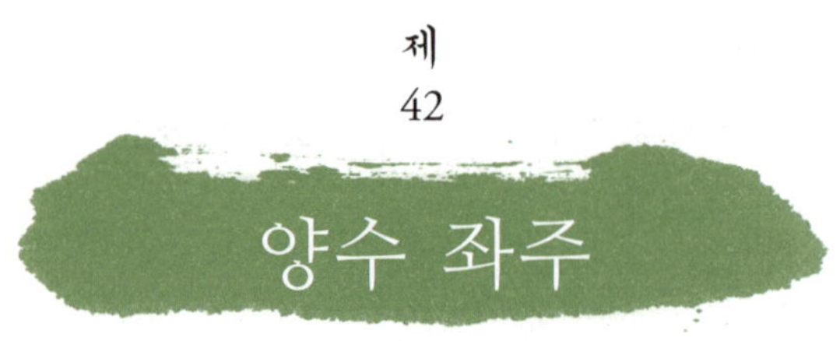

양수 좌주

良遂 座主

돌아보지 아니하다

양수 좌주가 처음 마곡 선사를 참례하니 마곡 선사가 그가 오는 것을 보고 곧 호미를 들고 나가서 풀을 맸다. 양수 좌주가 풀을 매는 데 이르러도 마곡 선사는 돌아보지 않고 곧 방장실로 돌아가서 문을 닫아버렸다.

양수 좌주가 다음 날 다시 찾아갔는데, 마곡 선사가 또 문을 닫아버리니 양수 좌주가 문을 두드렸다.

마곡 선사가 물었다. "누구냐?"

"양수입니다." 하고 막 자신의 이름을 일컫다가 홀연히 크게 깨닫고는 말하였다.

"화상께서는 양수를 속이지 마십시오. 양수가 만약 여기에 와서 화상께 예배하지 않았다면 어찌 오늘의 일이 있었겠습니까? 자칫 경론에 빠져서 일생을 속아 지벌 뻔했습니다."

良遂座主 初參麻谷 谷 見來 便將鉏頭去鉏草 良遂 到鉏草處 谷 殊不
顧 便歸方丈 閉却門 遂 次日 復去 谷 又閉却門 遂 乃鼓門 谷 問阿誰
云 良遂 才稱名 忽然大悟云 和尙 莫謾良遂 良遂 若不來禮拜和尙 何
有今日事 泊被經論 賺過一生.

【강설】 좌주(座主)는 불교의 경학에 널리 통달하여 강의하면서 사람
들에게 불교를 가르치는 사람이다. 양수 좌주가 평생 경학을 공부하
고 남을 가르치다가 마곡 선사를 참례하였다. 마곡 선사가 멀리서 그
를 보고 그가 평생의 경학으로 공부가 무르익은 것을 알아보았다. 평
생 불교의 이론으로 무장한 좌주를 말로 상대해서는 서로 이익이 없
음을 혜안으로 판단하고 곧바로 모른 척하였다.

방에까지 찾아와서 말을 걸어보려고 하였으나 끝까지 모른 척하
였다. 마지막에 "누구냐?" 하고 묻자 스스로 "양수입니다."라고 대답
을 하다가 곧바로 홀연히 크게 깨달았다. 아무런 말이 없는 자리에서
자신이 자신의 이름을 말하는 그 도리에 하늘과 땅이 환하게 열린 것
이나.

스스로 "회상께서는 양수를 속이지 마십시오. 양수가 만약 어기
에 와서 화상께 예배하지 않았다면 어찌 오늘의 일이 있었겠습니까?
자칫 경론에 빠져서 일생을 속아 지낼 뻔했습니다."라고 하였다. 진리
는 말을 떠나 있다. 말이 없으므로 말을 떠난 경지를 마음으로 깨달아
얻게 된 것이다.

눈 밝은 선지식은 사람의 공부 정도를 분별하여 어떤 방편으로 그
를 깨우치게 할 수 있을 것인가를 꿰뚫어 안다. 참으로 간략하면서 뛰
어난 방편이다.

양수 좌주 ●

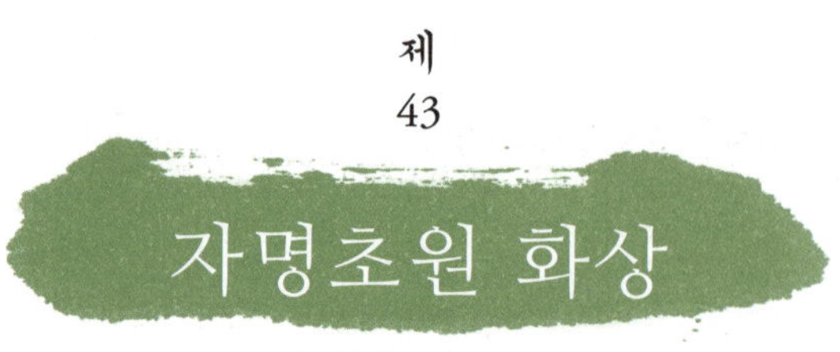

자명초원 화상

慈明楚圓 和尚

호랑이 소리를 지르다

자명 화상이 전대도 스님이 오는 것을 보고 말씀하였다.

"조각구름은 골짜기에 가로 놓여 있는데 여행하는 사람은 어디에서 오는가?"

전대도 스님이 좌우를 돌아보면서 말하였다.

"밤사이에 어디선가 불이 나서 옛사람의 무덤을 태워버렸도다."

자명 화상이 말하였다. "그 말은 맞지 않으니 다시 일러보아라."

전대도 스님이 호랑이 소리를 지르니 자명 화상이 방석을 한 번 때렸다. 전대도 스님이 자명 화상을 모시어 법좌에 앉히었다. 자명 화상이 다시 호랑이 소리를 질렀다. 전대도 스님이 말하였다.

"내가 70여 명의 선지식을 참례하였는데 오늘에야 비로소 작가를 만났도다."

慈明和尚 見泉大道來 乃曰片雲 橫谷口 遊人 何處來 泉 顧示左右云
夜來何處火 燒出古人墳 師曰未在 更道 泉 作虎聲 師打一坐具 泉 推
師就座 師 却作虎聲 泉曰我歷參七十餘員善知識 今日 始遇作家.

【강설】　자명초원(慈明楚圓, 986~1040) 화상과 전대도 스님과의 법거량
이다. 예로부터 법을 아는 사람은 법으로써 서로 시험해 보고, 시를 짓
는 사람은 시로써 견주어보며, 무인(武人)은 무도(武道)로써 사람을 알
아본다. 두 분이 벌인 법거량의 의미는 아마 이런 것이 아닐까 한다.

'생사를 해결해야 할 문제는 크고 바쁜데 아무것도 모르면서 어
디를 그렇게 돌아다니는가?'

'이제까지 열심히 정진하여 번뇌 무명의 풀을 다 태워버렸습니다.'

'아직 그것으로는 믿을 수 없으니 다시 한 번 일러보아라.'

전대도 스님은 깨달은 사람의 사자후에 가까운 호랑이 소리를 질
러서 자신의 깨달음을 표현하였다. 자명 화상이 '그렇다면 제자리에
앉아 법을 말해 보아라.'라는 의미로 방석을 쳐서 가리켰다. 전대도 스
님은 '나는 되었으니 자명 화상이나 법을 말해보라는 의미로 법석에
앉히었다. 지명 회상은 시지후를 대신히여 또다시 호랑이 소리를 질
렀다. 그랬더니 전대도 스님은 비로소 "내가 70여 명의 선지식을 참례
하였는데 오늘에야 비로소 작가를 만났도다."라고 하며 자명 화상의
법을 찬탄하게 되었다.

자명 초원 화상

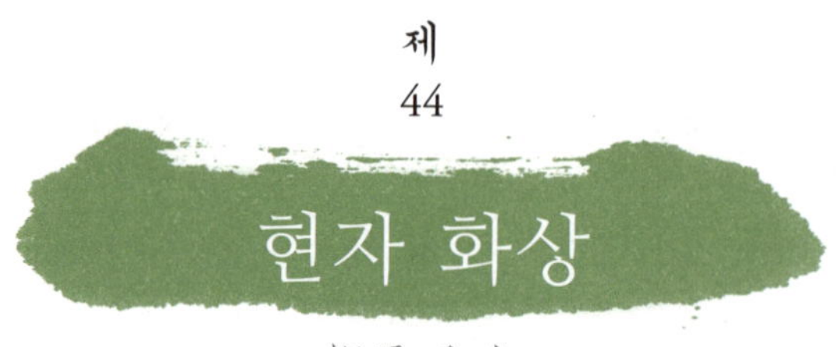

현자 화상

蜆子 和尚

조개로 끼니를 때우다

현자 화상은 사는 곳이 일정하지 않았다. 동산양개 화상에게 인가를 받고 부터 민천 지방에서 세속에 섞여 살았다. 매일 강나루에 나가 새우나 조개를 주워서 아침과 저녁을 때웠다. 저물면 동산의 백마묘의 지전 속에 누워 지내니 마을 사람들이 그를 '가막조개[蜆子] 화상'이라고 불렀다.

화엄휴정 선사가 그 소식을 듣고 진짜인가 가짜인가를 알아보려고 하루는 먼저 지전 무더기에 몰래 들어가 있었다. 깊은 밤이 되어 현자 화상이 돌아오거늘 휴정 선사가 홀연히 나와서 멱살을 잡고 물었다.

"무엇이 조사가 서쪽에서 온 뜻인가?"

현자 화상이 곧바로 답하기를, "신 앞에 술을 바치는 그릇이니라."

휴정 선사가 기특하게 여겨서 참회하고 물러갔다.

무비 스님 직지 강설

[백운 화상이 말하기를, "뜰 앞의 잣나무와 삼 세 근과 마른 똥 막대기가 일반이다. 본분종사가 대답한 말이 사물과 소리와 언어를 갖추었으니 진정 조사선이로다."라고 하였다.]

蜆子和尙 居無定所 自印心於洞山 混俗閩川 常日沿江岸 採掇蝦蜆 以充朝夕 暮則臥東山白馬廟紙錢中 居民 目爲蜆子和尙 華嚴休靜禪師 聞之 欲決眞僞 一日 先潛入紙錢叢中 深夜 蜆子 歸來 休靜 忽出把住 問曰如何是祖師西來意 蜆子 卽答曰神前酒臺盤靜 寄之 懺謝而退.
[私曰 此與庭前栢樹子 麻三斤 乾屎橛 一般 本分宗師 答話 具色聲言語 正是 祖師禪]

【강설】　　예로부터 도를 깨달은 사람들의 사는 모습은 여러 가지이다. 큰 법석을 마련하여 사람들을 가르치는 분도 있고, 혹은 종적을 감추고 깊은 산 속이나 세속에 묻혀서 일생을 마치는 사람도 있고, 혹은 미친 척하면서 거지노릇이나 하다가 일생을 보내는 사람도 있다.

　　여기에 소개한 현자 화상은 새우나 조개를 주워 먹으며 사당의 지전더미 속에서 잠을 자는 신세이다. 그러나 그의 법은 눈부신 데가 있다. 조사서래의(祖師西來意)를 물었는데 곧바로 "신 앞에 술을 바치는 그릇이다."라고 대답하였다. 자신이 거처하는 곳에서 눈에 들어오는 사실 그대로가 진리임을 깨달은 사람만이 답할 수 있고, 듣는 분의 경지 또한 같음을 엿볼 수 있는 장면이다. 짧지만 빼어나다.

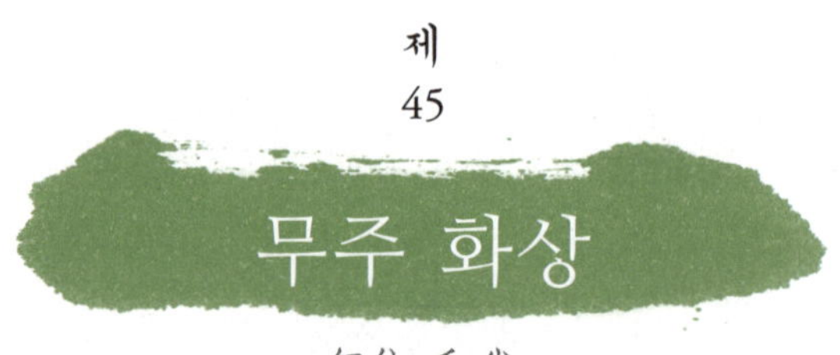

마음을 일으키면 정진이 아니다

무주 화상에게 두상공이 물었다.

"제자가 들으니, 화상께서는 '기억하지도 말고 생각하지도 말고 망상을 하지도 말라.'는 이 세 가지 법문을 말씀하신다는 데 사실입니까?"

"그렇다네."

"이 세 가지 구절이 하나입니까? 셋입니까?"

"기억하지 않는 것은 계율이요, 생각하지 않는 것은 선정이요, 망상하지 않는 것은 지혜이니라. 한마음이 생기지 않으면 계율과 선정과 지혜를 갖추는 것이니 하나도 아니고 셋도 아니니라."

"그 말씀에 근거가 있습니까?"

"법구경에 이르기를, '만약 정진하는 마음을 일으키면 이것은 망상이고 정진이 아니다. 만약 마음에 망상하지 않으면 정진이 끝이 없다.'라고 하였다. 두상공이 이 말씀을 듣고 의정이 한꺼번에 풀려버렸다.

無住和尙 因杜相公 問 弟子 聞 和尙 說無憶 無念 莫妄想 三句法門 是
不 曰然 公曰 此三句 是一是三 曰 無憶 名戒 無念 名定 莫妄想 名慧
一心 不生 具戒定慧 非一非三也 公曰有據不 曰 法句經 云 若起精進
心 是妄非精進 若能心不妄 精進無有涯 公 聞之 疑情 頓釋.

【강설】　　불교는 큰 바다와 같이 넓다. 불교의 가르침을 받아들이는
사람들의 근기와 수준이 여러 가지이기 때문에 한두 가지로 한정하여
설할 수가 없다. 그러므로 그 가르침이 넓고 다양할 수밖에 없다. 예로
부터 불교를 전하는 선지식들은 그 많고 넓은 가르침 중에서 각각 자
신들의 성격과 마음에 드는 내용을 선택하여 법을 선양하였다.

　　무주 화상은 평소 오로지 "기억하지도 말고 생각하지도 말고 망
상을 하지도 말라."라는 이 세 가지 법문으로써 사람들을 교화하였다.
그래서 두상공이라는 상공벼슬을 하는 사람이 "화상의 가르침은 매
우 단순한데 근거가 있는 법문인가?"라는 질문을 하였다. 무주 화상
은『법구경』의 말씀을 근거로 설법한다고 하면서 근거를 제시하였다.
당시의 훌륭한 선지식도 이처럼 설법을 하는 데는 경전에 뿌리를 두
고 당신의 깨달음을 전했다는 뜻이다.

　　『치문(緇門)』이라는 강원의 교과서에는 불자로서 법을 이야기할
때 경전에 근거 없는 말을 함부로 하는 것을 매우 경계하는 말이 있다.
"배우지 못한 승려가 말을 함에 경전에 근거도 없는 말을 한다[談說不
涉於典章]."라고 하였다. 사사로이 불교를 이야기하더라도 경전의 근거
도 없이 함부로 해서는 안 된다. 만약 대중을 상대로 불법(佛法)을 강설
하는 자리라면 그 책임은 더욱 크기 때문에 결코 경전이나 조사어록
에도 없는 말을 사사로이 짐작하여 불법이라고 말하면 그것은 큰 잘
못이다.

　　　　　　　　　　　　　　　　　　　　　　　무주 화상 ◉

사찰에서 전통적으로 큰스님을 청하여 법을 들으려 할 때 행하는 청법게송(請法偈頌)에는 "차경심심의 대중심갈앙 유원대법사 광위중생설(此經甚深意 大衆心渴仰 唯願大法師 廣爲衆生說)"이라는 말로 청한다. 법을 설하는 사람이 선사이든 율사이든 강사이든 심지어 사판스님이라 하더라도 반드시 이렇게 청한다. 즉 "이 경전의 매우 깊고 심오한 뜻을 대중이 목말라하므로 바라건대 대법사님께서는 널리 중생을 위하여 설법하여 주소서."라는 뜻이다. 반드시 경전에 근거를 두고 설법하라는 의미이다. 불교라는 이름으로 법을 설하는 사람들은 꼭 명심하여야 할 내용이다.

무주 화상은 "기억하지도 말고 생각하지도 말고 망상을 하지도 말라."라는 법문으로 주제를 삼았으나 어떤 분은 '중도'로써 일생의 법문을 삼은 이도 있다. 혹은 '무아나 공'으로써 법문을 하기도 하고 혹은 '전설 따라 삼천리' 같은 이야기를 주된 내용으로 하기도 하며, 혹은 '윤회나 천도' '참선 화두'로써 하기도 한다. 필자는 언제나 인불사상(人佛思想)에 초점을 맞춰서 법을 설한다. 이렇듯 큰 바다와 같은 불교에서 각자가 마음이 가는 대로 법을 설한다.

월산 화상

越山 和尚

⊙

해를 쳐다보고 깨치다

월산 화상이 처음 설봉 선사를 참례하고도 아직 깊은 뜻에 물들지 못했다. 뒷날 민왕의 청을 받아 청풍누각 위에서 재를 지내게 되었는데 앉아 있은 지 한참 뒤에 눈을 들어서 홀연히 햇빛을 보고는 활연히 크게 깨달았다. 그리고 게송을 지었다.

청풍누각 위에서 관청의 재를 지내다가
이날 평생의 눈이 활짝 열렸네.
보통 연간의 멀고 먼 일이
총령에서 부촉한 것이 아님을 비로소 믿게 되었네.

[현사 화상이 이르기를, "저곳의 허공과 이곳의 허공에 나의 몸은 없으니 고통은 어디에서 왔는가? 쉬고 또 쉬어라."라고 하니라. 달마가 동토에 온 것도 아니고 혜가가 서천에 간 것도 아니로다.]

越山和尙 初參雪峰 未染玄旨 後因閩王 請於淸風樓上 赴齋 坐久 擧目
忽覩日光 豁然大悟 而有頌曰 淸風樓上 赴官齋 此日 平生眼豁開 方信
普通年遠事 不從葱嶺付將來.
[如玄沙和尙 云 彼處虛空 此處虛空 我身 無有 痛自何來 休休 達摩 不來東土
二祖 不往西天]

【 강설 】　　민왕은 서측 민 땅의 지방장관이다. 월산 화상(822~908)은
민왕이 초청한 재에 갔다가 홀연히 고개 들어 햇빛을 보고는 문득 깨
달음을 얻었다. 재를 지내는 곳에도 청하면 갈 일이다. 그의 오도송에
"보통 연간의 멀고 먼 일이 총령으로부터 가져 온 것이 아님을 비로소
믿게 되었네."라는 말은 '조사가 서쪽에서 온 뜻'을 가리킨다. 곧 달마
대사가 중국으로 온 뜻과 총령 고개에서 신발 하나만 들고 넘어간 소
식[葱嶺途中 手携隻履]을 뜻한다.

　　이 말은 눈을 들어 햇빛을 보는 그 사실이 불법의 핵심이며 부처
님과 조사스님들의 본래 면목이라는 것이다. 굳이 달마가 수고스럽게
먼 길을 올 필요도 없고, 신기하게도 사약을 먹고 오래 전에 죽은 사람
이 다시 총령이라는 고개를 넘어 다시 인도로 가면서 그 소식을 보여
줄 까닭도 없다는 뜻이다. 세존이 영산회상에서 꽃을 들어 보인 소식
이나 열반에 든 뒤, 곽 밖으로 두 발을 내 보인 소식이나 모두가 월산
화상이 고개 들어 햇빛을 바라보는 그 일이다.

　　『직지』를 편찬한 백운 화상이 착어를 붙이면서 현사 화상의 말씀
을 인용하였다. 현사 화상이 고개를 넘다가 발가락이 돌에 부딪혀서
상처를 입고 심한 통증을 느꼈는데 그 통증을 소멸하는 무아관(無我觀)
을 하였다. 내가 없으니 아픔이 없을 뿐만 아니라 달마도 혜가도 없는
경지를 설파하였다.

　　　　　　　　　　　　무비 스님 직지 강설 ●

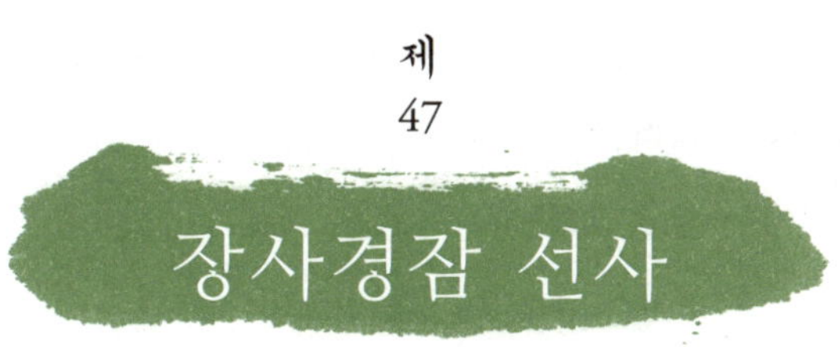

장사경잠 선사

長沙景岑 禪師

공부인이 진심을 모르는 것은

장사경잠 선사가 축 상서를 보았다. 선사가 축 상서를 부르니 상서가 대답하였다.

장사 선사가 말하였다.

"이것은 상서의 본래 생명이 아니다."

상서가 말하였다.

"지금 공손히 대답하는 것을 떠나서 따로 제2의 주인공이 있는 것은 아닙니다."

장사 선사가 말하였다.

"상서를 불러서 지극히 존귀한 분이라고 할 수 있겠는가?"

상서가 말하였다.

"그렇다면 모두 대답할 수가 없습니다. 화상께서는 제자의 주인공이 아닙니까?"

"다만, 대답할 때와 대답하지 않을 때만이 아니라 아득한 옛적부터 이 것이 생사의 근본이니라."

그리고는 이에 게송을 보였다.

도를 배우는 사람들이 진심(眞心)을 알지 못하는 것은
다만 그동안 식신(識神)을 오인하기 때문이다.
한량없는 세월 동안 생사의 근본을
어리석은 사람들은 본래인이라고 부른다.

長沙岑禪師 因見竺尙書 師喚尙書 書 應喏 沙云 不是尙書本命 書云
不可離却即今祗對 別有個第二主人公也 沙云 喚尙書 作至尊得麼 書
云 恁麼則總不祗對 和尙 莫是弟子主人公不 師云 非但支對與不支對
時 從無始劫來 是个生死根本 乃示偈曰 學道之人不識眞 只爲從來認
識神 無量劫來生死本 癡人喚作本來人.

【강설】　장사경잠(長沙景岑, ?~868) 선사와 축 상서와의 문답과 게송은 진심과 의식의 다른 점을 이야기하면서 도를 아는 사람은 의식에 머물지 않고 곧바로 진심을 깨달아 일상에서 진심을 활용하여야 한다는 내용이다.

　진심이 직관에 의한 것이라면 의식은 생각으로 헤아리고 사유하는 일이다. 그것을 사량분별(思量分別)이라 한다. 장사 선사의 게송에서 "도를 배우는 사람들이 진심(眞心)을 알지 못하는 것은 다만, 그동안 식신(識神)을 오인해서 진심인 줄 알기 때문이다."라고 한 말씀이다. 본래인이란 곧 진심이며, 본래면목이며, 본지풍광이라고 표현하기도 한다.

혜안 국사

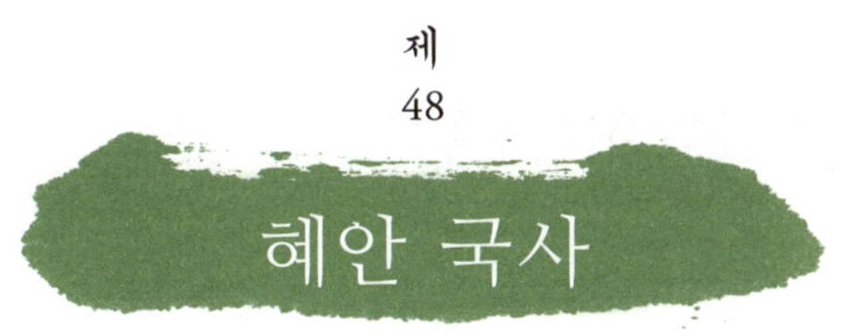

惠安 國師

궁녀가 목욕시키다

혜안 국사가 북종의 신수 대사와 같이 무후가 궁중에서 올리는 공양에 초
청을 받았을 때다. 목욕을 권하면서 궁중의 미녀에게 시중을 들게 하였
다. 오직 혜안 국사는 태연하게 아무런 일이 없었다.

무후가 탄복하여 말하기를, "물속에 들어가 봐야 비로소 큰사람이 있
음을 알 수 있도다."라고 하고, 게송으로 말하였다.

진나라 동산에 노니는 선녀의 백옥 같은 뺨과
장미 같은 손으로 물을 부어도 찬 재를 뿌리는 것과 같네.
사립문 풀집에 자물쇠가 없으니
무쇠 방망이로 두들겨도 열리지 않네.

惠安國師 與北宗神秀 被武后召入禁中供養 因澡浴 以宮姬 給侍 唯師

怡然無他 后歎曰入水 始知有長人 頌云 秦苑仙娃白玉腮 薔薇行水酒
寒灰 柴門草戶無開鑰 磊落金鎚擊不開.

【강설】　혜안(惠安, 582~709) 국사와 신수 대사는 당대의 대 종장이다.
불심이 깊은 여걸로 당시 천하를 다스리던 측천무후는 두 종장을 궁
중으로 모시어 그들의 법력을 시험해 보고자 하였다. 짓궂게도 측천
무후는 두 큰스님에게 목욕을 하도록 하고, 아리따운 여인들이 섬섬
옥수 고운 손으로 욕탕에서 큰스님들께 물도 부어드리고 등도 밀어드
리게 하였다. 그와 같은 상황에서 어떤 변화를 보이느냐에 따라 도력
의 깊고 얕음을 시험해 본 것이다. 그것은 오로지 측천무후의 잣대이
다. 그의 잣대에 맞으면 법력이 높은 것이고 맞지 않으면 법력이 얕다
고 판단한 것이다. 옛날 한 노파가 암자에서 수행하는 스님에게 딸을
보내어 시험한 그 잣대와 같은 듯하나 사뭇 다르다.

　　기록의 내용으로는 혜안 국사가 신수 대사보다 법력이 뛰어났음
을 측천무후가 시로써 표현하였다. 아리따운 여인이 목욕탕에서 시중
을 드는데 혜안 국사는 차가운 식은 재와 같은 상태여서 측천무후의
찬탄을 들었으나 노파가 시험한 그 스님은 마른 나무가 차가운 바위
를 의지한 것과 같았기 때문에 암자도 불태워졌고 쫓겨나게 되었다.
심지어 외도라는 말도 들었다.

　　그와 같은 상황, 즉 여러 사람이 지켜보고 시험하기 위한 수작임
을 다 아는 데서 동요하지 않기도 어렵지만, 동요하는 것은 더욱 어려
운 일이다. 궁녀는 고사하고 하늘의 천녀라 하더라도 무슨 즐거운 마
음이 나겠는가. 그러므로 동요하는 것도 옳지 않고 동요하지 않는 것
도 옳지 않다.

나이를 잊다

무후가 혜안 국사에게 나이를 물었다.

혜안 국사가 대답하였다.

"기억하지 못합니다."

"어찌하여 기억하지 못합니까?"

"태어나고 죽는 이 육신은 늘 순환하는 것이라 또한, 일어나고 다함이 없거니 어찌 기억하리오. 하물며 이 마음은 흘러가되 그 중간에 끊어짐이 없습니다. 거품이 일어나고 소멸하는 것을 보는 것은 망상일 뿐입니다. 처음 의식으로부터 움직이는 모습이 소멸할 때까지 또한 이와 같거니 어찌 해와 달을 기억할 수 있겠습니까?"

이에 무후가 머리를 숙여 예배하고 믿고 받아 지니었다.

安國師 因武后 問師甲子 師 對曰不記 后曰何不記耶 師云 生死之身 其若循還 還無起盡 焉用記爲 況此心 流注 中間無間 見漚起滅者 乃妄想耳 從初識 至動相滅時 亦只如此 何年月而可記乎 於是武后 稽首信受.

【강설】　측천무후가 어느 날 혜안 국사에게 나이를 물었다. 세상에서는 나이가 상당히 중요하기 때문에 나이를 자주 거론한다. 그러나 불교적 관점에서는 육신의 나이를 인정하지 않기 때문에 거의 무시하고 산다. 그런데 나이를 물으니 혜안 국사가 기억하지 못한다고 한 것이다. 이 육신의 나고 죽음이란 영원히 순환하는 것이다. 언제 태어나고 언제 죽고 하는 일은 불교적 생명관에서 볼 때 별 의미가 없다. 이 마음이라는 것도 또한, 끝없이 흘러 흘러가는 것이라 어디를 잘라서

'시작이다 끝이다'라고 할 수 없으므로 나이를 계산한다는 것 역시 의미가 없는 일이다.

예컨대 금생의 올해에 나이가 10살이라면 전생에 산 80을 더하면 90살이며, 2생 전의 80살을 더하면 170살이 된다. 또한, 3생 전의 80을 더하면 250살이 된다. 이렇게 거슬러 올라가면 그 누구도 나이를 기억하지 못할 것이다.

그러므로 불교에서는 나이를 생각하지 말고 지혜를 닦는 일에 정진하고 또 정진하라고 가르친다. 측천무후가 이 말을 듣고 이해하여 받아들이게 되었다.

대지는 이름이 없다

성인의 경지에 들어가서 범부를 초월하는 데는 위엄을 부리지 아니하나 누운 용은 푸른 못이 맑은 것을 두려워한다. 만약, 평생 오래도록 이와 같기를 원한다면 대지가 어찌 일찍이 이름 하나 남겼겠는가.

入聖超凡不作威 臥龍長怖碧潭淸 平生若欲長如此 大地何曾留一名.

【강설】　발문은 책의 끝에 본문 내용의 대강(大綱)이나 간행 경위에 관한 사항을 간략하게 적은 글이다. 백운 화상이 부처님과 조사들이 곧바로 마음을 가리킨 말씀들을 발췌해서 기록한 것을 후인들을 위하여 한 권의 책으로 남기면서 그 경위를 아주 간단하게 기록한 글이다.

　드문 일이기는 하지만, 가끔 불교 수행자들이 공부하고 수행하는 것을 소영웅심리에서 하는 경우를 볼 때가 있다. 깨달음을 얻거나 도를 이루어서 다른 사람에게 큰소리나 치고 특이한 신통력이나 있는 것처럼 자랑하려는 이들이 있다.

하지만 성인이 되는 것은 위엄을 부릴 일이 아니다. 오히려 자신의 공부가 알려질까 숨기는 경우가 많다. 그래서 백운 화상은 물속에 숨은 용이 물이 너무 맑아서 남의 눈에 뜨일까 염려한다고 한 것이다. 자신의 밝은 안목으로 이 『직지』처럼 뛰어난 책을 세상에 전하는 선사로서 당연한 마음이리라. 평생 저 대지와 같이 이름 없이 묵묵히 살고자 하는 것이 백운 화상의 본마음이다. 결코, 이름을 남기고 세상에 자랑하기 위해서 이 책을 전하는 것이 아니다.

기특한 일

생각에는 생주이멸이 있고 몸에는 생로병사가 있고 국토에는 성주괴공이 있다. 이 열두 가지 일이 매우 기특하도다.

念上生住異滅 身上生老病死 國土成住壞空 此十二種事 甚能奇特.

【강설】　생각은 일어나고 머물고 달라지고 소멸한다. 그 누구의 생각이라 할지라도 이러한 과정을 거치면서 변하고 흘러간다. 나쁜 생각도 좋은 생각도, 사랑하고 미워하는 마음도 역시 그렇게 변하고 흘러간다. 옛날 사람들도 지금 사람들도 또 미래의 사람들도, 석가와 달마도, 공자와 맹자도, 그리고 평범한 보통 사람들도 모두 그렇게 변하고 흘러간다.

　또 우리의 몸은 태어나서 늙어가고 병들고 죽는다. 이 몸을 가진 사람으로서는 누구나 생로병사의 과정을 밟으며 왔다가는 가고, 왔다가는 또 간다. 사람뿐만 아니라 국토나 산천초목이나 삼라만상이나 일체의 사물은 생겼다가, 머물러 있다가, 파괴되면서 나중에는 텅 빈 공으로 돌아간다. 풀 한 포기, 나무 한 그루에서부터 저 높은 빌딩이나 그 어떤 견고한 구조물도, 심지어 금이나 다이아몬드 등 이 지구에 존재하는 모든 것, 저 태양까지도 성주괴공의 과정을 밟으며 생겼다가는 사라지고 또 생겼다가는 사라지고 하는 것이 모든 존재의 당연한 이치이며 법칙이다.

봄·여름·가을·겨울, 계절은 물론이고 하루하루 해가 뜨고 지는 시간도 자세히 살펴보면 하루에 5초나 10초 정도씩 뜨고 지는 시간이 달라지면서 사계절이 순환한다. 봄이 오고, 여름이 오고, 가을이 오고, 겨울이 오고, 또 봄이 오는 것이 계절의 변함없는 철칙이다. 사람이 세상을 살아가면서 누구나 다 겪는 이러한 이치만 제대로 이해하고 납득한다면 그 어떤 어렵고 힘든 문제도 다 해결할 수 있다. 세상 모든 사람은 이러한 이치로써 일체 문제로부터 해탈이다. 대자유다.

이러한 이치야말로 참으로 신기하고 신기하다. 이보다 더 신기하고 신기한 일은 없다. 석가와 달마의 가르침도, 공자와 맹자의 가르침도, 노자와 장자의 가르침도 이러한 이치를 능가하는 것은 없다. 부처님과 조사스님들의 주옥같은 법어를 채집하고 나서 백운 화상 자신이 보고 깨달은 바를 이렇게 소개하여 결론지었다.

말 밖의 이치를 보라

법린 선인이 정성껏 법어를 찾아 나의 일을 조심스럽게 도와주었다. 부득이해서 노안을 비비고 부처님과 조사스님들이 바로 깨달아 얻은 심체의 요긴한 조목들을 초록하여 모아서 두 권을 만들었다. 그 온 정성에 다리를 걸어 부치고 부촉하여 말하였다.

"천연으로 태어난 석가와 저절로 생긴 미륵은 없다. 요컨대 모름지기 정신을 바짝 차려서 말 밖의 이치를 보아야 옳으리라."라고 하였다.

세재 임자년 9월 성불산에 사는 늙은 비구 경한 백운은 손수 쓰노라. 이때의 나이는 75세니라.

法隣禪人 投誠索語 警助余事 不獲已 熨老眼而抄錄佛祖直證心體要節 集爲二卷 褒其來誠 囑曰未有天生釋迦 自然彌勒 要須快著精彩 見之言外 可也 歲在壬子年九月 成佛山居 老比丘 景閑白雲 手書 時年七十有五矣.

【강설】 『직지』를 저술하게 된 동기가 다름 아닌 법린 선인이라는 선객이 백운 화상에게 법어를 물어 와서 이루어진 것이다. 자고로 훌륭한 일은 저절로 되기보다는 필요에 따라 이루어진다. 빼어난 법어는 묻는 사람이 있은 뒤에야 뛰어난 가르침이 있게 된다. 법린 선인은 법어를 물으면서 직지를 저술하는 일을 조심스럽게 돕기도 하였다. 그래서 부득이 두 권의 직지를 서술하게 되었다.

"천연으로 태어난 석가외 저절로 생긴 미륵은 없다. 요컨내 모름지기 정신을 바짝 차려서 말 밖의 이치를 보아야 옳으리라."라고 한 말은 법린 선인에게 한 말이지만 만고의 명언이다.

임자년은 서기로 1372년이다. 연세가 75세이므로 백운 화상의 공부 안목과 학덕이 무르익고 무르익어서 절정에 이르렀을 무렵이다. 필자도 또한 2012년이면 나이 70에 이 강설서를 완성한 셈이다.

옛 가르침으로 마음을 비추다

옛 사람이 말하기를, "뜻을 세우고 서원을 발원하는 것은 반드시 얕고 얕은 지견 사이에 있지 않다. 고인들이 친히 증득한 곳에 바로 이르러야 바야흐로 능히 이에 쉬고 쉰다."라고 하였다. 또 이르기를, "옛 가르침으로 마음을 비춘다."라고 하였다.

古人云 立志發願 必不在淺淺知見之間 直到古人親證處 方能乃休去歇去 又云 古教照心.

【강설】　백운 화상이 발문을 마치면서 고인의 말씀을 이끌어 왔다. 즉 자신의 뜻과 서원은 결코 얕은 곳에 있는 것이 아니고 옛사람들이 깨달아 얻은 경지에 이르고 나서야 자신도 편히 쉬리라는 마음을 밝혔다. 그리고 마지막으로 "옛 가르침으로 마음을 비춘다."라는 글을 이끌어 왔다. 언제나 옛사람들의 가르침을 열심히 공부하고 그 가르침을 따르는 것으로써 수행의 지침으로 삼는 것이 가장 옳은 일이라는 뜻을 밝혀두었다.

직지 금속활자본과 목판본의 간행기록[刊記]

1.

홍덕사 금속활자본 하권 간기(프랑스 국립도서관 소장)

白雲和尙抄錄佛祖直指心體要節 卷下

宣光 七年 丁巳 七月 日 淸州牧外興德寺鑄字印施

緣化

門人 釋璨 達湛

施主 比丘尼 妙德.

2.

취암사 목판본 상하권 간기(한국정신문화연구원 소장)

白雲和尙抄錄佛祖直指心體要節 卷上 卷下

宣光 八年 戊午 六月 日 刊

書員 壹菴禪和 天亘

刻字 宗幹 昆如 信明

募緣 法隣 自明 惠全

助緣門人

比丘尼 妙德 妙性 靈照 性空

鈴平郡夫人 尹氏

北原郡夫人 元氏

駒城郡夫人 李氏

正順大夫判通礼門事 金繼生

留板 川寧 鷲嵓寺.

名為轉智脈入覺不思議

承古禪師常勸諸人莫學佛法但自然心中利根
人盡時解脫鈍根人或三五年達不過十年遠劫不
悟去老僧替你入拔舌

白雲和尚抄錄佛祖直指心體要節卷下

宣光七年丁巳七月　日　清州牧外興德
寺鑄字印施

懷煩頌曰

不求名利不求儒願樂空門捨俗徒
惱盡時愁火滅恩情斷處愛河枯六根定慧香風
引一念才生慧力扶爲報北堂休悵望形如死了
此如無

娘回書

吾與汝夙有因緣始結母子因愛情分自從懷孕
禱神佛天願生男子胞胎日痛命若懸絲得遂
顧心如珠寶惜糞穢不嫌於臭惡乳哺不倦於辛
勤稍自成人送令習學或暫逾時不歸便作倚門
之望來書堅要出家父亡母老兄薄弟寒吾何
依賴子有抛母之意娘無捨子之心一自汝往他